何政廣 自述　陳長華 撰文

美的情愫 藝術家與我

藝術家

2013年底，北京故宮博物院副院長王亞民先生來台參訪時，在汐止「食養文化山房」替我拍下此幀照片。

美的情愫

藝術家與我

何政廣 自述　陳長華 撰文

藝術家

前言

《藝術家》雜誌創立於1975年，今年正好是四十周年。回首四十年來，這一本傳統紙本雜誌與台灣社會經濟、國際潮流趨勢一起成長，從草創時期的手工作業，直到今天與網路時代並進，儘管科技改變了出版產業、更新了閱讀的型態；作為當今台灣發刊最久的藝術雜誌，自始至終仍然未曾背離創刊宗旨，也持續擁有，同時擴增讀者群眾。而藉由雜誌長年所提供的豐沛資訊、客觀報導，兼顧知識性、學術性、新聞性，「藝術家」在貫徹關懷本土文化，觀照全球視野的編輯政策下，已然遠遠超越自我。在2012年並同時和美國「Art Forum」、英國「Art Review」等獲選為全球十大頂級藝術雜誌，成為亞洲唯一入選的藝術類雜誌，更賦予它作為世界性重要中文美術雜誌的重任。

四十年前，台灣的社會經濟尚在開發階段，藝術環境非常封閉，個人基於興趣所趨，在一群藝文界朋友鼓勵和催生下創辦《藝術家》，一路走來，個人與雜誌一起成長，雜誌也在時代巨輪推動下，經歷了草創時期的摸索與果決、茁壯年代的開拓與突破、成熟階段的穩健與創新，回顧漫長歲月所付出的心血和經驗心得，在重新翻閱過去出刊的雜誌之際，深深感受到它不僅是一份有志於美術傳播者的夢想具體實現，更值得欣慰的是，它反映並記錄了台灣數十年來美術發展的現象與成果。

《藝術家》雜誌從創刊以來，始終秉持著忠實、公正、客觀的編輯政策，竭力提供華人讀者相關藝術知識與美感欣賞的多元化內容，主要包括藝術資訊、藝術創作、美學理論、藝術市場，以及配合時代趨勢的企畫專題等，並有計畫地廣邀著名的海內外的作者做藝術盛會或新聞重大訊息之現場報導，同時，也定期參考各國美術雜誌，反映國際藝術趨勢。在藝術理論方面，長年來也邀約無數專業人士，提供精闢的論述與發表研究成果，其中包括藝術史的整理、創作技法解析等。雜誌四十年來所介紹的美術工作者無以計數，涵括日據時代成名及中國大陸渡海來台的資深畫家、光復前後出生的第二代、中生代及新生代畫家，介紹其創作背景、發表狀況與創作理念。

在慶祝《藝術家》四十周年的酒會上，數百位藝術界人士蒞臨給予祝福和鼓勵，有許多來賓建議個人做口述歷史，認為利用雜誌邁向第四十一周年時，最好能將它走過之路及重要事蹟作有系統地整理，讓社會大眾更能了解一份美術刊物除了見證了台灣美術的生態變遷與藝術，其漫長的發展過程實則是台灣人文成果的重要紀錄。在眾人建議與鼓勵之下，乃促成《美的情愫─藝術家與我》的編寫製作。

《美的情愫─藝術家與我》一書所敘述的篇章，包括我個人與美術的淵源和體驗（接受美術教育、木刻創作、藝評寫作、美術雜誌主編經驗、美術館參訪、藝壇交友等）、創辦《藝術家》的時空背景與機緣、雜誌四十年來與時代並進的發展和主辦的重大活動、兩岸美術交流、承辦官方出版品，以及創辦《藝術收藏＋設計》、開創《藝術家》出版社等。另外，此書並將近四十年來所刊登的內容逐一整理分類，有條理地作成附錄，提供讀者查詢參考之用。分類的項目包括文物鑑賞與市場、國際大展、焦點人物（含華裔和西洋）、藝術及潮流、在台主要展覽活動、台灣美術發展、博物館美術館巡禮、中國美術當代面貌、建築景觀與公共藝術、東南亞及日韓藝術、藝術評論與論壇、原始陶瓷藝術、設計與工藝、美術行政與美術教育、宗教與鄉土藝術、當月專輯等。

四十年，對一個人來說，是非常漫長的人間旅途；對一本台灣土產的美術雜誌來說，更是步步為營，每一步履都是聚精會神、深深踩過。今天藉由《美的情愫─藝術家與我》讓讀者分享《藝術家》一路走來的軌跡，之所以以我個人生長為篇章序曲，乃是要呈現在那樣一個資源匱乏的年代，鄉下孩子也會有夢，也能懷抱著對美的憧憬，而若專心一意，也能完成小小的志業。我相信，這也是《藝術家》創辦至今所鞏固的精神所在。願以一貫的執著與信念，繼續向前行，迎接更美好的未來！

目錄

故鄉的芬芳泥土

生在鹿寮坑

從少年就離家北上求學的我，對故鄉山川草木的感情看似疏遠，其實從未忘懷。每次開車接近新竹縣芎林鄉五龍村時，我總會減緩車速，那樣的反應倒不是為了眼前的景致，或是周遭出現了特別吸引我的變化，我自然而然地放輕油門，會以一種小心翼翼的情緒前進，好像深怕驚醒鄉野一片無華和沉靜。隨之，我的記憶也像倒帶一樣，眼前常浮起後院溪流的清澈水面，還有童年時代雙腳踩在鵝卵石路上的生硬感覺。年少不再，故鄉久經歲月洗滌，容貌改變了，曾經養育我的土地卻長久靜待著，召喚著天涯遊子。

我在1939年出生於竹東頭前溪支流大肚溪畔的芎林鄉鹿寮坑。台灣光復以後，鹿寮坑經劃分為五龍村與華龍村，我家的戶籍歸入五龍村。「五龍」係指鹿寮坑由東南向西北平行排列的五座山脈。聽長輩說，「鹿寮」意指「狩鹿搭寮」。早年泰雅族曾在此四面丘陵包圍的地區搭寮狩鹿，因客家人稱大的山谷為「坑」，因而地名就叫鹿寮坑。鹿寮坑在清乾隆年間，始有來自廣東的墾戶姜勝智、劉承豪等人申請墾荒，由於丘陵地布滿了鵝卵石，拓墾工作相當艱苦。先人利用鵝卵石做為建材，堆牆建屋，產生了特殊的石駁文化。

在我印象中，早年鹿寮坑十分偏遠且封閉，人口也有限，到任

❶❷
❸

❶ 五龍村寺廟——五和宮
❷ 五龍村的五座山脈之一
❸ 新竹縣芎林鄉的五龍村河畔家屋

何地方都要靠雙腳走路。小時候生病，父親揹著我到竹東就醫，起碼要走半小時才能到達。我趴在父親背上，看他走在鵝卵石路上十分吃力，碰到溪流，行過一座竹橋，然後再踏上鵝卵石路；當年，父親的喘息聲一路伴隨著我行走渡河，讓我這個不曾見過世面的孩子，以為天下的路都是如此難行。

我家的五個兄弟都曾就讀於現在的五龍國小，我是該校1952年的畢業生。五龍國小在1920年創校，前身是「鹿寮坑分教場」，借用當地寺廟「五和宮」為校地，隸屬「芎林公學校」。1928年在五龍村105號正式建校，從「芎林公學校」分出，獨立為「鹿寮坑公學校」。1941年改稱「鹿寮坑國民學校」，1968年政府實施九年國民義務教育，更名「五龍國民小學」。我家離五龍國小只有五、六分鐘腳程，每天都能輕鬆地走路上學。

在我上小學之前，正值二次大戰末期。有時候碰到美軍轟炸，父母就帶著全家人跑到山上的橘子園躲空襲，看到飛機遠離後才下山。記得有一天「敵機」又來了，我和家人再次上山避難，看到飛機在遠處投彈，接著是爆炸燃燒，聽大人在旁驚呼，原來是竹東神社遭到轟炸。2005年我曾讀到《中國時報》一篇報導，引用清華大學教授鍾堅《台灣航空決戰》一書所寫，二次大戰期間，美軍轟炸台灣從1943年11月25日到1945年8月14日日本投降為止，總落彈量為2340噸，新竹排名第一，受災最慘重。根據1943年由當時「台灣總督府」社會課編印的《台灣に於ける神社及宗教》記載，竹東神社建於1942年，主要是祭拜「開拓三神」（大國魂命、大己貴命、少彥名命）、明治天皇、北白川宮能久親王。該神社遭美軍轟炸之後，包括拜殿、神門、玉垣等神社的建築還存留，1951年因竹東初級中學為了擴充高中部，因而遷建到神社所

❶
❷

❶ 五龍國民學校第七屆畢業生合影，第二排右起第四人為何政廣。 1952年7月

❷ 芎林中學第七屆畢業生合影，第五排右起十九人為何政廣，最後一排第一人為美術老師蕭如松。 1955年7月

五龍國民學校第柒屆畢業留念
中華民國四十一年七月一日

新竹縣立芎林初級中學第七屆畢業紀念 44.7.9

在地。經過長年的建校發展，神社原址現為竹東高中。如今回想起來那段躲避空襲的日子，確實年紀太小，根本弄不清楚美軍轟炸台灣是怎麼一回事，直到光復後漸漸懂事了，才明白當時的台灣、日本和美國之間的關係。

我的大哥何肇衢和二哥何耀宗受日本教育，一直到初中畢業，我則未曾接受日本教育。我至今對在五龍國小的學習生活仍然記憶深刻，當時小學的課程有國語、算術、圖畫等。我非常喜歡讀書，功課也很好，每學期都考第一名，也許因為如此，從一到六年級都被選為班長。

我小時候把讀書當做莫大的享受，也是生活一大樂趣，直到今天仍都如此；但是在那個時代，除了課本之外沒有課外讀物，後來當我發現家裡木板樓上儲櫃裡擺著父親用來參考畫神像的《三國演義》、《封神榜》等古本書時，我就取下來看。那些書在文字之外只配有一些黑白插圖，但我卻讀得津津有味。至於玩具，我記得只有一些有三國志演義圖案的「尪阿標」和太陽紙牌，有時會和鄰家孩子玩在一起。在我到台北讀師範之前，最遠只去過新竹市。

鹿寮坑的生活，幾乎都要靠勞力換取，祖先留下一小塊山坡地，也只能種竹筍、楊桃和茶樹，但起碼的生活還可以維持，只是必須日出而作、日落而息，勞累不堪。鹿寮坑早期農作以產茶為主，當時製茶的產業很興盛，茶農從茶園採茶後就裝在布袋裡，揹下山後賣給製茶工廠。工人用機器進行揉茶的作業，然後再曬乾。聽大人說有工人曾被捲到機器的履帶裡，真嚇人。我小時候曾幾次到茶葉工廠，看到揉茶機器時，總會離得遠遠的。

我家茶園的工作，主要落在母親身上，做子女的只能從旁分擔。我二哥說，我最怕毛毛蟲，儘管如此我還是喜歡跟著大人上茶

❶❷
❸❹

從小學高年級到中學時期，我喜歡看父親收藏的《三國演義》及《封神榜》。

❶《三國演義》書中的插畫「桃園三結義」
❷《三國演義》書中的插畫「草船借箭」
❸《三國演義》古本書內頁
❹《封神榜》內文及插畫

桃园三结义

草船借箭

屯土山关公约三事
救白馬曹操解重圍

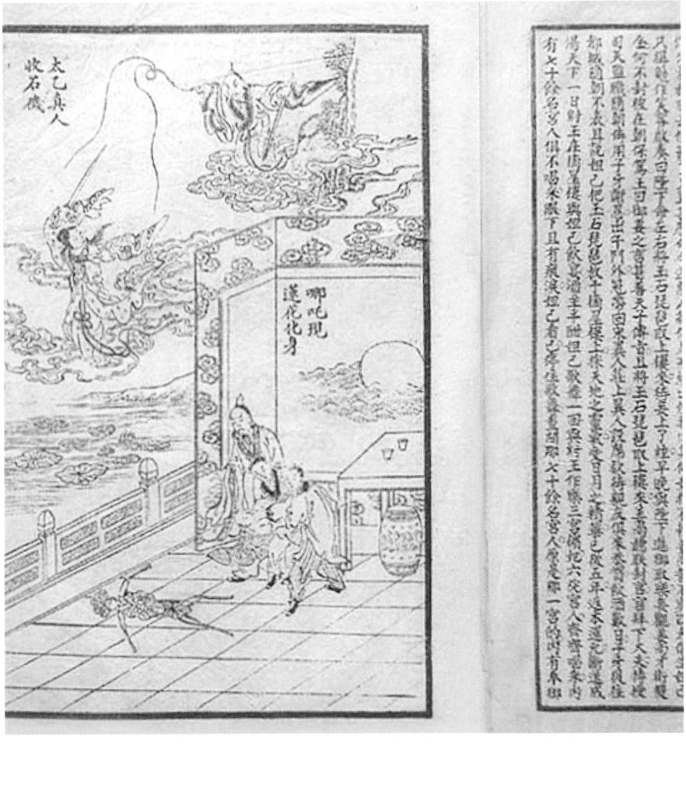
太乙真人收石磯
哪吒現蓮花化身

園，三哥何恭上總是一面幫忙做事一面玩，我比較小不用做事，常穿著短褲在茶園裡跑來跑去，被蚊子叮得最慘。上中學後，每到假日就要帶便當，步行四十分鐘到茶園幫忙採茶或到山林做一些粗重的雜務，像是砍柴、除草，還得把山上砍下來的樹枝揹回家中，劈開堆疊，然後風乾備燃。從山上回家天已晚，學校功課只能利用晚上做。另外，在芎林中學前我家有一塊田地，三七五減租後要自己耕作。我讀中學後，在收割季節裡都要幫忙在田裡曬穀，為安全起見，好幾天都睡在現場臨時用稻草搭建的棚子裡看顧稻穀，以防遭竊。後來五龍國小操場開放供鄉民曬穀，安全無虞，我就不用再睡在田裡了。

戰爭時代物質嚴重缺乏，記得在家三餐幾乎都吃稀飯和番薯，我家有七個小孩，加上父母九口人，家人在河川地開闢一個菜園，自己種青菜、花生、絲瓜等易長的蔬菜。每月逢初二和十六，或者碰到做醮等大拜拜才有肉吃。我們家在山上的地，除了種茶，還種楊桃。楊桃樹長得很大，母親總會挑較好的楊桃到竹東市場賣，然後買一些新鮮的魚回家。她背負著家庭重擔，終日忙碌，鮮少享樂，唯一開心的時候是村莊做醮大拜拜時，可以看到很多親戚，彼此閒聊敘舊。只見她進出家裡，忙著殺雞料理，在一片熱鬧滾滾的氛圍裡，她帶著歲月滄桑的臉上，浮現著打從心底的愉悅笑容，令人難忘。

母親是新竹關西沙坑村人。從五龍村到沙坑村，坐車要經過九讚頭，繞著山下的道路前往，路途遙遠。小時候交通不便，通常是走另一條山上的小路到達外婆家，從我家走到華龍村翻過兩個山頭，走兩個多小時才能到她的娘家。我們從未問過母親是如何會嫁到何家，不過，外公外婆跟我們很親，我很喜歡去他們家。外公家

石川欽一郎畫筆下的五龍村鄰近的九讚頭村莊。

石川欽一郎　九讚頭風景
水彩素描　1932
（原載《山紫水明集》石川欽一郎著）

的經濟環境似乎不錯，住在一座半山腰的四合院，當時在我眼裡看起來滿氣派的。三個舅舅常在山裡獵捕穿山甲。我外公是勤快、有智慧的商人，他做不少買賣，其中之一是養魚。他家門前有一個池塘，三不五時會到竹東買魚苗，回家路上總會經過我家。他手上提著裝魚苗的大竹籃，因為怕魚苗死掉，所以行走時要不斷地晃動大竹籃，那模樣很有趣。另外，他也兼做閹雞行業。相傳閹雞是三國時代神醫華陀遭曹操斬殺後所留傳下來的外科手術。小時候，看到外公揹著簡單的工具箱，箱裡放著夾子、小刀、匙子、抽管、棕櫚線等工具，腰間繫一只小竹簍，邊走邊吹笛子招攬生意。他經過五龍村時，都會把割下放在小竹簍裡的雞睪丸煮給我們吃，據他說是非常滋補的食物。

我家後院種了兩棵苦楝樹，春日開紫色小花，非常美麗。日籍畫家石川欽一郎在日據時代曾在台灣執教，他也到過鹿寮坑寫生，他有一幅「苦楝樹」作品就是在我家後院的寫生。我家後院緊臨溪流，清澈無比。我小時候常跟三哥在河邊抓魚，抓回來的魚或在洪水過後去釣來的魚，經過熱鍋烘燻後可以存放、吃好幾天。我們五兄弟都有過端著飯碗，到後院溪邊吃飯的經驗，手捧著碗，一面扒飯，兩腳踩在清涼溪水中搖盪，也算是平常生活中的一種享受。母親則在溪邊用幾塊石頭擋住一塊水域，用來洗衣或清洗非食用的東西。至於飲用的水就得靠門前的一口井，也都要靠人力挑水。大哥讀小學三年級時就幫母親挑水，供燒飯及家人洗澡之用。因力氣有限，一回只能挑半桶，要來回走十幾趟，才能把一個水缸倒滿。

我們早年的住家是石砌牆木造房子，靠近河邊第一戶。有時雨勢稍大，河水就會沖到後院。有一次下大雨溪水高漲，上游沖下一名失足的小孩，幸虧母親即時將他救起，不然性命難保。1959年

❶❷
❸

❶ 我家老宅臨河的房子在「八七水災」被洪水沖走，父親站在僅剩的屋角旁，無悲也無淚。1959年8月攝。
❷ 春天來了，苦楝樹開著紫色的小花。
❸ 石川欽一郎所畫的〈鹿寮坑風景〉描繪我家後院的兩棵苦楝樹，收錄在他的畫集《山紫水明集》中，昭和7年（1932）。

的8月7日，艾倫颱風將熱帶低氣壓引進台灣，引起豪雨，引發空前之「八七水災」，臨河的整排房子都被洪水沖走，我家自然首當其衝。當時我在北師讀書，兩位哥哥也都在台北。大哥為了保存自己的學習紀錄，特別將成績單、畢業證書及相疊大約兩公分高的各種獎狀收在玻璃櫃頂上，不料全數被洪水沖走。家裡供奉多年的觀音卻貼在僅存的牆面絲毫未損。父親看到家屋被洪水沖垮，臉上無悲也無淚；但看到雕塑的觀音安然無恙，竟流下淚來。這座觀音後來被我大哥請到他台北的家裡供奉。

颱風來襲時，鹿寮坑對外通訊全斷，我一直到災變後暑假返鄉才知道家園全毀，住家只剩一面牆。看見童年嬉戲後院的河床布滿了上游沖下來的大石頭，心頭很痛。如今河的兩側都開闢成道路，河流看似變小很多。

父親雖從事民間神像畫，卻從未教我們幾個兄弟作畫。我對美術感興趣是在讀芎林中學後，蕭如松老師從竹東騎腳踏車到校授課，上課前先檢查畫水彩畫的顏料、畫筆、畫板等用具，沒帶的學生罰站到下課。他在教室教畫靜物或在校園寫生總是一個個指導，非常認真。我之前沒有寫生的經驗，在蕭如松老師指導下，大受啟發。用8開的水彩紙，有時畫校舍建築，有時畫操場邊的一排鳳凰樹，畫靜物則會先在黑板上出題，畫花或水果，有時也畫想像畫。他偶爾會講一些簡單的繪畫理論，也會拿他的作品給學生觀摩。他評分都用A、B、C標示成績。有一次，他看到我在校園的寫生畫說：「你哥哥已經是成名的畫家，你怎麼畫成這樣……」雖然如此，我一年級的美術成績還不錯，經常得A。他還送過一張親筆的風景畫賀卡鼓勵我，我覺得很珍貴，也相信被他肯定了。這張賀卡我一直珍藏至今。

❶
❷

❶ 何政廣在芎林中學校園鳳凰樹下 席德進攝影　1978年
❷ 蕭如松　頭前溪春日　水彩、紙 52×71.5cm　私人收藏

我就讀的芎林中學，就是現在的芎林國中。創立於1946年，是在創辦人首任校長湯天才奔走之下，獲得地方士紳鄒清之、鄒滌之等人，以及家長會、文林閣和聖帝廟等多方面的贊助，經當時的台灣省政府批准才建校。從我住家走到學校至少要四十分鐘。中學前兩年，我每天步行上學，直到升三年級的暑假，二哥何耀宗買了一輛腳踏車給我，終於有了代步的工具。每天騎車上學感覺很神氣，和走路全然不一樣呢！

三十多年前，有一次席德進和我們兄弟到芎林的飛鳳山寺廟住宿寫生，途經芎林中學，他特地替我拍攝一張站在校園鳳凰樹下的彩色幻燈片，還是寄去國外沖洗的柯達彩色底片，至今讓我印象彌新。

民間畫師父親

我的父親何信嚴，本名何阿嚴，少年時曾上學堂學習漢文，十六歲到竹東龍潭拜葉姓師傅學習民間畫像，足足三年四個月才出師。平日父親少話，跟家人互動不多。我讀小學時沒有特別喜歡圖畫課，但在節慶日子時，常見父親畫些應景的東西放在家門口賣，像在中元節，他會畫一種有圖案和寫字的令旗，讓人插在供物上面，做為消災解厄保平安之用，因為是五龍村的獨賣商品，所以常常供不應求，碰到那種狀況時，他會叫我幫他糊旗子，在一旁充當小助手。

父親畫的各種裝飾物，都是採用礦物性顏料畫在宣紙上。由於當年這種顏料都是自製，因此只有紅、黃、綠、藍等幾種顏色，那些顏色搭配所畫出的作品，和近代的製品相比之下，自然就顯得樸素莊嚴了。父親在拜師學習民間神像畫過程中，還要兼學倉頡、老

何信嚴　八仙圖（眾神之會局部）
1960　彩繪　146×80.5cm

南兲門
月
雨
南無觀世音菩薩

子、孔子、歷代聖君、忠臣、孝子等的故事畫。那些故事畫幾乎沒有畫譜參閱，只有靠天賦，同時熟背畫中人物的造型與衣飾。

民間畫工的彩繪作品是農業社會的產物，最能反映先民的生活習俗、宗教信仰和禮儀規範。民間彩繪最常表現在年畫、彩塑、壁飾、神像畫中，它的特色不若一般認定的正統彩繪──講究經營或造境，而是質樸，但又呈現無比的繁複與華麗。父親作民間神像畫，先用淡墨在宣紙上打草稿，然後裱褙。裱好了，再開始著色。他打一幅草稿至少要花半個月功夫，雖然未用尺和儀器；但打出的草稿線條圓滑方正，所用顏料也是自己採集天然顏料，研磨成極細的色粉，再拌以動物性的膠來作畫。通常他都先在紙上著色後，才用濃墨、粉白畫出輪廓，最後再加一些金線，增添光彩。

至今回想起來，父親跟我們幾個兄弟很難得有長談的機會。他幾乎不上茶園工作，平日居家就埋頭作畫，沉默寡言的他，和前來訂購神像畫的道士卻很有話講，我想，也許他們有共同的話題吧！小時候，外地來的道士不時上門向父親訂購「十殿閻王」等神像畫。雖然許多神像造型都有其淵源，有的依照故事來組織，像孝子傳、十殿閻王、十八重地獄等；但許多佛像造型例如阿彌陀如來的九品等都有一定標準。而每一種佛像的背光有著不同的花紋，像蓮華紋、飛天、火燄光、一光三尊式光、寶珠光等，這許多繁縟細節的組成要素，全靠父親的記憶一一呈現。

我猶記得他作畫時先白描再上彩，最後加上金線彩繪，上彩前先把白描的畫裱在木板上，家裡一進門就看見掛滿了的那些畫，感覺很恐怖。有時候他忙不過來，勉強讓我去幫忙替神像上色，我總是小心翼翼地深怕出錯，不過他要求相當嚴格，無論我怎麼用心，他總是不滿意，後來乾脆不讓我插手。

何信嚴　十殿全圖
上排為三清像：玉清（中）、太清（右）、上清（左）、中左為玄天上帝、中右為張太師、下方左右為十殿閻王
1960　彩繪　146×75cm

寒冰池
劍樹地獄

在台灣民間信仰當中，有很多與個人生命禮俗相關的圖像，其中最有名、對民間影響最深的是「十殿閻王圖像」。「十殿閻王圖像」又稱「十八層地獄圖」或「十殿地獄圖」，其功能是用來警醒世人，棄惡從善。該圖像是由十幅畫面，分成兩大主題，每幅敘述一個殿。兩大主題的第一部分是描寫人在公堂接受審判，第二部分是刻劃人犯發配到十八層地獄受罰和勞役情形。二戰前，民家、寺廟的佛像與「十殿閻王圖像」等幾乎都出自畫師手繪，在新竹大山背的樂善堂等寺廟都曾有家父的作品。戰後，手繪神像畫不若以前有市場，因為手繪被印刷技術取代了。版印的一張神像畫不過5塊錢，父親手繪的則訂價30塊錢，根本無法和低價的印刷品競爭。

父親為了養家，除了接受道士或寺廟委託畫神像畫，早年並在自家開設「日新寫真畫像館」，主要幫人拍身分證照及沖洗放大照片。暗房設在我家二樓，二樓後廳放著神桌，供奉著觀世音菩薩。後來因為生意冷清，寫真畫像館沒開多久就歇業。不過父親偶而會幫家人拍照，也在相片上用一些小趣味裝飾，顯示他的藝術想法。我的第一張身分證照片是父親拍的，我小時候也曾到暗房學沖洗照片，對攝影一直有濃厚興趣應是從那時開始，讀中學以後就喜歡自拍自洗照片，讀師範後，終於有了自己的相機。父親也曾兼做代書，替村民處理一些文書工作。直到1970年有天從大肚坐板車回家，在半路上跌斷了腿，因在家鄉一直醫不好，所以轉到台北就醫，住在大哥宿舍裡。

70年代，台北市的和平東路尚未拓寬，父親的畫室設在大哥開的畫框工坊一隅。那是一座日式房子，就在師專附小邊的小巷盡頭，屋旁有一條灌溉用的流水，從石級一路走到院子，花香撲鼻。父親在畫室外的竹棚養植蘭花，大哥找來一名書僮陪他。他的住處

❶❷
❸

❶ 何信嚴　普化天尊　1965　彩繪
146×80.5cm
❷ 何信嚴　太上老君　1965　彩繪
146×80.5cm
❸ 父親何信嚴70年代與他的神像畫作品，左為書僮。（劉其偉攝影）

掛滿了畫軸，有關公、釋迦牟尼佛、十殿閻王等等。那時候他的訪客不多，其中一位是畫家劉其偉。劉其偉對父親的民間神像畫十分仰慕，幾次拜訪父親，並以「老伯」尊稱。父親曾告訴劉其偉，台灣寺廟的和尚、道士誦經時，大半都會掛「如來和三千諸佛」、「太上老君」等神像。台灣許多寺廟的作品都是他畫的。在中國古時，神像畫都是出自道士、和尚之手，後來傳到民間，才有人專事這種工作。

父親的創作過程及用色等技藝，都未做成完整的記錄。劉其偉直到晚年每次提及先父還念念不忘，並說他多次拜訪，雖然聊到很多關於民間神像畫的話題，但是很遺憾未能好好將之做成筆記。我想，這也是做為子女的遺憾。

藝術兄弟

我在家排行第五。大哥何肇衢是長男，在他之前有一姐姐何秀娥。大哥之後，尾隨而至的有耀宗、恭上兩位哥哥，以及弟弟玉郎和妹妹秀齡。大哥比我長八歲，也許年齡差距的關係，我小時候對他印象不深，聽說他讀小學就揹著我，幫忙母親採茶種菜。當我稍微懂事時，他已經離家到台北求學。

我們兄弟五人從小看父親作民間神像畫，由於家境貧寒，並沒有特別的學畫機會，也不敢懷有做畫家的夢想。偶爾父親趕著交件，大家幫忙填顏色。大哥如今是台灣第二代知名畫家，他在五龍國小求學時就表現出藝術創作才華。他也很幸運碰到鼓勵賞識他的湯天才老師。湯老師是他國小一年級的導師，作品曾入選台展，後來創辦芎林中學並出任第一任校長。

大哥和二哥初中畢業後唸了高等科，家裡沒法供給繼續升學，

❶❷
❸❹❺

❶ 何信嚴　十八羅漢　1960　彩繪
146×80.5cm

❷ 何信嚴　康元帥　1960　彩繪
146×80.5cm

❸ 何信嚴畫稿　月宮尊者畫稿　1950
水墨畫紙

❹ 何信嚴畫稿　太陽尊者畫稿　1950
水墨畫紙

❺ 何信嚴　媽祖　1950　毛筆水墨畫稿
146×80.5cm

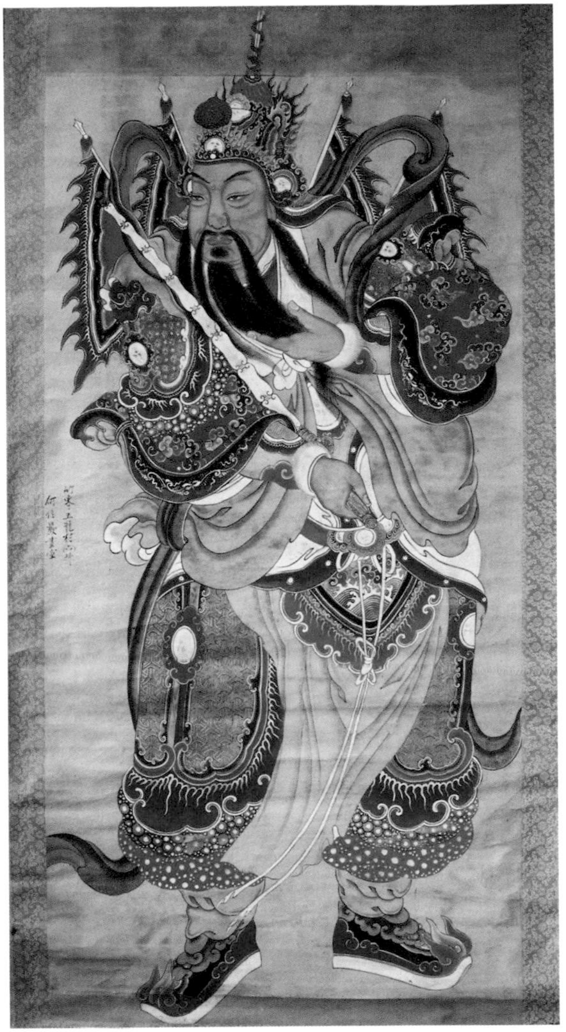

他倆帶著母親準備的鴨蛋和竹筍到新竹縣政府，拜訪父親朋友的弟弟縣長鄒清之，看能否在縣府安插工作。鄒縣長接見了他們，告訴他們年輕人窮沒有關係，如果不讀書求上進那才會一輩子貧窮，並告知唸師範學校不需要繳學費，包括生活費也可全免。他鼓勵兩個哥哥回家好好準備去考師範。鄒縣長並且要他們把竹筍和鴨蛋帶回去：「家中已經是度日艱難了，還帶什麼禮物，快帶回去自家食用吧！」

縣長的一席話改變了何家兄弟的人生。那時候，新竹也有師範，但是沒有大哥喜歡的繪畫科，隨後打聽到台北師範有藝術科，兩個哥哥也如願考上，到台北發展，帶動日後三哥恭上和我進入台北師範藝術科就讀。

讀師範學校藝術科圓了大哥的夢想，他得以自由自在地學習，以優秀的作品參展並得獎。1952年，大哥、二哥雙雙畢業於台北師範學校，大哥由於在校成績優秀，經北師附小校長王鴻年聘為美術老師，也如願地踏入台灣藝壇，他在北師附小服務了三十年之久，以校為家，而且設立美術教室，培育學子。在早年，大哥也曾開設畫框工坊，幫人釘畫布，許多畫家像孫多慈、顧福生等人都曾是他的顧客。他從藝術相關的創作與服務當中豐富了生活，獲得許多樂趣。

二哥何耀宗在北師成績都在前三名。他畢業後在大安國小擔任三年教職後經保送到國立師範大學，畢業後應聘到「東方廣告公司」，因幫武田製藥廠製作「五燈獎」節目而聲名大噪。50年代順應台灣經濟起飛，現代設計觀念引進國內，他從純藝術創作轉入應用美術的設計和廣告領域發展，在日商公司擔任美術設計及廣告企劃，前後五次派往日本研究考察商業設計新觀念及應用技術，並在大專院校美術、廣告科系兼課，教授設計及廣告課程長達二十五

大哥何肇衢送我的畫作

何肇衢　風景　1987
油彩畫布　45.5×53cm

年，著有《商業設計入門》、《平面廣告設計》、《色彩基礎》等書。二哥早年曾參加學生美展、教師美展、台陽展、省展、全國美展及今日畫展等各種美術活動。從台灣田邊製藥公司及任教文化大學美術系屆齡退休後，重執畫筆，再度全心投入繪事。

三哥何恭上長我兩歲，他也是受大哥影響，在初中畢業後進入台北師範學校就讀。畢業後，在台北市銘傳國校教美術，後來到《國語日報》擔任美術編輯，早年並曾在香港雜誌社和台灣報紙藝文版寫藝術專欄，70年代出版了台灣第一本禮物書《永恆的喜悅》和一套小卡片，風靡一時。後來創辦「藝術圖書公司」，數十年出版藝術圖書無數，在台灣藝術出版事業占有一席地位。

么弟何玉郎小我六歲，在我家五兄弟中是唯一沒有學藝術的；他從國立台北工業專科學校（1997年改為國立台北科技大學）電機系畢業後即赴法國，進入格倫諾柏大學深造，並定居法國，事業有成。

在台北師範的日子

乘坐慢車赴考場

我在芎林中學就讀時，受到蕭如松老師的鼓勵和影響，加上三位哥哥都選擇唸公費且合乎自己興趣的台灣省立台北師範學校藝術科就讀，所以在初中畢業後，我也報名參加北師考試。好像同校應屆畢業生有十幾個人報考北師，只有我是選擇藝術科，其他同學都考普通師範科。1955年，十多歲的我從竹東搭火車北上赴考，因為是慢車之故，站站都停，雖然我是頭一次遠行，而且是到台北，可能心理的考試壓力，似乎也沒有些許興奮，帶著錯綜複雜的情緒直到走出台北火車站，換上公車到和平東路的大哥宿舍才清醒過來。

時隔近六十年，今天回想當時應考的情形，對考素描印象最深刻。記得在北師的素描教室考畫靜物時，周瑛老師還曾走到我旁邊看了一會兒。1955年我順利考入台北師範藝術科，1958年畢業，成為校友習慣以畢業之民國年代稱呼的北師「47級」生。

母校在芳蘭之丘

台北師範創立於1895年，最早叫「芝山巖學堂」，1896年改稱「台灣總督府國語學校」，1920年改名「台灣總督府台北師範學校」。當時台北市和平東路二、三段到六張犁母指山麓一帶，古

❶
❷❸

❶ 北師藝術科素描課一景，左前方為何政廣。1956年。
❷ 台北師範校門及紅樓　1958年
❸ 台北師範的舊禮堂

地名稱為「龍安陂」，從「龍安陂」南至基隆路，北向通化街、信義路的地區，是以「台北師範」為中心。新建校舍位在於大安區的芳蘭山附近，因而校舍就以「芳蘭」稱呼。後來，因台灣學生與日本學生起衝突爆發學潮，1927年創立台北第二師範學校，分為台北第一師範學校和台北第二師範學校，並將原台北師範學校之台籍學生全數遷入第二師範學校，第一師範學校只收日籍學生。1943年兩校再合併為台北師範學校。1945年更名為台灣省立台北師範學校，1961年改制為台灣省立台北師範專科學校，1987年升格改制為台灣省立台北師範學院，1991年改隸為國立台北師範學院，2005年升格改制為國立台北教育大學。

初進台北師範校門，只見紅樓矗立，心裡還想學校會不會也帶些浪漫的情調？事實上，我就讀時的北師學生都受到嚴格的軍訓管理。當時學校接受美援，經指定試辦為「社會中心教育示範學校」，推廣「學校即社會」、「教育即生活」的理念。在新生訓練時，教官就強調北師是要訓練學生「德、智、體、群、美」五育兼備均衡，以及自動自發的學習態度。學生到校註冊報到，隨身要準備十塊抹布和一把鐮刀，抹布交給學校和自己備用，鐮刀則用來在勞動服務時清理學校草地。在校時，無論起床、早晚點名、上下課、用餐、出操、晚自修、就寢都用吹號。大約二十多人住同一間宿舍，分上下舖。起床後，每個人都要將棉被疊成如豆乾一般工整，盥洗用具和鞋子也要定位置放，三餐到食堂必須排隊入座。早餐喝美援的奶粉配饅頭，午、晚餐吃米飯配菜，學生會輪流去買菜給廚師烹煮。因為男學生都在發育中，食量較大，所以常出現搶食畫面。有時我吃不飽，就會到學校福利社買波羅麵包，當時吃麵包的滋味至今回味起來，還存在著無限的幸福和滿足感。當時供應福

❶
❷

❶ 藝術科同學於校園合影，後排右二為何政廣。

❷ 1958年，台北師範藝術科47級同學合影，第三排右起第三人為何政廣。他前面著西裝男士是黃啟龍老師。

利社麵包的「福利」麵包店，至今還在營業呢！

當年讀師範不但學雜費等全免，學校還會發零用金給學生。我除了買一些補充的果腹食物，其餘都用在買書或買美術材料。在校時候，每周日可以放假外出；但我幾乎都沒有把時間花在娛樂上面，有時到圖書館看書或到素描教室畫石膏，有時上街，頂多也是到重慶南路一帶的書店像「東方出版社」、「鴻儒堂」等處看書。有時則到中山北路的「學校美術社」買美術材料。少年時代覺得「學校美術社」店面滿大的，和今天看起來好像有些差距，也許

在那個物質匱乏的年代，人的慾望微小也容易滿足，所有的視覺觀瞻都在一個比較小的標準下成形吧？

隨著時代變遷，今天台北的和平東路車水馬龍，原本北師校園周遭的景致已改觀了，好像只有學校的舊禮堂猶存。這個具有歷史的大禮堂大約建於1927年前後，被指定為台北市古蹟。據專家李乾朗的研究，該禮堂為大跨距建築，屬於典型紅磚造的禮堂建築類型。單面（東側）設置拱廊，磚牆為Dutch式砌法，所用紅磚品質極為優良，而且砌功精密。禮堂的外牆有扶壁，走廊有拱形樑，立

1958年7月，台北師範47級畢業典禮全體師生合影。

面開有拱窗，建築現況良好，是少數僅存的師範學校建築，足以見證台灣的教育史。

師長和同學

我就讀時的北師校長是劉平侯博士，他早年留學紐約大學，教育方式講求民主自由，尊重他人。我未曾跟他有過單獨的談話接觸；但多次聆聽他在台上講話，總覺得他非常有為人師表的風範，他對學生也是充滿了關懷和期望。

北師的藝術科於1947年設立，是台灣最早的藝術科系之一。我就讀的時候，藝術科每年級只有一班。我們班的導師是黃啟龍，他並擔任圖案設計、藝術概論和素描等課程。其他在藝術科授課的老師有周瑛（教素描、版畫、水彩）、陳望欣（教工藝、國畫）、陳雋甫（教國畫）、孫立群（教素描、水彩、透視學）、宋友梅（教工藝、家政）、吳承燕（教工藝、國畫），以及擔任絹印和藝術概論的沈新民。其中，黃啟龍、孫立群、吳承燕和沈新民四位老師皆畢業於上海美專，周瑛、陳望欣和宋友梅則出身於福建省立師範，陳雋甫則是溥心畬的入室弟子，畢業於北平藝專。藝術科的課程除了國畫、素描、版畫、水彩、透視學、圖案設計等專業科目之外，還要讀國文、三民主義、教育概論、教育心理等普通科目。另有工藝和家政課，工藝課含括雕塑，家政課則教導園藝、烹飪和縫紉。

黃啟龍老師因從一年級到三年級都是我的班導師，所以接觸最多。印象中他出現在學校時都是穿西裝、打領帶，頭髮用油抹得光鮮亮麗。那時，他在台灣的布市場是很有名的花布設計師，作品十分受歡迎，收入豐饒，同學看黃老師的穿著打扮都說他很富有。在北師求學期間，黃啟龍老師曾對我說：「你畢業以後一定要找自己有興趣的事去發展，如果去做沒有興趣的事，就會事倍功半！」這句話我牢記在心，也對我後來的人生規劃產生了影響。

台北師範藝術科的教育在我的感覺是相當嚴格。記得孫立群老師教導的石膏素描在上課時間無法完成，就得利用周日繼續畫。一座石膏像有時好幾個星期才能交卷。當時藝術科學生所練習的石膏像有美神「維納斯」、古羅馬的軍人「阿古利巴」，以及木馬屠城記中的特洛伊城祭司「勞孔」等。看似簡單的人像造型，用木炭畫起來並不容易。

和我同班畢業的47級同學，有雷驤、李錫奇、劉武雄（七等生）、劉煥獻、張金星、戴清村、魏美婉等。雷驤是知名的作家和攝影家；李錫奇長年作畫有成，名聲響亮；劉武雄（七等生）在文壇有地位；劉煥獻和張金星經營畫廊，早已打造金字招牌。劉煥獻當學生時，素描成績很好，頗得黃啟龍老師賞識，因為我倆都是新竹客家人，所以私下感情不錯。我在校的成績中等，也許是鄉下長大的緣故，在同學當中我顯得木訥安靜。但雷驤就完全不一樣了，他是半途從台南轉學來的，聰明靈活而且點子特別多。劉武雄（七等生）也很活潑，當他對學校伙食有意見時，會跳到餐桌上跳踢踏舞。李錫奇是來自金門的保送生，在班上也是頑皮活躍分子。戴清村是茶藝專家，魏美婉是漢學家、日治時期《台灣日日新報》的漢文記者魏清德的女兒、名醫魏火曜的同父異母妹妹，我們班上女生好像只有九位，她是其中的一位。

創作，從刀和筆開始

在宿舍走廊做木刻

台北師範藝術科並無木刻的課程，因為個人對這方面有興趣，知道周瑛老師擅長木刻，就利用課餘時間跟同寢室的李錫奇到周老師家學木刻。我當時還是在校學生，既有的生活體驗幾乎都是來自家鄉，所以木刻多半以在鄉間所見的農村景象為題材，像〈插秧〉、〈耕者有其田〉、〈日出而作〉、〈廟會〉、〈苦楝樹〉、〈山地風光〉等是刻畫自家耕作情形及住家周邊景象，〈浣洗〉、〈水邊人家〉等是以我家後院的水流為題材。有一些作品是來自寫生，像〈淡水風光〉、〈教堂〉、〈觀音山遠眺〉、〈台北南昌街菸酒公賣局〉等都是現場寫生後，回來再將風景刻在木板上。

除了熟悉的題材，我因為喜歡到學校圖書館看書，有時翻到一些外國書報畫冊，也會從中得到靈感。像一件孩童對羊吹笛的習作，就是看到畢卡索作品〈牧羊神〉得到的啟發，〈苗舞〉則是仿印度舞蹈的姿勢。另外，我在假日會到台北重慶南路的書報攤翻閱雜誌，不時也會從香港進口的《樂園》、《祖國》周刊等刊物看到黃榮燦、方向、周瑛、陳其茂等名家的木刻作品，都成為我學習的對象。

在校期間我非常沉迷於木刻，時常在宿舍熄燈後，都會拿著木

❶❷
❸❹

❶ 何政廣的木刻〈少年吹笛〉 1957
❷ 何政廣的木刻〈鄉村〉 1957
❸ 何政廣的木刻〈山地風光〉 1957
❹ 香港《祖國》周刊的封面，右中圖是何政廣的木刻〈夜課〉 1959

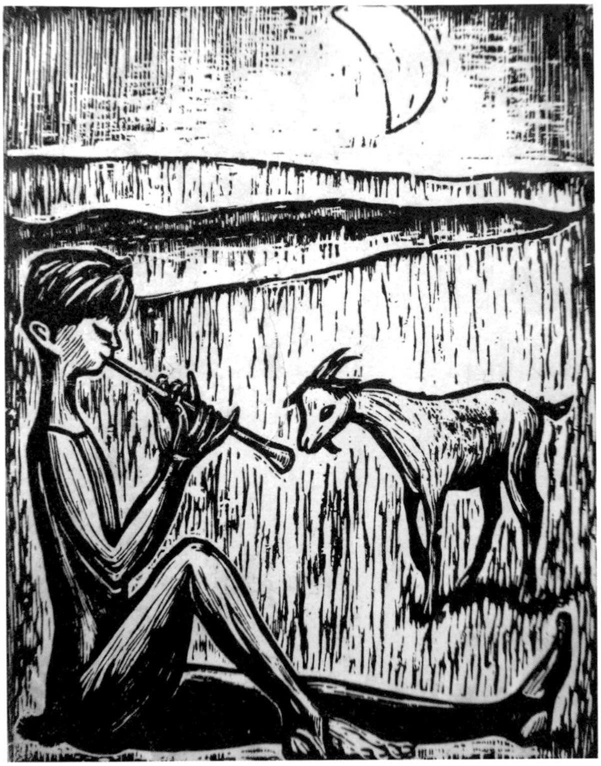

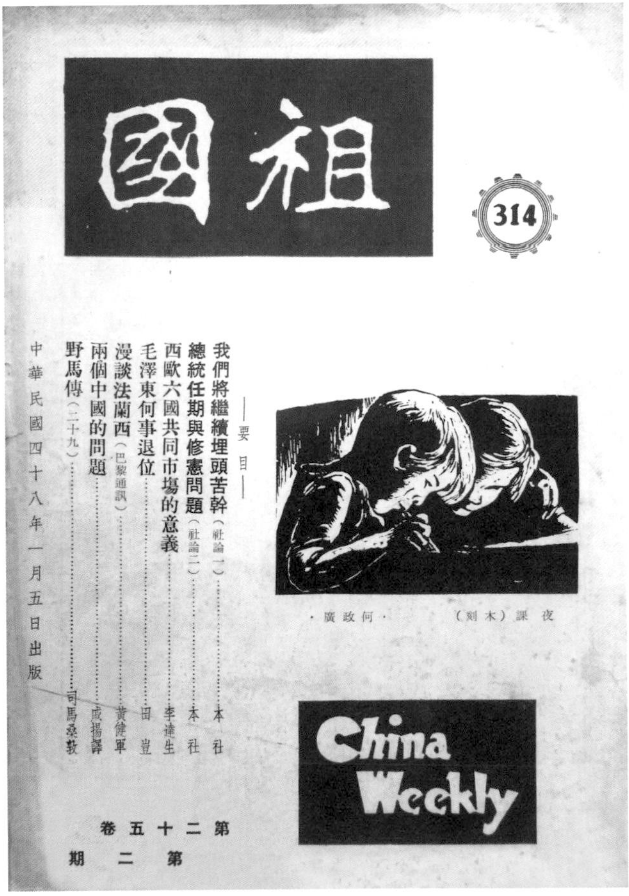
祖國

314

—要目—

我們將繼續埋頭苦幹（社論一）……本社
總統任期與修憲問題（社論二）……本社
西歐六國共同市場的意義……李達生
毛澤東何事退位……田豈
漫談法蘭西（巴黎通訊）……黃健軍
兩個中國的問題……成揚譯
野馬傳（二十九）……司馬桑敦

中華民國四十八年一月五日出版

夜課（木刻）·何政廣·

China Weekly

第二十五卷
第二期

板和工具到走廊做木刻，在昏黃的照明下，投入屬於我個人的創作世界，回想起來，那真是一段美好而不孤單的日子，簡單的一把刻刀，好像主宰了一個離鄉背景的青年學子心靈。有的同學晚上躺在床鋪上想家，我的思緒卻在刀痕中化成圖案。我在二年級時將木刻作品投稿到《祖國》周刊，得到十塊港幣的稿費，當時那是很高的稿酬。後來我在圖書館、書報攤翻閱期刊時，都會留意有關徵稿啟事的內容，我的木刻好幾次都登上《海風》雜誌的封面。

除了木刻，當三年級課程有陳望欣老師教導剪紙之後，我也愛上剪紙，一連做了〈水牛望月〉、〈採木瓜〉、〈逍遙遊〉等作品。1961年的新年，《中央日報》刊登我的一幅〈恭賀新禧〉。我也經常投稿到香港出版的美國新聞處刊物《今日世界》，有一期的《今日世界》登了好幾張我的剪紙作品，像〈恭喜發財〉、〈雙喜臨門〉、〈竹報平安〉等都是，當時看到自己的作品刊在那刊物的封底，真是喜出望外。可惜都沒留下早年的剪紙作品。

至於木刻，有朋友問我那些木刻的原版呢？説實話，當時用的是烏心木，對一個窮學生來説烏心木的價格並不便宜。我每次拿到稿費就會買回一些烏心木，為了物盡其用，我在木板的正反面都刻，兩面刻完，再找木匠把原刻的圖案刨掉，繼續兩面再刻。如此幾次重覆使用，原來的木頭變成怎樣可想而知，這也是我手邊沒有木刻原版的原因。

至今回頭來看早年的剪報，發現那許多木刻或剪紙好像很幼稚、不成熟，也許年歲增長了，少年時代對創作的狂熱不復存在，對自我的要求也遠較當年嚴苛；但是在光線昏暗的宿舍走廊上刻畫的愉悦心情，始終沒有從我的記憶中消失。此時此刻，似乎還能感受到手握著刻刀的溫度。

何政廣撰寫的〈談版畫藝術〉發表於1967年12月11日的《台灣新生報》

談版畫藝術

第廿二期

版畫（Estampe法語Bilddruck德語）是依賴鏤刻和腐蝕的技法，在銅、木、石及其他各種媒介物的表面上，描繪形態出所要表現的形態，然後塗上油墨或水性顏料，再以紙或布拓印呈現出來的一種繪畫。它與一般肉筆直接描繪而成的繪畫，格調截然不同，版畫所獨具的韻味，色澤上的特性——黑白強烈對比或是多彩色的套印效果，以及「版」的材料在拓印時帶給畫面的一層物質性的肌理，都是油畫或水彩畫等所無法表現出來的。而在「版畫」的機能上，它則具有「複數性」的特質，作者完成製「版」的過程後，可以自由地決定所要印製的張數，同樣的每一張都保存有「原作」的同等價值，這也是版畫所具有的一種異於一般繪畫的特性。這種特異性，吸引了許多藝術家的興趣，促使現代藝術家們競相嘗試版畫的創作，也促成現代版畫達到一個蓬勃發展的景象。

版畫的種類及技法

製作版畫的材料，通常多用木、銅、石等，所謂木版、銅版、石版畫等，就是依其材料的名稱而延以稱呼。除了木、銅、石可以做為版畫的材料外，其他各種材料也都可以做為版畫的媒介物，例如壓克版、鋁版、橡皮版、石膏版、絹版等。通常，說明版畫的種類，有人即以材料去分類，用某種材料做成的版畫，即以這種材料名稱呼這類版畫。不過，以版畫的理論來說，最適當的分類法是根據「版」的形成原理，而對版畫做一分類，依據這種分類法，版畫的種類可以歸類為下列三種：

凸版（如木版等）

凹版（如銅版畫）

平版（如石版畫）

凸版技法是先在版面上作出凸出的部份，然後在這凸出部份塗上油性顏料，拓印在紙上。一般木版畫都是採取這種技法。凹版技法是在製成凹凸[illegible]印在紙上，這好與凸版完全相反。銅版畫即採用此技法，在版面用腐性藥水腐蝕出凹入的線條，再把顏料塗在版面上，然後再把版面刮一次，使顏料只剩下留在凹入的部份，再予以拓印。平版技法是一種特殊方法，在平面的版上，利用水和油性的反撥作用，將拓印的部份塗以顏料，拓印於紙上，石版畫均為利用這種技法。

此外，在傳統的技法中，尚有所謂「孔版畫」，其原理是利用洞孔將油墨從版面滲透過紙面或布面，而作成一種版畫，蠟印版或絹印版畫均採用此法。蠟紙和絹布上都有許多小洞孔，在這種版面上先設計好畫面，將不必要拓印的部份用一種膠水塗去（有的利用暗房沖印方法，以焦糖代替膠水，其方法甚為複雜，這裡無法詳述），然後把所要拓印的紙擺在絹布的下面緊貼住網，布版面上用橡皮滾印上油墨，使油墨滲過洞孔，印在紙面上。孔版的技法，不止於此，例如先刻出一種形象的洞孔，將油墨拓印於紙面（畫面）上，亦稱為孔版畫。

以上所述的是版畫在傳統上的技法及分類。實際上，版畫的技法運用，只要懂得其基本的原理，創作者是可以自由去運用的，並無硬性規律，你可以將某種的版畫技法予以靈活的運用，亦可將多種技法混合應用。尤其是現代版畫，很多是採取多種併用技法。例如東京國際版畫展目錄上所說明的版畫技法上指出，現代版畫技法除了木版、銅版、石版、孔版技法之外，倘有「混合技法」及「併用技法」，所謂混合技法，是在同一版面上，同時使用兩種以上的製版拓印技法。併用技法則是將凹凸版、平版等製版技法合併使用，打破某種固定技法的限制。因此，版畫的技法，在今日來說，只要你能做出一種版面，透過這種版面拓印出來的，都是屬於版畫，至於製版的技法，則無固定的限制。做為一位版畫家，你只要選擇一種適合於自己表現的技法，即可發揮你的創造力。版畫中的許多效果和技巧[illegible]

版畫的歷史

在版畫技法中，最古老的一種為木版畫。木版畫即我們習稱的「木刻」。木版畫起源於我國，爲時已三千多年。漢代的畫像石與畫像磚在彫刻技術上與版畫技法極爲近似，這類在平面的石板或磚面上所作的浮彫畫像，題材包括神話、傳説、生活習俗與農村風光。如果將它拓印下來，即成爲一幅優秀的版畫作品（參閱附圖）。深具樸實渾厚的韻味。

現在我們能看到的古老的複製畫，都是屬於木刻版圖、民間的年畫，都是屬於木刻版畫的一類。例如倫敦的大英博物館收藏有我國唐咸通九年（公元八六八年）的金剛般若經，此一古老的繪本，扉頁上所印着的木版畫，極爲精巧。由此可知我國的木版畫在古代即已非常發達。在唐代許多佛經插畫多利用木刻版畫。從五代到北宋，宋版畫的插圖亦極緻密。南宋（一一二七——一二七八）元代（一二七九——一三六七）木版畫遺品較少。到了明代則又顯得極爲發達，當時的木刻畫多半用在插畫及原繪，題材多爲山光水色的風景畫或人物畫。

現代的木版畫從繪畫始以至拓印，概出於一人之手，稱爲「創作木刻」，過去的木版畫，製作過程與今日不同，即繪畫、彫鏤木刻、拓印等均經過三個不同的人去處理，被稱爲「複製木刻」，視它爲印刷工具。沒有認它爲藝術品。

十四世紀西歐盛行的宗教印刷品插圖，就是我國傳去的木刻版畫。繼至十九世紀，我們的箋譜、日本的浮世繪（日本的錦繪、浮世繪都是從我國傳去的木版畫而發展出來的），更給予西方藝術家很大啓示。

在西洋的版畫發展史上，除了木版畫從我國傳去之外，最值得注目的是他們發明了石版和銅版印刷術，使石版畫和銅版畫日漸發達，擴大了版畫表現的領域。

下面我們分別談談西洋木版畫，石版畫和銅版畫的發展史。

木版畫

木版畫（Woodcut 英語，Gravure Sur Bois法語，Holzschnitt德語）在木面的使用上通常劃分爲「木紋木版」和「木口木板」兩種。前者是縱剖面的木版，後者是橫剖面的木版，[illegible]版，在歐洲較爲發達，木紋採用梨木、櫻木及黃楊木。

木版畫是版畫中最原始的技法，它是在木板表面用刀刻繪，塗上油墨再覆印。通常用黑色油墨拓印，使畫面呈現出單純的黑白對比。歐洲用黑白以外的其他顏色，是十六世紀以後的事。

木版畫在歐洲的發展，始於十四世紀末葉至十五世紀初葉的插圖。當時德國一般家庭用的護符圖、月曆表，均以廉價的木刻版畫取代高價的細彩色畫。另外有一種說法是十四世紀末至十五世紀初，德國曾經製造人在彫刻骨牌之外，也彫基督像，印出畫像。

一四三〇年時德國出現了木版印刷的書籍。一四六〇年活字印刷本的插畫最初在德國被利用。當時的木版畫所看重的標差輪廓的描繪。一四八〇年著名的木版畫家——紐倫堡的歐肯姆特，作了許多素描，供彫版師鏤刻。其後，德國大藝術家杜勒、克拉納哈、布格曼姆、荷巴因等人都利用木版畫作爲藝術表現的手段之一，尤其是杜勒的「約翰默示錄」及其他宗教題材的木版畫傑作，更是北歐文藝復興時期的偉大藝術遺產之一。

義大利文藝復興時期的大畫家們，雖然很少從事木版畫的創作。但是義大利對木版畫的套印色彩卻有很大貢獻，因爲有一位義大利畫家伍格達·卡爾比（Ugo da Carpi 1450——1525）研究木版畫的套色方法，使木版畫的拓印技術大爲進步。十六世紀前半期，尼德蘭諸國在銅版畫方面顯得較爲發達，木版畫一度陷於沒落。

直到一八〇〇年，英人湯瑪斯·畢維克（Thomas Bewick 1753——1828）提供出木口版畫的技法，過去的木版畫之版木是將梨、櫻木縱切作成木紋木版。他提出的新技法是選用硬質的黃楊木爲材料，橫切作成木口木版。採用尖針彫鑿，線條極爲纖細，對明暗光影的表現，效果特別良好。後來英國在木口木版畫上的成就甚爲可觀。此外，德國的雷杜爾（Alfred Rethel 1816——1859），法國的格朗維爾（Grandville 1803——1847）及吉斯塔維德翰（Gustave yifte 103——1883）在木版畫方面也都有很高的成就。

不過在一八六〇年以後，「複製版畫」反而較「創作版畫」更爲發達，因爲那時木版畫被大量地用在印刷上面，忽視了藝術創作。這種趨勢，直到攝影製版印刷術興起之後才告消失。

到了十九世紀末葉，木版畫在純藝術創作上，又開始呈現復興的趨勢，有一部份藝術家採用新的表現方法，開始從事新的嘗試。二十世紀初葉的德國表現派畫家們也特別對木版畫發生強烈的興趣。後期印象派的高更、那比派的莫里斯·德尼、孟克等，在木版畫的創作上，均有相當傑出的建樹，使現代的木版畫和一般繪畫同樣的成爲一門獨立的藝術，而不再是插畫或單純的印刷技巧。

石版畫

石版畫（Lithography英語）係德國人塞內費達（Jahann Aloys Senefelder 1771——1834）於一七九八年發明的印刷方法。塞內費達發明這種印刷方法，本來並非爲了藝術上的目的。後來卻被藝術家們用來作爲創作繪畫的方法。石版畫的製作，由於材料運用上的方便，頗能讓畫家自由的發揮，表現出個性，直接轉寫出創作者的構圖。因此這種生動而自由的印刷法，特別受到現代畫家的熱愛，諸如著名的現代畫家馬諦斯、畢卡索、勃拉克、盧奧、艾倫斯特、米羅等人，都曾嘗試石版畫的創作。直到今日，這種版畫技法，還是最受藝術家們所樂於運用的一種表現技法。

銅版畫

銅版畫（Copperplate Print英語，Kupferstich德語）是屬於凹版印刷，在銅版上用鋼鐵製的彫刻刀鏤刻線畫，並經常化學藥水的處理。最早的銅版畫是在一四四〇年出現於德國。其種類包括下列數種：

①腐蝕版——Etching，蝕刻凹版法。先在銅版面塗上蠟或混合其他防蝕物質。然後在防蝕層面上描繪輪廓，使用彫刻針劃去不必要的層面，露出銅的表面，再以化學藥劑[illegible]腐蝕版面的部份，最後才把版面的防蝕層洗去，即成爲一塊彫刻完整的版面。拓印時先將油墨塗上整個版面，再用軟布拭去凸出部份的油墨，凹入的部份仍留下油墨，拓印成一幅版畫，從事腐蝕版畫最著名的藝術大師爲荷蘭的林布蘭特。

②銅版蝕刻法——Aquatint，刻蝕凹版法的一種，在銅版面上撒以瀝青的粉末（或耐蝕性的樹脂粉末），然後再利用腐蝕液作用製版，等於塗上防蝕劑，瀝青粉末大小及稀密，在拓印時可以形成微妙的濃淡效果。此技法的印刷效果與水彩畫頗爲近似。

③銅版彫刻法——Drypoint，彫刻凹版的一種（不用腐蝕），利用特製的銅版彫刻針，在銅版上（或用亞鉛版）直接彫出線條。這種用彫刻刀直接在版上彫鏤的版畫，效果不同於使用腐蝕液腐蝕的版畫。這種彫法亦可在所彫的凹線兩側彫出斜面，刻出暈刻的效果。

④版面刮印法——Mezzotint，在滾上油彩的銅版面上，用特製工具（如刮刀）刮去不必要部份的色彩。利用此法可以調節色彩的明暗調子。這種技法是十七世紀德國人梵吉更（Ludwig Von Siegen 1609——1676）研究出來的，後來卻在英國盛行起來。

以上所談的是西洋版畫在技巧發展上的經過，至於內容（題材）及表現的形式方面，西洋版畫藝術與其他繪畫大體上是一致的。例如中世紀的繪畫題材，多屬宗教性的，當時的版畫內容，也帶有濃厚的宗教氣氛。自然主義的繪畫興起後，很多版畫所表現的也多是自然界的景物，洋溢着濃郁的田園風光，農夫的生活景象等。再如表現主義的繪畫出現後，許多版畫的題材，也帶有表現主義的色彩。這是因爲藝術家們，已經把版畫視爲繪畫的一種工具。一種創作上的意念，可以表現爲油畫或水彩等繪畫，同時也可以利用版畫來表現。它在藝術上的價值完全是相等的。所以，從版畫作品表現的趨向，我們即可窺出繪畫的新趨勢。

西洋的藝術，自從二十世紀初法國的立體派出現之後，接着有未來派、構成派、達達派、純粹派、超現實派、抽象派等新奇流派先後出現，在二次世界大戰後更有非定形派、另藝術、空間派、抽象表現派、以及最近興起的普普藝術和歐普藝術。在這許多新藝術思潮激盪之下，版畫藝術也有了革命性的新面目呈現出來。許多從事版畫的創作者，都以一種新的觀念、新的技巧去實驗、去創作。這種新的版畫，通常均被概括在「現代版畫」的範疇中。在戰後，這種「現代版畫」的創作風氣極爲旺盛，呈現一片璀燦美景，很值得我們在這裏做一番的分析與探討。

現代版畫的先驅

談起現代版畫，首先應該提出的人物是著名的銅版畫家海特爾（W. Hayter）。海特爾是英國人，被尊爲現代抽象版畫表現的先驅者。他於一九二七年在巴黎創設「十七畫室」，直到現在他仍在這個「十七畫室」從事版畫的研究，並指導學生們製作版畫。

「十七畫室」位於巴黎近郊的一角，是吉[illegible]公園的一座凹字形七樓建築物。進出這個畫室的包括不同國籍的版畫愛好者，這個畫室的主人，即創設者海特爾，在指導版畫技法時，並不以教授自居，他等於是製作版畫的一份子，與大家[illegible]研究所的地方，卻毫無一般繪畫研究所的[illegible]，一流的畫家們與青年學生都在一起研究，相研究製作，也可說是「十七畫室」的一大[illegible]。另外他們都注重培養每一個人的獨自表現的各種技法。現代畫家米羅、艾倫斯特、卡爾德、柏洛克、達希爾巴、[illegible]等都在海特爾的「十七畫室」學習過銅版畫，海特爾對於畫家製作銅版畫，在技法上幫助甚多。其影響很大。

海特爾一九〇一年生於倫敦，最初原希望做一位化學家，一九二一年進倫敦大學習化學，但他對繪畫有極濃厚興趣，研究藝術的有機化合物時，發現[illegible]的可能，也因此導至他對利用銅版的腐蝕效果有興趣。今天他對銅版畫的複雜技術之運用及發明一版多色拓印的方法，早年這段對化學的研究經驗給他幫助甚大。

他正式埋頭銅版畫的研究，是在一九二七年創設「十七畫室」的時候。他認爲蝕刻畫純粹是一種獨立的藝術，不應僅只是複製繪畫的一種技巧。因此他以一種創造藝術的態度，致力於銅版畫技巧的改革，給銅版畫開拓了新的境界。

然而最值得讚賞的還是他能夠將自己所發現的銅版畫一版多色拓印的方法，公開傳授。他的這種一版多色拓印的複雜技法，是利用油墨油度的濃淡效果等簡單原理爲出發點的。我國青年畫家廖修平，去年赴巴黎研究美術時，曾進入海特爾的「十七畫室」研習版畫的技法。據他說，他在「十七畫室」所學得的銅版技法，將凹凸版的併用，這種技法的製版，多採用強度腐蝕的金屬版（銅、亞鉛、鋅版等），在腐蝕後凹凸程度產生強烈差異。利用這種技法，是在製成的版面上，先在凹部填上顏料，然後拭去凸出部份的油墨。其次以硬皮滾筒着上另一種油墨和料滾過版畫，使凸部着上色彩。另外還利用軟橡膠滾筒着色經過版畫，讓硬皮滾筒接觸不到的淺凹部或面積較大的凹部份中央面亦可沾上顏色。同時爲了避免各層次色彩相混合，便在各色中滲進數目不同的版畫用亞麻仁油。版面着色完成後再利用凹印機印出畫面，因此在一塊版面上拓印一次即可出現多種多種色彩。又由於此種過程的繁複，創作者在製作過程中，可以隨時考慮運用各種表現的可能性，發揮出版畫的最佳效果。

海特爾對銅版技術着手研究的同時，對造形理論也有相當深入的研究，而他的版畫技法之表現，也可以說是建築在他那獨自的造形理論上。他的多數作品，多屬於理論的構成，色彩也顯得變化多端。他在一九三一年時曾參加超現實主義運動，那時他的作品，以人及馬爲主題，用連續性的曲線條構成，令人聯想到受了原始藝術的影響。在戰後他的很多作品，都在表現海港夜色，色調傾向藍黑，在幽黑底色中，很突出的把主題用明色對比表現出來。近年來他的作品，多屬於運用複雜的線條與色彩，構成一種爆發、激動、放射狀的抽象畫面。在緻密的技巧、新穎的形式、豐富的色彩、豪放的情感之外，其作品也富於幻想、神秘的氣氛。色彩與空間美的表現，是他所特別強調的一點。這位被稱爲「現代版畫的先驅者」，亦有「銅與腐蝕的魔術師」之譽。由於他對版畫的深入研究，以及鼓勵畫家們從事版畫的創作，已經促成現代版畫的復興。他在現代版畫界的地位卓然而立，有了不可磨滅的功績。

歐美的現代版畫

促成現代版畫全面盛行的一大動力，是今日國際間主辦的各項國際版畫展。今天，在許多大規模的國際美術展中，都設有版畫部門。例如威尼斯國際雙年美展、聖保羅國際雙年美展，每屆均設有版畫部門，並且頒與版畫大獎。專門以版畫爲主的國際性展覽，則有瑞士魯卡諾國際版畫展以及 Ljubljana 國際版畫，日本也在一九五七年創設東京國際版畫展，另外，尚有各國間相互舉辦的版畫交換展，由美術館主辦、畫廊企劃或由版畫家本身策劃交換展。透過這許多版畫展覽，可以充份看出，近年來各國創作版畫的風氣，已經相當盛行，除了專門以創作版畫爲主的版畫家之外，一般畫家、彫刻家兼作版畫的也極多。尤其是現在活躍國際藝壇的畫家而無版畫作品者，可說絕無。因此，歐美的現代版畫，如果以創作者的身份來區分，可以分爲兩類：一是版畫家創作的版畫，另一種是畫家、彫刻家創作出來的版畫，例如德國表現派畫家諾爾德、[illegible]、白格曼，以及法國畫壇巨匠馬諦斯、勃拉克、盧奧、畢卡索等的版畫作品與油畫同樣的優秀。這些畫家們創作的版畫形式的繪畫，揉合了油畫的經驗，使版畫作品在內容與形式上，表現出更豐富的內涵。

今日歐美諸國的現代版畫，在新興藝術思潮激盪之下，都有了嶄新的面目出現。尤其是美國，在這方面反映得最爲明顯。美國的版畫，在過去一直陶醉在英國歐克女士的古典參境裡，二十世紀四十年代抽象表現派繪畫勃興之後，版畫界開始覺醒，他們認爲只用一支纖細的三角刀，刻出密緻的小點小線，似乎是太拘泥了。於是他們把視野放在版畫藝術的遠大理想，年青一輩版畫家開始活躍，激起了創作版畫的熱潮。另一方面，美國的現代版畫，受工業發達的影響，在製作技巧上，已經很少使用版畫的傳統技法，他們大多數利用照相製版手法，在版畫中採入高度印刷技巧所帶來的新效果。這一方面也算他們的作品採取另一種新的思想與表現方法。例如美國近年來興起的普普藝術，主張表現一些通俗的、日常生活中常見的、大衆化的題材，採用一些既成的封面照片，或某種特寫鏡頭，作爲藝術的素材。因此他們就利用照相製版的效果，直接利用既成的現實圖片，製版印刷在畫面上，整個過程就是等於普通印刷的過程，其中有所不同的是他們在製版前，加上了素描的技巧，同時在拓印時，也有濃色濃淡之分，不同於一般印刷品的機械化。美國的普普畫家羅森柏、歐爾荷、李奇登斯坦等，都曾運用這種技法，製作版畫。羅森柏的版畫融合了普普藝術與抽象表現派的筆觸，歐爾荷則將現成照片、實景予以重複的排列構成通俗的畫面。李奇登斯坦的近作，利用照相顆粒的放大，做出在色彩上帶有歐普色彩因素的版畫。彼此表現的內容與形式不同，但都予人新穎的感覺。

除了美國之外，西德、奧地利、法國、英國、荷蘭、義大利、巴西、日本等國的現代版畫，也有很高的水準。荷蘭的海波亞，製作一種素描的版畫，屬於新形象的表現，曾獲得上屆東京國際版畫展首獎。英國的保羅鼓，以玻璃作材料，經過化學藥品腐蝕，創作版畫，題材以機械形態構成人物的軀體，例如他的一件作品，看來好像由許多機械零件組合而成。法國在一些國際版畫展中展出的作品，大都出自在繪畫上已經成名的畫家的手筆，如哈同、巴卒等人。西德的現代版畫，在表現主義傳統與現代感覺的融合上，具有相當突出的成就。

看歐美的現代版畫之發展及現況，我們可以發現，對於版畫的特殊性、機能性、社會性以及技法上的諸問題，各國之間已有共通的論點，大家都肯定了現代版畫的獨立價值。現代版畫的演變，不僅是創作思想的演變，同時在表現技法上也有求新的趨勢，工業文明、科學上的新發現，提供給藝術上更多的新材料，由於材料的不同，在技法上自然產生了變化。因此，新材料新技法的發現與運用，已經使現代版畫的類別更趨多樣化。正如現代彫刻因爲大量採用工業材料做素材，而使作品出現嶄新的面目一般，新材料與新技法的表現，爲現代版畫展開了嶄新的一頁。現代版畫表現的可能性，在近年來同時隨之增大，這實在是現代版畫發展的一大趨勢。

我國的現代版畫

通觀歐美各國現代版畫趨勢之後，再回顧國內現代版畫的發展及現況，我們可以發現及事實到許多問題，值得在此提出。

[illegible]代版畫的水準看來[illegible]究，我們覺得從各[illegible]內現代版畫創作的[illegible]並不低。「現代版畫」的秦松、李錫奇[illegible]創始會員和新近加入[illegible]詩、吳昊、江漢東[illegible]等會員，五月畫會[illegible]鍾俊雄、符培璣[illegible]美風，現正在巴黎[illegible]外一些版畫家們熱[illegible]版畫的廖修平，以[illegible]現代版畫的創作精神[illegible]都是值得讚譽的。由於這許多版畫家們的努力，已經促成現代版畫在國內蓬勃起來。同時也提高了現代版畫的水準。

筆者在這裡說我國現代版畫的水準不低，並不是毫無根據的。去年有美國、日本、菲律賓等國的現代版畫，先後在台北展出，提供了一次很好的比較機會，我們看了這些國家的現代版畫，然後再看看國內的版畫作品，在內容的表現水準上，國內的作品並不顯得遜色。又如筆者看第三屆、四屆、五屆的東京國際版畫展特刊，從特刊目錄上所附印的各國現代版畫作品看來，國內版畫作品水準也不低。只是在版畫技法的表現上，我們的現代版畫和歐美版畫較發達的國家相較，就略顯得有些落後了。這一點，說起來是值得我們感慨、檢討而加以改進的。

我國是一個具有版畫傳統的國家，如前所述，世界最早出現的版畫藝術，也就是我國古代的木刻畫。今天版畫技法已經與印刷術齊驅並進，各國現代版畫不但創作風氣極盛，同時也注重新技法的表現。例如美國各藝術學校或大學藝術系，都設有新式版畫器材供學生練習版畫製作，東京、巴黎等地畫家們作石版畫更是相當普遍。但是，我們的版畫，仍然停留在木版畫的階段，更能表現版畫特質以及便於自由靈活運用的石版畫、銅版畫和其他更新的版畫技法，都因爲受到材料和工具的限制，而無法去嘗試。現代版畫已經提倡多年，但是直到今天，我們仍然沒有一部創作石版畫或銅版畫的器材，因而使版畫家的表現受到限制。目前要使國內版畫創作的風氣更爲提倡起來，實應該設法解決這方面的問題。

其次，我們應該談到版畫教育上的問題。

中小學的版畫教育

今後，如果要使版畫的創作風氣能夠普遍，最有效的方法，應該是先從提倡版畫教育着手。本來在教育部頒發的現行國校課程標準的美術科中已列有版畫教學一項。將版畫普及至一般中小學美術課程，指導中小學生們製作版畫，使他們在變化無窮的創作過程中，獲致心曠神怡的解脫感，除了獲得版畫的知識之外，更進一步的可培養美的情操，達到陶冶品性的目的。原是極有其必要的，也是極爲正確的措施。遺憾的是今日許多中小學的美術課，過於偏重繪畫的教學，學生運用的材料工具也偏重於蠟筆或水彩畫，對於其他繪畫材料及表現方法，很少運用。版畫教學就在這種情形之下，被忽略了。

教育廳國教輔導團美術科輔導員張志鈞，有鑑於此，在本年度赴各縣市輔導時，特別對版畫教學作一專題介紹，希望大家不要忽略了版畫的教學。這是一個很切合時宜的做法，值得我們在此加以鼓勵的。同時，我們也在此寄望中小學的美術教師們，除了指導學生畫蠟筆、水彩之外，也應該對版畫加以指導。這種從基本上予以提倡，必有事半功倍的效果。

學校的版畫教學，在內容及範圍上很可以讓學生們去自由的發揮。例如指導學生木版畫、紙版畫、印模版、以及用瓦片、石版、樹葉等各種物質所印出來的畫，都是屬於版畫的範圍。

通常小學低年級的版畫教學，以不用彫刻刀爲原則，可以利用自然物（如樹葉、草葉、花瓣、布片、鳥羽、貝殼等）、器物、織物、粘土版等，做爲素材。先把顏色畫在這些版上，顏色中最好加上一些漿糊以便拓印，然後以紙壓於版上，紙最好是具有吸水性者爲佳。用這種方法，可以指導學生拓印出使兒童感到有趣的美術品。這時期完全是以培養兒童對版畫的概念與趣味爲原則，先從最簡單的印法做起，然後方法逐漸增多，並加以變化。中高年級以後是一個嶄新的展開期，可以開始透明的指導版畫用具的應用，在發表方面可讓兒童充分自由創造表現。至於中學的版畫教學，則可從小學的高年級教材教法，加以延伸，使其發展獲得一貫性。例如下面一些普通學校裡的版畫教學：①[illegible]或顏料印於紙上作各種有趣的圖畫。②文字與圖配合一起的木刻畫、詩歌、童話的插畫。③剪紙拓印、④先用蠟筆畫於玻璃上，然後塗以水彩構成畫面，再用紙覆上拓印下來，因水性與油性顏色相斥，所印出來的版畫，含有另一種的美。⑤用版畫製作各種賀卡、⑥共同製作版畫、⑦版畫名作的介紹與欣賞、⑧簡易印刷原理的介紹等。

結論

我們從版畫的特質談到版畫的種類、技法、現代版畫的潮流和我國版畫的發展，而至學校的版畫教育，可以獲得概念，即版畫深具其特殊的意義，其範疇也極廣泛而深奧，我們對於版畫藝術不應予以輕視，尤其版畫是我國的傳統藝術，版畫與印刷術又有極密切的關連，印刷術爲我國所發明，而最早有版畫的也是我國。在中華文化復興運動聲中，目前要復興我國的版畫藝術，實應先結合版畫家的力量，激起創作版畫的熱潮。多吸收歐美現代版畫的新技法，發揚我國固有的藝術傳統，建立起富有民族性的風格。最後，筆者期望藝術界人士，能夠籌組一個「中國版畫協會」，廣爲吸收會員，推動版畫創作風氣，定期舉辦展或國際性的版畫展覽，同時藉展覽的機會，舉辦學術性的版畫研討會，使我國版畫與歐美各國的現代版畫相互交流，提供國內從事版畫的創作者，有一觀摩、發展的機會。我們相信如能以這種方式，將國內版畫家的力量結合起來，在可預見的將來，必能奠立我國現代版畫的地位，並對我國文化藝術的發展有所貢獻。我想這也是許多有志版畫藝術工作者心裡所嚮往的一件事。

談版畫藝術 何政廣

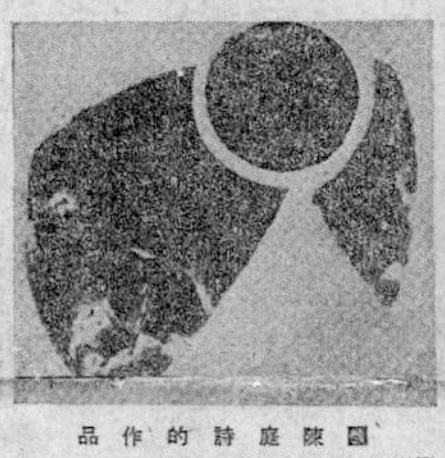

▲陳庭詩的作品

▲江漢東的作品

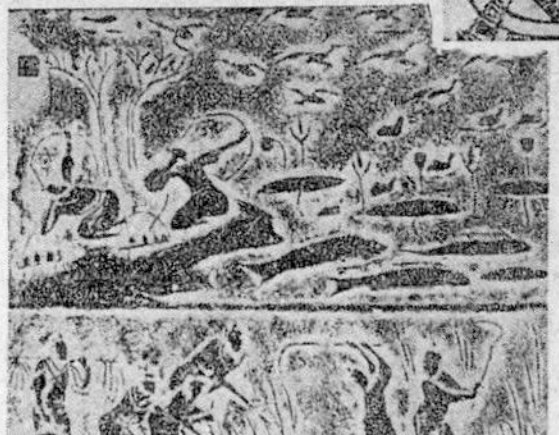

◁漢代磚刻畫：「弋射收穫圖」

▲吳昊的作品

◁林燕的作品

對版畫藝術的興趣，後來我寫了多篇有關版畫研究的文章，其中有一篇發表是在民國56年12月11日發表在《台灣新生報》的〈談版畫藝術〉，全版的篇幅刊出，在當時很受注目。

學習日語與閱讀

我從小喜歡看書。讀台北師範的時候，最常去的地方就是書店。有空就到新公園附近的「文星書店」或到開封街進口日文書籍的書店，或在「鴻儒堂」翻閱日文雜誌。為了看懂日文書，我從北師畢業後就開始到補習班學日文，那時候台北南昌街有一位日文老師以教學有名，我利用夜間複習日文，一學就是好幾年，沒有間斷。

那個年代，台灣的美術教育很多都受日本影響，一些日本美術教育專家到台灣交流演講，在缺乏翻譯的情況下，懂得日語比較能接受外來的知識。我因為學習日文，能從日文刊物獲得許多美術資訊和知識，同時也養成看美術展覽的興趣，這些學習與欣賞的累積，都成為我後來辦雜誌的寶貴資產。

報章投稿

1950年代，我開始於報紙和刊物上寫有關美術方面的稿子。最早是在薛心鎔主編的《中央日報》藝文版和楊品純（作家梅遜）主編的《自由青年》月刊上寫稿，當時我寫美術類，作家隱地和還在校就讀的林懷民等則寫文學類。梅遜十分鼓勵年輕人寫稿出書。他曾和同事成立大江出版社，我在《中央日報》、《自由青年》寫的文章，1969年先後由大江出版社結集出版了《美術入門》、《世界藝術新潮》、《歐美現代美術》和《二十世紀的美術

❶❷
❸❹

❶ 何政廣著作《歐美現代美術》初版封面
❷ 何政廣著作《二十世紀的美術家》封面書影
❸ 何政廣著作《美術入門》封面書影
❹ 何政廣著作《畫家與名畫》封面書影

歐美現代美術
何政廣 著

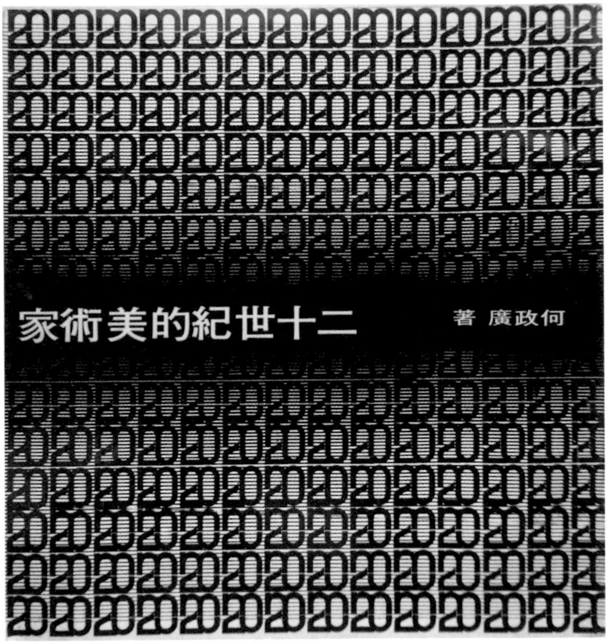
二十世紀的美術家
何政廣 著

素描・山水畫・花鳥畫・油畫・水彩・版畫・美術設計
美術入門
何政廣編著

画家與名画
●編著/何政廣
●出版/大江出版社

家》、《畫家與名畫》等五本書。

《歐美現代美術》原本是20開本黑白版，後改版為彩色菊8開本，內容也隨時代增訂，很多學校引為教科書，在2014年已增印到23版，銷售了三十多萬冊。這本書是將整個現代繪畫和雕刻的發展，依據每一流派興起的背景、年代、代表藝術家等，做系統的論述，來闡釋歐美現代美術的發展史。2005年湖南美術出版社買下在中國大陸出版的版權推出簡體版，創下銷售佳績。《二十世紀的美術家》則介紹20世紀國際藝術家一百多人，也賣了好幾版。主要那個時候台灣幾乎沒有國人寫的美術書籍，美術雜誌主要也都從日本進口，可能因為如此，使得《歐美現代美術》、《二十世紀的美術家》才能熱賣。記得那個年代的《中央日報》副刊下方的版面供人刊登出版廣告，一欄廣告費四百元，我的新書出版廣告刊出後立刻收到一千多張劃撥單，等於賣了一千多本書！後來大江出版社陸續為我出版了十多本書。

記得《二十世紀的美術家》出版之前，資深畫家廖繼春幫我寫序文推薦，真是莫大的榮幸。他在文中寫道：該書「把歐美現代美術的代表人物，作一評述。對美術書籍貧乏的國內藝術界來說，這是相當難能可貴的。」《二十世紀的美術家》網羅了從「印象派」到「光藝術」的主要畫家及雕刻家如：塞尚、梵谷、高更、馬諦斯、畢卡索、克利、米羅、亨利摩爾、哈同、培根、羅斯柯、李奇登斯坦等。廖繼春並提到，美國國務院曾邀請他到美國考察美術，在各大美術館看到許多名畫，印象深刻。當時他就在想，如果事先能知道名畫創作者的生平和背景，也就是對作品的另一面先有認識，再面對名畫，必定能夠獲得更深入的感動。他在序文中有感而發地表示：「（《二十世紀的美術家》）不僅使我們體認歐美現代

❶
❷❸

❶❸ 何政廣60年代在《中央日報》及《中央星期雜誌》撰寫的藝術評論及報導專文剪報

❷ 《歐美現代美術》改版為彩色菊8開本，增印23版，圖為近期的封面書影。

米羅七十壽

從幾幅畫中看他作品的演變

何政廣

•米羅近影與他的簽名•

本月二十日是享譽世界藝壇的西班牙畫家——米羅（Joan Miro）的七十誕辰，米羅在這一天特舉行盛大的回顧展。他在一九五六年時離開西班牙的故鄉巴塞隆納，遠渡地中海到柳利卡島，請了建築家塞易特在這島上建了一座大畫室。這個島正是他的母親生長的地方，四周都是地中海，除了當地土著外，每年夏天，幾法、西班牙等地的人、四、五萬人來到這小島觀光渡假。

米羅在一八九三年四月二十日生於巴塞隆納的港灣——克里丁特街四號，父親是金工師與寶石商，外祖父瑪厚卡尼是一木匠。在他十歲時，父親買下了塔拉科納地方的蒙多羅依克（地名，原意為紅土山）附近的農場。他的初期作品就是描繪這「紅土山」的景色。

在少年時他除了喜愛繪畫外，還喜好用望遠鏡在夜晚觀看天文星空。他的父親對天文很有興趣，米羅受此影響，喜愛從夜與天體圖中研究星象。裝在三腳架上的大望遠鏡至今還在米羅的畫室中陳列著。他又喜歡讀修盧．文爾諾的科學小說，對天體宇宙運行，自幼便抱著好奇心。一九〇四年他進入聖爾卡美術學校。他的老師烏葛爾和巴斯科所畫的作品常帶有太陽與月亮，給了米羅不小的影響。一九一二年他進入卡里美術學校，三年畢業後開始單獨作畫。

一九一八年二月在達爾曼畫廊舉行初次個展，翌年三月他到了巴黎，並拜訪畢卡索。畢卡索以鼓勵這位有希望的西班牙後輩之心情，買下了米羅帶去請教他的一幅自畫像。一九二一年時在巴黎舉行個展，但沒有賣出一幅畫。他的生活非常貧困，在窮困的日子中，費了九個月完成了一幅「農場」（一九二一～二二年）被美國作家亨明古文伊買下。

在巴黎，米羅與畫家、詩人們的交際中，他得到啟示——繪畫中表現詩的世界。一九二四年普魯東發表超現實宣言，米羅也署名參加。但此時他仍在巴黎普洛美街的簡陋畫室過著貧困日子，他自己曾說此時他的超現實作品是「飢餓的幻覺」。一九二七年後是他的多產時期，他的畫完全消失了物體的形。取而代之是純粹的構圖和記號的「藝術」。在一九二八年他到荷蘭旅行，看了阿姆斯特丹美術館十七世紀荷蘭風俗畫家們的作品。作了很多「荷蘭室內」的連續作品。並作了不少貼裱畫（Collagen）作品。一九三七年他為巴黎萬國博覽會製作西班牙館壁畫。二次大戰時他在諾曼丁創作很多作品。一九四〇年後他獨自的繪畫世界中。後來他回到故鄉巴塞隆納，開始創

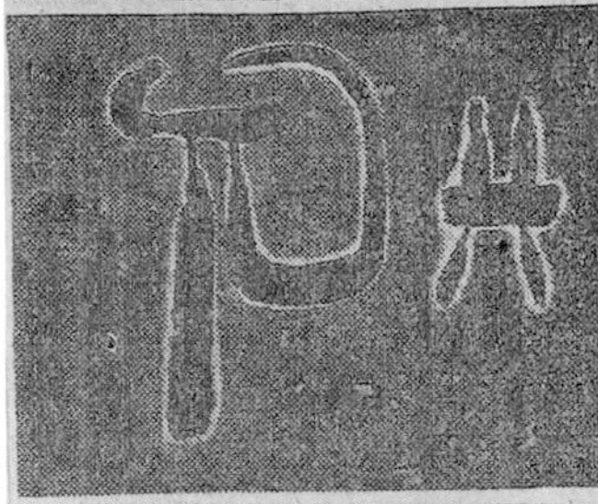

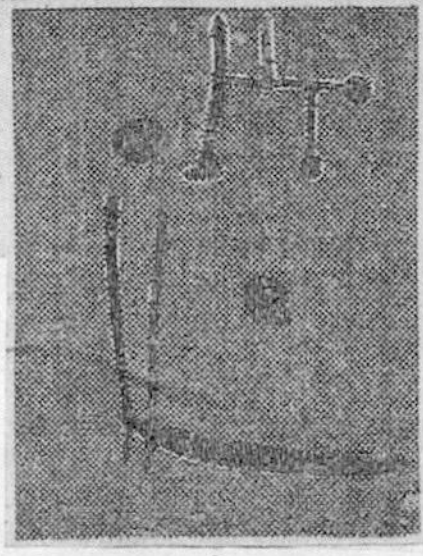

米羅作品：右為「太陽與鳥巢」，左為「空間之鳥」。

米羅作品：右為農場風景，左為星座。

「記號表現」

世界繪畫新潮簡介之三

何政廣

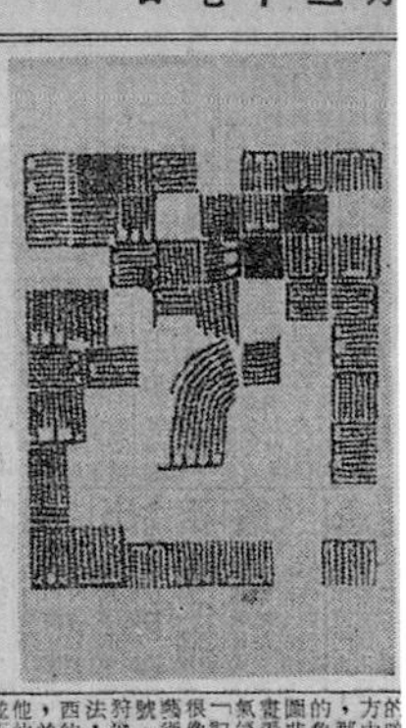
「記號表現」：右為附圖①，左為附圖②。

美術家的風格，作為創作的借鏡，即使沒有看過歐美現代美術家的原作，讀這本著作，同樣可以透過文字與圖片的媒介，而對每一美術家的作品獲得深入的認識。」

除了受到廖繼春老師文章的鼓勵，《二十世紀的美術家》和《歐美現代美術》出版後，包括孫旗先生等幾位藝評家也在報

廖繼春的第一本畫集

關鍵字 **廖繼春**

廖繼春家居留影，背後為其油畫〈庭院〉

記得有年《大華晚報》周年慶，準備出版一本《中國現代美術界》書籍，主編萬存仁先生要我訪問七十多位畫家，那是我首次拜訪廖繼春。廖老師說：「出這本書很好。」並說他執教的師範大學藝術系圖書館有很多關於世界名畫家的書，叫我有機會去閱覽。由於當時師大圖書館沒有完全開放，他請當時做助教的畫家謝孝德給我一把鑰匙，讓我隨時可用。

1968年，我將刊登在《中央日報》、《大華晚報》、《聯合報》、《中國時報》、《自由青年》等報章雜誌的文章，在中山學術文化基金會獎助下，集結《二十世紀的美術家》一書，他為我口述序文，當我在記錄時，他鼓勵我到日本教育大學深造，並說要幫我寫推薦函。現在回想如果當年我到日本攻讀，接下來的人生將會改寫，當然也可能不會創辦《藝術家》雜誌了。

廖繼春的觀念新，像「五月畫會」的成員都深受他啟發，奉他為「精神導師」。尤其他接受美國國務院邀請訪問回台後，作品更受抽象表現派影響，他在當時的美國新聞處演講「歐美美術考察觀感」，吸引許多聽眾，我在現場記錄他的演講內容，發表在《中央日報》藝文版。同時他也應邀在館前路的「中國飯店」發表考察觀感，後由彭萬墀整理記錄〈我們需要真正的好畫〉一文，發表在《聯合報》新藝版，迴響更熱烈。

廖繼春生前很希望出版一本個人畫冊，但因為經濟關係，原計畫用退休金來完夢，不料在退休那年突然過世。他的公子廖述文來找我，表示他也知到父親的遺願，他送來一些照片及一份收藏家名單，希望我和畫家鄭世璠幫他父親完成心願。於是我找到藏有廖繼春作品的藏家家裡一一請專人拍照，後來並配合在歷史博物館舉行的廖繼春回顧展，出版了廖繼春的第一本畫集。

該畫冊在今天看來雖然單薄；但當時我們已經盡力。後來《藝術家》出版社策畫出版《台灣美術全集》，將廖繼春列入其中一卷，圓滿地完成他生前的願望。

中華民國五十三年十月四日　中央星期雜誌　·藝術·第十二頁·

炭畫家 洪瑞麟

何政廣

「貼裱畫」五十年

郭熙 溪山秋霽圖

中華民國五十三年十一月十五日　中央星期雜誌　·藝術·第十四頁·

踏實求進的畫家：李德

何政廣

攝影藝術的質

陳長偉

國畫欣賞 查士標 樹石圖

本刊稿約

樹石　查士標作

中華民國五十四年一月十七日　中央星期雜誌　第三

色感與造形趣味的和諧

訪臺籍畫家廖繼春

·何政廣·

藝術

·廖繼春近影·

廖繼春作「西班牙古城」

何政廣60年代在《中央日報》及《中央星期雜誌》撰寫的藝術評論及報導專文剪報

端撰寫評論和推薦文章。孫旗〈評《二十世紀的美術家》〉一文刊於1969年2月2日的《民族晚報》。另一篇〈評《歐美現代美術》、《二十世紀的美術家》〉則同年4月21日在《大華晚報》上刊登。當時正推行「文化復興運動」，他在文中指出此兩本書的出版「很切合時代需要」、「有許多流派是我們平時聞所未聞，不讀此書亦不知其底蘊……我國藝術的復興，當可由此得到斟酌損益，創新與與復興的關鍵了。」

繼《自由青年》之後，我替報紙寫稿，主要是在《中央日報》藝文版和《中央星期雜誌》，以及《聯合報》的新藝版、《徵信新聞》（《中國時報》前身）藝術週刊、《新生報》美術版、《大華晚報》藝文版及《公論報》等。其中《中央星期雜誌》每逢周六出刊，隨報附送。該星期雜誌有一個藝術版，我一個人每週負責一整版，主要介紹台北地區和一些國外的藝術展覽作品和藝術發展趨勢。60、70年代編寫刊物的情況和現在大不相同，那時候我撰寫報紙的藝術版，包括採訪、拍照和寫稿都要靠自己一個人完成，沒有任何的支援。雖然辛苦，但我從中獲得許多經驗；也因此有機會走訪張大千、藍蔭鼎、黃君璧、廖繼春、李石樵、劉其偉、高逸鴻、喻仲林、胡念祖、洪瑞麟、李德、張義雄等許許多多第一代知名畫家及中壯輩藝術家的畫室，甚至成為他們畫室的常客，觀摩他們作畫，聆聽他們對藝術創作的想法和理想。

我在北師就讀時開始投稿《聯合報》的〈新藝〉版。那時候的〈新藝〉版主編是唐達聰先生。他對文化藝術有高度的使命感，他主持的〈新藝〉版報導內容除了美術，另有電影、戲劇、音樂和舞蹈等。唐先生鼓勵了許多寫稿新人，也邀請了一些旅居海外的作者，像虞君質、蕭勤、劉國松、陳錦芳、于還素、黃朝湖等人替該

何政廣60年代在《中央日報》及《中央星期雜誌》撰寫的藝術評論及報導專文剪報

中華民國五十四年一月十日　　中央星期雜誌

何政廣：

世界藝壇

回顧一九六四年的

一九六四年已經過去了，回顧這一年來的世界藝壇，確有許多值得我們一記的事物。在這裏我向讀者們將這一年來世界藝壇（限於繪畫與彫刻）的動態，擇要的作一綜合簡述，也許可以給我們帶來一些創作上的新啓示。

首先，應該談的是一年來世界各地所舉行的具有代表性的幾個國際美展。一九六四年一月初，美國紐約舉行了第四屆古金漢國際美展，共有廿四國的八十二位畫家參加。這個國際展可與聖保羅雙年美展及匹茲堡國際美展相比擬，同時它是全世界的美術展中，獎金最高（大獎一萬美元）的國際美展。第四屆的國際大獎頒給瑞士的名彫刻家、畫家——嘉可梅第（A. Giacometti），其作品是具象的裸婦像，據評審委員之一美國的赫夫曼指出，他的得獎並非意味着古金漢國際美展傾向於具象的愛好，只是對嘉可梅第個人的成熟造詣領予大獎。他是一位以繪畫及彫刻藝術來表現存在主義的作家。此次美展選擇作品的另一特色，是注重各國作家的風土特徵的表現，也可說是民族風格的表現，這一點很值得此間畫家作爲創作的參考。

巴黎在四、五月舉行了令人注目的「超現實主義四十年展」和「五月沙龍」美展。超現實主義興起於一九二四年，這個繪畫上的重要流派，四十年來一直影響着畫家們的創作思想，也影響到其他藝術及文學方面。這次分別展出超現實派大師艾倫斯特、達利、杜象、基里哥、馬松、畢卡比亞、馬格瑞特等的作品之外，還包括美國、南美洲、倫敦等地的超現實主義畫家，展品共計四百件。批評家巴特里克·汪特佩克（曾著「超現實主義」及「艾倫斯特傳」）負責組織的這項大展覽會，最大的特徵是使其成爲一個「客觀的回顧展」，最明顯的例子是艾倫斯特也包括在內（艾氏在一九五四年獲威尼斯雙年美展國際大獎時即被「超現實團體」除名）。附圖是展出之超現實派老畫家馬格瑞蒂（R. Magritte）所作的油畫「瀧」（見下圖），在茂密的葉子之中，畫了一幅擺在畫架上的風景畫；他利用超現實的視覺作實驗，畫中有畫，富玄學的神祕感，是此派的代表作例之一。

沙龍展與威尼斯展

第廿屆「五月沙龍」展，網羅了各國二百七十四位畫家的二百八十八件作品。展出的一大特色是它容納了美國的普普藝術以及青年畫家的新實驗性的畫。第二次世

接在這兩個展覽會之後，最受人們注目的便是六月二十日在威尼斯揭幕的第卅二屆威尼斯國際雙年美展，美國的普普藝術在這個最具權威的藝術戰場上，贏得一次大勝仗，新達達派畫家羅士千波獲得國際大獎，除了其本身在繪畫，領域內不斷作新嘗試，創造新面目而獲得一點成就之外，還要歸功於美國政府對藝術之重視；美國政府以軍用機將羅士千波及瓊斯的作品急送羅馬，並以工兵部隊在聖．馬爾柯舊美國領事館架橋至對岸的展覽會場，同時在會場附近的舊領事館先展出美國參展的作品，極爲引人注意。獲得彫刻大獎的瑞士的梅尼，也獲得大家的肯定讚賞，他完全以作品實力而贏得殊榮。

法國在這次威尼斯國際美展中，大失過去的光采，但卻在另一個國際美展中獲得一次大獎，這個展覽就是於一九六四年底在美國匹茲堡所舉行的肯奈基國際美展，繪畫大獎頒給法國抽象畫家蘇拉琦（Soulage），總算是爲巴黎畫壇挽回一點聲譽。

德克梅達〔二〕美展特色

另一是西德海塞州首府卡塞爾於六月廿七日至十月五日舉行的第三屆德克梅達國際美術展。此美展創設於一九五五年，每隔四年舉行一次，第一屆（一九五五年）以「廿世紀美術的展

個美展最大的特色是：①注重展品在美術史上及現代傾向中的價值，不是將各種畫派作單一介紹，而是整體的，對有個性的作家作介紹。②所有展品由該展覽會委員負責蒐集。③作品選擇並重藝術家的個性，並且不設獎額。④均由該會負責運送、保險，至於經費則由政府、各公共團體及一般人士捐贈。如此，這展覽會具有自由、獨立的精神，選擇作品純粹從藝術觀點着眼，不因爲其他因素所影響，因此被譽爲今日國際美展的最理想形態。尤其是在卅二屆威尼斯雙年美展受很多其他因素影響的情形之下，西德這個標準的國際美展更受重視。

另外，在一九六四年共有四位名畫家告別了這個世界：立體派的彫刻家阿基派克逝於紐約，享年七十七歲，美國畫壇元老，曾於一九一三年參加紐約精武堂畫展及一九六三年在惠特尼美術舘舉行大個展的史杜亞·迪威士於六月二十四日逝於紐約，年六十九歲。法國非形象大師，曾於一九六二年獲威尼斯雙年展繪畫大獎的佛特里埃，七月二十一日逝於巴黎郊外的畫室，享年六十七歲。另一法國老畫家在一九六四年代表法國參加威尼斯雙年展的比西埃爾，十二月中旬逝世，享年七十六歲。

超現實派老畫家馬格瑞蒂所作的油畫「瀧」

普普藝術自美興起

整個的說來，一九六四年國際藝壇最大的一件事是美國的普普藝術從其本土興起而遠征到歐洲，在歐洲各地舉行的國際美展中，多多少少均有普普作品。義大利的一位美術批評家曾說過：「現代藝術絕對不是停留或靜止的，還一派藝術得勢時，另一派卽停滯不前。」一九六四年的藝壇動態，正說明了這句話的眞實性，在這一年中得勢的是普普藝術，自然的其他派別就沒有什麼新發展。普普藝術或是新達達派的興起，除了使歐洲激起了「新形象主義」及「[illegible]藝術」「新視覺藝術」一類的畫作之外，給予繪畫及彫刻界最大的影響是：促使這兩種藝術在本質上觀念上起了變化。這種演變，使既成繪畫概念崩壞，除了創作思想、題材、表現方法都在大變之外，更在創作時大胆的指向未來，並且帶着實驗與冒險的意味。諸如把一些物體加入幻想化而成爲一件藝術作品，都是新的實驗。至於彫刻藝術也從立體的（全面性的）發展爲注重平面性的（單面性）表現，如此形成了繪畫與彫刻的相互揉合，開拓了一個廣闊的藝術新境界。

爭取參加國際美展

我國的現代畫家在一九六四年裏，除了在巴黎的趙無極、丁雄泉參加五月沙龍美展，以及五月畫會作品在澳洲展出，我國水彩畫四十幅在東京展出，楊英風及蕭勤分別在義大利及巴黎舉行個展，還有國立歷史博物舘選送的李錫奇、韓湘寧參加東京版畫展之外，其他重要的幾個國際美展均未參加。在今年有聖保羅國際雙年美展及巴黎青年美展定期舉行，面對這新的一年，國內畫家們應該奮起創作，負責選送參加國際美展的國立歷史博物舘也應設法爭取參加幾個大規模的國際美展，以鼓舞國內青年藝術家們的創作精神，使我國的現代藝術作品，也能在國際藝壇上獲得聲譽。

版面讀者介紹國際的大型展覽活動，將藝術潮流和藝術新觀念引進台灣。後來台灣的藝術團體「五月畫會」、「東方畫會」成立和展出，也都因為〈新藝〉版的報導而廣受注目。

我至今還留著一些當年替《聯合報》〈新藝〉版寫稿的剪報，像1962年的11月間，我寫了〈夏卡爾的畫也抽象了〉，因文長分

1962年的11月《聯合報》上刊登何政廣撰文的〈夏卡爾的畫也抽象了〉

關鍵字 薛心鎔

薛心鎔教授於《藝術家》雜誌20周年酒會致詞

1960年代，《中央日報》有一份《中央星期雜誌》，每週六隨報附送，其中有個藝術版，時任總編輯的薛心鎔先生讓我去負責，全版均由我一人撰寫。《中央日報》隸屬國民黨，在那「以黨治國」的時代，它是台灣第一大報。我不是國民黨黨員，但還是收到楚崧秋社長署名的「特約撰述」聘書。因為每週四的晚上都要交稿，我常在深夜12點或1點騎摩托車到報社。薛總編相當忙碌，碰到他工作空檔時就與我講些話。

薛總編對我相當鼓勵，影響我日後主持雜誌的作法。記得他曾對我說：「辦雜誌和辦報一樣，不要用你個人的觀點，或把雜誌當成你個人所有的東西。應該把它當做大家的東西，也就是說不要把太多個人想法表達在雜誌裡。你要採取很中立、很客觀的態度，把你雜誌當做一個大家交流的平台，任何觀點都可以在雜誌中呈現。」真是聽君一席話勝讀十年書。開始想要走這個路線確實很難，因為要容納藝術界眾多派別與意見，分別提供空間，讓他們彼此不打擾並不容易，長年下來堅持這種路線，確實建立了雜誌走向更寬廣的風格。

薛心鎔先生於2003年在聯經出版公司出版了他的一本著作《編輯台上：三十年代以來新聞工作剪影》，他寄贈一本給我，在首頁題上「謹以此書，略表相知六十年的交情。」並附上一信，提到書中有述及我的一段文字可供參閱。這段文章敘述他在《中央日報》編輯台工作的情形：「編藝文版增加了藝術動態，那時台灣對世界藝術潮流相當隔膜，我請何政廣兄有系統的介紹世界繪畫新潮，增進一般認識。本是很好的構想，可是介紹沒有幾次，便有人向報社寫信攻擊，社方囑停止刊載。可知新潮之不易被接受，同時也感覺到藝術圈內門戶之見很深，彼此不服氣。我與政廣兄早年在大華晚報階段即為文字交，我最佩服的是他有包容的氣度，誠懇謙虛；後來他把《藝術家》雜誌辦成功，這是主要的因素。」

我看到這段文章，才知道當時他採用我的文章所受的壓力與擔當。但他仍然繼續請我寫稿，可見對我的包容。

夏卡爾的畫也抽象了（上）

何政廣

夏卡爾在欣賞他自己的作品。

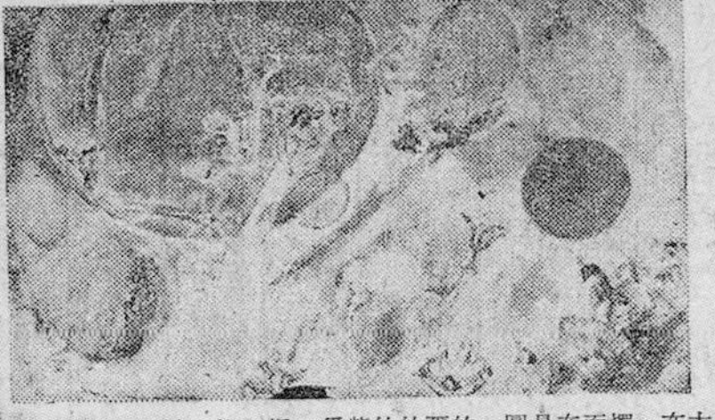

夏卡爾作

夏卡爾的畫也抽象了（下）

何政廣

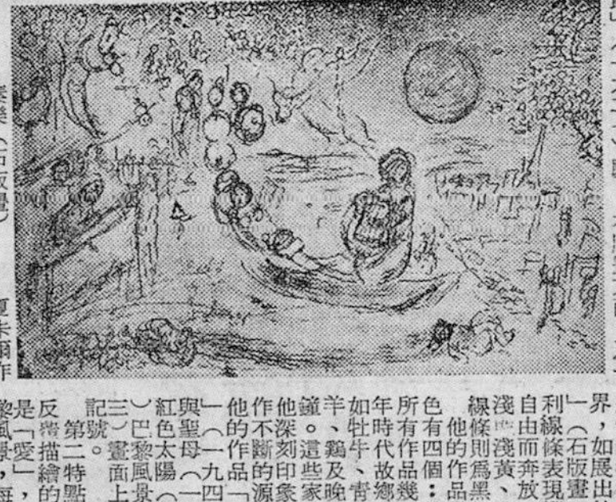

奏樂（石版畫）　夏卡爾作

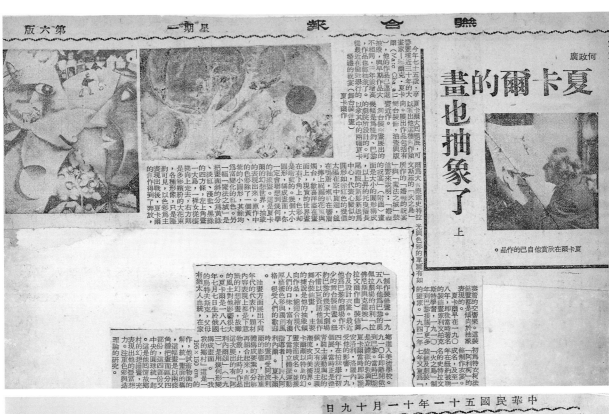

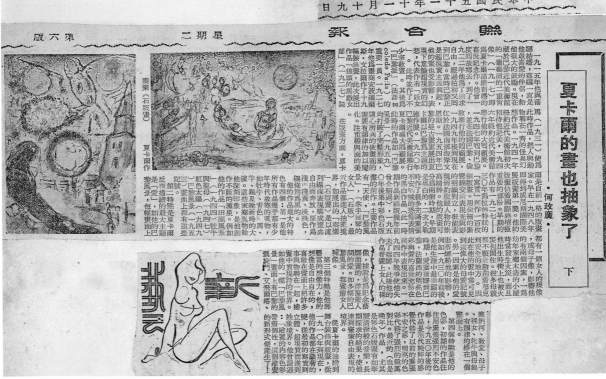

上下兩篇刊登。那時夏卡爾的大規模回顧展正在倫敦舉行，展品包括為紐約和巴黎歌劇院設計的舞台裝飾，以及油畫和版畫。我特別介紹夏卡爾根據音樂家史特拉汶斯基「火之鳥」所作的〈婚禮的祝宴〉和〈魔法之城〉兩件舞台裝飾，並解説畫家各時期的創作風格，以及具有濃厚個人風格的色彩表現，偌大的寶貴版面讓我發揮，實在非常難得。

在當時，主要的媒體是報紙，且出刊只有兩大張，報導藝術活動的篇幅相當有限，很難有見刊機會。《中央日報》在那個一黨執政的戒嚴時代是第一大報，其受重視和傳播的效果可想而知。不過，我對專欄的取材和內容，總編輯薛心鎔讓我完全自主，當時美術資訊的來源有限，我寫專欄時會介紹一些世界藝術的潮流，頗受讀者喜愛。我手邊的剪報便有一份是1964年3月11日在《中央日報》見刊的〈繪畫的音樂性：介紹法國畫家特洛涅（Robert Delaunay）以抽象的形式表現律動〉。當時很多讀者對特洛涅感到陌生，我在介紹中特別提到這位藝術家，正是影響夏卡爾，促使他根據音樂家史特拉汶斯基「火之鳥」創作舞台裝飾〈婚禮的祝宴〉的畫家。

在60至70年代，我在《中央日報》的藝文版和《中央星期雜誌》藝術版發表的文章，統計約有180多萬字，後來其中部分結集出版成書。在那個外來資訊匱乏而許多嚮往藝術的人求知若渴的情況下，我能夠將所採訪蒐集分析的報導專文發表公開並與人分享。至今我依然對薛心鎔、唐達聰兩位先生心存著由衷的感謝。

❶
❷

❶ 1964年3月11日《中央日報》見刊的由何政廣撰寫的〈繪畫的音樂性：介紹法國畫家特洛涅（Robert Delaunay）以抽象的形表現律動〉
❷ 1967年7月15日《中央日報》藝苑專欄刊登何政廣撰寫的專文

月十一日　中央日報　星期

繪畫的音樂性

介紹法國畫家特洛涅

以抽象的形表現律動

• 何政廣 •

特洛涅的作品：右爲附圖①　左爲附圖②

法國畫家特洛涅（Robert Delaunay）的藝術，給現代繪畫的影響是很大的，今天有不少享譽世界畫壇的大畫家傾向於抽象繪畫的，都受了他的影響。最明顯的例子是今日最負盛譽的幻想畫家夏卡爾（Marc Chagall）的作品——爲大音樂家史特拉文斯基的「火之鳥」所作的舞台裝飾畫，以圓形變化構成抽象作品，就是直接受了特洛涅的影響。

特洛涅的創作從立體派而到歐爾飛主義，再變爲純粹抽象繪畫，他的作品獨創的風格，頗爲傑出。最近英國的現代美術研究所，收集了他的作品，包括原作與部份的複製品，在倫敦展出，可說是世界藝壇的一盛事。

他從早期的寫實到新印象派、野獸派，又贊同立體派，更脫離了立體派的客觀束縛，首倡「歐爾飛主義」（Orphisme）。他於一八八五年生於巴黎，一九一一年時詩人安波利內爾看了特洛涅的新畫風，稱他爲「歐爾飛的立體派」。歐爾飛本是希臘神話中音樂的名手，因爲特洛涅的作品，帶有音樂性的韻律，因此被稱爲歐爾飛派。在一九一二年時他應康丁斯基（W. Kandinsky 1866—1944）的招請，參加第二屆「青騎士展」。當時的畫家馬爾克、克爾均甚欣賞他的作品，尤其是克爾（P. Kell）還把特洛涅的論文「光與色」翻譯成德文，刊載在「嵐」的雜誌上。一九一五年時他到馬德里、里斯本旅行，並爲雷安金利佛的芭蕾舞「春之祭典」「午後的牧神」製作舞台裝飾畫，是他初次以抽象畫作舞台裝飾設計。一九二一年回到巴黎，翌年在波爾基尤姆畫廊舉行個展。此後他的作品已進入獨特的抽象表現了。至一九四一年逝於巴黎。

我們可以從他的幾幅畫看他演變的過程。早期他的代表作是「艾飛爾塔」（附圖①）尚屬於立體派的表現手法，以直線構成建築物，表現艾飛爾塔高聳雲間，但是天空的雲朵却是用圓形表現，這是他後來蜕變的開始，這時，畫面上仍保留着艾飛爾鐵塔的具象形態的色彩則受新印象派的影響。同時他的另一作品「窗」，是以四方形和三角形統一畫面，用色彩分出面與面的關係，是他最初的抽象畫，畫面分割的方法顯受野獸派與立體派的影響。突然的他的作品完全蜕變了，他以「圓」形的變化，用華麗的色彩，抽象的構成，作了「圓盤」的油畫，用三原色描繪屈折、反射光的輝映，表現如七彩的雨後之虹。此時他的表現是「色彩與形態的結合，空間與時間的交錯。」

到了一九三○年，他的作品已進入純粹抽象，仍是以圓形發展而來，把各種大小色彩不同的圓形，帶着音樂韻律般的構成畫面，利用抽象的形表現律動的感覺。例如他的一幅作品（見附圖②），從左上角到右下角下半部的畫面，都是以各種大小不同的圓形，和色彩不同的圓圈構成畫面，更以紅黃藍對比色加上少許白色區分每個圓圈的空間關係。在這幅黑白照片上，我們仍可看出每個圓的前後距離感，因此特洛涅雖用多種顏色表現，但却……功的。同時在……品中的右上方……以看到「艾飛……的形象。他的……品，都畫着艾……，從寫實到抽……飛爾塔一直留……作品中，只是……純化了。特洛……國人而艾飛……說是法國的象……他的抽象作品……深厚的法國傳……，尤其是色彩……他喜用華麗豐……彩，充分是法……歡樂、樂天性……現。

特洛涅晚年的作品，尤其是晚年的抽象作品，以抽象的色彩形式，企圖表現色彩的感覺。他那不同的圓形音樂的音符，律節奏的躍動，畫的音樂性——他的抽象作品出來。

中華民國五十六年七月十五日　星期六　中央日報　第九版

人與世界

加拿大世界博覽會藝術展

• 何政廣 •

[illegible]

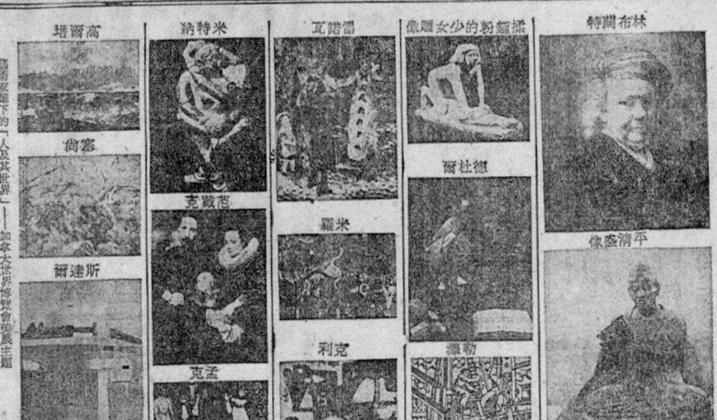

人與自然　人與愛　人與遊戲　人與勞動　人

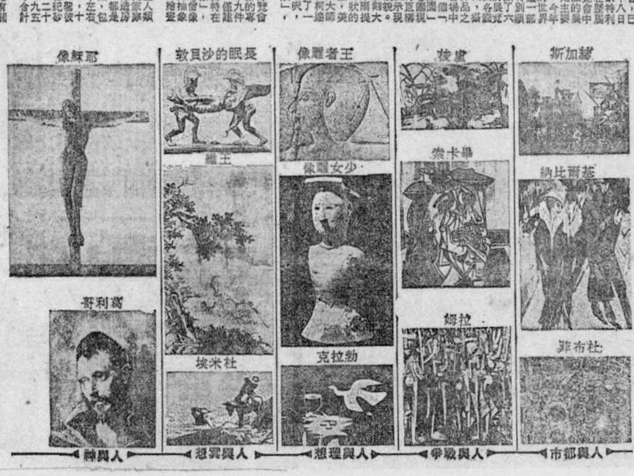

人與都市　人與戰爭　人與理想　人與苦惱　人與神

藝苑

省教育廳的記憶

兒童美育與美術課本

1955年，日本美育文化協會會員堀江幸夫、井上嘉弘等人，攜帶一批日本兒童畫來台灣巡迴展出，同時舉辦演講和座談，他們的想法及這批充滿自由創造力和開放造形的作品，帶給台灣美術教育界極大的啟發，也窺視到世界兒童美術教育的教材與教法。1957年，任教於台北市各國小的北師校友陳宗和、張錦樹、鄭明進、張祥銘、黃植庭等人發起成立台灣第一個民間兒童美育組織「今日兒童美術教育研究會」。不久，丁占鰲、李寶鳳、黃坤炎、吳王承、謝文林、鄧兆銘及非北師校友的李英輔陸續加入。

1958年，台灣省教育廳所屬的板橋教師研習會開始舉辦「國校美勞教師研習會」，由北師39級校友呂桂生主持，主要推動美術與勞作並重的美術教育理念，強調教材教法的開發與運用。「國校美勞教師研習會」特別請一些日本美術大學教授來授課，像曾任日本國際美術教育學會會長的倉田三郎就曾多次來台。他是非常知名的美術教育權威。日本早期的美術教育受德國影響，我們則從倉田三郎的演講間接地了解到德國的教育思想。1959年，教育廳國民教育輔導團從各學校挑選優秀的美術老師受訓後，聘為輔導員，讓他們前往台灣各地推廣新觀念的美術教育。我在1958年從北師畢業後最早分發到關渡國校，後轉任到永和頂溪國校。在國校任職時，曾經到「國校教師研習會」授課，那時候研習會主任是高梓，李桂生則是研習會美術科主任。

❶|❷
❸

❶ 日本美術教育家倉田三郎
❷ 第二屆全國兒童畫展評審委員合影。包括有：李澤藩、梁又銘、馬白水、劉其偉、姚夢谷、樊湘賓、何政廣、丁占鰲、陳輝東、夏勳、呂桂生等十八位。
❸ 全國兒童畫展評審作品一景

記得當年受聘為教師研習會的老師，都在台北南海路的教師會館集合，會有一部德國Volkswagen車子接去板橋授課。後來我就以教育廳國民教育輔導團台北縣國教輔導員身分，到學校去輔導美術教學，包括到當時台北縣的很多偏遠學校介紹新的美術教學方法，像坪林附近的漁光國校、闊瀨國校等。先是參觀老師的教學，然後再加以指導。事後還要考核該校的美術教學成果，老師為此都很緊張。每個月走訪一個學校，連續做了三年。那時所指導的重點，主要是強調重視兒童創意的教學法，而非讓兒童臨摹，老師要以啟發性的教學代替過度的指導，同時採用多元化之教材，對偏遠地區的學校，則鼓勵學生善加利用地方的實物，也就是選用鄉土教材讓學生創作。

1960年代，很多家長都讓孩童學畫，學校也鼓勵學生參加校外及國際兒童畫展覽，現今一些有成就的畫家都曾是兒童美展「金牌」得主。1962年，「今日兒童美術教育研究會」舉辦「第一屆國際兒童畫展」，展出台灣三百多件作品以及來自歐美和韓國、日本的九個國家七十多件作品。1966年，教育廳國民教育輔導團在台北新莊國小舉辦「中華民國第1屆世界兒童畫展」，有二十六個國家參展，那時的評審委員有莫大元、梁中銘、梁又銘、馬白水、劉其偉等教授，以及全省的美術老師，我是以輔導團輔導員身分擔任評審。1970年中華民國兒童美術教育學會主辦第一屆全國兒童畫展，接著每年分區舉辦，參加的兒童多達數萬人。在參與歷屆的兒童畫展評審其間，我認識了許多藝術界人士，成為我後來主持《藝術家》雜誌很大的助力。

1968年教育部為配合推動九年國民教育，新制定國民中小學暫行課程標準，並於當年8月實施。其中，有關中小學美術課程修

❶
❷

❶ 第三屆全國兒童畫展評審會，右為何政廣。
❷ 台灣省主席及歷任教育廳長、教育部長聘請何政廣擔任兒童讀物編輯小組總編輯的聘書。

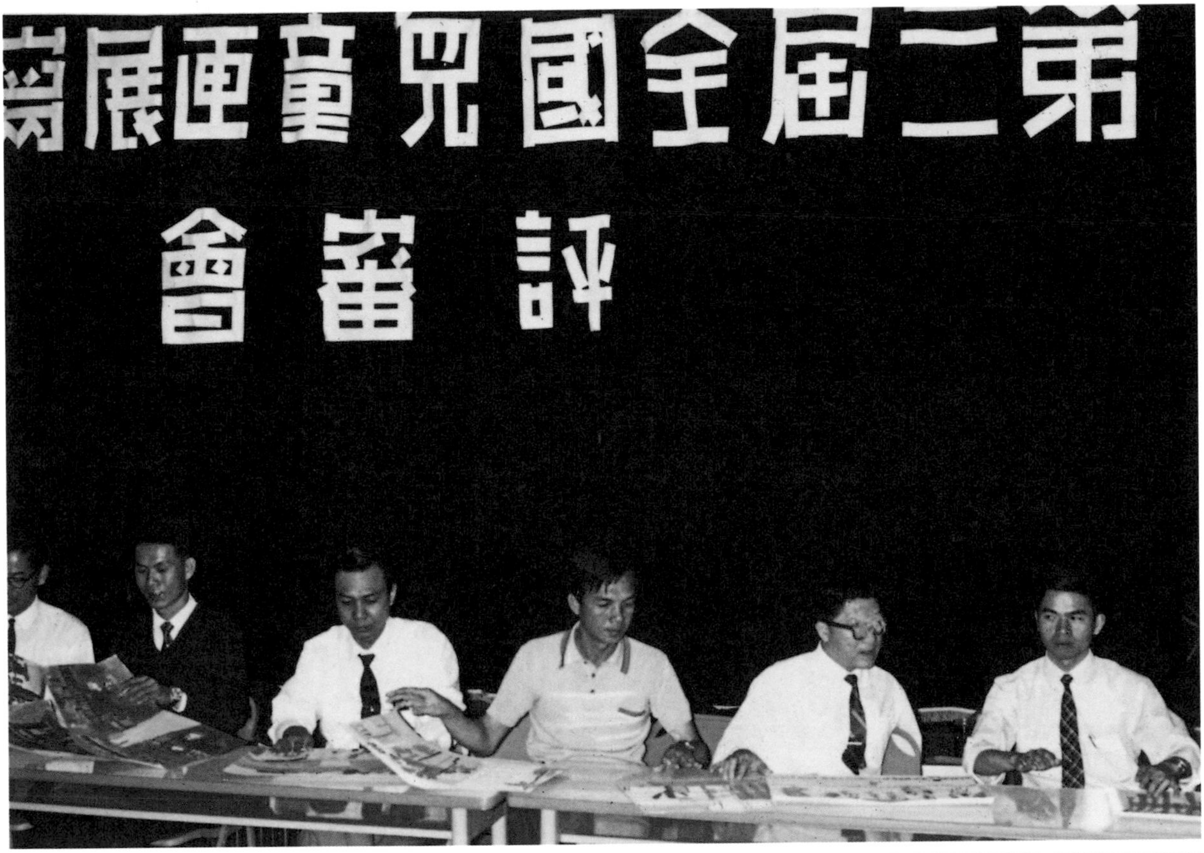
第二屆全國兒童畫展
評審會

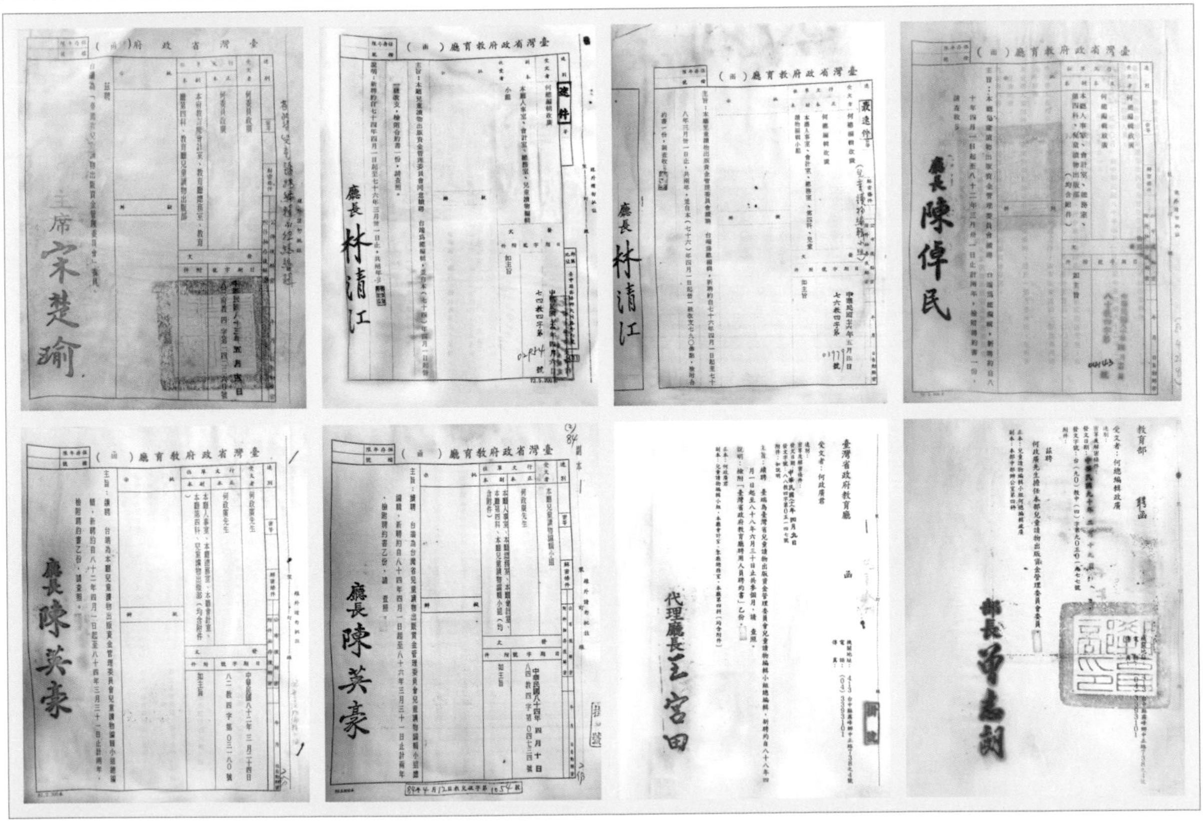
臺灣省政府
主席 宋楚瑜
臺灣省政府教育廳
廳長 林清江
廳長 林清江
廳長 陳倬民
廳長 陳英豪
廳長 陳英豪
臺灣省政府教育廳
代理廳長 王宮田
教育部
部長 曾志朗

訂標準的修改幅度相當大。我因為曾擔任世界兒童畫展評審，並曾做過教育廳國民教育輔導團輔導員，所以應聘參與「教育部國民中小學美術課程標準」的修訂工作，同時擔任小學美術課程標準起草人。台灣第一本國定美術課本便是根據該修訂的標準編輯，並由我執筆其中的文章。記得當時編輯小組都在國立編譯館開會，成員有莫大元、馬白水等教授，只有我是「毛頭小子」。

今天回想起四十多年前個人起草的小學美術課程標準，那是我國教育史上的一件大事，也是我有生以來所做的一件非常有意義的工作。當時所修訂的標準主要包括以下幾個特色：（1）中小學的美術課程目標和教學內容力求銜接；（2）特別注重兒童身心發展；（3）改變過去偏重平面造形教學，增列雕塑的立體造型教學；（4）加強美術設計教學，取代「圖案」教學；（5）高年級增列水墨畫教學；（6）針對教師教學增列「教學實施計畫」。在1960年代末，面對著世界各國的美術教育皆朝向新的發展趨向，在起草台灣的小學美術課程標準時，也期盼著透過課程的修訂，能夠開導學童的想像力、創造力和審美力，達到英國現代美術教育家里德所說「透過美術教育進而創造有價值的人格教育」的目標。

兒童讀物編輯小組與《兒童的》雜誌

1964年聯合國教科文組織為協助台灣發展國民教育，由聯合國兒童基金會資助50萬美元給省政府教育廳，共同推出為期五年的兒童讀物出版計畫，並由教育廳第四科成立「兒童讀物編輯小組」，1965年，第四科陳梅生科長邀請文學作家潘人木擔任總編輯，開始出版「中華兒童叢書」。第一期「中華兒童叢書」共出版了一百六十五種，發給全國各國小圖書館每種一本、每班兩本。

❶
❷

❶ 1983年教育廳長黃昆輝及夫人（右起6、7）、四科黃武鎮科長（右4）、專員沈華海（右2）與兒童讀物編輯小組成員何政廣、劉伯樂、金玲、郭淑儀、劉敏敏、張秀絹、李美玲、崔憶萍、曹惠貞等合影

❷ 教育廳長林清江（前排中著西裝者）主持第四期中華兒童叢書金書獎頒獎典禮後與兒童讀物編輯小組成員合影

1969年，五年專案結束，由於成效良好，聯合國兒童基金會與省教育廳再續約五年，不料在1971年我國退出聯合國，原資助計畫終止。政府決定交由台灣省政府教育廳編列經費主辦該學童課外讀物的業務，並設置兒童讀物出版資金管理委員會，基金來源之一是每學期收取國小學童一元的讀物費，後來調到十元。「中華兒童叢書」的策劃及編寫是根據低、中、高年級而有不同難易度，內容和題材大致分為文學、科學、健康三類。每年約出版三十至五十本圖書。

我是1982年4月由教育廳副廳長陳漢強推薦，應教育廳長黃昆輝聘請，接手潘人木「兒童讀物編輯小組」總編輯的職務，持續主持「中華兒童叢書」出版，同時將出版書種增加了藝術類。在1978到1986年間，「兒童讀物編輯小組」編輯完成出版了一套共十四冊的《中華兒童百科全書》，是當時第一套專屬兒童閱讀的百科全書；這套兒童百科全書出版後，十年間銷售高達六十萬套，獲得很高評價。十四冊編輯完成後，原來計畫展開分類百科全書的編輯工作。

1986年5月，關注兒童讀物的教育廳林清江廳長召集全省各縣市教育局局長，在教育廳北部辦公室舉行的教育局長會議，討論分類百科工作計畫；林廳長在最後做結論時提出不出版分類百科全書，而決定出版一本提供全省兒童閱讀的月刊雜誌。會後，林廳長對我說：「出版雜誌提供學童閱讀，可以彌補學校教科書的不足，是一件非常有意義而且重要的教育工作。」他直接了當地說：「這本雜誌就命名為《兒童的》雜誌」。編輯小組在他的指示下，共同規畫編輯適合小學一至六年級學童閱讀的《兒童的》綜合性月刊，我擔任總編輯。在1986年10月發行創刊號，成為市場上少見的人文類兒童雜誌，每期發行多達十萬本。

1994年《兒童的》雜誌發行100期時，曾在台北美國文化中心

❶
❷
❸❹

❶ 教育廳長陳英豪與兒童讀物編輯小組成員在《兒童的》雜誌創刊100期茶會合影

❷ 左起：前教育廳長林清江、潘振球、美國在台協會文化中心主任唐占晞、教育廳陳英豪廳長參加《兒童的》雜誌創刊100期茶會時留影。

❸ 教育廳兒童讀物編輯小組編輯出版的《中華兒童百科全書》

❹ 何政廣在《兒童的》雜誌創刊100期慶祝茶會上致詞　1994年

兒童的
雜誌創

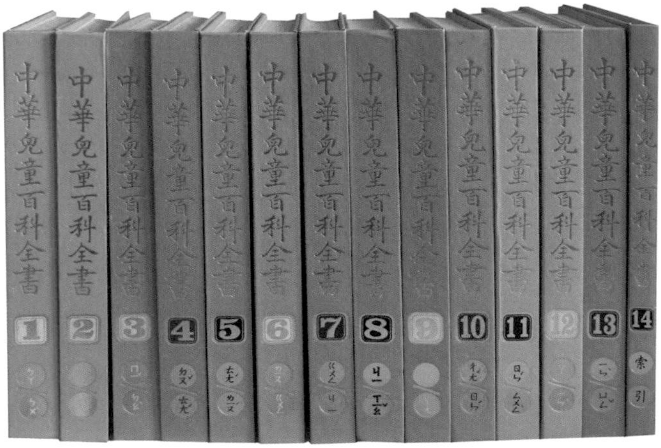
中華兒童百科全書
1
2
3
4
5
6
7
8
9
10
11
12
13
14
索引

兒童的
雜誌創刊
祝 茶

舉行創刊100期慶祝茶會，由教育廳廳長陳英豪主持，當時擔任中正大學校長的林清江、前教育廳廳長潘振球、美國文化中心主任唐占晞都參加茶會。1994年，編輯小組陸續編印供幼兒讀閱的立體圖畫書—「中華幼兒圖畫書」，贈送給立案的全省各公私立幼稚園閱讀。

早年《兒童的》月刊都由任內的教育廳廳長為發行人，歷任的發行人依次是林清江、陳倬民、陳英豪。1998年台灣實施省政府功能業務與組織調整，省府所轄之教育廳遭受裁撤，原來附屬於省教育廳的「兒童讀物編輯小組」，以及兒童讀物出版資金管理委員會，身分一直未明，到底該歸到教育廳改組的中部辦公室，還是回到教育部有不同的聲音，後來「中華兒童叢書」的主管機關確定由教育部管轄，並維持其組織功能，該月刊的發行人轉由教育部長兼任，包括楊朝祥、曾志朗等在教育部長任內都曾是《兒童的》月刊的發行人。2000年6月，曾志朗接長教育部後，大力提倡兒童閱讀運動。不料在2002年，黃榮村部長上任後的第一次業務簡報會議，即作了裁撤「兒童讀物編輯小組」的決議；發行長達三十八年的「中華兒童叢書」被迫走入歷史，出版十七年的《兒童的》月刊也遭停刊。

以下是《兒童的》月刊創刊後屢次獲獎的紀錄，但這樣的成績，空留遺憾。

1988年：台灣省第8屆省政新聞獎「優良公辦雜誌」特優獎。

1989年：行政院新聞局「公辦雜誌」金鼎獎。

1991年：台北市分類圖書展文學類與美術類圖書雜誌展覽「優良圖書」。

1992年：行政院新聞局金鼎獎「優良出版品」。

1994年：台北市分類圖書展兒童類圖書展「優良圖書」。

1994年：行政院新聞局金鼎獎「優良出版品」。

❶
❷

❶ 1994年，教育廳兒童讀物編輯小組就已經出版了不少「立體圖畫書」。
❷《兒童的》雜誌出版大事紀

兒童的雜誌大事紀

文・圖片提供／編輯小組

「兒童的」雜誌創辦人林清江先生在雜誌創刊100期慶祝茶會中致辭，期望「兒童的」雜誌永續發行。

民國七十五年，林清江廳長主持「兒童的」雜誌創辦籌備會議，參加者包括教育部次長施金池、國教司長方炎明、教育廳副廳長陳漢強、羅旭升等十八人。

陳英豪廳長主持「兒童的」雜誌創刊100期慶祝茶會，來賓包括林清江、潘振球、陳梅生、美國在臺協會文化中心主任唐占晞，以及兒童讀物作家、插畫家一百多人。

●民國七十五年
在臺灣省政府教育廳林清江廳長的指示下，教育廳兒童讀物編輯小組策畫編輯「兒童的」雜誌，於七十五年十月發行創刊號，為適合小學一至六年級學童閱讀的綜合性月刊。
教育廳長林清江為發行人，指導委員包括：郭為藩、施金池、方炎明、陳漢強、羅旭升。社務委員包括：教育廳副廳長及科長、各縣市教育局長三十三人。

●民國七十六年
九月，陳倬民接任教育廳長。
發行人由陳倬民廳長擔任。

●民國七十七年
獲臺灣省第八屆省政新聞獎「優良公辦雜誌」特優獎。

●民國七十八年
獲行政院新聞局七十八年「公辦雜誌」金鼎獎。

●民國七十九年
獲行政院新聞局七十九年「公辦雜誌」金鼎獎。
十月，兒童的雜誌出刊革新號，配合國小兒童在校學習科目和進度，每月適時推出國語、數學、社會、自然科學、健康教育、生活與倫理、音樂、美術等科的相關內容，成為學習教材參考讀物。

●民國八十年
獲臺北市分類圖書展第六梯次文學與美術類圖書雜誌展覽「優良圖書」。

●民國八十一年
獲行政院新聞局八十一年金鼎獎評審委員會評定為「優良出版品」。
十一月，陳英豪接任教育廳長。
發行人由陳英豪廳長擔任。

●民國八十二年
一月，兒童的雜誌恢復綜合性內容，定位為國小學童課外讀物。
獲行政院新聞局八十二年金鼎獎評審委員會評定為「優良出版品」。

●民國八十三年
獲臺北市分類圖書展第九屆兒童類圖書雜誌展「優良圖書」。
獲行政院新聞局八十三年金鼎獎評審委員會評定為「優良出版品」。
十二月二十四日，教育廳兒童讀物編輯小組於臺北市美國文化中心舉行「兒童的」雜誌創刊一百期慶祝茶會。發行人陳英豪廳長主持盛會，向來賓和作家致意。中正大學校長林清江在慶祝茶會中致辭。

●民國八十四年
一月，「兒童的」雜誌出版創刊一百期特大號，內附一～一〇〇期目錄索引。
獲行政院新聞局八十四年金鼎獎評審委員會評定為「優良出版品」。

●民國八十五年
獲行政院新聞局八十五年「公辦雜誌」金鼎獎。

●民國八十七年
三月，林清江接任教育部長。
十二月十日舉行「兒童的」雜誌十二週年酒會及第六期「金書獎」頒獎典禮，兒童讀物界五百多人參加盛會。教育部長林清江，也是「兒童的」雜誌創辦人，正逢行政院院會期間，由教育部政務次長李建興代表出席，會中致詞指出：林部長指示，兒童讀物編輯小組工作，於精省後由教育部接續辦理，兒童的雜誌永續發行。

●民國八十八年
陳英豪另任考試院考試委員。
七月，精省後，兒童讀物編輯小組業務由教育部中部辦公室接續辦理，教育部長為楊朝祥。
發行人由楊朝祥部長擔任。

●民國八十九年
二月，獲行政院新聞局第四屆雜誌類小太陽獎。
六月，曾志朗接任教育部長。發行人由曾志朗部長擔任。
八月，獲行政院新聞局八十九年「公辦雜誌」金鼎獎。

●民國九十年
八月二十四日，曾部長提倡兒童閱讀運動，主持教育部兒童讀物出版資金管理委員會會議，公開裁示教育部兒童讀物出版資金管理委員會及兒童讀物編輯小組繼續維持運作，「兒童的」雜誌持續出刊。

●民國九十一年
二月，黃榮村接任教育部長。發行人由黃榮村部長擔任。
四月，黃榮村部長指示裁撤教育部兒童讀物編輯小組，教育部兒童讀物編輯小組編輯業務運作至九十一年十二月三十一日結束。
獲行政院新聞局九十一年金鼎獎評審委員會評定為「優良出版品」。
十二月，「兒童的」雜誌出版第195期，教育部兒童讀物編輯小組結束編務，「兒童的」雜誌走入歷史。同時，教育部兒童讀物編輯小組編輯出版的「中華兒童叢書」，亦停止編輯出版業務。

「兒童的」雜誌出刊195期，榮獲多次行政院新聞局「公辦雜誌」金鼎獎、「小太陽獎」、推薦優良雜誌，以及臺灣省省政新聞獎「優良公辦雜誌」特優獎。

第195期「兒童的」雜誌

第100期「兒童的」雜誌

「兒童的」雜誌創刊號

2

3

1995年：行政院新聞局金鼎獎「優良出版品」。

1996年：行政院新聞局「公辦雜誌」金鼎獎。

2000年：行政院新聞局「公辦雜誌」金鼎獎。

2002年：行政院新聞局金鼎獎「優良出版品」。

諷刺的是，在2002年當黃榮村部長以「時代已經改變，沒有存在的意義」為由，宣布在當年12月31日裁撤「兒童讀物編輯小組」的同時，我們獲悉《兒童的》月刊再次榮獲行政院新聞局金鼎獎「優良出版品」的消息。這本刊物最後的榮耀，成為編輯小組告別《兒童的》傷感而無奈的安慰。

長年來，《兒童的》和「中華兒童叢書」都是堅持本土創作，帶動本土兒童讀物的出版品，培養了很多兒童讀物的作家和插畫家。相信為此刊物付出心血的無數兒童文學創作者和插畫家，他們長年的努力必定已在台灣兒童圖書「出版史」上留下一頁。

至今回想起來2002年那個時代，「兒童讀物編輯小組」和《兒童的》月刊都有繼續存在的必要和價值。當時我個人有自已的事業，也是在受託之情況下接受「兒童讀物編輯小組」總編輯職務，對那個職位當然不會有所眷念；然而就一本已建立口碑、影響遍及城鄉的兒童刊物，以及兒童讀物來説，我至今還無法了解教育部當時所做的裁撤決定理由，當時多少學校老師、兒童文學作家、插畫家和藝文工作者等都為此聲援申訴，甚至上書總統府的總統網站，然而都無法挽回。後來有一次在台北市長官邸的咖啡室我遇見前部長曾志朗，他直接説黃部長把「兒童讀物編輯小組」裁撤是一個錯誤的決策。兒童讀物出版資金管理委員會所餘的一億多基金，後來轉為採購民間出版社的出版讀物分發給學校，但無論如何，都已失去了當年推廣兒童課外讀物的初衷。

省教育廳出版的《兒童的》雜誌，1986年10月創刊號（右頁左上圖）。最後一本為2002年的《兒童的》第195期停刊號（右頁右下圖）。

兒童的
雜誌

兒童的
雜誌

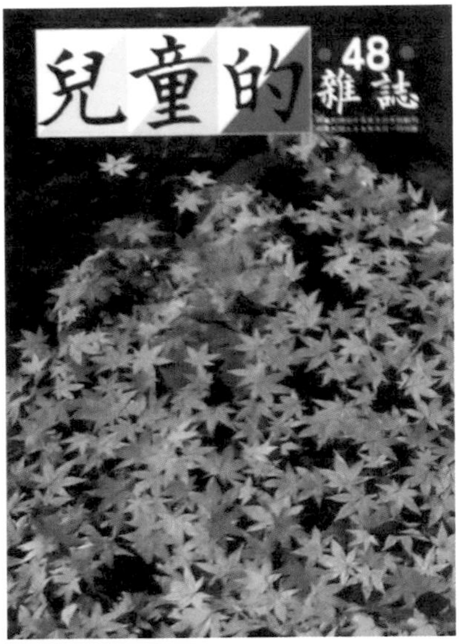
48
兒童的
雜誌

56
兒童的

兒童的
雜誌

79
兒童的
雜誌

99
兒童的
雜誌

兒童的

195
2007年12月號
兒童的
雜誌

雄獅美術時代的步履

李阿目一席談

雄獅鉛筆廠股份有限公司創立於1956年，當時該鉛筆廠的主要產品之一是「王樣水彩」。我的大哥何肇衢在一偶然的機會，擔任雄獅鉛筆廠創辦人李阿目的顧問，他建議李老先生與其每年花費大筆的經費製作「王樣水彩」廣告招牌，還不如用那筆錢辦一本美術刊物，這麼一來，不但在刊物中可以達到宣傳產品的效果，而且還可以提供美術資訊給美術老師、學藝術的年輕人或對藝術有興趣的人，可以說是一舉數得。李阿目是一位有理想、有遠見的長者，他採納了我大哥的建議，同時也讓子女李賢文、李翼文等人到我哥哥的美術教室學畫。

李阿目先生決定創辦的《雄獅美術》，最初是以小學美術老師為讀者對象，內容一方面介紹台灣之美術教育，一方面宣傳雄獅鉛筆廠的產品，打開「王樣水彩」的銷路。1970年冬天，他的兒子李賢文來找我，請我擔任《雄獅美術》的主編工作。

我和李賢文認識，是他在師大附中就讀時，主持「師大附中寫生會」，他在校內舉辦水彩畫展時，看到我在《中央日報》藝文版和《中央星期雜誌》寫專欄，找我幫忙寫篇畫展報導。《雄獅美術》創刊後，我一人獨自主持編務，兩年後有了文字編輯和美術編輯，李賢文當時還在輔仁大學唸書，常會提出想法，若有朋友投

❶❷
❸

❶《雄獅美術》創刊號版權目錄頁，何政廣任主編職務。
❷《雄獅美術》創刊號封面
❸ 李賢文（右1）、張清吉（右3）、何恭上（左2）、何政廣（左1）等合影於雄獅美術社

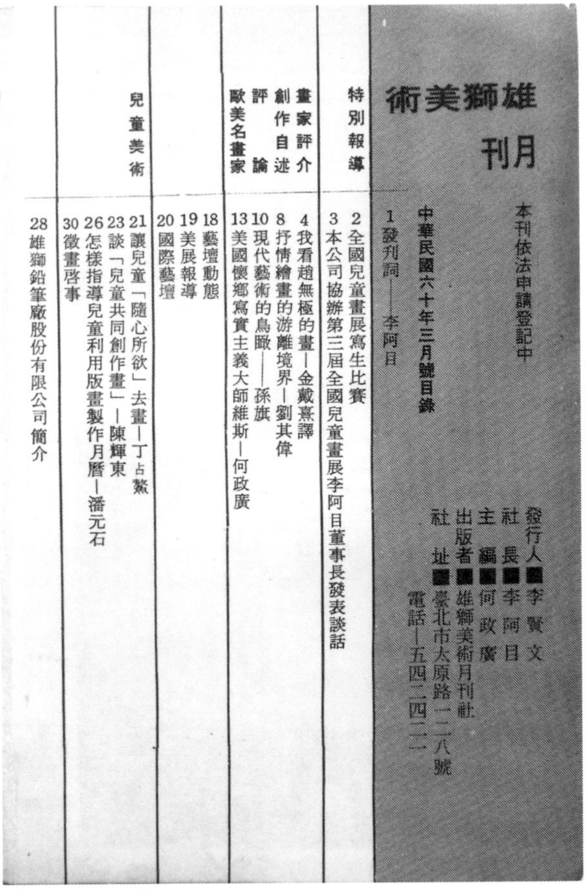

雄獅美術

月刊

本刊依法申請登記中

中華民國六十年三月號目錄

發行人 李賢文

社長 李阿目

主編 何政廣

出版者 雄獅美術月刊社

社址 臺北市太原路一一八號

電話—五四二四二一

稿，會跟我討論。在他畢業服兵役兩年期間，他都利用假日回到社裡了解雜誌情況，並與我交換意見。

《雄獅美術》月刊於1971年3月創刊，雜誌有32頁，用的紙張也很講究。由於當時經費極少，開始也曾想過以一大張報紙形式發行，畫家劉其偉則有不同看法。他建議：「一般人報紙看完就丟，或是拿它來包油條，沒人保存，不如把報紙折成32開，等於32頁雜誌。為了有保存價值，再薄也要以雜誌形式出刊！」記得當時辦雜誌依法要先申請，然創刊在即，執照卻遲遲未下來，所以好幾期都在目錄頁印上「本刊依法申請登記中」字樣。該雜誌最初是採免費贈送方式，1971年7月號開始零售，每本售價五元，1973年9月號提高到十八元，到1975年的零售價是二十五元。

創刊號的《雄獅美術》內容在今天看起來非常簡約。32頁刊物除了我代筆的李阿目先生「發刊詞」之外，就包括「特別報導」、金戴熹譯〈畫家評介──我看趙無極的畫〉、〈創作自述──劉其偉〉、孫旗的〈評論──現代藝術的鳥瞰〉、我撰寫的〈歐美名畫家──美國懷鄉寫實主義大師魏斯〉、「兒童美術」及藝壇動態、國際藝訊等欄目。其中特別報導「全國兒童畫展寫生比賽」和邀請丁占鰲、陳輝東、潘元石等幾位美術老師所寫的兒童美術教學文章，主要是為了配合雄獅鉛筆廠推廣兒童美育的需求。

擔任《雄獅美術》編輯工作時，我一直為《中央日報》寫藝術評論和報導文章，並在頂溪國小當美術教師，忙碌之餘，我心想自己的興趣是編雜誌，一方面是對雜誌有興趣，一方面也有感於雜誌的讀者對象廣大，影響力一定大於一個美術教師。於是，我辭去十二年的教職專心編雜誌。雜誌編到第三期時，由於內容過多，我請李賢文向他父親建議，從創刊的32頁增到48頁，而後每期出刊我都去爭取增加頁數，這樣陸陸續續地增頁，大約一年後，每期的頁數都將近100頁。

創辦初期的《雄獅美術》等於是雄獅鉛筆廠股份有限公司附屬刊物，所有開銷由該公司的宣傳活動費支付。編輯部的成員後來加入文字編輯廖雪芳，以及一位美術編輯，辦公室設在台北太原路雄獅公司樓下。我在《雄獅美術》的主編工作做到1975年5月，因自己創辦《藝術家》雜誌而離職；因我事先預備了足夠的存稿，所以我在《藝術家》發行人的初期，有幾期《雄獅美術》的主編還掛著我的名字。如今翻閱草創時期的《雄獅美術》，回想起當時編輯環境，也許是年輕時代對藝術的熱情和使命感，那曾有的辛苦和疲憊好像在投入篇章字句之後，都已化為烏有。

主編美術雜誌初體驗

《雄獅美術》創刊之際，市面上已有《中國郵報》出版的《美術雜誌》和《藝壇》等美術刊物，都是以較傳統方式提供美術資訊，鮮少企畫專題或涉及美術生態等等。我之前雖無編雜誌的經驗，因長期在報紙上撰稿，除了接觸國外的美術刊物外，對台灣的美術生態也比較了解。接下《雄獅美術》主編職務後，規畫的內容包括兩大部分：一部分是介紹台灣的藝術家及其作品，加上國際重要的展覽訊息，另一部分是中小學美術教學與繪畫比賽活動資訊等，以配合雄獅文具的行銷推廣。日文資訊我自己譯寫，英文部分則請專人協助，早年像金戴熹、趙雅博教授、杜若洲、永愷及畫家賴傳鑑等都曾為該雜誌翻譯一些英文及日文的藝評及畫家介紹的文章。

當時我有感於台灣太封閉，欠缺時代資訊，一般藝術家或藝術愛好者出國又不便，因而我透過該刊物有計畫地引進外國美術訊息，以滿足讀者需求。事實上，不僅外來資訊欠缺，連撰寫藝術相關文章的人也有限。《雄獅美術》稿源部分來自外國資訊的譯稿，也有部分是邀稿，通常是事先擬定主題再請對方撰寫，或者由作者選定主題。當然也有一小部分是自由投稿，不過適合採用的不多。

初期《雄獅美術》作者群中，除了對美術有研究的作者外，也有不少寫得一手好文章的畫家參與。當時席德進正在巴黎，後來他成為專欄作者，以他獨有的觀點和交友經驗，介紹他熟識的台灣許多畫家，像張杰、吳學讓等，以及他欣賞的出色畫家，像1971年5月號刊登的〈一生沉沒在巴黎的中國老畫家常玉〉等。水彩畫家劉其偉很喜歡原始藝術，在他參與策畫下，製作了「台灣原始藝術專輯」，是與趙二呆、高業榮、陳國展、張志銘一起赴屏東魯凱族故鄉霧台作採訪，並邀請當時執教於台灣大學人類學系的陳奇祿教授撰文介紹「台灣的原始藝術」。當時我也跟在法國的趙無極、謝里法等人通信頻繁。並邀約謝里法寫稿。

台灣早年資訊匱乏，想要獲得海外的藝訊並不容易，並非是現今網路時代可以同日而語。記得《雄獅美術》1972年3月號推出「趙無極專輯」時，得到很大的回響。該專輯的內容，包括我寫的一篇〈趙無極的生涯與藝術〉、趙無極自述〈繪畫是我的生命〉，以及趙無極親自挑選的法國美術評論家評論他作品之翻譯文章。長年旅居異鄉的趙無極，看到自己的創作理念和成果能以中文介紹出來，覺得十分踏實且有親切感，要我將該專輯抽印一千本寄給他。

我開始編雜誌時許多內容設計都是嘗試性，因為以往沒有經驗，也不像今天有市場調查，另外主要的原因是寫這方面稿子的專人有限。像我想到請當時旅法的畫家謝里法寫法國遊記，是有感於

❶
❷❸

❶ 1971年，何政廣（後排左2）、趙二呆（左3）、陳國展（左4）、劉其偉（左5）和高業榮到屏東霧台採訪。（高業榮攝）

❷ 霧台村魯凱族的石造家屋簷桁雕刻（1972年10月攝影）

❸ 陳奇祿教授撰寫的〈台灣的原始藝術〉專文

▶屏東縣霧台村魯凱族的石造家屋，簷桁彫有圖案。

▼中圖：好茶村魯凱族簷桁彫刻的三種圖形　高業榮實地攝影一九七二、四

▼下圖：霧台村魯凱族簷桁彫刻。何政廣實地攝影一九七二・十

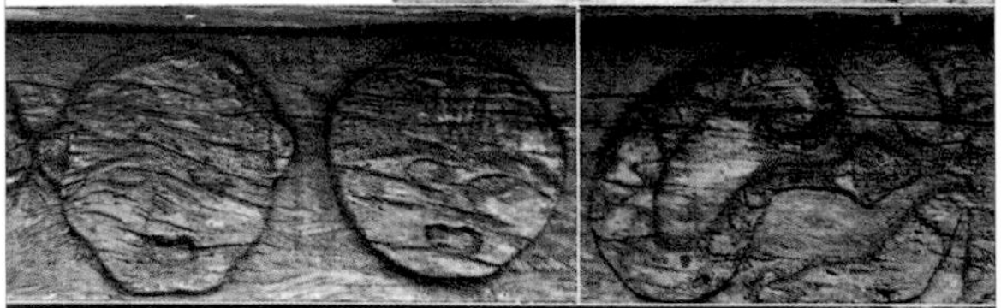

臺灣的原始藝術

陳奇祿

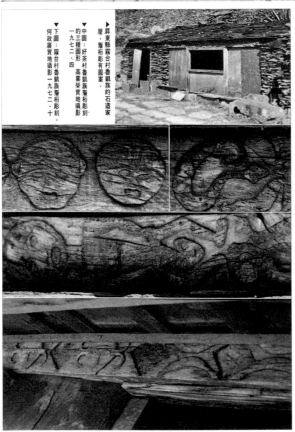

陳奇祿教授近影，現任台灣大學考古人類學系教授

劉其偉和何政廣兩位先生到我家來，要我替雄獅美術寫一篇關於臺灣的原始藝術的文章，我多年來探研臺灣的土著文化，我想他們二位要我寫的就是臺灣土著的藝術。但是首先我要談談什麼是原始藝術。

原始藝術一般指遠古時代人類所創造的藝術。最有名的史前藝術是法國南部和西班牙東部的洞窟壁畫，因其發現地區，稱爲法蘭哥・康塔布利安藝術（Franco-Cantabrian Art）。但是除了史前人類所製作的藝術外，非洲黑人，大洋洲土著，美洲印第安人，和亞洲若干族羣的藝術，也都被稱爲原始藝術。所以要對「原始藝術」一詞下一個確切的定義，是很

巴黎是藝術之都，法國是許多嚮往藝術的人所想留學的國家，若有專欄介紹一定會受到歡迎。果然，從第13期開始連載的〈謝里法法國遊記〉很受歡迎。謝里法寫他走訪梵谷足跡、親身體驗法國南部採葡萄作業，接著寫了艾克斯的塞尚畫室。許多夢想到法國學藝或遊學的年輕人都是該專欄的愛讀者，甚至引發他們前往深造的決心。

也因為人在海外，讓謝里法在書寫旅法體驗的同時，反思台灣美術的狀態。後來他從法國轉往美國，跟我提及想寫一部關於台灣美術歷史的書。他擬了一百多個題目做成問卷調查，我幫他寄給一百多位台灣資深畫家。他便根據我寄給他的回收問卷，加上他訪問郭雪湖及從郭雪湖公子郭松棻提供之日據時代剪報，寫成《日據時代台灣美術運動史》。1975年我創辦《藝術家》雜誌，就問謝里法《日據時代台灣美術運動史》能否在《藝術家》連載，謝里法說他的資料許多都是我提供的，我作主就好。我擔心該寫作計畫從頭到尾都是我從中協調聯絡，在我離開《雄獅美術》之後不知能否繼續，所以在《藝術家》創刊號開始連載。

辦雜誌，跟時代同步

在我主編《雄獅美術》時，編輯方向和內容設計一直在摸索，總想找到一條確切的路可以遵行，但在沒有前例可循的情況下只能邊走邊尋。何況當年處於戒嚴時期，言論出版受到很多箝制。像1973年畢卡索過世時，除了當期雜誌有報導之外，另外還出版了一本畢卡索專輯。不料有人告上警備總部，說那本書裡有些畫是「色情」，結果整批書不能發行，理由是畢卡索有一段時間傾向共產黨。

❶
❷

❶、❷ 我主編《雄獅美術》時邀請謝里法（即謝理發）寫文章，他從《雄獅美術》第13期起撰寫法國遊記，從走訪梵谷的足跡、艾克斯塞尚畫室寫起，成為他藝術寫作的開始。

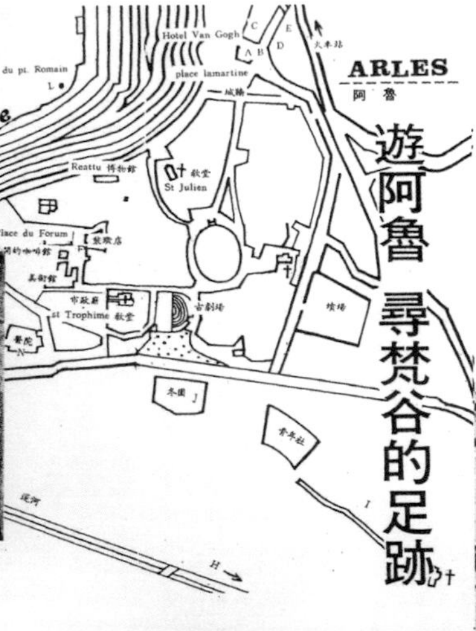

梵谷自畫像

游阿魯 尋梵谷的足跡

路途上的画家——梵谷生前在法國南部所画作品之一，画中人就是梵谷自己。右圖爲實景攝影。

謝理發 寄自紐約

一九六六年夏天，我到法國南部地中海岸的菓園去爲人採葡萄。一個月後，省下了三百塊法郎又偸了一大袋的葡萄，坐火車去阿魯（ARLES）拜望我的「老友」——梵谷。

●●●

當我剛踏出阿魯火車站時，第一個印象就是：阿魯眞像台灣北部宜蘭線上的某一站；樹也像，行人也像，房子也像，街道也像，……。只有如此乾燥的空氣是台灣所沒有的。這個時候正是暑夏的午後三時，炎熱的陽光使人只看了就全身發起軟來。很快地，我走進一家咖啡館去。

●●

一八八八年，梵谷來到阿魯時，是二月廿一日，這時的阿魯正蓋在六尺多厚的大雪裡，「簡直叫我以爲這就是日本了！」阿魯給與梵谷的第一印象是淳

53

遊艾克斯 記塞尚晚年生活及其他

「因爲他是屬於十九世紀的人；所以他不是現代人。

因爲他的畫不是現代畫；所以他才當得「現代繪畫之父」。

因爲一九〇〇年是那麼明確地分劃出「現代」與「過去」；所以野獸，立體，抽象和超現實諸流派才顯得出如此强烈的「現代」感。

因爲現代畫和他之間，有其密切的血緣關係；所以「現代繪畫之父」才加在他的頭上。

因爲廿世紀的人們，總是念念不忘着巴黎紅磨坊的黃金時代；所以「現代繪畫之父」在七十年代的今天，還是未曾衰老。

因爲他未曾「衰老」；所以我遊艾克斯。」

——往艾克斯（AIX）途中之隨筆

註：Aix En Provence爲塞尙出生地，位於法國南部

謝理發

晚年的塞尚（一八八八至一九〇六年）

在艾克斯北郊的畫室裡，塞尙渡過了平靜而單調的晚年：

每天一大早就去St. Sauveur大教堂作彌撒——他經常是全城第一個進教堂的人。

作完彌撒，走出教堂，從口袋裡掏出幾塊銅板，佈施與門口求乞的孩子們——這些小孩每天早起就來此等他。

然後步行上坡直到畫室，開始他一天的工作——向來他要先畫石膏素描，畫順手之後才動手作油畫。

中午，他又進城回家吃飯，飯後提着畫具，雇輛四輪馬車出外寫生——馬車夫們不必問，就知道今

塞尚畫室及作品「浴女」

53

一本雜誌成長過程中所面臨的問題，有時不單是編輯策略或內容等問題，在記憶中，《雄獅美術》創辦的早期曾差點停刊，是因李賢文在服兵役退伍後，計畫和新婚太太王秋香前往巴黎遊學。臨行之前，他要我跟他父親承諾在他出國期間會讓刊物順利運作，我心想這沒有多大問題呀！後來，李老先生因病住在台北長安西路的一家醫院療養。有一天，他找我到醫院面談，他躺在病床上說，雜誌是當年李賢文要辦，如今他要出國去了，雜誌沒人管，他自己身體不好，乾脆停辦好了。我就跟他說，我在他兒子出國期間會顧好《雄獅美術》，同時分析給他聽，解釋雜誌已運轉順暢，除了讀者穩定成長，先後也出了兩本書，開始有進展。

李阿目先生聽我講完，就說請我幫忙繼續做下去。於是雜誌停辦的危機解除。在李賢文出國期間，《雄獅美術》出版了《石濤的世界》，第一版很快銷售一空，不久又再版。不過在李賢文遊學巴黎的第二年，在我主編《雄獅美術》的第四年，時任報社副刊主編的高信疆告訴我：李賢文在巴黎找蔣勳、奚淞準備回台參與編輯《雄獅美術》，並且在內容上加入文學、音樂、戲劇等改變為綜合性雜誌。我心想那刊物的未來發展方向很不確定，可能不再是「美術」的專業雜誌，或許是我離開的時候了。於是在劉其偉、席德進、李葉霜、于還素幾位好友鼓勵下，決定創辦新的美術雜誌。

我寫了一封信給李賢文，大意是說獲知他在巴黎找到合適的人來編雜誌，我也覺得該離開，同時也透露準備去辦《藝術家》雜誌。等他回到台灣後我就離職了。後來，李太太王秋香對我說，當時李賢文接到我的信好幾天睡不好覺，他並不是找人取代我的職務，而是想將雜誌改成綜合性的刊物，當中除了美術，還包括文學、音樂、戲劇等。李賢文也跟我解釋他的想法，但是，我還是決定離開。

《雄獅美術》月刊於1996年9月停刊後，李賢文夫婦約我和我大哥吃飯並談到雜誌停刊的原因。在我的感覺裡，他不喜歡雜誌商業市場氣息；而我覺得藝術市場的興起與商業化是時代環境改變造成的，順其自然可以讓雜誌獲得發展。

1998年元月，亦即《雄獅美術》停刊兩年後，李賢文寫了一封信給我，他寫道：「月刊停刊後，我就一直想提筆寫信給您。近來更加感悟到人與人之間的情義比之名利更加珍貴，於是修書表達內心的感受。……時間轉眼已過了二十多年，不禁懷念起那段稱呼您為何老師的年代。猶記得當年在軍中服役的我經常由桃園回月刊社見習的日子，每每讀到您辛苦編輯出版的月刊，心中的喜悅真是難以形容。雄獅美術的基礎終於在您悉心耕耘下建立了良好的基礎，這是我要深深表示感謝與讚嘆的。……」

在社會急速變化聲中，經營雜誌需要隨時探得市場的脈動，一定要有新的事物吸引讀者，研究從哪些角度、從哪些地方找到可以滿足讀者的素材，同時也要有開放的胸襟接納不同觀念、不同領域的資訊與想法。這種學習與訓練在我初期主編《雄獅美術》時就養成了。當時該月刊因擔負著母體事業推廣文具的功能，讀者以學校美術老師為主，因而內容在初期主要是兒童美育，但後來市場上也出現了有關兒童美育的出版品，例如《百代美育》，我就將雜誌內容擴大到社會藝術教育。

經過數十年來再回想這段往事，我還是堅信辦雜誌的不二法則是隨時要想到「讀者在哪裡？藝術趨勢是什麼？要真實的掌握時代的趨勢。」

《藝術家》的誕生與成長

1975年6月創刊

1975年初夏一個午後，劉其偉、李葉霜、簡志信、高信疆、席德進、于還素、何肇衢、何耀宗、何恭上和我於台北市溫州街「藝術圖書公司」何恭上辦公室討論新雜誌創辦事宜。劉其偉建議眾人先替雜誌命名。席上陸續有《藝術》、《現代藝術》、《新潮藝術》等建議名稱。席德進排除眾議，大聲用他四川鄉音說：「就叫《藝術家》好了！」經在座的人討論之後，覺得這個名稱既平實又中道，且包容廣泛，無論傳統、當代、現代或潮流都能含括在內，另外，「藝術家」也可將藝術創作者、藝術家的家、藝術之家、藝術愛好者的家等等都收納其中，可以說這個雜誌的名稱是全方位的思考，充滿了多元性和包容力。

《藝術家》於1975年6月創刊。同一年蔣介石總統剛逝世不久，台灣進入蔣經國時代，在野的政治力量逐漸浮現，鄉土文學論戰也發聲。在國際社會上，越戰結束，北越統治越南。歐洲的西班牙因獨裁者佛朗哥離世，由卡羅斯王子繼位而拉開民主序幕⋯⋯，就台灣或世界的時代背景而言，都是充滿了變化。

雜誌的名稱既定後，有關題字也很順利地完成。《藝術家》標準字係邀請自已故前台北故宮博物院副院長、書法家莊嚴書寫。識別標誌「 」則由我的二哥設計家何耀宗設計，以英文字「a」變

❶
❷

❶《藝術家》中文、英文標準字，由何耀宗設計。
❷《藝術家》創刊號封面書影，1975年6月。

藝術家 Artist

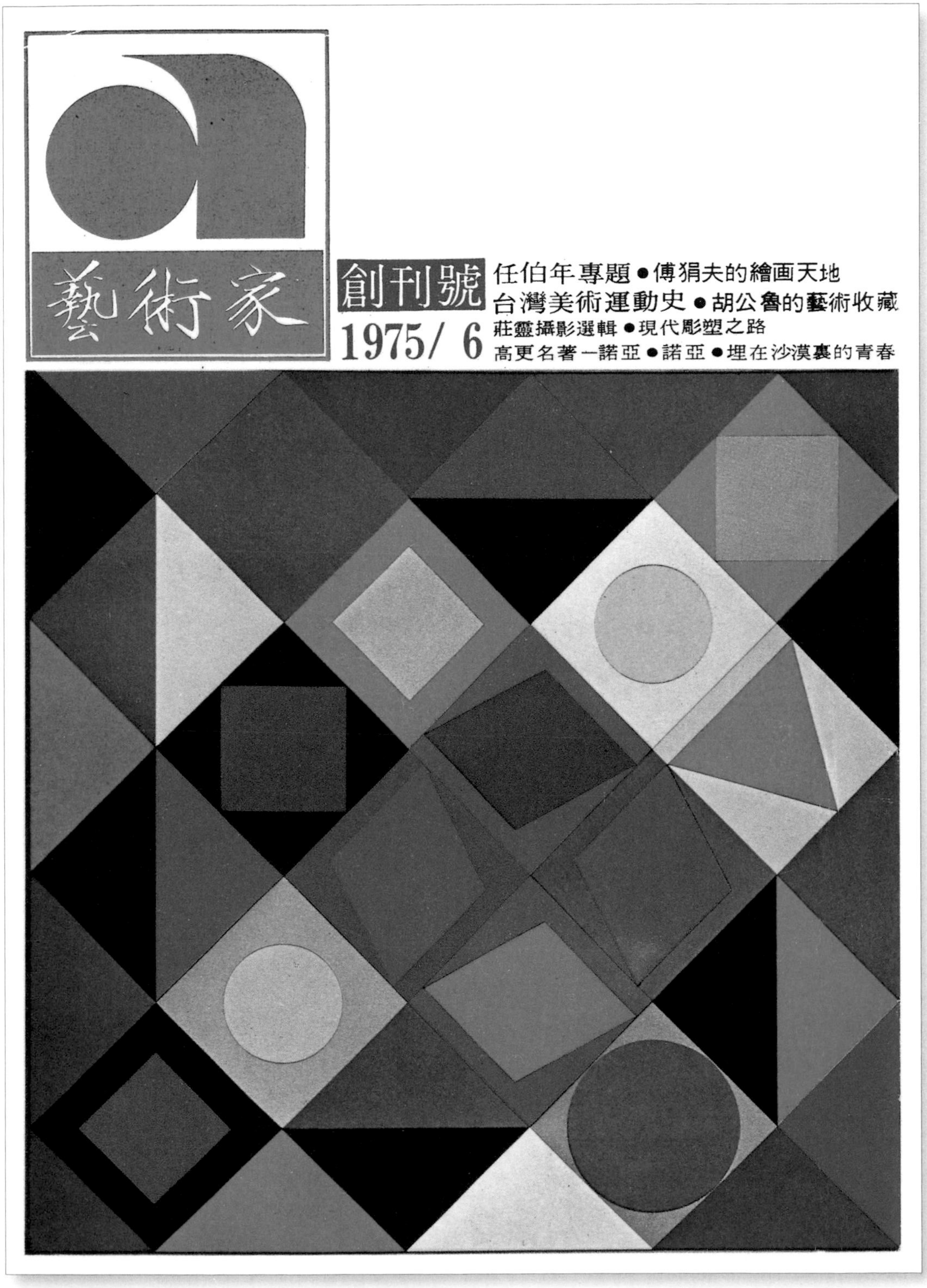
藝術家
創刊號
1975/ 6
任伯年專題●傅狷夫的繪画天地
台灣美術運動史●胡公魯的藝術收藏
莊靈攝影選輯●現代彫塑之路
高更名著一諾亞●諾亞●埋在沙漠裏的青春

型處理，意味知性造形及向上昇華，朝明日邁進。發刊詞〈風格與尊嚴／《藝術家》雜誌創刊的話〉我提出構思理念，執筆出自媒體聞人高信疆之手，簡潔明晰的提出創刊宗旨：

《藝術家》的誕生是必然的。

我們真是需要一份實實在在的，批評與建設並重，美學與生活兼顧的新藝術刊物了。它是獨立的，它也是開放的，它不該屬於任何個人或團體，它卻服務於每一個人或團體，它的指標是藝術，它的根植卻在人生，它應該站得比誰都低都卑微，但卻看得更高更廣闊──它容許一切新的異質與可能，但卻從不懷疑古老的人性的尊嚴與光榮……

這些，愈來愈清晰的為我們繪出一個形象，一個適切的名份與期許，投映到現實裡，就是：

《藝術家》的誕生。

我們用一個極普通的名詞說，「藝術家」──事實上，這個名詞已經產生了一個全新的指涉。它是新的，因為它不再拘限於以往所謂的「藝術」的範疇；它是新的，因為它所期待的《藝術家》在意義上也與往昔迥異，它是新的，因為它必須掙脫任何偏狹的執迷與無根的惶惑……整體而言，這也正是我們創刊《藝術家》的基本態度與作法。

我們以為，一個新時代的中國藝術家，他應該先能肯定自己只是無數平凡大眾裡的一分子，只是一個在特殊歷史與現實裡成長的中國人，而後，他才能透過藝術的形式，傳達出他這個中國「人」的情感與理想──他的藝術，在表現上固然是「美學經驗」的不斷試煉，但在內容上卻必然是「人生經驗」的永恆輝映。因此，現實性

劉其偉在《藝術家》二十周年酒會上致詞　1995年6月

我和劉其偉認識於1960年代，那時我撰寫《中央日報／中央星期雜誌》藝術版，常去他永和的畫室聊天。他喜歡打獵，我曾幫《中央星期雜誌》邀他將在中央山脈打獵的經驗，寫成「台灣紀獵」系列文章。1971年我到《雄獅美術》負責編務後，跟他來往更密切，他博學多聞，又有很多想法，當時已出版了不少美術書，他編譯的《水彩畫法》1974年也在《雄獅美術》出版。

1975年得知《雄獅美術》內容將轉型，在他及席德進、李葉霜等幾位朋友建議和鼓勵下，我創辦《藝術家》雜誌，他對我獨立辦雜誌可說影響最大。1976年，美國國務院邀我赴美訪問期間，他代理總編的工作，幫忙企畫和約稿。記得在雜誌草創的年代，每期雜誌一出刊，他都會到雜誌社，帶我一起檢討當期內容和讀者的反映，同時提出下期的想法。他分析事情精闢獨到，講話也充滿了智慧哲理。他最常說的一句話：「要乘勝追擊呀！千萬別滿足現狀。」

劉其偉熱中於探險，曾深入婆羅洲、新幾內亞等地的原始部落。早年台灣的矮靈祭、屏東筏灣排灣族五年祭、魯凱族祭典等都可看到他身影。《藝術家》雜誌曾連載他寫的〈文化人類學〉，並為他出版《荷馬水彩專輯》（1977）、《朝鮮半島美術初探》（1978）、《現代水彩講座》（1980）、《蘭嶼部落文化藝術》（1982）、《劉其偉的繪畫創作文件》（1998）等書。

記得他用來寫作的桌子矮小，周圍擺滿書籍。有一段時間他沉酣於寫作，伏案寫個不停。後來又熱中以原始民族的圖騰創作繪畫。他的畫像他人一樣靈慧，有些動物的題材表現又是那樣幽深，像有名的〈婆憂鳥〉，不知道他如何會用這樣一隻鳥來呼喚親情，或許和他幼年失去母親由奶奶帶大的心靈哀歌有關吧？我非常懷念他，不時在雜誌社回憶著他的身影和笑容。

劉其偉在祕魯庫斯科山區，左邊的羊駝是山區唯一的運輸工具　1979年

民族性的著重，將是《藝術家》不可或缺的部分。我們不諱言自身對於純藝術追求的熱誠，但是我們也很清楚，大量的「社會參與」之情，「鄉土孺慕」之愛，更將豐富我們藝術的品質與感受，加深我們藝術的力量與影響，促使我們的藝術家，擁有更清晰的個性，更純淨的創造，更大的呼應。

也許，這就是所謂「責任」一詞的真切內涵吧！

相對的說，在教育與傳播事業大量普及的今天，藝術獨占的時代已經過去了。它不再是少數專家學者、王公貴冑的專利品，而是全面的，屬於全民的慰安與提昇。我們相信，每一個人的眼睛裡都有一座藝術的殿堂，每一顆心靈裡也都有一株藝術家美麗的根芽，問題在於，我們該如何奉上我們深摯的獻祭，並如何澆灌、培育，促使這株根芽的開花結果呢？

由於這一認知，我們將著眼於藝術本質、內涵的挖掘，而非形式、表象的捕捉；我們將採取一種全盤的，整合的態度，從各種藝術表象裡，尋求其本質的共同與交流性，藉以參酌損益，融長補短；我們更相信，新與舊的銜接尤其是當務之急，所以我們將努力於中國與西方藝術的再認識──這包括了歷史的評介與現實的探討。不論西方也罷，東方也罷，古典也好，新潮也好，我們將一律從事於批評的承傳，以及，它們之中可能蘊含的現代意義的開發。

當然，我們不曾忘記，藝術家的生活層面，唯其他有著與我們同樣的好惡悲歡，同樣的困苦或摸索，所以他們才能感動我們，以至久遠。《藝術家》雜誌是本著這份宗旨，從事於這方面的介紹或報導的。

我們極歡迎行內行外意見的溝通。誠然，外行與內行的坦率討論，將是打破小圈圈主義的最佳手段，而且也是開拓藝術新境所

關鍵字

李葉霜

李葉霜（左2）參加台灣省立美術館七十六年度典藏委員第三次會議，複審美術品情形。

認識李葉霜時，他擔任中山學術文化基金董事會的秘書。位在台北市永康街附近的舊樓房二樓辦公室掛著他自己的書法作品，以及他收藏的一些字畫。我因為《歐美現代美術》和《20世紀的美術家》兩書獲得該基金會獎助出版，所以常到他辦公室欣賞他的收藏。他的藏品多半是民初前後的名家書畫，跟他熟識以後才知他勤於書寫，「聞名畫廊」曾為他出版書法集，1995年他在台北市立美術館舉行「水流雲在」書法展。

李葉霜對中國書畫研究甚深。我曾邀他撰寫有關石濤的文章，後來結集出書，可以說是台灣早年少有的介紹中國書畫家的出版品。早年《藝術家》雜誌有些關於中國書畫的文稿，我會請他幫忙過目，他不時會提供我一些報導線索或推薦收藏家供雜誌專訪。

李葉霜博學多聞，而且有說不完的藝壇趣聞。他常掛在嘴上的是：「某某人的私房畫」。意思是指未曾公開而帶著典故的作品，有些他也寫成文章發表，像寫〈張大千的私房畫〉就寫到張大千遊巴黎時認識一女子，畫成一幅仕女圖送給當時駐聯合國文教組織代表郭有守，題款為「紅了櫻桃瘦了芭蕉」，現藏於國立歷史博物館。他口中的「私房畫」好像也常被大家沿用。

關鍵字

陳其寬

李葉霜（中）觀賞陳其寬（左2）畫作　1987年6月

陳其寬早年的建築師事務所設在台北的漢口街，距離《藝術家》雜誌社舊址很近，我跟他認識以後，他常來走動閒聊。我得知台灣很多公家大樓建案都是他負責完成的；儘管如此，他卻很少談論建築事業，只喜歡談藝術，忙碌之餘也都不忘提筆作畫。後來，《藝術家》雜誌社遷到對街東華大樓，他的建築師事務所隨後也搬到同一棟樓上，我們來往也就更頻繁了。他一有空就下樓來找我，下班後作的畫，一大早就拿給我看。有時有藝術界彼此都認識的朋友到雜誌社，一個電話，他放下手邊的工作就下樓來相會，因為他認識不少旅居國外或國際知名的華裔畫家或學者、評論家，像王季遷、王方宇、李鑄晉、蘇立文、吳訥蓀、高居翰等，他會把這些人帶到雜誌社，我就藉機會向他們討教或邀稿。

在我的感覺裡，曾任東海大學建築系主任的陳其寬，無論人生觀念或生活態度都很嚴謹，行事低調，為人客氣。在創作觀念方面卻很新，他的繪畫與他建築關係密切，尤其在空間的表現更為突出。他喜用鳥瞰的視野處理畫面，作品中的建築物表現出中國古典的空間結構，視點則多方移動，形成獨特的繪畫風格。

當我們在同一棟樓辦公的七、八年期間，他常跟我提及：美術界不當他是畫家；建築界又認為他屬於美術界，好像自己都不為這兩方面認同。事實上，他生前多次在國內外個展，晚年在繪畫方面的聲名、成就甚高，並獲得「國家文藝獎」等榮譽，實稱得上是一位才情出眾的藝術家。

必須具備的心胸。我們相信：「藝術」最深透的詮釋，就是「自由」。

我們正在希望，這份新的《藝術家》雜誌，能夠屬於每一個有心接近它的當代中國讀者；而我們也正在期盼，每一個有心接近它的讀者，都能培養出他個人特有的藝術氣質，成為那個新時代的中國「藝術家」。

扉頁標示著九行創刊標語：

人生因為藝術而豐富，
藝術因人生而發光。
人到智慧成熟時，
自覺地需要藝術，
《藝術家》是最好的愛好藝術者的雜誌，
也是藝術家們的雜誌。
充實自己，
追求人生的光明面，
請看《藝術家》雜誌。

創刊號採25開本，總共144頁，其中16頁為彩色印刷。定價三十元（1976年2月起五十元，今訂價一八〇元），發行了一萬本。第二期增至158頁。原址設在台北市重慶南路。創刊號以瓦沙雷作品為封面，封底是任伯年的畫作，配合雜誌的任伯年專輯。

2005年6月，發刊30周年的《藝術家》雜誌獲得台北市政府譽揚獎勵，設立「藝術家巷」，以《藝術家》雜誌為名，2005年7月，臺北市府譽揚「藝術家巷」揭牌，2012及2013年《藝術家》

我和趙無極交往將近五十年。1970年代每逢新年，他總會寄來親筆寫的賀卡畫片。從1969年開始，他從巴黎多次寄贈有關自己的畫集和著作專書，加總起來竟有46冊之多，每冊都在扉頁上簽名。最早的一本是1969年在加拿大蒙德里爾當代美術館和魁北克美術館舉行個展的圖錄，當時我在《中央日報》藝文版介紹世界藝術新潮的專文，曾介紹過他。後來比較完整地將他介紹給台灣讀者，是在《雄獅美術》創刊一周年時，我策畫了「趙無極特集」。

1977年6月，我訪美結束後順道赴歐參觀。在巴黎見還到了當時旅法畫家朱德群、彭萬墀、李明明、陳英德、陳建中、戴海鷹等人，趙無極則請我到他家裡看畫。在他的畫室裡我們談了一下午，發現平常他畫室中所有作品都背面朝外放置，走進畫室是看不到畫的正面。

他取出許多油畫新作讓我看。當時我撰寫一系列「旅居海外的中國畫家專訪」，趙無極訪問記刊在《藝術家》第31期。1989年趙無極與夫人梵思娃．馬凱合寫《趙無極自畫像》，趙無極把中文版交給《藝術家》出版社出版。1983年他二度來台，1月3日在國立歷史博物館舉行回顧展，隔日在台北舉行藝術座談會。趙無極、鮑幼玉、何明績、王建柱和我坐在台上，原定是發表演講，臨時改為座談會。趙無極開頭客氣地說：「我從來不演講的，因為談話比較方便，不拘束，而且政廣和我很熟，他在這裡可以幫我演講。」

1992年3月，趙無極第三次訪台，特別到《藝術家》雜誌社參觀。在我感覺裡，他是一位屬於美學家赫伯特．里德在其名著《透過藝術的教育》所提出的「觸覺型」體質的藝術家，注重將其內在的世界投射繪畫中。他的抒情抽象畫，大筆揮灑、縱橫皴擦、淋漓渲染構成萬千氣象，隱含大自然神韻意境，表達出畫家獨與天地精神往來的美妙境界。這也是他的畫如此受人讚賞珍藏的一大因素。

1992年，何政廣拜訪趙無極在巴黎的畫室。中坐者是趙無極夫人梵思娃．馬凱。

趙無極來台北參訪《藝術家》雜誌社，與發行人何政廣合影，1992年3月1日。

連續兩年獲 Bazaar Art 選為全球十大頂級藝術雜誌。

當初為何創辦《藝術家》，主要是興趣使然，而後興趣成為事業。而在另一方面，我看到1970年代是台灣藝術發展的關鍵時代，國際局勢澎湃洶湧，台灣的經濟起飛，鄉土運動浪潮茁壯發展，現代美術的大眾化，藝術家個人自主的藝術創作，藝術團體派別主張的新觀念或主義，美術館或畫廊展出作品，都需要專業美術刊物媒體發表流通、普及擴散影響力。此時創辦一本藝術媒體，從未來學的觀點而論，前景應是可以預期的。一晃四十年過去了，《藝術家》已經成為出刊歷史最長久而具有規模的中文藝術雜誌，回顧過去、前瞻未來的同時，更感念這四十多年間幫助過我的許多朋友。

《藝術家》成立的宗旨，和想為企業塑造文化形象的一些雜誌出發點是不太相同的，何況台灣文化界當時還流行一句名言：「要害一個人，就讓他去辦雜誌。」創刊一本雜誌很容易，但是要持續長久出刊、維持下去並非易事。現在回想，我當初這個險雖然冒得不小，但也甘之如飴。

為了想辦一本好雜誌，我曾先後訂閱好幾本國外知名的藝術雜誌，包括美國的《藝術新聞》、《藝術論壇》，歐洲的《國際藝術》，日本的《水彩畫》、《藝術新潮》、《美術手帖》等，了解它們的內容，分析取材編輯的方向。在1977年《藝術家》出版第二年時，美國國務院邀請我赴美訪問，當時我提出希望訪問的對象就是紐約的《藝術新聞》雜誌。1995年12月這本雜誌的主持人茱迪斯．艾斯特羅（Judy Esterow）也到過台北來《藝術家》雜誌拜訪。她直接讚賞說：「您的雜誌非常精采，文章內容包含多種樣貌，廣告很多。」2003年《藝術新聞》100周年紀念，《藝術家》

❶❷
❸❹
❺

❶ 書畫家范曾題《藝術家》
❷ 范曾來台北訪問，與何政廣合影
❸ 美國《藝術新聞》雜誌主持人茱迪絲．艾斯特羅（左2）與卓有瑞（左1）、王嘉驥（右）陪同訪問《藝術家》雜誌社。
❹ 莫斯科藝術協會主席、畫家薩拉霍夫（Tahir Salakhov）及其夫人（右2、3）訪問藝術家雜誌社。
❺ 2012及2013年《藝術家》獲選為全球十大藝術雜誌並刊出何政廣撰寫專文

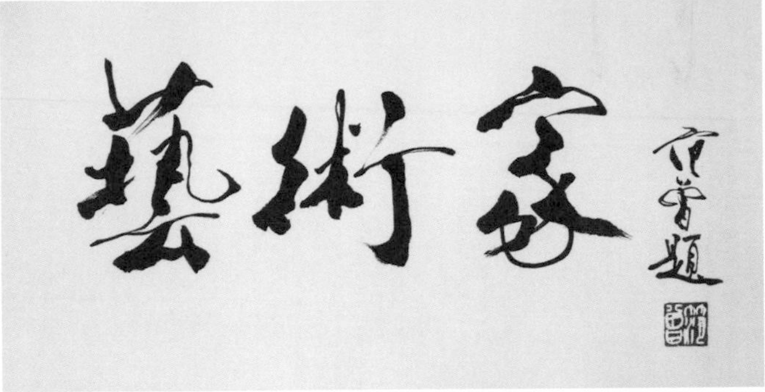
藝術家

2012 Top 10
Prominent Global
Art Magazines
2012 全球十大艺术杂志
未来国际艺术世界的格局将走向何方？
中国的艺术市场前景如何？
怎样评价2012年的卡塞尔文献展？
且听全球各大艺术刊资深媒体人解读。
Ho Cheng-Kuang
中国艺术市场变数仍多
An Unstable Chinese Art Market
何政广
Ho Cheng-Kuang

10 PROMINENT INTERNATIONAL ART MAGAZINES
全球十大艺术杂志
2011-2012
国际艺术
白皮书
WHITE PAPER OF WORLD ART

2011-2012
国际艺术白皮书
COVER SHOW · ARTFORUM
ARTFORUM
ART IN L.A.
ARTFORUM
COVER SHOW · ARTIST
藝術家
ARTIST

特別製作專文來報導。發行及總編輯米爾頓．艾斯特羅（Milton Esterow）表示該刊的歷史是報導這百年來藝術世界的改變，以及對藝術認知的變化，同時做幫忙塑造及像鏡面般如實報導的角色。

《藝術家》出刊時，我們抱持的即是對藝術新聞報導用最真實、客觀、公正的態度，以最清晰平實的語言，讓初學者及專家同時可以明瞭。同時邀請學者為專題寫專文，提升報導的深度與專業。

《藝術家》的封面

《藝術家》的封面是從第48期開始收費。記得在之前很多人都想登封面，甚至動用許多關係，有時一個月有好幾位畫家想刊封面，讓人很難應付。我和劉其偉、李葉霜等幾位好友大老討論之後，決定採取收費方式，如此似乎可以有一番篩選作業，過濾一些人情請託和非專業的作品。如此長久以來已建立了模式，有的畫家為配合發表活動，在一年，甚至兩年前就開始預約，中國大陸對外開放後，《藝術家》每期留篇幅供當地專家或創作者投稿，也有一些當地畫家作品在《藝術家》作封面廣告。封面早年收費6萬台幣，隨物價上漲，目前是18萬，大體說來，封面廣告的收費約內頁廣告價格的十倍。出刊初期內文彩色頁一頁收費2000元，記憶深刻的是已故畫家席德進，他在1977年計畫一期登兩頁的彩色頁作品圖片和配合文字刊登兩年的創作自述「我畫．我想．我說」，在雜誌截稿之前，會親自將圖文稿連同4000元送到雜誌社。後來好幾位畫家都沿用他的模式。其中，陶藝家王惠民的例子比較特別，他計畫在雜誌上刊登一百件陶藝作品每期一件加上文章，大約登了三分之二後，他決定用福隆一塊地來抵剩餘的廣告費，朋友聽到這

❶ 饒宗頤先生題字
橫墨數尺，體百里之迴
玄牡之靈，皆可得之。
摭宗炳語奉題
藝術家百期紀念　選堂

❷《藝術家》創刊100期酒會出席藝文界人士與何政廣兄弟合影，左起：何耀宗、劉紹唐、何肇衢、葉醉白、鮑幼玉、何浩天、何政廣、李奇茂、何恭上

❸ 藝術家創刊100期酒會貴賓合影，左起：于還素、劉紹唐、劉其偉、林淑蘭、楊雲萍、李葉霜、郭軔

❹《中央日報》社長楚崧秋、藝評家姚夢谷參加《藝術家》創刊100期酒會

❺ 密宗黑教林雲大師題字「藝術家：人生因藝術而豐富　藝術因人生而發光」

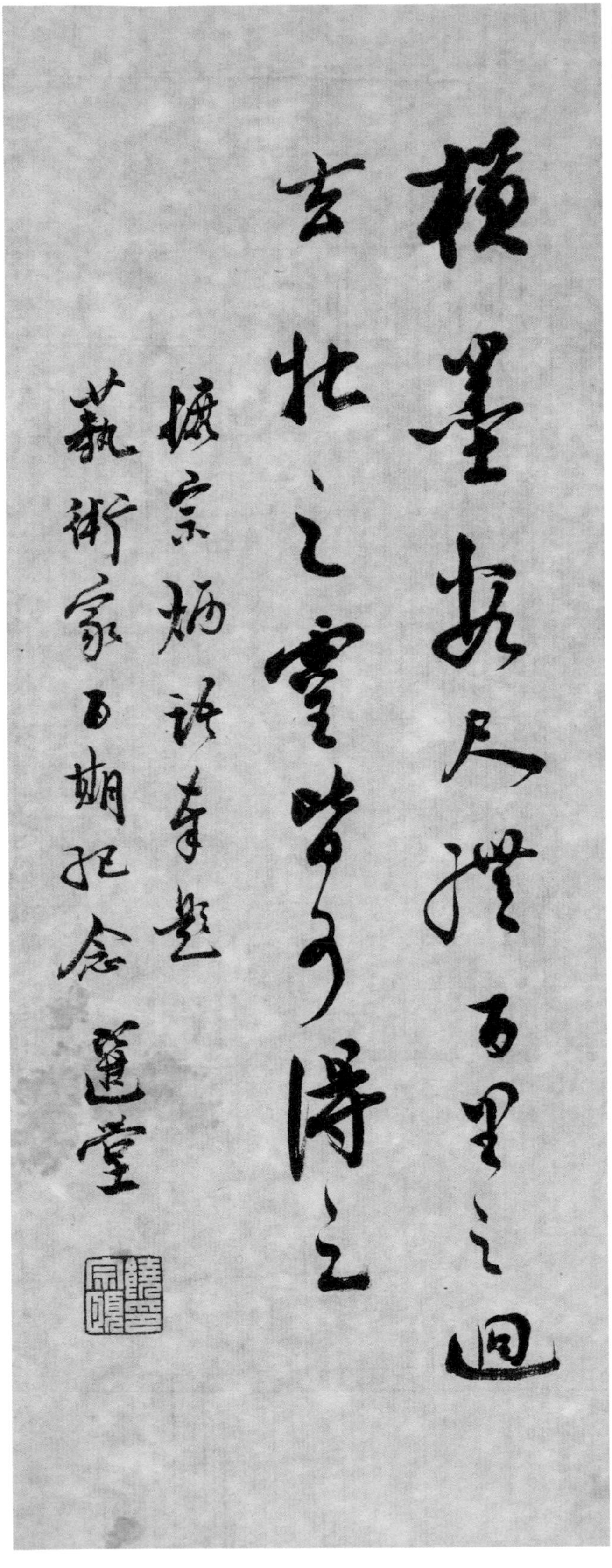
橫墨數尺體百里之迥
據宗炳語奉題
藝術家百期紀念 選堂

藝術家創刊100期酒會

藝術家創刊

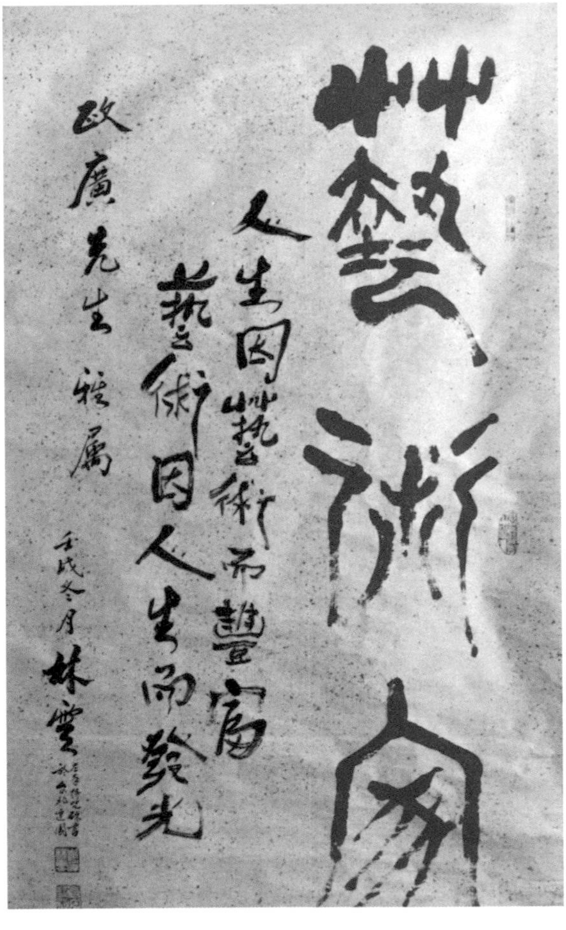
藝術家
人生因藝術而豐富
藝術因人生而發光
政廣先生 雅屬
壬戌冬月
林雲

件事都覺得很有趣，可見藝術家的真誠和執著與眾不同。

《藝術家》在創刊號封面內頁是自刊的叢書《印象派大師莫內》廣告，封底內頁是傅狷夫作品。內頁廣告有聚寶盆、海雲閣兩家畫廊、月光美術材料、正德美術用品、邱煥堂陶藝招生、南山畫廊等。在雜誌邁進第100期時，有人問我：「現在廣告有一百頁以上，將來若突然降下來怎麼辦？」當時是80年代初期，我的想法很樂觀，也就是看好台灣藝術發展的趨勢。但其中亦有短暫衝擊，是2002年SARS爆發之際，台灣的藝術產業受到嚴重打擊，《藝術家》也難倖免。

在80年代中期到90年代，台灣藝術市場非常熱絡，《藝術家》的廣告量最多高達兩百多頁，為了不減少雜誌的內容，廣告頁採取外加的方式，因此每期雜誌達到四百到六百二十頁，像一本厚厚的書。

《藝術家》的訂戶與作者

《藝術家》的讀者早年以劃撥單訂戶居多，那個時代主要以劃撥完成訂書，同時以一年期為多；為便利讀者，目前已開放到三年期。過去曾有雜誌採用過一次收萬元的「終身訂戶」，個人覺得「終身訂戶」的做法並不恰當。像我們雜誌有些老訂戶過世了，但訂閱時間尚未到期，家人要求不用再寄雜誌到他府上，因為他的後代看不懂中文；也有的老訂戶像旅美作家蔣健飛在2013年過世前，將他擁有從創刊號以後的整套《藝術家》雜誌捐贈給美國康州學院東方閱覽室保存留傳。

《藝術家》創刊號單元有專題（林惺嶽〈看任伯年的畫〉）、古畫新看（作者是前故宮副院長莊嚴，以筆名「一藏」發表，介紹

席得進送給我的水彩畫

席德進　巴黎蒙馬特風景　1966
水彩畫紙　47.5×63cm

關鍵字 **席德進**

席德進1965年2月攝於巴黎

我認識席德進很早，大約在1970年代之前，他從巴黎回國後，特地送我一幅描繪巴黎街景的水彩畫，後來我主編《雄獅美術》也邀他寫稿。他的住家和畫室在台北的新生南路，有段時間席德進對民間藝術很有興趣，四處看古建築。《藝術家》創刊後，他自己拍照撰文發表「台灣古建築體驗」，主要從門、窗的特色切入，文字深入淺出，堪稱早期少見的台灣鄉土藝術介紹。爾後，他每期在雜誌上以一張作品配圖，寫〈創作自述〉專欄，連載了三年。當年彩色製版昂貴，一般圖片都用黑白印刷，他求好心切，每期自掏腰包2000元做彩色版，都在親自來雜誌社交稿時一併付上，現在回想起來滿有趣的。

席德進很會自我推銷，他的個性直爽，不愛占人便宜，也不愛欠人人情。有什麼要求就當面講清楚。他交稿非常準時，通常都在上午11點左右到雜誌社，中午就和我一起到附近的一家客家餐館用餐、聊天。有時我去看他，他會下廚煎烏魚子招待我。記得他的住家陽台擺了很多水缸和舊門板，都是他在週日開著紅色金龜車到鄉下寫生時買的。他寫稿的小書桌靠近窗口，臥室則藏在公寓隱密的一角。白天作畫，晚上寫作，他是圈內少數繪畫及文字俱佳的藝術家。

席德進早年應美國國務院邀請訪問回國後，曾經追隨歐普畫風，但很快地就沉酣於鄉土題材。他畫水彩、水墨，晚年熱中於書法。他早期所畫的台北街景非常受駐台美軍喜愛，賣畫成績可觀；他的創作熱情一直持續到罹患膽囊癌，當他獲知得病，曾要我介紹中醫給他。後來他在醫院接受手術後，揹著膽汁回流罐時，我還曾陪他到鄉下寫生。席德進對《藝術家》雜誌來說，他更具有創造意義，因為，《藝術家》就是他所命名的。當年他的想法是《藝術家》這個名稱，去除地域性和時代性，十分中庸，有無限的空間可供馳騁。

一路走來四十多年了，此時此刻特別感念席德進。

羅聘的〈鬼趣圖〉）、專欄（金玉集、藝術論壇、每月藝展、藝術沙龍、藝苑門外）、美術史（謝里法〈日據時代台灣美術運動史〉）、國際藝聞、理論（劉其偉的〈抽象畫理論與技巧〉、何玉郎〈立體派的誕生〉）、美術設計、藝術家評介（雷田的〈埋在沙漠裡的青春：放浪的詩魂鄭世璠〉）、攝影世界（莊靈）、收藏家專訪（由楊識宏筆名「奧白」執筆訪問收藏家胡公魯）、藝術入門（邱煥堂的陶藝講座、賴傳鑑的油畫技法、紀宗仁的蠟染入門）、連載現代雕塑之路（李再鈐）、名著選刊／高更名著《諾亞・諾亞》等，欄目是以全方位規劃，執筆作者陣容堅強。創刊初期的《藝術家》曾有一段小小的摸索時期，一直在思索著雜誌內容的路線，初期主要和時事有關，後來逐漸與藝術家互動，增加了許多中國美術方面的文章，莊伯和、蔣健飛都持續撰寫專欄。1975年7月號尚有表演藝術趙琴的〈音樂之父巴哈〉、電影黃仁的〈從「俠女」得獎談起〉、〈民間藝術木偶戲〉等文；但內容很快地進入純粹的美術範疇。

《藝術家》創刊號開始有陶藝家邱煥堂的文章和陶藝教室招生廣告。1980年初期，台灣現代陶藝才開始走向蓬勃發展之路。1980年11月號雜誌以楊文霓為封面，並配合她的個展，內文製作25頁的「楊文霓陶藝」專輯，在當時受到藝術界的矚目。1982年初《藝術家》雜誌舉辦「陶藝家座談會」探討台灣現代陶藝發展之路，十多位重要陶藝家參加討論現代陶藝創作發展方向。已故陶藝評論家宋龍飛也在這個年代成為《藝術家》的作者，以本名或筆名「方叔」發表相關文章，並主持「誌上陶藝展」專欄，帶動台灣陶藝風氣不遺餘力。近四十年來，《藝術家》報導現代陶藝的發展與活動，也關注傳統陶瓷，以及出土或海上發現的物件等，都藉由

❶❷
❸
❹

❶ 1979年何政廣攝於《藝術家》雜誌社
❷ 1980年代的《藝術家》雜誌社上班情形
❸《藝術家》雜誌創刊號的目錄頁
❹《藝術家》雜誌在台北明星咖啡店舉行陶藝座談會，掀起現代陶藝創作發展的契機。

目錄

封面・瓦沙雷作品　封面題字・莊嚴

封底・傅狷夫繪畫

專家學者的研究作深入淺出的披露。

有的讀者認為《藝術家》的內容新舊皆有，不全然是當代領域，但也不是傳統取向。個人認為，接受新的藝術，不意味著就要捨棄過去的藝術，它們甚至可以和平共存。現代藝術的發展可以促使我們對過去藝術作更深一層的檢驗。新聞永遠是新聞，藝術雜誌的作者和編者無需因為是新聞而接受新發生的藝術事件，因為其中有些議題是虛幻的、缺少價值而且很快就會被瞬息萬變的潮流淘

❶ ❹❼
❷ ❺❽
❸ ❻❾

❶ 何政廣訪問收藏家畫家王己千（1976年12月於香港中文大學圖書館前）

❷ 日本筑波大學藝術研究所長林良一在其書房與何政廣合影

❸ 紐約美國藝術與設計博物館館長荷莉·哈奇納訪問藝術家雜誌（1997年6月）

❹ 參加《藝術家》30周年酒會的貴賓擠滿「藝術家巷」揭牌現場

❺「藝術家巷」譽揚儀式完畢，貴賓前往社長辦公室參觀，左起雷煥章神父、陳奇祿院士、馬英九市長、陳郁秀祕書長、何政廣社長，以及前輩畫家廖德政。

❻ 以《藝術家》雜誌為名的「藝術家巷」路牌，以及台北市長馬英九署名的「藝術家巷」譽揚碑文。

❼ 2005年，「藝術家巷」揭牌儀式由台北市長馬英九、陳奇祿、陳郁秀、廖咸浩、何政廣等人共同主持。

❽「藝術家巷」彩繪由馬英九市長、廖咸浩局長與何政廣社長添上最後的果實。

❾「藝術家巷」路面由赫島社成員所彩繪的八棵〈生命之樹〉

藝術家巷
ARTIST LANE
「藝術家巷」豎揚文
「藝術家雜誌」耕耘台灣視覺藝術領域已有三十年，其歷來之出版宛似一部藝術百科全書，同時兼具專業的深度與通俗的能量，滿足了華文讀者對於藝術資訊與知識的渴求，也提供了華人視覺藝術創作者不間斷的刺激，並引領眾多初學者進入視覺藝術殿堂。今將藝術家雜誌所在地命名為「藝術家巷」，以肯定其三十年來為台灣積累豐厚藝術資產及彰顯自由創作精神的卓越貢獻，特立此為誌。
臺北市長 馬英九
民國九十四年六月一日

bagel
藝術家巷

汰，此乃《藝術家》沒有報導一些新聞事件的理由，因為涉及到真實性與影響力，因而在選擇內容之當刻，就要做出有根據的判斷，好讓許多藝術家讀者、學習藝術者、畫廊主持人、收藏家等有正確的參考。

另外，《藝術家》歷年來很重視開發年輕的寫作者，從創刊到現在，作者已經到了第四代。不少第一代作者已經辭世了，而新人輩出，每一代也都有不同的寫作風貌。盡管有些老讀者反應新世代作者的書寫樣式讓他們感到陌生；但是世代接替用之於藝術雜誌上也是必然的，作為一個經營者，永遠要吸收並服務更多的讀者，為讀者帶來更多利益，滿足更多在藝術文化上的需求。畢竟「藝術」不再是內行才懂，也非社會的一種娛樂，哪怕有關專論的書寫也相信能以簡潔瀟灑的方式呈現。《藝術家》雜誌的可貴是不為任何藝術教條代言，真實反映藝術界狀況，並把握與時代共進的方針，唯有如此堅持並步步為營，雜誌才能長遠發展。

《藝術家》的時代風貌

《藝術家》從創刊至今，始終鞭策自我，不背離傳統，同時也和時代潮流同步，深信如此才能忠實地反映台灣美術發展，提供最新的國際藝術資訊。近十年來，新生的力量和創新精神注入了這一本資深美術雜誌，無論是美術相關的人、事或物，都有了時代的風貌。

在美術家訪介方面，讀者得以周詳地了解創作者的技法、工作現況及其成果，透過他們的自述或受訪，讓讀者深入作品的底層韻致。許多來自專家撰寫的精闢理論、美術史整理，包括台灣美術史、中國美術史、日本美術史、西洋美術史、陶瓷史等，透過連載

❶《藝術家》雜誌90年代出刊的封面集錦
❷ 張大千在摩耶精舍與何政廣合影
❸、❹《藝術家》雜誌兩次以張大千照片為封面

藝術家
96 Artist
第十六卷第六期

藝術家
Artist
51
第九卷
第三期

方式，可做為美術欣賞的進階媒介或研究參考。除了純粹美術的賞析、探討與剖析，歷年來的《藝術家》將藝術潮流報導列入重要的內容之一，在全球各大都市像紐約、東京、巴黎、阿姆斯特丹、羅馬、米蘭、馬德里、北京、上海等地都有特派員，隨時提供當地重要美術訊息，若碰到定期舉辦的國際雙年展、專題大展等大型活動，雜誌社事先都會安排專人從台北前往作現場觀察報導，取代早年透過外來資訊的間接傳播方式。隨著藝術市場的蓬勃，《藝術家》在文物書畫的拍賣動向及相關產業的生態也一直保持關注。

作為一份踏實公正的美術刊物，作為一個大眾美感的傳遞載體，為了服務不同年齡層與背景的讀者，《藝術家》對於經典與現代作品的報導，一向是採取平衡穩健的態度。在美術環境的議題方面，對於硬體建設如美術館、藝術園區與藝術公共空間長久以來也規畫了相當分量的文章與篇幅，作為大眾參與文化公共事務的參考，並對政府文化施政提出建言和文化界的具體民意。

近十多來，兩岸文化交流熱絡，《藝術家》在美術方面可以說扮演了先進的角色和成功的橋梁，中國大陸當今重要的藝評家早年都是《藝術家》的作者；而許多活躍而在繪畫市場炙手可熱的中國大陸畫家也是《藝術家》早年所推介。在中國大陸尚未有類似形態的美術刊物之際，《藝術家》為許多中國大陸畫家和愛好美術者所重視，從他們在雜誌刊登展覽廣告與訂購及閱讀的踴躍可見一斑。

《藝術家》長久以來採取主編制度，每月的專題與內容幾乎都由主編和編輯群所共同籌畫。四十年來，主編有幾次更替；但都是在一種非常自然和諧之下圓滿交接，每一任主編代表並反映著那一個時代的美術風向和光景。台灣在近十年來的藝術發展步隨世界趨勢，呈現豐富多元化，例如數位藝術、電腦藝術、影像裝置的出

❶
❷❸
❹

❶ 陳郁秀主委（中）主持文建會與藝術家雜誌合辦的版畫座談會
❷《藝術學》季刊編輯委員石守謙、劉思量、顏娟英、林柏亭、林保堯等餐會　1991年
❸ 藝術家雜誌主辦「東方畫會」畫家座談，左起：朱為白、人名未詳、陳道明、李錫奇、蕭勤、夏陽、吳昊　1996年
❹ 藝術家雜誌與台北市政府合辦「文化局的成立與台北藝術環境之建構」公聽會，出席者包括：楊照（右起）、吳潛誠、林谷芳、鍾明德、曾道雄、楊憲宏、羅文嘉等五十多人　1996年4月（記錄刊於1996年5月號《藝術家》）

董芳苑
鍾明德
林谷芳
【主持人】
吳潛誠
【中外文學】總編輯
楊照
【文化評論家】

現，年輕一代的創作者誕生，《藝術家》主編的年齡層也隨降，雜誌內容有一番新景象；資深畫家除非有重要活動，所占篇幅也減少了。讀者看到了「數位藝術現在式」、「群聚／〇〇年代藝術態度」、「當代聲音藝術形貌」、「當代錄像藝術的面貌」等專輯，深刻感受到時代腳步在美術範疇所投射的光熱與痕跡。

從創刊的《藝術家》到邁向第四十一年的《藝術家》，可以閱歷到在這一段漫長時光的整個台灣、甚至世界的美術發展與榮光。事實上，不只如此，無以計數的傳統文化資產與歷史所刻記的美術也都曾是《藝術家》讀者眼中的文字。四十年來每月按時出刊的《藝術家》經歷了樸實和豐華的年代，它的創辦宗旨恆久不變，所調整的只是與時代並行的風貌，作者與編輯群所付出的新力與能量，讓這本台灣最具歲月風華的專業美術雜誌，永遠年輕並站在時代尖端。

❶❷
❸

❶ 藝術家創刊二十周年酒會貴賓雲集　1995年6月
❷ 書畫家梅墨生賀《藝術家》四十年之慶　2015年6月
❸ 蔡國強在作品集扉頁作品　2005　火藥、紙　30×54.5cm

關鍵字

林保堯

《藝術家》雜誌出版到六十多期時，林保堯還在日本筑波大學攻讀博士，他在台北師範學校就讀時的導師周瑛鼓勵他翻譯一些佛教藝術文章刊在雜誌上，於是我和他有來往，他介紹的佛教藝術相關專文也開始在《藝術家》雜誌連載迄今。

當他學成歸國時，蔡辰男剛好為成立佛教藝術館圖書部，託他在日本採購一批佛教圖書，不料蔡辰男企業發生問題，影響了佛教藝術館之設置，林保堯找我接手買下那批已訂購的書，後來翻譯了一部分出版《敦煌藝術圖典》。

林保堯（右1）、何政廣（右2）在日本筑波大學教授林良一（左）安排下參訪日本「講談社」。

他在筑波大學快畢業時，為我安排去訪問該校的藝術研究所所長林良一和朝倉直已教授，透過林良一的關係，經過近半年的得以拜訪以出版大部頭美術書籍有名的《講談社》美術部，以及參觀《平凡社》，分享該社製作日本百科全書的經驗，做為編製《台灣美術全集》的參考。那趟日本行《藝術家》雜誌具名在筑波大學舉辦一場座談會，邀林良一和設計家朝倉直已教授共同主持，筑波大學的二十多位台灣留學生，包括蘇守政、林品章、盧明德等都熱情與會。那批留學生學成回台後，對台灣藝術發展產生相當大的影響力。

林保堯拿到博士後，應聘到國立台北藝術大學執教直到2012年榮退，除了教學，他持續研究佛教藝術並著述，是台灣研究佛教藝術方面的權威。

藝術家雜誌二十周年酒會

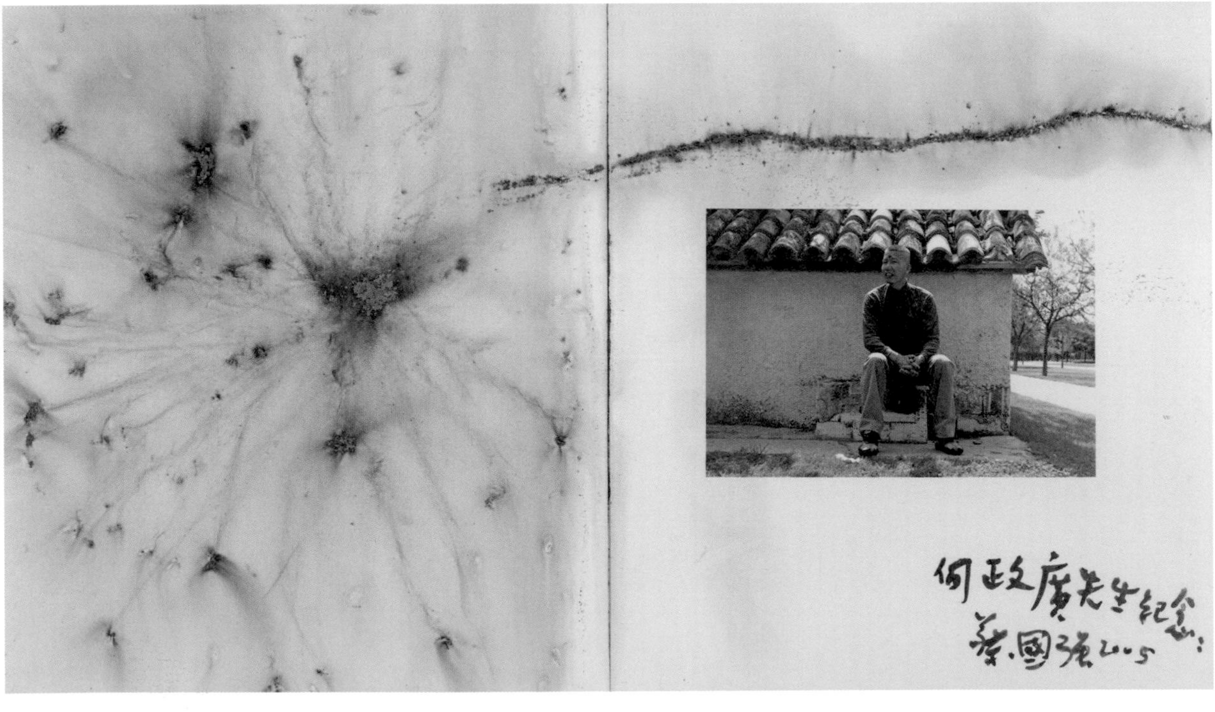
何政廣先生紀念
蔡國強 2005

《藝術家》雜誌與洪通

南鯤鯓傳奇人物

1976年3月，《藝術家》雜誌與台北美國新聞處聯合主辦「洪通畫展」，開幕首日參觀者大排長龍，整日擁擠，一天有五萬多人到台北美國新聞處看洪通的畫展，掀起罕見的熱潮。當時《藝術家》出刊至第十期，配合主辦的展覽，推出「洪通畫展專輯」，撰文者有劉其偉、莊伯和、劉文三，訪談美新處文化組長羅杰、周奇勳、顧獻樑、王秀雄、廖修平、汪澄等論洪通的畫。這一期的《藝術家》在洪通畫展現場發售，賣出了十萬多本。

早在1972年5月，有一天我接到《中國時報》副刊主編高信疆的電話。他稱台南鄉下有一位「精神不太正常」的畫家，他沒見過此人，但看過他作品的幻燈片。在電話中我問他該畫家的名字，心想台灣畫家即使未曾謀面；但提到名字總是會熟悉，然高信疆提到的名字卻是我從未聽過的。我就請他寫一篇相關的文章介紹，但文章遲遲未來。不久，我在《漢聲》英文雜誌上看到了標題「瘋子畫家」的作品，他就是高信疆口中的那位鄉下畫家，但雜誌並未對作品詳加說明。因此更加引我好奇，準備找機會前往探訪。直到同年的12月間我應邀前往高雄，參加第四屆全國兒童畫展的總評審，便順道安排到台南。一起從台北南下的有畫家劉其偉、戴壁吟、李賢文，以及住在台南的畫家陳輝東等。

❶❷
❸
❹❺

❶ 洪通出現畫展會場與觀眾揮手
❷ 台北美國新聞處破例在二樓錄音室為洪通畫展舉行記者會，左起：何政廣、美新處文化組長羅杰、洪通 1976年3月
❸ 洪通畫展吸引男女老幼觀眾擠滿展覽會場 1976年3月
❹ 參觀洪通畫展的觀眾大排長龍，從南海路排到重慶南路，延伸至寧波西街。
❺ 在台北美國新聞處門口觀眾排隊等著進入洪通畫展展場 1976年3月

當時，我們僅知道該畫家是南鯤鯓人，也沒有詳細住址。一行人從台南市包計程車大約走了一個小時才抵達南鯤鯓，沿路景致有些荒涼，放眼看去盡是一片灰茫茫的鹽田。原來當地有一座全台聞名祭祀王爺的南鯤鯓代天府廟。我們在廟埕向一位賣香燭的婦人打聽，得知畫家就住在附近。登門拜訪之後，我終於知道傳言中的「精神不太正常」的畫家，名字叫洪通。他身材瘦小，看上去約有五十多歲；交談之下，感覺上他並不是瘋子，是非常木訥純樸的鄉民。在眾人面前，他時而垂頭沉默，時而侃侃而談。興致一來，他就站了起來，朗誦古詩。

他住家面積不大。進門就是客廳，當中有一神桌，上面供奉著一尊王爺。客廳掛著好幾幅他的作品，有的畫在圖畫紙上，有的畫在甘蔗板上。他的房間兼畫室就在客廳的右邊。據洪通太太說，四年前她的大兒子去服兵役，家裡經濟少一人幫忙，不料洪通也不打工了，跟她索錢買顏料和紙筆，說是要專心作畫，有時候還要拿錢去裱畫，光是花在畫上的錢，一個月就要近千元。

在洪通的作畫空間裡，我看到他習慣使用的簽字筆、學生練習簿和圖畫紙。然而讓我震驚的是初次見到的洪通作品，完全異於一般常見的畫。畫面充滿了樸拙純真，除了帶著濃厚的台灣鄉土氣息，在筆意與造型上還流露著一種特殊的詭奇與神秘氣息。他顯然是把自己生活的體驗都畫到作品裡，像民間傳說和祭祀神明種種意象，都成為聯想轉述的情節，他喜歡用多視點畫法將畫面空間填滿，許多細心描寫的局部在我看來，都可以放大成為單幅。也許正因為如此，才會讓人細看尋味。

在初次拜訪洪通之後，發現他雖是無師自通，但是風格極為獨特，近乎素人畫家，且拿他與國際知名的素人畫家作品相比，絲

❶❷❸
❹❺
❻

❶ 陳輝東速寫洪通像，洪通在右上方題字　1972年
❷ 陳輝東與洪通合影　1972年
❸ 1972年12月第一次到南鯤鯓探訪洪通（中間戴帽者）
❹ 藝術家雜誌與台北美國新聞處合辦「洪通畫展」在美國新聞處舉行記者會現場　1976年3月
❺ 洪通夫婦與北門鄉親拜訪《藝術家》雜誌社　1976年3月
❻ 左起：何政廣、莊伯和、洪通與高信疆及其親友在南鯤鯓柯寮洪通畫室前合影　1975年9月

毫不遜色。他讓我想起在美國《新聞周刊》所報導的祖母畫家摩西婆婆。她八十多歲才開始作畫，到了百歲時完成了上千件作品，美國國務院還透過駐外使館宣傳這位素人畫家。像洪通這樣具有特色的畫作也可以讓國際人士看到，因而在我當時主編的《雄獅美術》決定製作洪通特輯。但是，頭一次南鯤鯓之行，洪通並未讓我們拍攝作品。1973年1月1日，雜誌社再次邀集多位南部畫家前往南鯤鯓，終於順利拍了許多幻燈片。1月21日，我與《雄獅美術》社長李阿目夫婦、李賢文夫婦、畫家賴傳鑑再次前往探望洪通。兼有文學專長的賴傳鑑因此完成〈南鯤鯓的奇葩・洪通訪問記〉，成為1973年4月號「洪通特輯」的焦點文章。除了賴傳鑑，我還邀請于還素、劉其偉、潘元石等人撰寫相關文章。

另外，同年2月19日晚上，還在太原路的編輯部舉辦一場洪通作品小型欣賞會，出席人士有李葉霜、于還素、劉其偉、賴傳鑑、高信疆、何恭上等。欣賞我們四度到南鯤鯓訪問洪通所拍攝的幻燈片，由李賢文和我做導覽介紹。記得那天晚上，在座的人首次面對洪通以多層次將日月、星辰、山川、花鳥、人物、宗教神祇，甚至太空奇景等入畫的繁複畫面，驚嘆不已，也有人對洪通獨出一格的用色連連讚美，還有洪通在立軸畫上的兩段題字也成為眾人議論的話題。欣賞會從7點一直持續到10點半，才在眾人熱烈的回響中結束。會後，高信疆將現場實況寫成〈逍遙遊－洪通繪畫的通俗演義〉文章，以筆名「高上秦」發表，成為「洪通特輯」的專文。後來又在中國文協圖書館辦了一次洪通座談的欣賞會。

主辦洪通畫展

雖然製作了「洪通特輯」，也多次前往南鯤鯓拜訪洪通；但

由葉公超題字的《清代臺南府城書畫展覽專輯》封面書影

是，當時洪通認為時機未成熟，不願意公開自己作品，我能看到他的完整畫作很有限，刊在雜誌上的多數也是局部畫面。以至於讀者不易認識這位畫者的作品全貌，因而無從下肯定的評論。1975年4月，台南觀光年推行委員會舉辦「清代台南府城名家畫展」，找我為該展覽編輯一本專輯，我約了莊靈和莊伯和同行。三人在台南展場完成展品拍攝等工作後，利用空檔時間前往南鯤鯓，希望能看到洪通的新作。距離前一次的造訪有兩年多時間，一到洪通家門前，我眼睛為之一亮。他位在台南縣北門鄉蚵寮502號的家屋外牆，塗滿了他的彩色繪畫。門上還掛著他書寫的對聯，門前鋪著泥土的小院子還擺著他隨興捏作的泥塑。當天，他雖然讓我們進門，但也只是拿幾幅畫出來亮相而已，隨後又鑽進房間去了。

1975年6月在我創辦《藝術家》雜誌後，那年秋天，洪通託一位親戚到台北帶話給我，希望我能幫他辦展覽，還要我去他家挑選展品。那時，我對洪通的心意轉變真是大感意外，於是趕緊約了高信疆、莊伯和一同安排南下，懷著半信半疑的心情去到南鯤鯓。沒想到見了洪通，他把一箱又一箱的畫作全部攤在我們面前，大約有三百多幅吧！我們一幅幅仔細地看，真是大開眼界呀！看了畫後，洪通引我一人走出戶外，小聲地說他想請我為他在台北辦畫展，也希望賣畫，價格請我決定，看來他是很認真的。

首次完整接觸洪通的作品，沒想到他的畫是那樣純真美妙，瑰麗的色彩、精彩的線畫與自由奔馳的畫意，讓我當場就決定要好好幫他辦一次個展，讓社會大眾分享他的創作。大約一個月後，這批畫作全數運到台北重慶南路的《藝術家》雜誌社。我隨後取得台北美國新聞處的審查同意，與《藝術家》合辦「洪通畫展」，展覽定在1976年3月13至25日。美國新聞處一般接受申請的展期都只限一週，洪通畫展特別多提供了一週。我從運到台北的三百多幅作品中挑選，加上展前我又一次到洪通家所挑的一些新作，總共一百幅展品，包括描繪廟會、王爺船、樹與花和鄉下姑娘等題材的水彩畫、刻畫節慶等的油畫，以及水墨和嵌珠油彩畫等，以期觀眾能夠透過該展覽，看到洪通作品的全貌。

而洪通繪畫的色彩有非常豔麗的，也有黑白對比的單色畫。色彩豔麗的作品是把許多種色彩同時混合運用於畫面上，在繁複中帶有調和，色彩感覺來自他生活四周的環境，尤其是南鯤鯓五王爺廟的景觀、節日拜拜的熱鬧氣氛。他用高彩色的橙黃、玫瑰紅和草綠，裝飾強調色感的效果。他的黑白墨畫，是畫在宣紙上，表現他樸素的一面。在線條和造形的表達上，洪通常以遊戲般的形式處理。線條不斷伸展，延續出形象的輪廓，由直線到波浪形，再組合成線網，並從單純的原始圖形，發展到複雜的人像，極近於兒童般的自發創造。我認為他作品最精彩的是線畫，在普通的筆記本上，一頁接一頁地畫滿了素描。從形象看來，有人物、魚、植物花草，但都不是視覺的真實。那是洪通「化」出來的世界，神人獸同體、動植物相連結的神話與童話世界，可以做為探討洪通創作繪畫最好的資料。

1976年3月11日上午，洪通在親友陪伴下，搭乘一輛「指南宮進香團」的遊覽車從台南出發北上。十個鐘頭的路程累得他兩眼昏花，當日晚上8點抵達台北教師會館時，現場已擠滿了記者。只見他額頭冒汗，腰幾乎挺不起來。不過在鎂光燈閃爍下，他看來一點也不緊張。他對記者說他是第一次到台北、第一次搭電梯。身為展覽策畫者的我開始有點擔心，怕他應付不來媒體，但他顯然比我想像穩重。「來，來，來，我給你們看一樣東西。」他還在記者面前故弄神秘，我和所有記者的眼睛都落在他布滿黑斑的手背上，看他

❶|❷

❶ 洪通　金聰船　1976
廣告顏料、水彩宣紙
136×69cm

❷ 洪通　山出水來（王爺船）
1971　水彩紙本　165×42cm

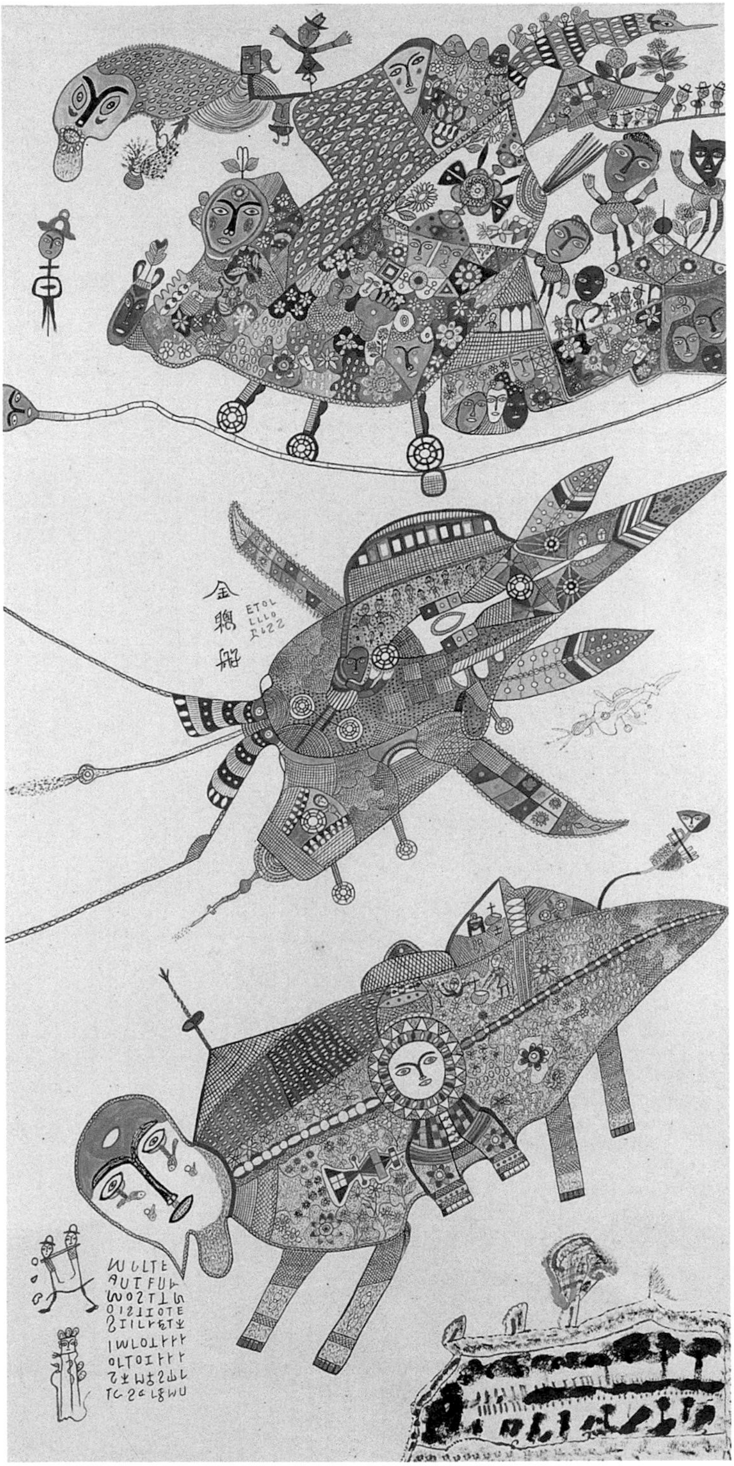

把腿上的花色包袱移到桌上，緩緩地解開，原來是一件上面有畫的米色新襯衫。前身寫著可以辨認的「中華民國」字樣，以及一些人形；襯衣的背後有人形和菊花。他婉拒在場試穿，強調明天才能穿。他隨身還攜帶一本厚厚的畫簿。他說他展出的畫已經告一段落了，日後還想畫點別的。

「我好比是一隻鳥仔。開始學畫的時候，毛還沒有長出來；今天，我可以動翅膀了。將來總有一天，能夠在天空飛來飛去。」戴著毛線圓帽，穿著新西裝，足登黑布鞋的洪通，在台北教師會館面對記者談笑的模樣，至今鮮活地浮動眼前。當年五十七歲的洪通跟記者說，他這一輩子最快樂的事是畫畫。因為，每天都畫，所以天天都快樂。「我住的所在，雖然在山腳邊，不過真清靜。沒事的時候，看鳥仔飛，欣賞自然的風景。比什麼台北『卡』好。台北太亂，叫我住，我不會『慣習』。」洪通還會引導話題。

當記者問他帽不離頭的事，他則敲敲自己腦袋說：「每一人的頭腦裡都是滿滿的，應該去利用，去研究。我一天到晚都在研究怎麼畫，我畫自己想畫的，到底畫得怎麼樣，請你們大家看。」有些記者事後覺得洪通講得自然順暢，不像有備而來；確實，我在旁聽了也很驚訝，他面對媒體相當自在，根本不用人操心！

1976年3月13日「洪通畫展」在台北美國新聞處林肯中心開幕，會場擠得水洩不通。預定3時舉行的記者會，因主角遲到足足遲了四十分鐘。穿著西裝的洪通，一手捧著包袱，一手舉到右耳邊，微笑著頻頻向人揮手。他看來有些緊張，但掩蓋不了驚喜之情。由於展覽會場擁擠不堪，記者會臨時改到美新處的二樓舉行。記者會現場又是另一番熱烈景象。數十位中外記者將他團團包圍，洪通穿上他畫的新襯衫，供大家欣賞。為了讓老畫者輕鬆輕鬆，原本嚴禁煙火的錄音間，破例為他開放。

洪通的畫首次在台北公開。前往參觀的畫家和一般觀眾的比例，大約是一比十。洪通作品的人物造形和畫面布局，被參觀者熱烈討論。有些學院派人士出面抨擊洪通畫展的舉辦，還舉辦座談會批判洪通的作品，但是並不能影響觀眾看洪通畫作的熱潮。有人以為，洪通的作畫思緒返回幼兒時期；有人認為，他是對外界恐懼，所以窮盡力量把畫紙填滿，也有部分人仍舊懷疑洪通的「精神狀況」。根據1976年3月11日見刊的《聯合報》記者專訪畫家曾培堯的報導，畫家曾培堯認為洪通沒有神經病。他還透露洪通從1970年的7月開始跟他學畫，持續了六年。在曾培堯的感覺裡，洪通是道道地地的鄉下佬。沒有唸過書，他的思想是「直透腸仔」，由於學識淺顯；他難免有些自卑。很少人知道，洪通經常拖著破舊的塑膠拖鞋，從台南縣南鯤鯓到台南市看畫展；六年前的夏天，他拿他的畫找上曾培堯，想到他的畫室學畫。他看洪通的畫後，大吃一驚。他從來沒有見過類似的作品，立即答應下來。從此以後，每個星期天，五十七歲的洪通，來回坐兩個鐘頭的客運，前往台南市區曾家學畫。《聯合報》記者陳長華的專訪引述曾培堯的話說：「我不曾影響他的構圖或題材；只教他用宣紙和水墨；有時候告訴他一些技巧。」在洪通學畫的最初一兩年，因為受到別人開畫展的影響，他三番兩次也想開展覽。曾培堯勸他不要太早求名，他也就作罷。1972年，南鯤鯓老廟舉行廟會，廟裡掛著攝影比賽的作品；洪通異想天開地把自己的畫也掛在廟前廣場，結果被英文《漢聲》雜誌納入鏡頭。這是洪通的作品首次公開。

1976年，洪通畫展的觀眾平均一天約有六萬人。人潮從南海路美國新聞處會場一直轉彎排到重慶南路三段，遊覽車從各縣市遠道載客前往，為因應參觀熱潮，主辦單位決定延長開放時間，3月17日開始從下午5點延到晚上8點打烊。原定3月25日結束的展期則延到次日下午3點。由於參觀人潮影響到美新處職員上班，在展覽期間，美新處特別打開林肯中心的側門，疏散大門外的人龍。為了順暢參觀動線，展場中間的屏風也被拆除，四十多個花籃也被移開。

展出期間許多人訂購洪通的畫，但洪通起初同意，後來又突然打消了售畫的念頭，不過訂畫的人還是留下姓名地址，等待畫家改變心意。另外，該展覽是免費參觀，《藝術家》雜誌社應觀眾需求，挑選一些展品印製畫卡銷售，沒想到反應極好，印刷廠還為此通宵加班。展覽結束後賣卡片的錢都轉交給洪通，彌補他遠道而來的開銷。

1976年3月22日，畫展還在舉行，我到台南演講，順途到南鯤鯓探望洪通。到洪家是在中午，洪通家裡正在請五、六位親友吃飯。看來洪通的神情比之前顯得愉快，洪太太的臉上也有了笑靨。據洪通說，他由台北回家，家裡經常有「人客」。自從畫展開幕後，「洪通之家」變成了「南鯤鯓進香團」遊覽車的行程之一。我到訪那天就看到洪家門前停了四輛遊覽車，而洪通住處的四周，到處可看到張貼的紅紙，大致寫著「慶祝洪通畫展成功」等字樣，還有出自吳三連等名人的致贈。

儘管親友和好奇人士紛紛湧向洪家，但是洪通的本色未改，他照樣作畫；洪通告訴我，他已有一套辦法應付陌生訪客，就是拿一張畫掛在大門上，然後把門一關，在屋裡作畫。我去拜訪他時，他正提筆畫一幅水彩。他用人家送的外國水彩紙畫一枝葉子繁茂的小草，色彩豔麗，比展出的作品更活潑。他還跟我說，他聽說美國駐華大使安克志喜歡他的畫，他想送安大使一張畫。畫展結束前，他

❶
❷❹
❸

❶ 洪通作品　1972　油彩木板
❷ 洪通　鳳凰　1975　水彩畫紙　26.5×38.5cm
❸ 洪通在畫上簽名　1976年
❹ 洪通　飛耀　1976　彩墨宣紙　132.7×68cm
在北美館與北京中國美術館交流展「台灣美術發展1950－2000」 2006年於中國美術館展出

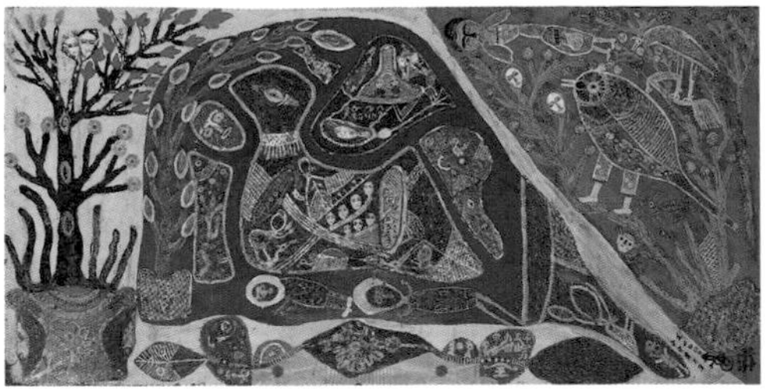

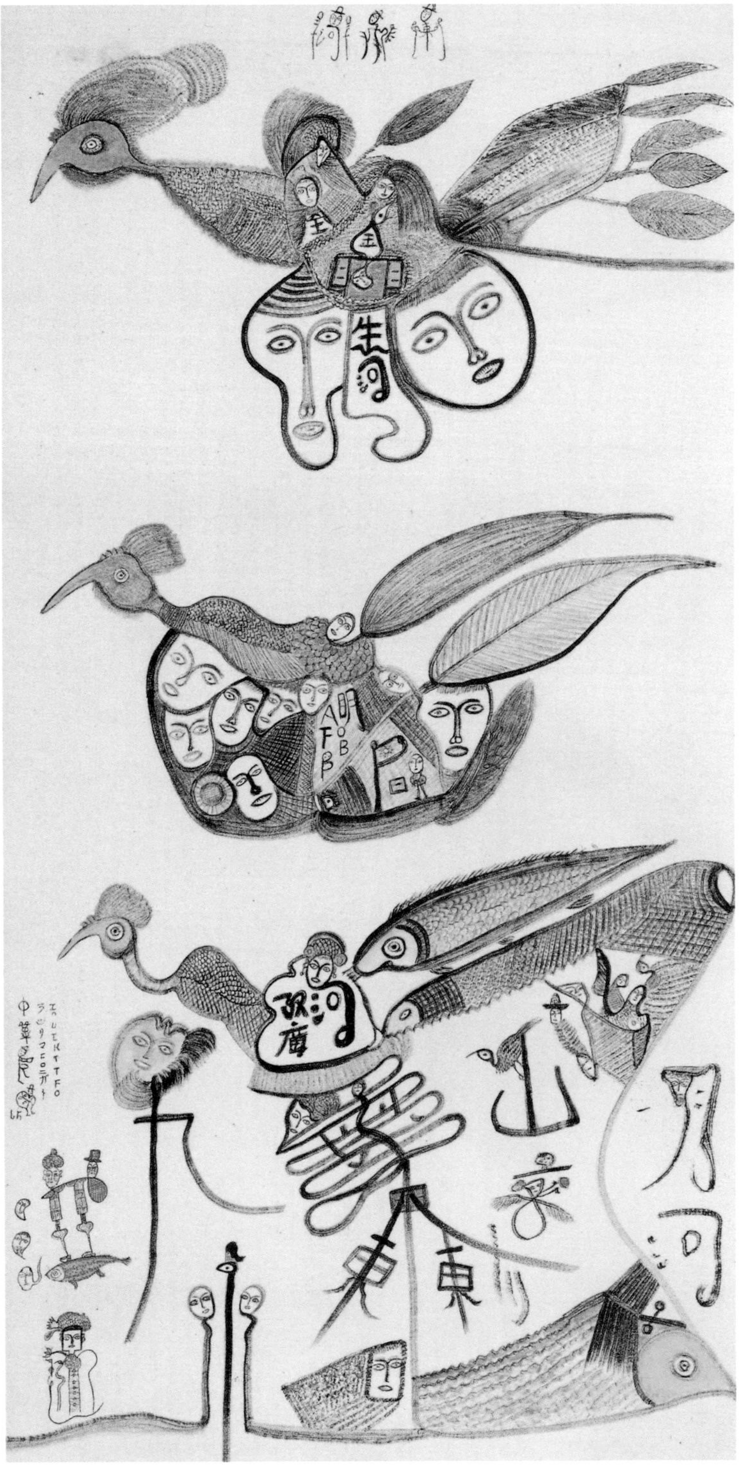

選出一張油畫，我陪著洪通到台北美國大使館的辦公室，把畫贈給安克志大使。

1976年3月台北美國新聞處和《藝術家》合辦的「洪通畫展」，在台灣媒體掀起了史無前例的素人畫展報導熱潮，像《中國時報》的副刊「人間」版連續六天以三分之二版面刊登〈洪通評介〉，各主要報紙也都在焦點新聞版面連日披露有關洪通及展場的活動；當時洪通的展覽甚至引起國際媒體的注意。根據1976年8月6日《聯合報》的報導：「美國《基督教科學箴言報》用了一整頁三分之二的篇幅報導洪通，形容洪通為『震驚台灣藝術界的一位漁人。』記者阿姆布魯斯特在一篇台北報導中，詳細說明了洪通從沒沒無聞中突然升起，以及最近在台北美國新聞處舉行的兩週畫展；那次畫展，吸引了『到目前為止到美國新聞處去看一次展覽的最多觀眾。』阿姆布魯斯特在談到洪通成功的不尋常現象時說：『當地人為洪通著迷的最重要原因，可能是因為他是真正出乎自然的，這促成了台灣人某種程度的驕傲。』基督教科學箴言報的這名記者，隨後引述一名來自鄉村地區的大學女生的話說：『他使我們想起在我們與現代文明接觸之前我們的生活是什麼樣子。』報導中並有洪通畫作的一張照片，以及這位畫家在他南台灣家門外所照的一張照片。」

同年的11月20日，《聯合報》刊登「中央社洛杉磯18日專電」：「洛杉磯時報今天刊登合眾國際社自台北發出的一項報導，介紹農夫出身的中國畫家洪通。這項報導說明洪通在五十歲時，如何在其故鄉開始繪畫，以及他成名的經過。該報導在介紹洪通的畫展時說：『公眾的反應十分熱烈。在展覽會場開門前兩小時，人們就開始排長龍等待，觀眾終日不斷，來看畫的大多是尋常百姓，他們絕大多數在過去從未看過畫展。』」

唐能理（Neal Donnelly）1969-1981年間曾派駐台灣，我認識他時，他擔任美國新聞處處長。早年的美新處「林肯中心」曾展出藍蔭鼎、高逸鴻、胡奇中等人作品，後來主要提供給年輕畫家展出，一個月兩次檔期，半年辦一次評審，我常應邀去做評審。1976年，因《藝術家》雜誌成功地在「林肯中心」辦過洪通畫展後，我和唐能理更加熟悉，他幾次邀我去他陽明山山仔后的官邸餐敘，都是由他夫人親自下廚，感覺是很溫馨的藝文聚會。

他不但是優秀的外交文官，也是藝術鑑賞收藏家。他在台灣多年，對這裡風土民情十分了解，更熱中於台灣的民間畫工和神像圖繪的研究，他購藏許多台灣民間畫師的宗教畫和神像雕刻。1990年，《藝術家》出版他寫的《中國地獄之旅：台灣的〈地獄十殿圖〉》，後來他將收藏的兩套各十卷的〈地獄十殿圖〉捐給美國史密森尼博物館的國立自然歷史博物館，並經安排巡迴美國各地展出。

2004年，該博物館的國立自然歷史博物館擴充「亞洲文化史計畫」，制定「台灣文物計畫」，唐能理夫婦捐獻的台灣神像收藏及相關研究，便成為該計畫十分珍貴的資源。2006年，《藝術家》再出版他的著作《台灣的神像：一名美國文物收藏家研究紀事》英文版，史密森尼博物館「亞洲文化史計畫」主持人保羅・麥克・泰勒親自寫序並來台參加新書發表會。2011年，唐能理的《照相台灣》一書再交給《藝術家》出版，此書收集了他60、70年在台灣拍攝的城鄉紀事，非常單純的報導式影像卻也充滿了他對這塊土地的感情。

台北美國新聞處處長唐能理與何政廣攝於洪通畫展會場，1976年。

1987年2月23日，洪通在台南縣南鯤鯓過世，留下三百多幅作品，他的兒子洪世寶認為讓出一部分給喜歡的人收藏，可以減輕他保管的負擔。那時很多人想主辦洪通回顧展；洪世寶請我再次策劃他父親的展覽。於是在1987年的9月8至18日，美國文化中心（前身是台北美國新聞處）和《藝術家》再次合作，舉辦「洪通回顧展」，展出他各時期的代表作七十幅，其中十多件為非賣品。主辦單位之一台北美國文化中心一貫的展覽原則是展品不標示價碼，也不接受購買行為。洪通回顧展當中的五十三幅被訂購，價格從台幣3-10萬元不等。展覽結束後交易所得悉數交由洪通的兒子洪世寶。一位熱愛洪通作品的建築師在展場曾表示希望包下全部可割愛的五十多件展品，並給予折扣優待，因為多數已被預定，最後他只買了數件。

2010年4月，桃園縣政府文化局找《藝術家》協辦「原鄉美學—洪通的異想幻境」展覽，展出一百多幅洪通代表作，大部分是一位收藏家的珍藏品，並出版畫集。張壯謀局長為此還親自到雜誌社兩趟，相談之下，原來1976年洪通首次畫展舉行時，他正在巴黎求學，該展覽給他衝擊很大，覺得對台灣文化產生很大的影響。因此他上任後第一個想辦的展覽就是洪通畫展。張壯謀局長的一番話，使我想起當年「洪通畫展」結束後，當時台北美國新聞處處長唐能理跟我說，該畫展吸引那麼多熱情觀眾讓他感到很意外，也很感動，在之前美新處展出的「阿波羅登陸月球岩石展」雖然很轟動，但觀眾仍比不上「洪通畫展」，可見該畫展的影響力很大。確實，我也認為洪通風潮產生了正面的影響力。洪通雖非學院派出身，但是在作品中真誠地表達對台灣這塊土地的感情，而且他繪畫所用的表現手法是我們過去所未見過的，所以才會受到重視，成為台灣美術史素人藝術的代表人物。

❶
❷❸

❶ 1987年，何政廣主持在台北美國新聞處林肯中心舉行的「洪通回顧展」記者會。
❷ 洪通　中國　1975　水彩紙本　133×66.5cm
❸ 洪通　中華民國　1975　水彩紙本　133×66.5cm

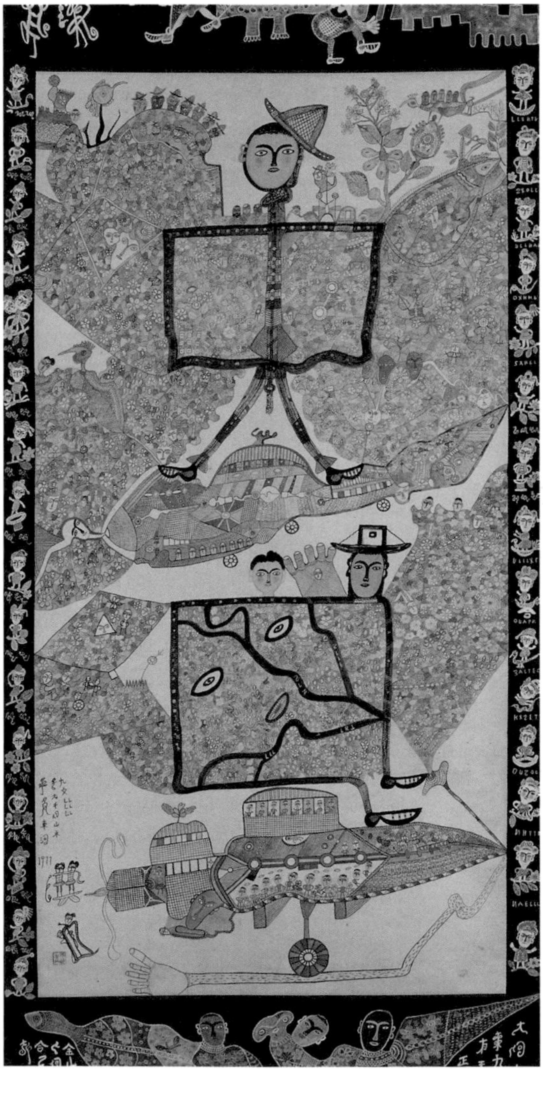

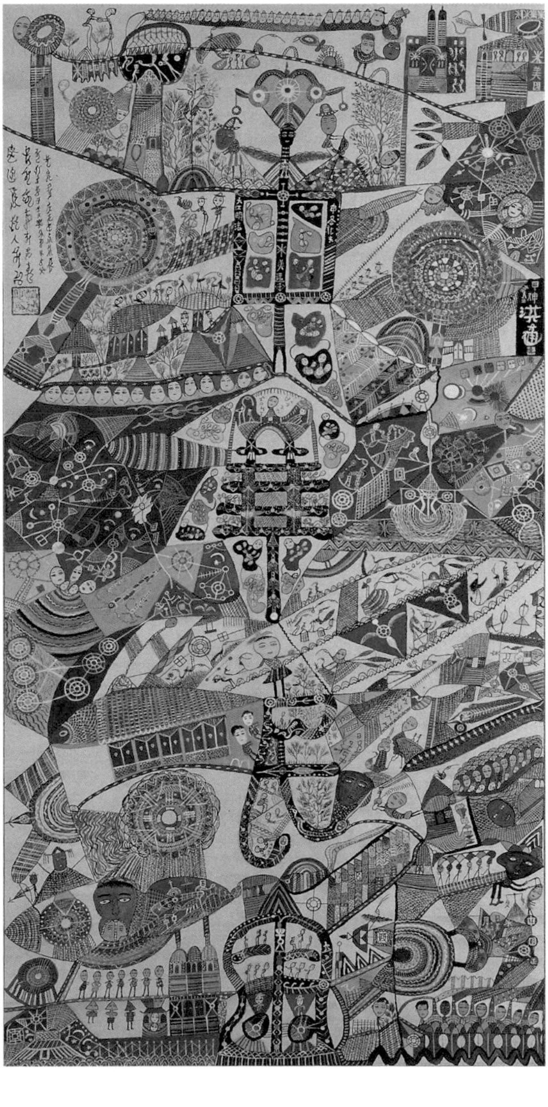

藝術天空無限寬廣

在台灣畫廊稀少的年代，《藝術家》雜誌舉辦過幾項展覽。1979年4月與光復書局合辦「全國青年畫展」，採取主題徵件評審的方式，主題為「生活與環境」，總共收到764件繪畫，聘請十七位評審，包括：陳奇祿、李梅樹、李石樵、陳慧坤、李仲生、林之助、劉其偉、漢寶德、王秀雄、李奇茂、席德進、陳景容、陳慶熇、謝孝德、李焜培、林春輝和我，參展作品許多描繪現實生活的新寫實繪畫，當時得獎的青年畫家有袁金塔、韓舞麟、張振宇、黃銘祝、洪敬雲、謝榮源、林文欽、張正仁、李俊賢、蘇憲法、吳天章、陳介人、葉子奇、柯榮峰等八十三人，許多位在今天已是著名畫家。

1979年3月，《藝術家》配合謝里法著作《日據時代台灣美術運動史》的出版，與太極藝廊合辦「光復前台灣美術回顧展」，展品包括台灣前輩畫家廖繼春、林玉山、陳慧坤、陳進、李梅樹、楊三郎、李石樵、陳植棋、張萬傳、劉啟祥、洪瑞麟、黃土水、黃清呈、李澤藩、鄭世璠、倪蔣懷、林之助的作品，還有一批由曾任《台灣新民報》美術記者、評論家林錦鴻提供的藏品，包括：石川欽一郎、木下靜涯、鄉原古統、藍蔭鼎、陳春德的小幅繪畫作品，之前我到彰化林錦鴻家中看到這批作品，邀請他提供參展。並邀請當時擔任行政院政務委員（後受命籌設文建會）的陳奇祿為展

❶❹
❷❺
❸❻

❶ 藝術家雜誌與光復書局合辦「全國青年畫展」評審情形　1979年4月
❷「全國青年畫展」獲得第一獎繪畫袁金塔　1979年5月
❸「光復前台灣美術回顧展」在《藝術家》刊出的專輯報導　1979年3月
❹「美國印地安畫家版畫展」在《藝術家》雜誌報導　1979年11月
❺ 印地安畫家作品
❻ 聖塔非的畫廊區

特別報導
美國印地安画家版画展
——兼介美國印地安藝術研究所
何政廣

美國印地安藝術研究所的教授及學生

美國印地安藝術研究所（聖塔非）

美術館內陳列的印地安畫家作品

美術館地下室的庫房　何政廣攝

29　28

光復前臺灣美術回顧展
陳奇祿

我國和西方的文化接觸，可以追溯到相當久遠的年代，但是在學藝方面的往還，卻頗為晚近。雖然在乾隆年間，耶蘇會士郎世寧（G. Castiglione）和王致誠（J. Attiret）來華傳教，曾在中國的紙絹上留下寫實的筆跡，但西洋畫法真正傳入中國，仍然是十九世紀末葉乃至於二十世紀初年以後的事。不幸的是，在這時候，台灣已因清廷議敗而割讓給日本了。日本據台的五十年間，台灣和外界的接觸，除日本外，可說是相當孤立的。在學藝方面，也是如此。所以台灣的近代美術，在其開始的年代，可說大多是承襲自日本的。

從十九世紀進入二十世紀，正是我國從「傳統的學藝文化」轉變為「現代的學藝文化」的年代，在這年代，台灣和大陸，從背景條件言，可說是完全一致的。就是說在那時候，專業的畫家還沒有得到如今日般被尊重的地位。畫家包括二種人：非專業的文人畫家較受推崇；專家的藝人畫家則被鄙視。新學藝的傳入，改變了這種情況；就是藝人畫家的抬頭和文人畫家的衰微。

新學藝傳入日本比傳入我國早約一至二個世代。我國近代美術開拓者出生的時候（徐悲鴻，一八九四；劉海粟，一八九六；黃土水，一八九五；陳澄波，一九〇〇，等），黑田清輝，高橋由一，淺井忠，和藤島武二等人已將歐西美術傳統的種子播在日本。使我國至日本的習藝者成為歐西美術家的再傳弟子，不免染有若干日本的色彩。

陳進　洞房　民國27年

光復前台灣美術回顧展　藝術家雜誌　太極藝廊　聯合主辦
三月二十五日至三月三十一日

75

聖塔非的畫廊區

美國新墨西哥州的聖塔非，不僅保留了印地安的傳統藝術，同時也是許多畫家聚居之地。在聖塔非的峽谷路有一條街，全是畫廊和畫家的工作室，充滿濃厚的藝術氣氛。上圖為畫廊陳列的作品，圖中為一位女畫家工作室。左右壁畫均採取太陽光。（何政廣）

覽宣傳寫序，刊在《藝術家》第46期的展覽報導專輯，他盛讚舉辦這次回顧展實在是我國美術史上最有意義的一件事。展覽會展出時許多作品均被人購藏。

1979年11月，《藝術家》雜誌與美國在台協會文化中心、美國印地安藝術研究所合辦「美國印地安畫家版畫展」，展出六十八件風格特殊、充滿印地安民族色彩的版畫，而在1978年9月，與這項展覽交換展出的台灣現代版畫四十二件，在聖塔非的美國印地安美術館展出，這是我在1977年赴聖塔非參訪時談成的一項交流展。

美國國務院邀請訪問

1977年，美國建國200周年，也是《藝術家》雜誌創辦的第二年，美國國務院邀請我到美國訪問。由於當時出國不易，能有一個半月的機會赴美訪問，實屬難得。我是抱著興奮的心情前往，觀察現代藝術在美國的情況與趨勢。

根據美國國務院的「國際訪客計畫」，每一位受邀的訪客，可以就個人專業或興趣，選擇相關觀察的對象和討論的內容。我選擇到藝術方面比較具有特色的城市參訪。在專人引領下，訪美期間每天至少參觀一至三座美術館、畫廊或藝術大學，同時訪問館長、主持人、大學校長或藝術家，行程相當緊湊。四十五天下來，眼界大開，見到的人或事物，以及美術館中的藏品，都帶給我前所未有的震撼與收穫。

這一趟藝術之旅，我親身感受到許多企業家對藝術的奉獻，由於他們對藝術的熱忱，奉獻個人收藏或財力，使得一些著名的美術館得以成立，例如摩根（J.P. Morgan）捐贈大量的藝術作品給紐約大都會美術館，也捐給該館大筆資金建館，該美術館的埃及美

❶❷
❸❺
❹

❶ 白宮內的藍廳
❷ 白宮內的綠廳
❸ 聖塔非美術館的歐姬芙繪畫作品展覽室
❹ 何政廣參訪費城美術館攝於美國寫實大師魏斯的名畫〈聖燭節〉前 1977年6月
❺ 美國達拉斯納許雕刻美術館戶外陳列的米羅雕刻

術收藏，便全部來自摩根捐獻。另外，大都會美術館中世紀美術分館「禮拜堂美術館」，則是洛克斐勒二世全額捐贈設立的。被譽為「模範大富豪」的石油大王洛克斐勒家族，是熱愛藝術文化的大收藏家，洛克斐勒二世夫人艾比（Abby Aldrich Rockefeller）是紐約現代美術館的創設成員之一。

我訪問行程之一的波士頓美術館收藏，則得力於伊莎蓓拉·史蒂瓦·嘉杜娜（Isabella Stewart Gardner）夫人，她曾留學巴黎，喜愛古典藝術。其他根據我訪美考察得知：卡內基美術館出自鋼鐵大王卡內基創設；華府國立美術館的硬軟體歸功於大富豪安德魯·梅隆（Andrew W.Mellon），包括他購藏的俄羅斯冬宮珍藏；赫希宏美術館則因鈾礦大王赫希宏（Joseph H.Hirshhorn）捐出藝術收藏而建立。紐約惠特尼美術館的創辦人是美國航運、鐵路大王科內里亞斯·范德比爾特二世的曾孫女芙蘿拉·惠特尼·米勒（Flora Whitney Miller）。

正如洛克斐勒三世基金會亞洲主任藍尼爾，接受我訪問所說的：「藝術能在紐約變成很特殊的事物，美國大財團、畫商和報紙雜誌藝評家，都是影響藝術發展的主角。」

美術館之旅

我在1977年結束美國國務院的四十五天邀訪行程後，轉往歐洲參觀考察美術館。從紐約飛往倫敦、巴黎，然後搭乘泛歐特快火車，從巴黎北站出發到比利時、荷蘭、德國、奧地利、瑞士，再從日內瓦飛往馬德里，又轉回巴黎。再從巴黎飛到義大利、希臘，經科威特、喀拉蚩、曼谷、香港回到台北。整個旅程三個月又廿五天，走訪十五個國家的廿八座城市。這一趟美、歐之行，從東方到

❶
❷

❶ 參觀明尼阿波里藝術與設計大學與校長合影
❷ 參加芝加哥一位喜愛藝術的女士位在芝加哥湖濱大廈的家庭接待晚宴

西方，又飛回東方，正好環繞地球一周。我到歐洲所看的比較偏重美術史上的傑作，以及著重在藝術文化的成長與生活環境的關聯性。

據個人的觀察，歐美美術館的建築形式各異，有雄偉的古典風格、新穎的現代建築；也有毫不起眼的普通房屋，入口空間有限，然而走進館內的展品陳列室，卻讓人驚喜。過去只能從畫冊書籍認識的塞尚、莫內、高更、秀拉、雷諾瓦、梵谷、馬奈等大師的名畫，在眼前閃耀生輝，好不感動。

記得訪美行程中，有一次到費城的巴恩斯基金會美術館參觀，建築物外觀就像一般的樓房家居，但走進館內，真是不同凡響。從畢沙羅、雷諾瓦等印象派到後期印象派的塞尚、梵谷，以及馬諦斯、畢卡索等20世紀法國繪畫最重要的名作，尤其是秀拉的〈擺姿勢的女人〉巨畫，都掛在牆面上，令我駐足觀賞良久。當時，這批名畫未曾公開展出，後來巡迴世界在東京西洋美術館展覽時，轟動一時。很湊巧地，我當時也在日本，排了好久的隊伍終於得以再次觀賞。珍貴的名畫確實值得一看再看，而且百看不厭。

也許為了方便參觀，有許多大型美術館都座落在都市的要道上，像紐約的大都會美術館、巴黎的羅浮宮、聖彼得堡的艾米塔吉美術館，參觀者很容易找著。也有一部分美術館設在市郊或城市的巷弄之中，需要借助導覽指南。例如，巴塞隆納的畢卡索美術館，是畢卡索生前畫室改裝而成的，就在一條巷弄裡。當然，有不少著名藝術家的美術館，是將工作室改建後成立，具有紀念館的實質意義，比如巴黎的德拉克洛瓦美術館就是一例。

至於西班牙抽象畫美術館，則隱身於中世紀古城冠加的古建築中，在歲月滄桑中透露出現代的極簡風格。挪威的孟克美術館則建

❶❹
❷❺
❸❻

❶ 參觀法國浮翁美術館中庭一景
❷ 康丁斯基　藍騎士　1911　水彩　27.5×21.8cm　藏於德國慕尼黑市立美術館
❸ 奧斯陸國立美術館陳列的孟克名畫
❹ 何政廣攝於馬德里普拉多美術館的哥雅雕像紀念碑　1977年
❺ 德國慕尼黑市立美術館康丁斯基名畫專室
❻ 聖彼得堡艾米塔吉美術館陳列馬諦斯的巨幅油畫〈舞〉（攝影：何政廣）

GOYA

於奧斯陸市郊山坡地的風景裡，帶著屬於荒野情調的清靜美感。美國的聖塔非畫家村、聖塔非博物館及歐姬芙美術館，保留了獨特的印第安色彩。我想美術館不在於規模大小，只要藏品精彩，不論座落在哪裡，都能吸引世界各地的觀眾前往。走一趟環球的美術館，我也發現中國等地的東方古代藝術品，如同中亞希臘與埃及的古代藝術一樣，早年雖然大量地流落到西方美術館，但卻受到相當妥善的保存和呵護。

繼1976年環球美術館之旅之後，我曾多次前往美國、歐洲、日本，也到俄羅斯、北歐等地，前後參觀的美術館多達三百六十多座。細數世界各地的美術博物館數量，何止萬千座，而且不斷有新美術館誕生，新美術館更重視將藏品與建築物空間相結合，帶給參觀者更寬廣的視覺享受。

經歷了數十年的美術館之旅，我深刻地感受到參觀美術館真是樂趣無窮，能夠目睹世界藝術大師的名作真蹟，確實是生命不可言喻的歡悅，也只有親自體驗，才能品嘗其中真味！

兩岸美術交流

1987年10月14日政府宣布開放兩岸探親之後，我經旅居夏威夷畫家趙澤修介紹，認識了中國《美術》雜誌的主編邵大箴，邵大箴早年留學俄羅斯列賓美術學院。當時他是中央美術學院教授兼中國美術家協會書記。我和這位藝術史專家對《藝術家》和《美術》兩本美術雜誌合作都有想法，在1988年8月，我們在北京初次見面，地點是在中央美術學院邵大箴教授寓所，相談甚歡，談妥具體的合作計畫，雙方協議分別在1989年的元月號刊物，同步推出交換編輯專輯。《藝術家》雜誌元月號刊載五萬字由大陸作家執筆

❶❹
❷❺
❸❻

❶ 中國《美術》雜誌1989年2月號刊出與《藝術家》交換編輯介紹台灣美術的專輯
❷ 林惺嶽撰寫「彩筆耕耘下的台灣美術」
❸ 石守謙撰寫「面對挑戰的美術史研究」
❹《美術》雜誌刊出的台灣美術專輯一部分彩色頁　1989年2月
❺ 顏娟英撰寫「日據時代台灣美術史研究」
❻《美術》雜誌刊出《藝術家》雜誌的介紹與交換編輯刊出的「台灣美術發展趨勢專輯」

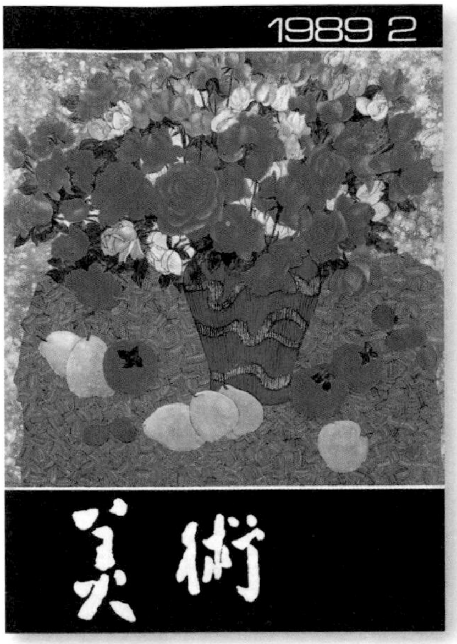

1989 2
美術

台湾美术
台湾美术
上、卢怡仲 石器甲（油画）520×195cm 1987
下左、陈景容 沉思（油画）300×152cm 1984
下右、刘其伟 仲夏之晨（水彩画）66×50cm 1987
左页上、李石樵 湖边（油画）1986
左页下、杨兴生 六龟风景（丙烯画）

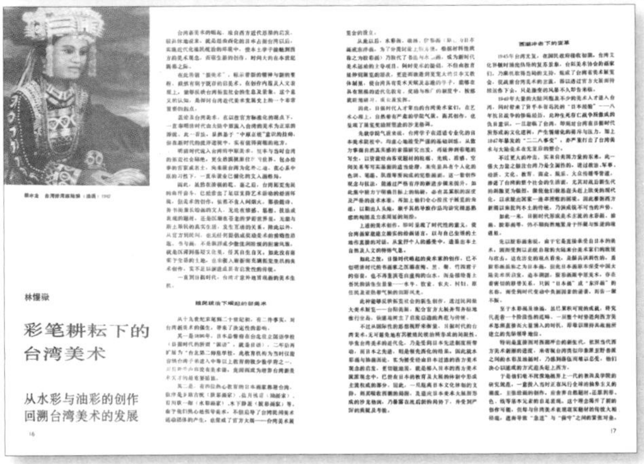

林惺岳
彩笔耕耘下的
台湾美术
从水彩与油彩的创作
回溯台湾美术的发展

日据时代台湾美术发展史研究
颜娟英

面对挑战的美术史研究
——淡四十年来台湾的中国美术史研究工作
石守谦

台湾美术发展趋势专辑
台湾
《艺术家》
杂志
台湾美术发展趋势专辑要目
夕阳西风竟何之？
——四十年来中国美术演变的台湾经验与检讨
何怀硕

的「十年來大陸美術動向專輯」；《美術》雜誌1989年2月號刊登三萬字由台灣作家執筆的「四十年來台灣美術發展趨勢專輯」，執筆專家有石守謙、何懷碩、顏娟英、林惺嶽等。

1988年11月23日，《藝術家》雜誌收到香港轉來的對方提供的文稿及圖片後，這一項交換美術專輯的兩岸雙向交流構想，終於付諸實現。兩本雜誌交換專輯的共識之一，是完全接受對方提供的文稿及圖片，分別編入雜誌中。另外交流的項目，還包括1989年元月號的《藝術家》增印十二萬本銷往大陸。

《美術》雜誌創刊於1954年，「文革」時曾停刊十年。該雜誌是中國美術家協會主辦的大陸最主要藝術月刊，具有政治色彩，名為「美術」雜誌，內容曾出現「紅與專」、「政治與業務」等專題；70年代末期以後，內容隨著開放政策而改變，以介紹中國古代及當代美術、西方文化帶來的衝擊等為重點。我與邵大箴主編談及交換專輯計畫時，講明「雙方提供的文稿不涉及政治」。當時大陸方面所撰寫的稿子，確實能夠「符合台灣的標準」。因《美術》雜誌每期的頁數比《藝術家》少，依份量比重，首次交換專輯的《藝術家》刊登的大陸文稿總共有十三篇，邵大箴邀請當時各類的專家執筆。「十年來的大陸美術動向」專輯包括《美術》雜誌的製作前言，以及吳冠中、邵大箴、王琦、李松、薛永年、楊悅浦、夏碩琦、磬年、李超、杭間、君吉男等人的文章。主要介紹1980到1989年間的中國美術動向、美術史研究，含油畫、山水畫、花鳥畫、水墨畫、版畫、連環畫、漆畫等類別。

我在北京和《美術》雜誌完成交換專輯的協議後，順道轉往上海，和上海人民美術出版社總編輯龔繼先見面，商談與《藝苑掇英》叢刊交換編輯的計畫。這一項刊物交流於1990年推出。《藝苑

《藝術家》創刊四十年來介紹過許多中國大陸重要畫家。早期因政治因素，都是透過旅居海外地區的作者撰寫。1976年底我應邀參加在香港中文大學舉行的國際美育協會亞洲區第4屆美術教育會議。隔天，我利用一個下午到中大圖書館翻閱從創刊號到最新一期的《美術》雜誌。《美術》雜誌係中國美術協會所辦的機關刊物，可以說是中國大陸最具代表性的美術刊物，不但帶有政治傾向，也反映了政策導向，藉此可以觀察中國美術在現代發展的狀況。我在中大藝術系鄭德坤教授協助下，將之全部影印攜回台灣細讀，發現兩岸美術發展過程差距很大，當年中國大陸若要發展一種美術風格都從政策開始醞釀，而非來自自然創作。像文革時期的《美術》所出現的作品便反映當時在政策引領下的作品風格。

1987年兩岸開放探親，次年旅居夏威夷畫家趙澤修路過台灣，因他熟識中國《美術》雜誌的主編邵大箴，因而陪同三哥何恭上和我專程到北京拜訪。那是我首次到北京，一行人抵達下榻飯店時，邵大箴先生和畫家吳冠中已在飯店等候。當時邵先生是中央美院教授兼中國美術家協會書記。在北京停留期間，他帶我們去他中央美術學院的宿舍作客，我發現他藏書相當豐富，在相談融洽的同時，我邀請他為《藝術家》雜誌撰稿，他一口答應。

那次北京行，談妥《藝術家》和《美術》兩雜誌的具體合作計畫，雙方協議分別在1989年的元月號刊物，同步推出交換編輯專輯。《藝術家》雜誌元月號刊載五萬字由大陸作家執筆的「十年來的大陸美術動向」（當中未提紅衛兵部分）；由於稿件須由香港轉寄，《美術》雜誌晚刊一個月，而在1989年2月號刊登三萬字由台灣作家執筆的「四十年來台灣美術發展趨勢」。

在完成兩雜誌交換編輯專輯之後，身為中國重量級評論家的邵大箴開始為《藝術家》撰寫有關中國美術現狀文章，他的文章完全著重於藝術本值之探討，可以說是獨一無二的。他是位令人敬重的作者，準時交稿，圖片搭配完整。十年來，他為《藝術家》寫了一百多篇文章，內容包括中國當代畫家評介、美術教育、蘇聯美術館介紹等。

邵大箴和他夫人奚靜之教授，都是博學而謙和的學者，早年留學俄羅斯列賓美術學院。在蘇聯解體之後，他夫妻倆曾和台灣收藏家林明哲及我等前往俄羅斯參觀美術館及拜訪藝術家，發現早期中國美術深受蘇聯影響。後來，在北京中央工藝學院教授美術史的奚靜之，以一年時間為《藝術家》撰寫《俄羅斯美術史》，透過她這本書，得以讓台灣讀者了解深受蘇聯影響的中國美術。

1988年8月，中國《美術》雜誌主編邵大箴在北京寓所與何政廣談成和《藝術家》雜誌合作交換編輯專輯。

掇英》提供並編輯二百多幅中國大陸各大博物館收藏的歷代名畫介紹，分別於4、5、6、7月在《藝術家》刊登；《藝術家》則編選台北故宮珍藏的宋元名畫八十多件；由張光賓先生撰文，在《藝苑掇英》第42、43期（1992年4月）連續刊出。雙方的交流專輯都引起讀者極大的興趣和回響。後來，我從上海轉往杭州，和浙江美術出版社社長宗文龍研究合辦兩岸美術研討會，但因當時受限於陸客不能來台，無法達到同席面對面交流，合辦研討會的構想因而作罷。

其實，《藝術家》從創刊後即持續介紹很多大陸畫家，像齊白石、李可染、程十髮、黃冑、吳作人、林風眠、范曾等人。在台灣戒嚴時代，聽聞不時有人向警備總部檢舉《藝術家》的「為匪宣傳」內容，那時警備總部和主管出版的新聞局，針對違規出版品每週都有一次會議。有一期《藝術家》報導范曾的水墨畫後，我接到時任新聞局出版處處長戴瑞明先生的電話，他說有人向警總檢舉《藝術家》介紹范曾的畫，在週一出席會議前想聽我對刊登「大陸畫家」的解釋，以便作為參加警總會議的參考。我就跟他說：「范曾也畫鄭成功反清復明的故事呀！」戴先生似乎認為這種說法在意識型態沒有問題，事情也就告一段落。現在回想起來，在那個時代有些人對《藝術家》內容有異議，不過都經新聞局自行處理，沒有找雜誌社麻煩，對美術雜誌來說，可以說非常地開放。

大體說來，歷年來《藝術家》刊登大陸畫壇活動或畫家介紹，大約占全部篇幅的十分之一。最早一篇是旅法藝術家陳英德撰寫的「海外看大陸藝術」專欄，他介紹「反映現實情境的三位大陸寫實畫家」。在開放兩岸交流之前，稿子主要來自旅居海外的作家。開放交流之後，來自大陸的投稿不斷，有的是畫家介紹，也有的是美術論述，主題大多在美術家作品、宗教藝術、石窟藝術、民間藝術等方面。由於寫作方式和簡體字書寫的關係，加上《藝術家》篇幅限制，適合採用的文稿很有限。2000年間，《藝術家》有感於中國大陸在改革開放政策的推動下，不僅為社會各個層面帶來巨大變化，對於整體藝術發展也帶來衝擊。配合雜誌創刊25周年，特別在北京和上海策畫了三場座談會。邀請知名美術學者，以及當時

關鍵字

陳英德

1977年7月，我結束美國國務院邀請訪美的行程後，順道赴歐參訪。路過巴黎時，計畫訪問在地的華裔藝術家。經過安排，透過一個晚宴的聚會，見到了李明明、陳英德夫婦、侯錦郎夫婦、戴海鷹夫婦和陳建中夫婦。餐會就在陳建中家中舉行，我帶去了《藝術家》雜誌，和與會的人士相談甚歡。當場我邀請陳英德每月為雜誌寫稿，他立即允諾，這是我和他交往的開始。

陳英德（左起）、張彌彌、許芥昱、卓以玉、熊秉明攝於巴黎陳英德畫室　1981年

陳英德替《藝術家》寫的第一個連載專欄是〈海外看大陸藝術〉。第一篇寫的是「反映現實情況的三位大陸寫實畫家」。這三位大陸寫實畫家是羅中立、廣廷渤、陳丹青。他們三人因參加1982年法國春季沙龍展，讓外界初次看到政治干擾下、封閉三十年的中國藝術面貌，陳英德的文章引起台灣及海外華人地區讀者極大的注意，輾轉到中國大陸讀者手上，回響更大。1987年，該專欄結集出版，銷售長紅。陳英德書中介紹的一些畫家並成為收藏家的重要參考名單。像台灣收藏家林明哲就是從他書寫的文章了解羅中立藝術，而後成為羅中立作品最大的收藏者。

陳英德出生嘉義，早年畢業於台灣師範大學美術系。他對台灣有很深的情感，在異鄉傳播藝術訊息長年來成為他的一種使命。繼〈海外看大陸藝術〉之後，他又撰寫〈巴黎新寫實繪畫〉、〈巴黎現代藝術〉兩個連載，後來都結集出版。1990年出版的〈巴黎現代藝術〉主要是介紹當時巴黎的藝壇活動，以及他在巴黎龐畢度中心、市立巴黎現代美術館等地參觀現代藝術大展的記文。包括畢卡索、達利、莫內等大師回顧展、斷代美術史展、流派發展史展等。其中最受矚目的一篇是介紹1989年「大地的魔術師展」。這個體現後現代特色的全球性藝術大展，是由當時龐畢度中心現代藝術館主任馬丹策畫，深入世界各地，特別是找第三世界的藝術家參與，其中顧德新、楊詰蒼、黃永砯三位來自中國。陳英德所報導的內容在華人讀者眼中非常珍貴且具有啟發性。

受國際矚目的中國當代藝術家、策展人與會，探討二十五年來的中國大陸美術趨勢。之所以選擇北京是因為該地的藝術發展具有指標性和引領作用；而上海的藝術生態則深受經濟起飛影響，充滿了活力。北京場的「中國大陸當代藝術25年座談會」、「25年來的中國大陸美術趨勢座談會」2000年4月24日在北京台灣飯店多功能廳舉行；由北京中央美術學院教授、《美術研究》、《世界美術》主編邵大箴主持，與會的專家學者有中國藝術研究院研究員水天中、中國美術家協會編審李松、北京清華大學美術學院藝術設計學系教授杭間、北京中央美術學院副院長暨研究部主任范迪安、中國藝術研究院研究員郎紹君、北京中央美術學院美術史系博士生導師薛永年、中國美術館研究員暨研究部主任研究員劉曦林。

「上海藝術25年座談會」2000年4月27日在上海舉行，由上海美術館雙年展辦公室主任張晴主持。應邀與會的人士有水墨畫家王天德、美術評論家及頂層畫廊負責人吳亮、上海美術館學術部展覽策畫李旭、上海大學美術學院副院長汪大偉、香格納畫廊代表周曉雯、畫家孫良、華氏畫廊負責人華雨舟、廣西美術出版社總編輯劉新。

2000年6月和7月的《藝術家》雜誌刊登這三場重要的座談會記錄。2000年6月號除登出座談會紀錄同時配合刊出邵大箴的專文「25年來的中國大陸美術趨勢」、栗憲庭的專文「25年我關注的中國大陸當代藝術焦點」，並選刊了重要的繪畫、雕塑、版畫等代表作品。2000年7月號除了披露北京場的「中國大陸當代藝術25年座談會」、上海座談內容，並有上海美術館執行館長李向陽的專訪等。邵大箴教授在「25年來的中國大陸美術趨勢」一文中，特別提到中國大陸自1979年實行開放改革政策以後，各個領域產生巨大變化，美術也不例外。中國大陸美術的那二十五年，堪稱20世

❶|❷

❶ 1989年10月，上海人民美術出版社社長龔繼先、張峻松等洽談《藝苑掇英》與《藝術家》雜誌交換編輯。

❷《藝術家》雜誌主辦「大陸美術25年座談會」，左起：劉曦林、李松、薛永年、杭間、邵大箴、范迪安、水中天、郎紹君，2000年4月在北京。

關鍵字

林惺嶽

林惺嶽在北京首屆中國國際藝術雙年展國際研討會上致詞　2003年

我和林惺嶽有較頻繁的接觸是在1978年間，《藝術家》雜誌社和《國泰美術館》合辦《西班牙廿世紀名畫展》，展出的一百多件作品是我到西班牙訪問時，與林惺嶽談妥由《藝術家》雜誌主辦，而與借展單位西班牙馬德里慕提杜畫廊簽約敲定，並與國泰美術館接洽合辦這項大展，後續由當時人在西班牙的林惺嶽接洽策展。

《藝術家》雜誌社除引進展品，並負責編輯、設計、出資印製展覽的海報、畫冊及相關出版品，門票與畫冊海報等印刷品販售由國泰美術館經手，雙方合作之權利義務在合約書中都一一寫明。不料展覽結束後，《藝術家》持據向統籌活動財務的國泰人壽請款被拒，理由是「展覽虧本」，幾次交涉未成，《藝術家》應得的帳款100多萬元後來分文都未拿到。林惺嶽當年以為《藝術家》在該展覽賺了大錢，因不明其中內情竟與我「斷交」一陣子；後來國泰財團發生變故，先前的慘痛經驗成為《藝術家》創立初期的「學費」，想想當時要賣多少雜誌才能彌補那100多萬台幣的缺口！

林惺嶽從《藝術家》創刊後就參與撰稿。早期介紹民初的畫家，策畫《西班牙廿世紀名畫展》後，介紹畢卡索、達利等人作品。並開始關注台灣美術的發展，以個人主觀與敏銳的角度，也從台灣政治和社會現實切入，進行批判，著有《台灣美術風雲四十年》、《渡越驚濤駭浪的台灣美術》等專書。1998年，在兩岸開放交流的時刻，他想寫一本中國當代油畫的書，希望前往北京收集美術史料，我贊助並介紹中央美院的邵大箴教授給他，邵教授幫他採購大量的參考書籍和雜誌並寄到台灣，林惺嶽便開始在《藝術家》連載《中國油畫百年史》，隨後集結出版，引起很大迴響，還獲得入圍金鼎獎優良圖書。在書中，林惺嶽特別強調毛澤東是「中國最偉大的藝術家」，論點是那段中國美術作品都在宣揚政治，而毛澤東是主導者。厚重的一本書寄到邵大箴手中，他讀後感到驚訝，儘管觀念不同；但還能容忍。後來，中國美術家協會主辦首屆「中國美術雙年展」有一場學術研討會，邀我參加，並要我推薦兩位台灣藝評家與會，我就推薦林惺嶽和當時在《藝術家》撰寫許多藝術評論文章的高千惠。

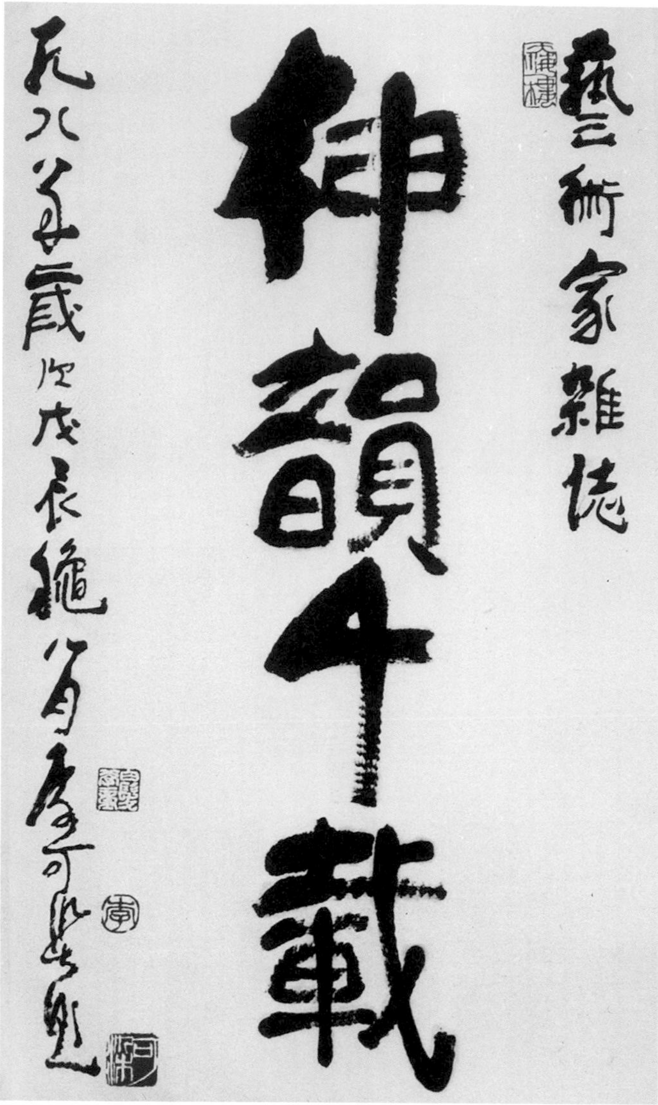

❶❹
❷
❸

❶ 何政廣（右）與黃順民（左）拜訪李可染合影

❷ 何政廣（左）與吳冠中在其寓所合影　1990年

❸《新藝術家》2004年5月出刊

❹ 李可染為《藝術家》雜誌題字「神韻千載」　1988年

藝術收藏家林明哲從事建築業起家，事業有成後因對藝術有濃厚的興趣，乃帶頭成立「山藝術文教基金會」購藏美術品，他開始收藏畫作時，幾乎每週都會從高雄到台北的《藝術家》雜誌社找我。他也從《藝術家》出版的《台灣美術全集》、《台灣美術運動史》等書所介紹的二十多位台灣前輩畫家的作品著手購藏。由於起步早，得以收到很好的代表作。

在旅法畫家陳英德的《海外看大陸藝術家》一書出版後，敏銳度極高林明哲受到莫大啟發，他認為那是開始收藏大陸藝術家作品的契機，於是在1980年代以後，他根據這本介紹當代中國重要藝術家的書，購藏其中所介紹的中國畫家油畫創作。同時他特別關注具有才華風格的畫家，以及具備東方文化底蘊的作品。其中最值得一提的是羅中立。1987年，他藉著到北京籌辦交流展之便，首次造訪四川美院，認識了羅中立等幾位出身該校的藝術家，他在重慶南山一個旅遊景點的小畫廊以200元人民幣，購得一張羅中立的作品，開啟了他有系統且質量兼具的羅中立作品收藏。目前他是擁有羅中立作品最多，而張張是代表作的藏家。

而從四川入手之後，他也到北京、上海等地有系統地購藏畫作，像吳冠中、聞立朋等名家都是他的對象。三十多年來，林明哲除擁有相當數量的中國當代繪畫精品，所收藏的俄羅斯油畫、趙無極作品等，無論數量或代表性也相當受矚目。他收藏藝術家作品習慣每人至少有二十五張，或者足夠辦個展的數量。事實上也因為他這樣的想法使得近十多年來，他的基金會收藏得以在世界各地展出。尤其是有關俄羅斯油畫的收藏，更是可觀。記得兩岸開放交流之後，《藝術家》出版了一本《俄羅斯．蘇聯美術史》，引起林明哲的注意。當蘇聯解體，他立即請人進駐俄羅斯一年，蒐集十多位俄羅斯前輩畫家的作品，前後買下了一千多張。他前往俄羅斯進行最後一批購藏時，我和奚靜之及邵大箴教授等人也隨同前往，在拜訪俄羅斯前輩畫家時，才知道很多俄羅斯美術史的重要畫家作品都被他買下，近年來，俄羅斯繪畫市場熱度攀高；但是林明哲始終把畫留在身邊，甚至連畫家或俄羅斯藏家擬以超高價購回都還不為所動。

林明哲是一位非常有未來觀的人，他能夠透過書本進行研讀和有系統的收藏。當然，他本身有足夠的財力條件，但也因為有相當的行動力和不凡的前瞻性，才能造就他無敵豐富的美術品收藏，實在令人佩服。

羅中立（右起）、林明哲、何政廣、李啟榮合影於布魯塞爾國家美術館（羅中立畫展會場）

紀最繁榮活躍的二十五年，成績非常可觀。當時《藝術家》舉辦的三場座談，以及數萬字的紀錄文字及專著，除了開啟交流研討的先鋒，引起中國大陸美術界的重視，後來都成為中國大陸現當代藝術發展趨勢的重要史料文件，所刊出的藝術品也在今天都成為中國現代藝術重要代表作。

2000年，北京「798藝術園區」形成之後，《藝術家》開始派採訪編輯長期進駐北京。在上海地區，早年是委請上海美術館一位研究員擔任特約撰述，近年則請住在上海的胡懿勳先生提供當地藝術資訊。在2004年3月，《藝術家》和河北教育出版社合作，同步推出《藝術家》簡體字版，因《藝術家》在大陸已有註冊，所以雜誌名稱改以《新藝術家》呈現，內容則由當時河北教育出版社社長王亞民親自挑選，主要偏重於最新的藝術活動、藝術創作、藝術市場、藝術教育和相關潮流話題等。在一年多的合作期間，我每個月都到北京，與河北教育出版社駐北京的編輯人員交換編輯經驗。

這許多年來除了《藝術家》雜誌的交流合作，《藝術家》出版社也陸續賣出簡體字的出版版權給三聯出版社、廣西師師範大學出版社、文化藝術出版社、蜜蜂出版社、重慶出版社、湖南美術出版社等，包括世界美術全集、茶藝、美術理論、美術館旅遊等一百六十多種圖書，都很受讀者歡迎。記得1995年7月，《藝術家》出版社出版西藏美協主席大陸畫家韓書力的著作《西藏藝術集粹》，我還到西藏拉薩參加西藏美術協會與《藝術家》出版社合辦的新書發表會，那是《藝術家》首次在對岸舉行的新書發表會，西藏自治區書記丹增親自主持，所有的重要「領導」也都到齊，餐會還請來班禪的主廚掌廚，電視記者全場報導，場面相當隆重。後來，我因為該書還獲得行政院新聞局的「金鼎獎」主編獎。

韓書力送給《藝術家》雜誌社的畫作
佛光　1995　布面重彩　150×90cm

❶
❷

❶《藝術家》雜誌韓書力專欄連載多年，圖為他拍攝的西藏展佛節。
❷《藝術家》出版社出版韓書力著作《西藏藝術集萃》在西藏拉薩舉辦新書發表會，由西藏書記丹增主持盛會。

臺灣藝術家出版社出版《西藏藝術集萃》發行式

《藝術家》近年來在有關大陸美術家、文物研究、展覽活動、藝術市場與相關訊息的報導與專書出版，更是較十多年前寬廣豐富，北京與上海的藝術環境與發展樣貌，在今天看來，脫離了2000年我們舉辦座談會時專家所感受的「不足」，經濟的強大氣勢、鼓舞了創作者的信心，造就了藝術產業的強勁能量、賦予了硬體建設的盛裝與開拓需求。《藝術家》作為一個美術發展的見證者，欣見這樣的輝煌成果，也特別感念長年來像邵大箴教授這樣為《藝術家》書寫中國大陸美術的研究學者。

❶
❷❹
❸❺

❶《藝術家》出版社與河北教育出版社合作出版《世界名畫家全集》、《中國名畫家全集》在北京舉辦公開簽約儀式。

❷ 林風眠首次來台在國立歷史博物館舉行九十回顧展，出席歡迎會，擠滿了許多畫家 1989年10月

❸ 林風眠於國立歷史博物館出席歡迎會實況，右起：馮葉、林風眠、陳癸淼館長、何政廣。

❹ 河北教育出版社社長王亞民率團訪問台北《藝術家》雜誌出版社　2000年

❺ 蔡國強首次來台北，訪問藝術家雜誌社 1998年

關鍵字　王亞民

現任北京故宮博物院副院長王亞民，可說是《藝術家》和對岸交流的首位出版界人士，當年他初次以河北教育出版社社長身分來台訪問時，在最後一天行程參觀誠品書店，看到《藝術家》出版社出版的《世界名畫家全集》（當時僅出了25本），回河北的隔天就打電話給我，表示有意將該套叢書發行簡體字版，我馬上答應，而後雙方約在上海見面，進一步商討細節並簽訂契約。後來，《世界名畫家全集》陸續出版超過百位畫家，和河北教育出版社的續約儀式則是在北京，那時正好大規模書展在北京舉行，續約儀式十分隆重。《藝術家》也將對方出版之《中國古村落》系列七冊出版繁體字版本。在王亞民的主導之下，河北教育出版社和《藝術家》開創了兩岸美術出版交流成功的例子。

故宮博物院副院長及故宮出版社社長王亞民贈畫何政廣

在他出任北京故宮博物院副院長並兼任該院紫禁城出版社（今改稱故宮出版社）社長後，授權《藝術家》出版繁體字版的《你應該知道的200件故宮收藏》套書共十二冊等，另外也出版了北京故宮博物院前院長鄭鑫淼所著的《天府永藏──兩岸故宮博物院文物藏品概述》、《游藝者言》。2013年8月，北京故宮出版社以簡體字重編出版我個人寫的《環球美術之旅》一書。

王亞民先生在青壯年紀就出任河北教育出版社社長，雖然主要項目是編印教科書，然他卻以藝術圖書來塑造其文化品牌，足見眼光獨到。在兩岸開放交流之後，他懷抱著遠大的出版理想，到北京故宮任職後更能具體施展，從今天我們所看到的許多北京故宮精彩套書可見一斑。在閒聊中他曾經提到：「很多中國美術品都是給專家看，而不是給一般讀者看。」他覺得《藝術家》走的方向跟他的理想很接近，所以我們十分投合，也難怪交往都二十多年了呢！

河北教育出版社与台湾艺术家出版社
合作出版《世界名画家全集》《中国名画家全
签约仪式

美的轉檔和傳播

2007年10月，藝術家出版社繼《藝術家》雜誌之後，發行《藝術收藏＋設計》大8開的期刊，主要是有感於當時設計已成為世界的潮流，而藝術收藏與市場也顯見躍動的趨勢，一方面自1975年出版的《藝術家》內容雖隨時代進步而多樣化，然而篇幅已呈現飽合。經過一番深考，我決定將《藝術家》有關藝術收藏投資與設計、建築及文化創意、時尚生活等部分，從原有的園地中擴大發展而為全新的雜誌。

《藝術收藏＋設計》創刊之際，正好是中國當代藝術品在國際市場活絡的年代。當時中國的藝術品市場是房地產、股票市場之外的是第三大資金投入的對象。包括來自企業及各種藝術基金每年投入的金額，高達100至200億人民幣。2007年6月，中國民生銀行更成立中國第一支銀行體系藝術品投資基金，顯示中國藝術品市場正進入「機構投資者」的時代。除了國際收藏家對藝術投資的參與，台灣收藏家也紛紛在國際拍賣會上，購藏包括陳澄波、廖繼春、朱德群、趙無極等人作品。《藝術收藏＋設計》以精緻而專業的編輯取向，每期為讀者提供藝術與投資的觀念、當代藝術市場分析、資深知名藝術收藏家介紹訪談、當代設計趨勢、服裝設計、新美術館建築、世界特色旅館介紹等單元。

針對當時的中國當代藝術在拍賣市場的熱潮，《藝術收藏＋

❶
❷

❶《藝術收藏＋設計》雜誌封面書影
❷《藝術收藏＋設計》雜誌內頁

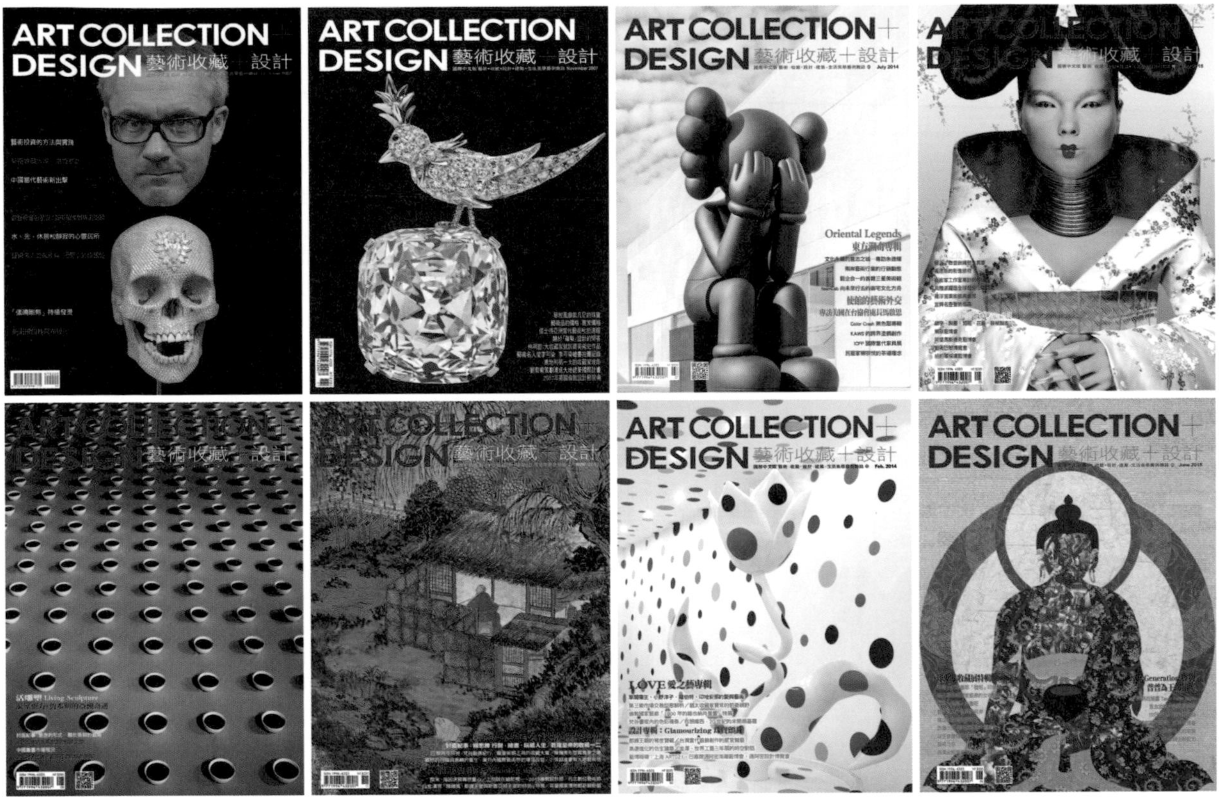

Auction

拍出2億天價，趙無極創個人世界拍賣紀錄

2011香港蘇富比秋拍成果豐碩

本刊訊　圖版提供：蘇富比

香港蘇富比2011年秋拍於月前落幕，十三場拍賣、八個收藏類別、三千四百多件拍品成功拍出約三千件，共有五個專場刷新成交紀錄，總成交金額逾32億港幣，創香港蘇富比歷年來第二高拍賣總成交紀錄。

海內外華人作品皆有亮眼成績

10月3日登場的「20世紀中國藝術」拍賣推出趙無極、吳冠中、朱德群、王沂東、陳逸飛等人的經典代表作，一百四十六件拍品，共拍出一百一十三件，總成交金額為3億3671萬7250港幣，成交率77.4％，超越拍賣前預估的1億9000萬港幣，創下蘇富比「20世紀中國藝術」拍賣總成交額的歷史新高，其中，前十二大拍品皆由亞洲藏家買下。

本次拍賣中包含多件旅法藝術家趙無極的創作，其中成交價最高的〈10.1.68〉完成於趙無極抽象創作巔峰期，此作一反該時期相近色系的運用，大膽選擇高度對比的青藍與橘紅色，使畫面產生衝擊，強而有力的大筆觸創造出一獨特的視覺空間，原估價2500至3500港幣，經過七位買家的激烈競逐，最終以6898萬港幣（折合台幣約2億7000萬元）成交，刷新了趙無極個人的最高拍賣紀錄。其他如甲骨文時期代表作〈女門牛士〉等六幅作品，拍價由602至2978萬港幣不等，均位居成交單品的前十二位。蘇富比表示，趙無極是首批得到國際藝壇肯定的華人藝術家之一，他的繪畫融合西方油畫的色彩技巧和東方傳統藝術的意含，被譽為「西方現代抒情抽象派的代表」，作品受到市場青睞並不令人意外。

另一位受矚目的藝術家吳冠中，本次也有兩件作品登上拍賣排行，位居第三高價的〈灕江新篁〉完成於1975年，是該時期罕見的大尺幅作品，以2642萬港幣拍出，另一件〈凡爾賽一角〉預估價為880至1600萬港幣，最後以1858萬港幣成交。其他成交價較高的作品包括朱銘〈太極系列—單鞭下勢〉、常玉〈曲線裸女〉，以及王沂東的〈花燭夜〉。

張曉剛締造史上第二高價紀錄

10月3日的「當代亞洲藝術」拍賣總成交金額為2億2783萬6250港幣，成交率72.7%，一百七十六件拍品共拍出一百二十八件，有四件拍品成交價突破1千萬港幣，同時這場拍賣也刷新香港蘇富比「當代亞洲藝術」拍賣最高總成交紀錄。整場拍賣的最高價拍品為張曉剛〈血緣：大家庭一號〉，創張曉剛個人拍賣紀錄的第二高價（僅次於〈生生息息的愛〉一作於4月所拍出的7906萬港幣），也刷新「血緣」系列的拍賣紀錄。此外，本次拍場上也有多件曾梵志經典作品，其中〈面具系列1998五號〉，原預估價為2700至3500萬港幣，最終由亞洲藏家以3090萬港幣標得，是全場第二高價的作品。

❶ 趙無極　10.1.68　油彩、畫布　82×117cm　1968　成交價6898萬港幣 ©Sotheby's
❷ 朱銘　太極系列—單鞭下勢　銅　268.5×469×206cm　1985　成交價2082萬港幣 ©Sotheby's
❸ 常玉　曲線裸女　油彩、畫布　81×130cm　1931　成交價1634萬港幣 ©Sotheby's
❹ 吳冠中　灕江新篁　油彩、畫布　77×96cm　1975　成交價2642萬港幣 ©Sotheby's
❺ 張曉剛　血緣：大家庭一號　油彩、畫布　150×179cm　1994　成交價6562萬港幣 ©Sotheby's
❻ 曾梵志　面具系列1998五號　油彩、畫布　196.2×168.2cm　成交價3090萬港幣 ©Sotheby's
❼ 方力鈞　系列二之十一　油彩、畫布　100×80cm　1991-1992　成交價1018萬港幣 ©Sotheby's
❽ 劉野　一月雪　壓克力、油彩、畫布　105×100cm　成交價626萬港幣 ©Sotheby's

香港蘇富比「20世紀中國藝術」拍賣TOP 10（10月3日）

排名	藝術家與作品名稱	估價（港幣）	成交價（港幣）
1	趙無極／10.1.68	25,000,000-35,000,000	68,980,000
2	趙無極／女門牛士	4,800,000-6,800,000	29,780,000
3	吳冠中／灕江新篁	12,000,000-18,000,000	26,420,000
4	朱銘／太極系列—單鞭下勢	15,000,000-25,000,000	20,820,000
5	吳冠中／凡爾賽一角	8,800,000-16,000,000	18,580,000
6	常玉／曲線裸女	10,000,000-20,000,000	16,340,000
7	趙無極／21.03.96	5,800,000-8,000,000	12,980,000
8	趙無極／[illegible]	5,800,000-8,000,000	12,980,000
9	王沂東／花燭夜	8,000,000-12,000,000	9,620,000
10	趙無極／[illegible]	3,000,000-4,000,000	6,020,000

香港蘇富比「當代亞洲藝術」拍賣TOP 10（10月3日）

排名	藝術家與作品名稱	估價（港幣）	成交價（港幣）
1	張曉剛／血緣：大家庭一號	58,000,000-65,000,000	65,620,000
2	曾梵志／面具系列1998五號	27,000,000-35,000,000	30,900,000
3	曾梵志／面具系列	4,000,000-6,200,000	10,740,000
4	方力鈞／系列二之十一	3,500,000-4,500,000	10,180,000
5	劉煒／[illegible]	3,000,000-5,000,000	8,420,000
6	曾梵志／[illegible]	4,500,000-6,500,000	7,820,000
7	曾梵志／風景	5,000,000-7,000,000	7,820,000
8	劉野／一月雪	4,000,000-5,000,000	6,260,000
9	曾梵志／[illegible]	1,800,000-2,500,000	5,420,000
10	[illegible]	900,000-1,200,000	4,100,000

36 ART COLLECTION+DESIGN　　藝術收藏＋設計 37

設計》雜誌開闢「藝術家工作室」專欄，前後介紹三十二位在當代藝術市場列名前茅的中國當代藝術家，包括徐冰、方力鈞、張曉剛、王廣義、岳敏君、曾梵志、蔡國強、劉野、葉永青、羅中立、何多苓、艾未未等，都是深入他們工作室完成的採訪報導，後來並集結出版成《新中國新藝術》專書，幾次再版，讀者反應相當好。而後，這本刊物的「藝術家工作室」陸續介紹了二十八位台灣當代藝術家，也發行了單行本《現代台灣藝術》。而今「藝術家工作室」的現場專訪，仍持續進行中。

承辦官方出版品

《藝術家》出版社承辦官方出版品的經驗，也已累積了二十多年。最早是在文化部前身文化建設委員會第二任主委郭為藩任內（1988.7-1993.2），當時文建會為配合展覽而規畫出版台灣前輩美術家叢書，包括水墨和油畫兩類各十冊。委託《藝術家》做油畫類，《雄獅》做水墨類。因為當時《藝術家》已在籌備出版《台灣美術全集》，不但編輯委員都聘請了，也完成大半照片的拍攝作業，所以決定放棄文建會的委託案。後來，郭為藩主委找我製作《環境與藝術》叢書，菊8開，每本約96頁，總共十六冊，主要介紹全世界環境藝術的範例。

1992年政府公布「文化藝術獎助條例」，明訂公有建築物應設置藝術品，隨後文建會推動「公共藝術」，《藝術家》1994年接著承辦了文建會《公共藝術》叢書，每年出版十六冊，三年共出版四十八冊，連同1993年出版的《環境與藝術》叢書，成為官方推動「公共藝術」最重要的工具和社教出版品。在《公共藝術》叢書之後，《藝術家》為文建會承製的出版品有1999年的修訂文化

❶
❷

❶ 文建會策畫《藝術家》出版社出版「台灣當代美術大系」叢書二十四冊

❷ 文建會策畫與《藝術家》出版社出版「環境藝術叢書」系列套書十六冊

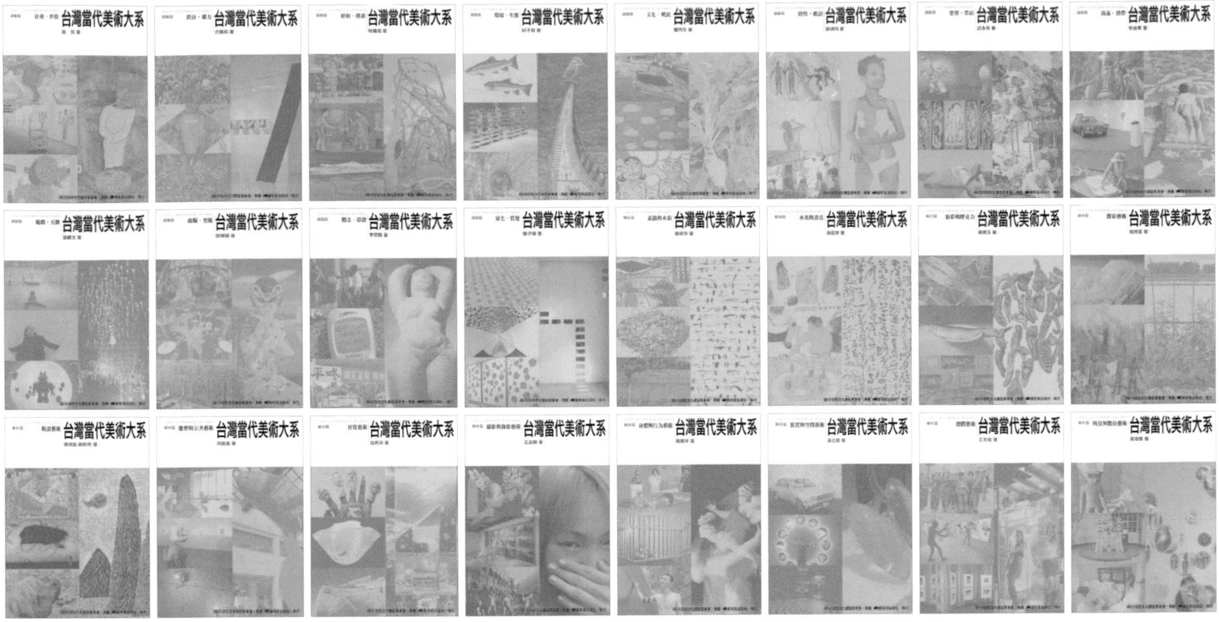
台灣當代美術大系

巴黎街道招牌藝術

資產叢書二十四冊，包括《台灣考古》、《台灣傳統建築》、《自然之美》、2003年12月出版之《台灣當代美術大系》二十四冊、2004年出版之《台灣現代美術大系》二十四冊，以及2006年4月為文化總會製作的《台灣藝術經典大系》二十四冊等，這批套書總共介紹的台灣藝術家，包括老中青三代超過一千人，製作工程相當浩大。2011年後接受文建會、國立台灣美術館委託製作《家庭美術館／美術家傳記》叢書，目前已完成三十四冊。除了叢書編輯出版，藝術家出版社並承製目前都隸屬文化部的傳統藝術中心之《傳藝》雙月刊（2006.1-2014.12）、工藝研究發展中心的《工藝》季刊（2007.11-）等。

歷年來參與官方出版品的經驗當中，時間最冗長、過程最繁複而最多波折的應屬《台灣美術史綱》一書。這本書是在文建會林澄枝主委任內（1996.6-2000.5），她在主持《公共藝術》叢書最後一階段新書發表會時提出，隨後，文建會美術科找《藝術家》就該書出版內容，先做一個研究案。我邀請了劉益昌、蕭瓊瑞、傅朝卿、林惺嶽、高業榮幾位專家學者，分別從人類學、美術、建築、台灣美術史及原住民藝術五單元撰稿，同時邀請十幾位相關研究學者和評論家擔任審查委員。大約一年後，四十萬字文稿出爐，還蒐集了一千多張圖片，正準備出版時，當時文建會副主委吳中立認為不妥。由於這個案子花費許多人的心血，而且又經過多人審查，文建會美術科和研究案作者之一蕭瓊瑞都覺得有出版必要，當然《藝術家》更希望完成最後的出版程序。當時尚無電腦作業，稿子都用手寫，我現在手邊還留著審查的原稿和審查委員的修訂意見原稿。後來文建會同意出版；但有一條件是該書必須經過陳奇祿先生總審訂。我只好去拜託奇祿先生。他一見到我就表示他離開文建會之後

❶|❷|❸

❶ 文建會策畫與《藝術家》出版社出版修訂《文化資產叢書》二十四冊
❷❸《文化資產叢書》新書發表會

關鍵字 **蕭瓊瑞**

蕭瓊瑞從國立成功大學歷史系畢業後，繼續在該校歷史語言研究所攻讀碩士。我是在擔任「兒童讀物編輯小組」總編輯期間認識他。他為了跟廖繼春相關的論文到編輯小組的辦公室訪問我。記得他從學校畢業後寫了很多關於「五月畫會」和「東方畫會」的文章，同時出版專書。當《藝術家》出版社出版《台灣美術全集》二十多集之後，我邀他加入作者行列，陸續寫了第24集的《張萬傳》、25集《金潤作》、26集《林天瑞》，後來《藝術家》出版社出版了他寫的《圖說台灣美術史》、《台灣近現代藝術11家》、《戰後台灣美術史》等書，另外，他也是《楊英風全集》總共三十卷的總主編、《陳澄波全集》總策劃，以及《台灣美術全集》同等規模的《台灣傳藝全集》策劃者，該套叢書是介紹台灣傳統工藝家。

近五年來，他隔月在《藝術家》雜誌〈評藝廣場〉推介當月有展出的藝術家，觸角遍及台灣北、中、南部，發掘不少具有潛力的創作者，他筆下呈現的歷史觀點及架構，與一般主修美術者的論述有別，想必是自成一格並廣受讀者喜愛的主要原因。

蕭瓊瑞於《楊英風全集—第一卷》新書發表會上致詞

《楊英風全集》

《台灣當代美術大系》
《台灣當代美術大系

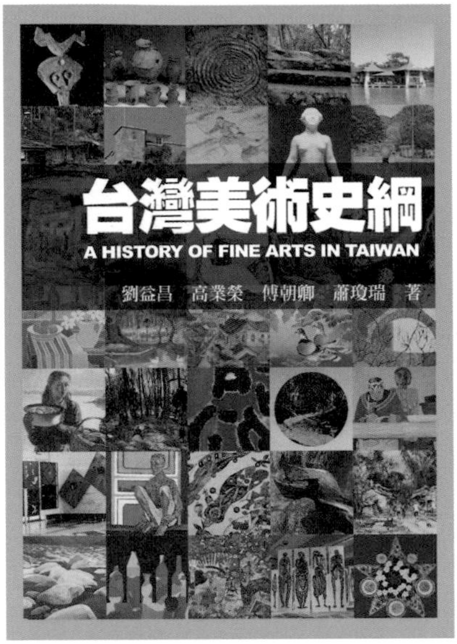
台灣美術史綱
A HISTORY OF FINE ARTS IN TAIWAN
劉益昌　高業榮　傅朝卿　蕭瓊瑞　著

❶ ❷ ❸ ❹ ❺ ❻ ❼ ❽ ❾

❶《台灣當代美術大系》新書發表會，文建會主委陳郁秀（前排右起四）與作者、編輯、顧問合影　2004年

❷ 馬哥孛羅主持人卓劉慶弟（右起）、陳其寬、東華書局發行人卓鑫淼、作家林良、何政廣合影　1989年3月

❸ 林谷芳（右起）、黃光男、何政廣在藝術家出版社拍攝合照。林谷芳在藝術家出版的著作《畫禪》、《諸相非相──畫禪II》，黃光男出版的《美術館行政》、《博物館行銷策略》等書，都很受歡迎。

❹ 方力鈞2009年4月在台北市立美術館舉行個展時，拜訪藝術家雜誌社何政廣（于天宏攝影）

❺《台灣美術史綱》封面書影

❻ 國立台灣美術館委託製作《家庭美術館／美術家傳記》叢書的新書發表會

❼ 文化部長龍應台主持「家庭美術館／美術家叢書」新書發表會　2012年

❽ 文建會策畫與《藝術家》出版社出版《台灣現代美術大系》24冊

❾ 文化總會與《藝術家》出版社合作出版《台灣藝術經典大系》24冊

關鍵字 陳奇祿

陳奇祿先生是台灣人類學學者，也是我尊敬的長者，他個性謙和，待人客氣。早期劉其偉擔任《藝術家》顧問、策劃原始藝術專輯，就邀請他撰寫有關原住民藝術的專文。1979年3月，《藝術家》與太極畫廊合辦「光復前台灣美術回顧展」，展品主要來自日治時代《日日新》報記者林錦鴻的收藏。當時林錦鴻住在彰化，我為了謝里法寫《日據時期台灣美術運動史》須引用他很多資料，遂前往彰化拜訪，獲知林錦鴻藏有豐富的光復前台灣美術作品，因而促成在「太極畫廊」的展出。時任行政院政務委員的陳奇祿，非常支持該展覽，除了替展覽命名，還為展覽名稱題字。

陳奇祿在行政院政務委員任內，積極籌備文化建設委員會。記得那段日子他常到《藝術家》雜誌社，主要想多了解政府和民間如何攜手推廣藝術，他也常說他很喜歡《藝術家》的內容，深入淺出，是很好的推廣藝術的刊物。每次談起藝術，他總是面帶淺淺的笑容，好似沉醉在優美的情境當中，那種悠然自得的神情令人難忘！1981年他出任首任文建會主委，便擬以「光復前台灣美術回顧展」為發想，由文建會主導一系列的台灣資深美術家展覽，同時為每一位資深美術家出版畫集。1987年，《藝術家》雜誌社遷到重慶南路新址的酒會，他在百忙之中還帶著林玉山、楊三郎、陳進、許玉燕等資深畫家到場，讓我感動不已。

他1988年卸下文建會主委職務後，還是繼續對《藝術家》鼓勵關懷。在2012年國立台灣美術館策畫《藝術家》執行編輯的《家庭美術館》叢書中，將他列入其中一位。我想比起許多藝術工作者，他在書法與繪畫創作方面的造詣獨樹一格，只因公職的角色讓外界忽略了他在這方面的才華；而他身為一位藝術家，難怪在出任文化最高官員時，會有不同凡響的視野和理想。

文建會主委陳奇祿伉儷（右3、4）、畫家陳進（右2）、林玉山（右1）、楊許玉燕（左2）等參觀藝術家雜誌社

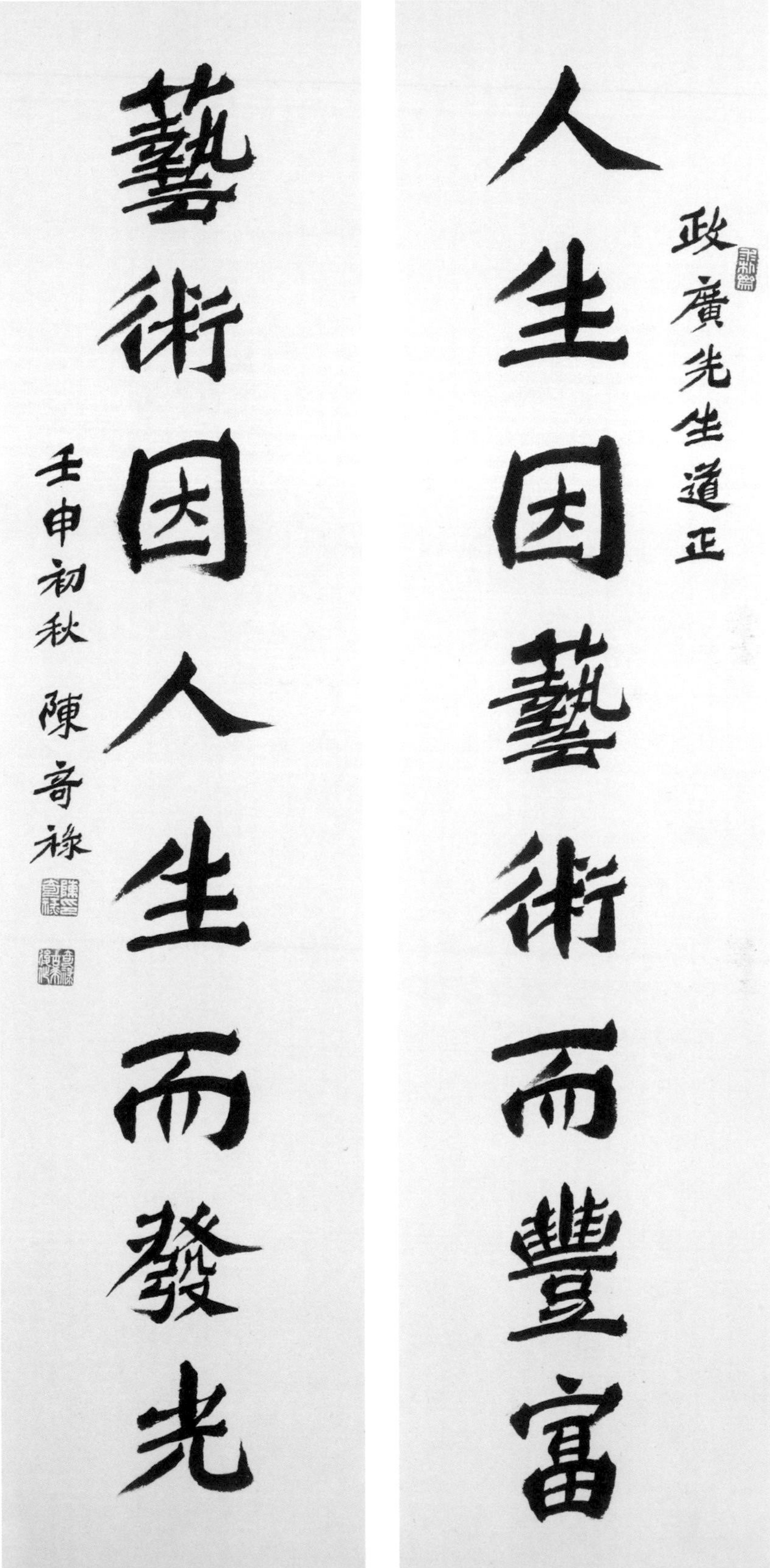
政廣先生道正
人生因藝術而豐富
藝術因人生而發光
壬申初秋 陳奇祿

陳奇祿贈書　「人生因藝術而豐富　藝術因人生而發光」1992年　各125×31cm

不做文建會的一切審訂工作；但因為是我請他做，所以他就答應。三個月後我將陳奇祿先生審訂好的文稿送到文建會，上層還是沒有批准出版，據說是怕挨罵。就把該業務移給文建會所屬單位國美館，不料，國美館的承辦人員竟然將文稿貼到國美館官網，蕭瓊瑞覺得非常不妥，因為可能被拿去引用，後來這個疑慮確實也發生了。我看情況如此發展不妥，就去找當時的國美館館長李戊崑。隨後國美館針對此出版案公開招標，我拒絕參加投標。結果由聯經出版公司取得，由於圖片的需求無法解決，只好退出解約。

這樣過了十年，國美館館長也易人了，這個出版案又回到文建會。幾次往返，最後文建會以補助案方式補助《藝術家》出版《台灣美術史綱》一書，也就是說該書並非官方出版品，是《藝術家》籌資出版的。後來《藝術家》以此出版品報名角逐「金鼎獎」，還被評審委員視為《藝術家》承辦的官方出版品。其實得不得獎還在其次，這本書從籌劃到面世其中的艱辛波折，可以寫成一本書。因為在確定要出版之前，發現許多內容經過十年的變化，需要增修，四十萬字文章重新要調整。像劉益昌教授有感於考古資料已經有了新的發現，希望文章能重寫，為此出版時間又延後一年，到2009年才出版。當時已擔任中央研究院歷史語言研究所研究專題中心執行長的劉益昌教授跟我說：「有太多東西要交代，字數又受限，改寫那稿子痛苦極了，而且時間經過十年，在台灣的考古工作又有新發現，於是只好重新撰稿。」這本《台灣美術史綱》出版後獲得許多好評，再版三次，至今仍是一本暢銷書。

藝術家出版社

我個人在藝術家出版社成立前，出版了《歐美現代美

❶❷
❸
❹

❶《藝術家》出版社出版的第一本書《日據時代台灣美術運動史》謝里法著　1978年
❷台灣省立美術館策畫、藝術家出版社發行《台灣美術評論全集》獲聯合報讀書人1999最佳書獎
❸《楊英風全集》套書
❹《台灣美術全集》首卷1992年出版《聯合報》、《民生報》報導

話題熱烘烘 新書紛出籠 期刊軋一角

記者 徐開塵／報導

今晚在國家音樂廳舉行

記者 陳幼君／報導

進一步放寬 日內可生效

美術顯學 墾荒初見收成

台灣美術全集出版了 陳澄波專卷昨天發表

記者 黃寶萍／報導

陳澄波作品展 兒子說當年

文化特餐

台灣美術自覺的開端

↑陳澄波遺孀張捷（坐者）後立者均為畫家家屬。

術》、《20世紀美術家》等十八本書。《藝術家》雜誌於1975年創刊，1976年藝術家出版社成立，1978年出版第一本書《日據時代台灣美術運動史》，堪稱台灣最早有關台灣美術史的出版品。由謝里法先生寫的該書從1976年6月至1977年12月在《藝術家》雜誌上連載。這本書的撰寫主要在1970年代的環境及當時的史觀下完成，在連載時回響熱烈，很多反應及看法也曾在《藝術家》雜誌上披露。直到1992年，謝里法返台之後，這本書的內容和年表經過修訂，並從25開本黑白印刷改為菊8開彩色版本，重印出版。

《藝術家》出版社除了結集在《藝術家》雜誌上連載的文章，也出版未發表過的專書及與官方合作的系列叢書。主要的類別包括藝術欣賞、畫家專輯、美術論叢、美術行政、美術館導覽、設計、工藝、攝影、建築、園林、古蹟、陶瓷、玉器、青銅器、古器物、宗教藝術、繪畫技法、美術年鑑、公共藝術、空間景觀、生活藝術、藝術投資、美育等。其中重要的系列叢書有《世界名畫家全集》、《台灣美術全集》、《台灣當代美術大系》、《台灣現代美術大系》、《台灣經典藝術大系》、《台灣美術評論全集》、《家庭美術館──美術家傳記叢書》、《佛教美術全集》、《中國名畫家全集》、《台灣近代水墨畫大系》、《歷史・榮光・名作系列──美術家傳記叢書》、《楊英風全集》、《陳澄波全集》等。

《台灣美術全集》1992年2月出版第一集／陳澄波，為收集早期畫作與資料，這一項美術史整理工程艱鉅，編輯小組和十多位資深畫家或家屬的聯繫與溝通過程，波折起伏，目前已出版到30集，除了陳澄波之外，其他名單包括陳進、林玉山、廖繼春、李梅樹、顏水龍、楊三郎、李石樵、郭雪湖、郭柏川、劉啟祥、洪瑞麟、李澤藩、陳植棋、陳德旺、黃土水等。每集有一篇三萬餘字的論文、

❶《藝術家》雜誌及出版的叢書「台灣美術全集」、「世界名畫家全集」等一千多種。
❷ 陳進手捧著《台灣美術全集陳進卷》
❸ 台北市立美術館與藝術家雜誌社配合《台灣美術全集首卷陳澄波》出版聯合主辦「陳澄波作品展」開幕典禮 1992年
❹ 陳澄波公子陳重光與何政廣於陳澄波作品前合影 1992年4月

歐美現代美術
藝術家
青花青
傳統建築手冊
台灣視覺文化
世界珠寶設計名店

臺灣美術全集 2

陳澄波作品展
EXHIBITION OF CHEN CHENG－PO'S PAINTINGS
台北市立美術館
藝術家雜誌社 主辦
美國@冰淇淋 贊助

一百幀以上的圖片及圖説，仿照國外出版的世界美術家全集的形式出版。在編輯過程中曾遇到不少困難，有些列入該美術全集的一些老畫家或家屬，表示過去陸續有官方或民間要求提供資料或作品的經驗，表示「太麻煩」了，因而婉拒，編輯小組幾番碰壁，只好採取迂迴的人情攻勢，透過各種能夠運用的關係，説服畫家或家屬全力支持。在列入名單的畫家當中，有的往來台灣和美國；有的作品因為早年散落在中國大陸或日本，因而在蒐集及拍攝工作上相當困難；另外有的畫家像陳進惜畫如命，每次只肯取十多張作品供拍照，要完成兩三百張作品的拍攝，花費的時間可想而知！

《藝術家》出版社截至2014年所出版的書籍已超過一千種，有二百多種書並授權給中國大陸出版簡字體版。其中之一是《世界名畫家全集》。該系列已出版一百六十本，預定出二百本，含括文藝復興時代到20世紀的名畫家。倫敦、西班牙等城市與美術館導覽的叢書則授權廣西師範大學出版。我個人寫的《環球美術館見聞錄》一書，在2013年8月經由北京故宮出版社以簡體字重編為《環球美術館見聞錄》出版。

經過四十年的累積，藝術家出版社和《藝術家》一樣，都守著「人生因藝術而豐富・藝術因人生而發光」的創辦信念，上千種上市的出版品得以逐一孕育，每一本書籍無不精心撰寫編輯，追求自我約束之：美學的、可閱讀的、知識性的、專門的、有品味的、流行的藝術圖書品味與氣質。一個出版者對所懷抱之美的情愫的最佳回饋，想必就是在如此堅持下，長年累月，不改初衷地經營，頂著日光星月，馳騁在字裡行間與美麗圖片當中，迎接一本又一本的書籍誕生。

❶❷
❸

❶《世界名畫家全集》已出版160種
❷ 何政廣撰寫的《環球美術館見聞錄》一書
❸ 北京故宮出版社出版何政廣著作《環球博物館見聞錄》簡體版，王亞民社長手持新書與何政廣合影（2013年12月於台北藝術家雜誌社）

梵谷 VAN GOGH
瘋狂的天才畫家
阿欽伯鐸
Arcimboldo
達文西

環球美術館見聞錄
Art Museums Around the World
何政廣 著
藝術家

❶
❷

❶ 藝術家四十周年慶，文化部長洪孟啟在慶祝會上致詞　2015年6月於台博館南門園區小白宮（王庭玫攝影）

❷ 藝術家四十周年慶於台博館小白宮舉行，貴賓滿座　2015年6月5日（陳明聰攝影）

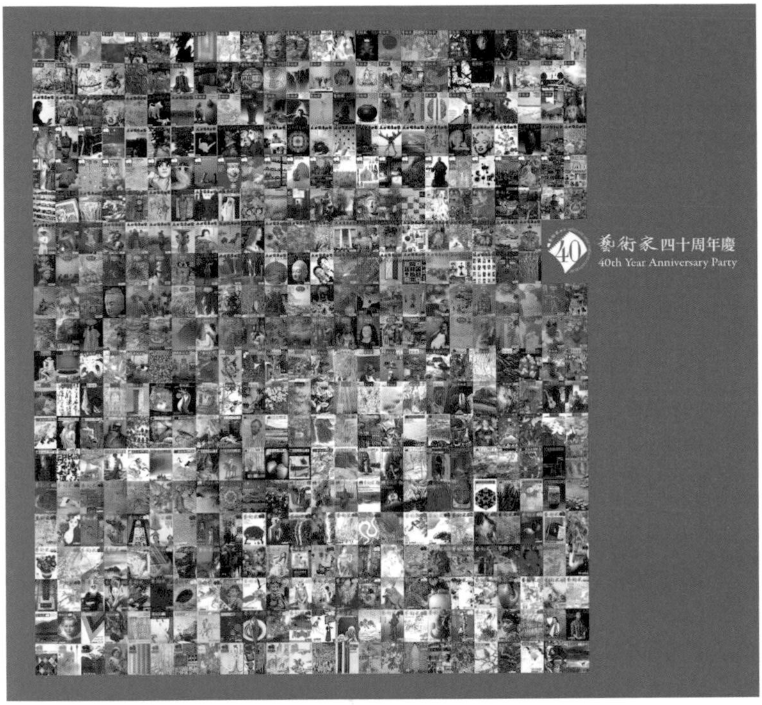

❶❷
❸

❶ 藝術家雜誌四十周年慶的480期封面集錦　❷ 藝術家四十周年出版的叢書《台灣當代美術通鑑——藝術家雜誌四十年版》

❸ 藝術家雜誌出版社團隊同仁合影　2015年6月於藝術家四十周年慶

藝術家
40年分類項目

《藝術家》雜誌創刊屆滿40周年。以下附錄從創刊號第1期(1975年6月)摘錄至479期(2015年4月)

(陳長華製作整理／陳珮藝增補)

1 文物鑑賞與市場

- ☑ 華裔收藏家
- ☑ 西洋收藏家
- ☑ 拍賣動向
- ☑ 藝術博覽會
- ☑ 投資和市場
- ☑ 畫廊和經紀
- ☑ 中國文物鑑賞
- ☑ 敦煌

華裔收藏家

《藝術家》雜誌從創刊號開始就關注到文物收藏家，四十年當中，前後介紹的重要收藏家已超過百位。儘管2007年10月又發行了《藝術收藏＋設計》雜誌，但《藝術家》仍持續地以不同取材繼續提供讀者相關的報導。邀約採訪撰稿的作者包括藝文界知名作家、美術記者及文物專家等。早年所介紹的收藏家有多位已經作古，然而他們對文物的摯熱心懷依然留存於筆間，後人重溫其惜物愛美的心情，以及執著無悔的守護過程，不禁再一次心生感動。

歷年《藝術家》所介紹的收藏家依照年代，最早的一篇是1975.6月（1期，以下僅留數字）創刊號奧白所訪問的胡公魯，同年並有7月（2）奧白的羊汝德、8月（3）亞欣專訪陳毓卿、9月（4）林馨琴訪施翠峰、10月（5）莊伯和訪陳天賜、11月（6）莊伯和訪謝峰生、12月（7）廖雪芳訪許長安。在1976年，受訪的收藏家有黃靈芝、陳昌蔚、楊雲萍、劉毅志、謝式助、林有福、孫家驥、侯彧華、熊式一、周大為、徐瀛洲；作者包括莊伯和、伯龢、博山、晨星、恬恬、蔡文怡、夏語、何翠媚、施叔青等。

1977.1（20），旅居夏威夷畫家汪澄訪問陳淑貞、1977.2（21）金東華訪宋彬亭、1977.3（22）到1978.6（37）間，陳長華專訪了李葉霜、陳雲程、陳文華、唐鴻漸、蔡辰男、李鴻球、源則儉、張大千、謝國城、黃君璧、邱文雄、陳正雄、蔣碧微、張添根，以及1979.12訪楊隆生。1977.4何恭上訪問了新加坡收藏家陳之初。在1980年代，包括了1981.12（79）雨云訪問吳青龍、1987.11（150）劉奇俊訪問中國書畫收藏家／虛白齋主人劉作籌、1988.6（157）劉奇俊專訪楊思勝、1989.3（166）陳炎鋒在日內瓦訪問仇焱之。

在1994.9（232）徐海玲專訪中國陶瓷收藏家徐展堂；從1995.7（242）到1997.9（261）胡永芬陸續介紹了〈葉榮嘉／三十年心願建美術館〉、1995.9（244）〈王飛雄／入錯行的藝術家〉、1995.10（246）〈神話是可以創造的／林明哲〉、1995.5（240）〈葉啟忠／快手買家．集藏潛心〉、1995.6（241）〈許益謙／深愛用生命實踐想法的藝術家圖像〉、1995.12（247）〈一個有收藏癖的單身漢／裕宏順〉、1996.3（250）〈陳俊英／精明投資．小心收藏〉、1996.1（248）〈鍾隆吉／理性投資，感性收藏〉、1996.2（249）〈蔡克信／市場狂飆盛景中的風雲人物〉、1996.4（251）〈張允中／私房文物汗牛充棟〉、1996.5（252）〈黃文鴻／與年輕藝術家感知相應〉、1996.7（254）〈劉文治／最酷的收藏家〉、1996.12（259）〈曾正和／把錢花在值得花的地方〉、1997.2（261）〈劉銘浩／獨樹一格的收藏觀〉、1997.9（268）〈葉武國／縱橫股市的收藏家〉。1997年間介紹的收藏家另有：1997.4（263）侯權珍〈古物收藏與經營／林淮絡的經驗談〉、1997.9（268）王季遷（己千）〈懷雲樓收藏概述／王季遷家族收藏中國畫拍賣〉。李維菁在1998.6（277）及1999.8（291）分別訪問了蔡一鳴和葉承耀等。

到了2000年，賴素鈴在1月（296）報導徐展堂、2月（297）訪問洪三雄。2004.4（347）黃茜芳撰寫王己千的藝術收藏生涯、2004.9（352）蔡玫芬寫秦孝儀之文房收藏、2007.2（381）黃茜芳為文遙念中國書畫鑑藏家王己千、2013.12（463）推出艾丁格寫、郁斐斐編譯的〈新市場、新面貌、新觀念／如何做一個現代藝術品收藏家〉專輯：內文另包括莊偉慈〈李潤之／藝術收藏是一場沒有三振的棒球賽〉、鄭宣榆〈劉銘浩／藝術收藏像小吃，路邊攤總能找到最愛〉、許玉鈴〈馬毓鴻／市場瘋狂之前買才有意思〉、鄭宣榆〈姚謙／機緣，讓收藏永遠充滿驚喜〉、陳芳玲〈侯弘田／收藏藝術史的未來〉、許玉鈴〈趙式和／超出心理價位的作品就不去爭〉、潘廣宜〈王薇／現在更關注女性及青年藝術家〉、詹宏靜〈林明哲／投資不僅只有商業頭腦〉、詹宏靜〈陳筱君／審美意識建立收藏品類〉、馬克．瑞波特寫、張羽芃編譯〈史托切克／我的收藏就是一部分的我〉、張羽芃〈我們為什麼收藏？／看全球新一代藏家們怎麼說〉。

2013.6（457）刊出林華寫的〈俄羅斯油畫收藏熱〉、2014.4（467）和 6.（469）有介紹林明哲收藏的樂趣及莊偉慈採訪〈找回收藏的初心／林明哲收藏展「收藏有藝事」、2014.5（468）和 6.（469）有劉新的〈熱情的採集者／魯迅版畫藏品中的歐美視角〉。2014.9（472）覓．祕笈／從「鄰蘇觀海：院藏楊守敬圖書特展」看楊守敬覓得甚麼神秘古笈？〉、2015.1（476）奚耀藝〈〈兩個小孩〉與萬達的藝術品收藏〉。

西洋收藏家

在西洋收藏家方面，《藝術家》因應讀者的需求及編輯取材周全也不時有重點介紹。像 1981.11（78）劉麗〈美國藝術收藏界的傳奇人物赫希宏〉、1981.11（78）有傑克米雪著；何玉郎譯〈詩人風味的現代藝術收藏家麥克特〉、1995.4（239）斯佩克特文；徐一雄譯〈佛洛伊德的藝術收藏／影響超現實藝術的精神分析學大師〉、1996.8（255）任戎在德國採訪〈邁向未來／訪德國著名現代藝術收藏家彼得．路德維〉。

1991.3（190）美國《藝術新聞》授權《藝術家》專用〈世界二百大藝術收藏家〉，分別由 1997.9（268）侯權珍、1998.10（281）吳南薰譯〈世界兩百大收藏家〉。1996.10（257）羊文漪介紹德國收藏家「巧克力大王」路德維之沈浮與輝煌事業、2002.8（327）登出〈佛洛依德和他的藝術收藏〉係尼可拉斯．理維（Nicholas Reeves）著；黃淑媚翻譯、2003.8（339）楊識宏介紹著名礦業大亨赫希洪的收藏故事、2006.3（370）林千琪配合亞洲協會 50 周年慶，介紹洛克斐勒家族收藏展、2006.8（375）中國當代藝術 9 月在漢堡展覽，黃茜芳側寫知名瑞士藝術收藏家希克、2006.9（376）丘彥明報導世界最大伊斯蘭藝術收藏家柯里理收藏的明治藝術、2007.1（380）李美璁介紹達敏．赫斯特的收藏、2005.5（360）王焜生〈中國家飾的極簡之風／建築師佛克中國家飾收藏首次曝光於世〉、2010.3（418）〈梵谷、塞尚、莫內珍品首度公開／蘇黎世美術館布爾勒收藏展〉、2010.5（420）〈從馬諦斯到馬列維奇／阿姆斯特丹艾米塔吉的大藏家舒金、莫洛索夫收藏〉、2010.12（427）蔡宜倩配合三菱一號館美術館開館紀念展，介紹岩崎家與三菱集團相關收藏。2012.6（445）紐約大都會美術館展出「史坦收藏」，徐升潔介紹 20 世紀初收藏家族史坦、2014.12（475）艾瑞克．克爾格林；張羽芃編譯〈洛克斐勒與紐頓的新幾內亞原始藝術收藏〉。

拍賣動向

《藝術家》第 2 期即開始報導拍賣最新訊息，以及相關的參與技術諮詢和市場分析等。1975.7（2）推出的「藝術市場」專欄，邀胡公魯介紹國際拍賣公司拍中國藝術品，知名女作家郭良蕙在「藝術收藏」專欄中表現她的藝術品味。1976.9（16）有旅居巴黎的何玉郎發表〈歐洲戰後抽象畫身價上漲〉及費里明的〈歐美現代攝影市場〉。1977.9（28）何政廣〈倫敦蘇士比拍賣目睹記〉、1980.2（57）胡公魯告訴讀者〈怎樣參加蘇富比拍賣〉、1980.7（62）雜誌報導〈十幅名畫拍賣 1830 萬美元〉，同期並有曾唯淑譯的〈經濟蕭條與收藏〉。1987.10（149）洪通繪畫進入國際市場，1989.6（169）《藝術家》推出「投資知識」，幫助讀者了解如何透過拍賣場購畫。

1991.6（193）陳炎峰從巴黎傳來〈素描在法國拍賣的最新價格及購藏分析〉、1992.1（200），雜誌專訪佳士得黃君實、談中國油畫在國際市場的未來發展。這一期也提供了法國藝術品輸出制度將有重要改變的訊息。

《藝術家》全方位地介紹國際拍賣資訊，像在 1992.3（202）檢視日本美術市場，有劉奇俊報導之日本美術市場的中樞／東京美術俱樂部。1992.4（203）李婷婷採訪台北躍上國際藝術拍賣市場舞台，同年的 10 月（209）李婷婷再報導〈蘇富比台北秋季拍賣走向「全中國」〉、台北蘇富比拍賣中國現代油畫、水彩及水墨等消息。11 月（210）徐海玲則從北京報導北京國際拍賣會實況。1993.5（216）劉昌漢在上海參與朵雲軒舉行首屆中國書畫拍賣會也有專文。1993.5（216）陳英德書寫了蘇富比第三次台北拍賣會實況，該期雜誌也收錄台北蘇富比拍賣行情。1994.4（227）東南亞當代繪畫與貿易瓷拍賣會列入報導。

1994.8（231）震驚藝術拍賣市場事件蘇富比、佳士得違反反托辣斯法收取客戶過高佣金。1994.11（234）刊出佳士得首次在台北拍賣本土繪畫成交記錄。在 1996.11（258）劉裘蒂從美國傳真，讓讀者分享〈茅爾巴哈拍賣納粹劫餘藝術〉。1997.1（260）杜庫寧的〈女人〉為當代繪畫拍賣再創高峰、1997.6（265）譚立報導洪通畫展在美國舉行的同時，郭倩如撰寫〈重新評價洪通／解析「拍賣主導」的第三波洪通熱〉。1999 年《藝術家》經美國《藝術與拍賣》雜誌授權使用該刊物相關報導，1999.6（289）刊出賈德．塔利原著；吳南薰譯〈當代版畫的魅力〉、艾彌．佩吉原著；吳南薰譯〈當代版畫行情回升〉、1999.8（291）刊出史蒂芬．文生原著；吳南薰譯〈數位化交易〉。1999.10（293）刊出羅傑．貝文原著；吳南薰譯〈誰仍名列「時代風潮」？〉2000.2（297）刊出賈德．塔利原著；吳南薰譯〈進軍倫敦〉、2000.3（298）刊登侯權珍譯的〈現代藝術市場的推手〉。

2000.5（300）吳曉芳配合紐約亞洲藝術博覽會舉行，報導了紐約亞洲藝術博覽會實況、「日本與韓國藝術」拍賣結果、現場專訪中國藝術拍賣與紐約亞洲藝術博覽會人物、「日本與韓國藝術」人物；另一位作者曾慧燕也在現場紐約亞洲藝術節現場，目擊佳士得、蘇富比中國古董專拍，同時分析佳士得中國書畫拍畫。紐約拍賣會過熱的原因在哪？同年6月（301）有一篇魏伶容譯文，提示了是因為〈高科技產業企業家競購藝術品〉！

2000.10（305）《藝術家》繼續刊出美國《藝術與拍賣》雜誌授權譯載的文章，有林貞吟譯的〈是線上交易，還是平台買賣？線上拍賣新未來〉、2001.1（308）〈年輕、衝勁十足的活力新生代／運轉拍賣世界的新面貌美國〉。2001.5（312）第6屆國際亞洲藝術博覽會熱鬧登場，曾慧燕在紐約報導〈「放眼東方」的「頂尖之旅」〉、〈另一相對「平民化」的亞洲博覽會／紐約太平洋亞洲藝術展覽會〉、〈拍賣公司與亞洲博覽會同較勁／紐約佳士得〉、〈蘇富比春拍締佳績〉、〈紐約佳士得春拍傳捷報／中國青銅重器西周方罍成交價924萬破紀錄〉等系列。2001.8（315）朱紀蓉報導〈震驚藝術拍賣市場事件／令世界兩大藝術拍賣公司元氣大傷的反托辣斯法官司〉、2002.6（325）《藝術家》報導陳澄波〈嘉義公園〉刷新拍賣紀錄，2002.6（325）景薰樓春拍結果「20世紀當代華人藝術」創下佳績、2006.3（370）2005年佳士得集團拍賣總額創歷史新高，黃茜芳報導了32億美元的光彩奪目事蹟。

2006年間拍賣市場掀起了中國當代藝術的熱潮，中國畫家畫作一路創新高，中國古代書畫器物也在市場被炒熱，《藝術家》有詳實的報導。2006.7（374）刊出尤傳莉〈「金磚四國」炒熱藝術市場？／香港佳士得現當代藝術類春季拍賣會場邊觀察〉、〈閃亮四大天王．持續發光／現當代藝術類拍場反應熱烈〉、〈釉裡紅玉壺春領銜，市場穩中帶強／瓷器與雜項類表現出色〉、〈穩贏先生，這回又贏了／美國賭場業鉅子現身香港拍場，刷新明代瓷器世界拍賣紀錄〉、〈香港第一？／香港回歸十年，兩項古董展努力探索市場新路〉，以及黃茜芳的〈「20世紀中國藝術」拍賣總值超過2億港元〉、〈香港穩居亞洲當代藝術拍賣龍頭寶座〉、〈市場成長空間看好的「中國古代書畫」拍賣〉、〈「中國近現代畫」拍賣成交總金額1.228億港元〉、〈總成交金額逾3億港元奪冠／「中國宮廷御製藝術精品」與「重要中國瓷器與工藝品」拍賣成績不菲〉、〈漂亮「三贏」全壘打／史蒂芬．穩贏7852萬港元拍得〈明洪武釉裡紅纏枝牡丹紋玉壺春瓶〉等。

2006.11（378）香港佳士得秋季拍賣聚焦中國亞洲當代藝術，2007.1（380）胡永芬報導2006佳士得香港秋拍「20世紀華人藝術」與「亞洲當代藝術」專場、張新建分析中國藝術品拍賣市場的態勢、2007.5（384）徐悲鴻油畫拍出7200萬港幣，創下香港蘇富比拍賣中國畫家畫作新高。2007.6（385）紐約佳士得「戰後及當代藝術」拍賣創總成交額世界紀錄，同年7月（386）金仕發初試啼聲，創華人藝術記錄、北京保利2007春拍總成交額突破6.3億人民幣，幾乎在同一時間，2007台北國際藝術博覽會新局面，總成交額4億5000萬（張晴文報導），在這期雜誌中另有徐升潔〈聽專家談藝術市場／亞洲藝術產經．台北論壇〉、周文翰〈愈貴的賣得越好／北京春拍第一波結果綜覽〉、周文翰〈中國政府政策波及藝術品拍賣業〉等專文。

2007.8（387）李鳳鳴報導中誠拍賣再創佳績／2007春拍總成交額達新台幣2億2千700萬、2007.11（390）李鳳鳴報導香港蘇富比秋拍突破15億港幣。2007.11（390）香港佳士得秋拍推出蔡國強作品、2007.11（390）泓盛2007秋拍引入歐洲藝術品、2007.11（390）常天鵠報導北京保利2007秋拍現當代藝術、2007.11（390）吳奕芳介紹俄羅斯繪畫與當今國際拍賣市場。到了2008年，《藝術家》的拍賣市場訊息包括：2008.1（392）中誠秋拍．郭維國〈台灣島〉為最大亮點、羅芙奧秋拍總成交額新台幣7.2億元／王懷慶〈金石為開〉以新台幣8796萬元創畫家個人成交紀錄、金仕發秋拍總成交額5.1億元、誠軒秋拍．多位藝術家創中國國內個人紀錄、林華外資涉足中國拍賣市場、7月（398）北京保利春拍總成交額逾9億人民幣／賑災義拍募得8472萬人民幣、曾梵志〈面具系列1996No.6〉創紀錄／香港佳士得亞洲當代藝術及中國20世紀藝拍賣破多項紀錄、藝流春拍總成交價新台幣10億7600萬元、金仕發春拍總成交價新台幣3億9560萬元、李鳳鳴〈北京保利春拍總成交額創保利拍賣歷史新高／現當代中國藝術專場的千萬拍賣品亮眼〉、8月（399）趙春翔〈宇宙狂舞〉新台幣1822萬元成交／景薰樓春拍成交率91.53%、上海泓盛春拍總成交額人民幣1億831萬、中信台灣夏季拍賣總成交額達新台幣7990萬、10月（401）達敏．赫斯特〈金色小牛〉拍出1035萬英鎊創紀錄、2008台北國際藝術博覽會總成交額台幣7億5000萬元、12月（403）香港蘇富比2008秋拍總成交額10億9778萬9750港幣等。

2009年、2010年，當代華人藝術和西洋名家在市場仍見佳績。2009.1（404）2008佳士得秋拍總成交額11.3億港元，「中國20世紀藝術」趙無極、朱沅芷、余承堯破個人拍賣紀錄、2009.2（405）景薰樓秋拍朱德群〈橘黃的筆跡〉870萬元成交、中誠國際秋拍總成交額1427萬、金仕發秋拍總成交額達新台幣1.3億元、2009.5（408）香港佳士得2009春拍推出趙無極〈Nos dex〉、2009.7（410）中誠國際春拍／周春芽〈樹枝的變化〉拍出新台幣1121萬元、伊斯特春拍總成交額達2580萬港元、中信國際新港台春季三拍場成交額上升30%。2010.2（417）中誠秋拍總成交額逾新台幣1.5億元、2010.3（418）蘇富比「印象派及現代藝術」夜拍打破兩項紀錄，傑克梅第雕塑〈行走的人Ⅰ〉逾6500萬英鎊成交、〈倫敦佳士得印象派及現代藝術夜拍／畢卡索〈女人頭像（賈桂琳）〉拍出810萬5250英鎊〉、4月（419）雷曼兄弟藝術收藏拍出220萬美元、2010.5（420）香港蘇富比當代亞洲藝術春拍，總成交額1億4488萬港元。

近年來，《藝術家》所刊登的市場訊息，較受讀者矚目的另有：2011.6（433）朱浩雲〈海派三傑趙之謙、任伯年、吳昌碩作品拍賣行情〉、2011.8（435）景薰樓2011年春季拍賣會，20世紀華人現當代藝術總成交額2億多萬元、2011.8（435）蘇黎世闍樂6月九場拍賣總成交額逾2200萬瑞士法郎、2014.2（465）北京匡時2013年秋拍人民幣19億9000萬元圓滿收槌。2014.7（470）〈台灣拍賣史上最貴的一幅油畫／羅芙奧台北2014春季拍賣會「亞洲現代與當代藝術」〉。

藝術博覽會

1990年代，許多國家地區為了拓展藝術欣賞入口，同時也為了開拓新市場，另闢藝品交易所，紛紛開辦藝術博覽會，這樣的產業活動也成為藝術市場趨勢的一面窗、藝術家與畫廊關係的具體呈現。除了台灣本地舉辦的藝術博覽會，《藝術家》也透過各地的駐在作者現場目擊，將各個重要藝術博覽會的面貌與特色呈現給讀者。

台北

1990年代有：1993.1（212）李婷婷採訪〈畫廊博覽會再出發〉、〈1992年中華民國畫廊博覽會畫廊參展狀況透視〉、〈畫廊博覽會作品成交統計表〉、1996.1（248）兩岸三地藝術博覽會群觀：郁斐斐〈參展國外畫廊看台北國際藝術博覽會〉、〈敢做、敢錯、敢成長／劉煥獻談台北國際藝術博覽會〉、〈台北國際藝術博覽會拓展藝術欣賞入口〉、江衍疇〈「藝術國際化」的基本思考／兼談台北國際藝術博覽會〉1997.1（260）陳玉珍〈台北國際藝術博覽會的成果與省思〉、1998.12（283）江淑玲〈綜覽九八臺北國際藝術博覽會〉。

2000年代有：2000.1（296）江淑玲、吳南薰〈1999台北國際藝術博覽會綜觀〉、2004.4（347）〈華山．夜．色／2004台北國際藝術博覽會〉、張晴文〈是繼續，是開始／訪畫廊協會理事長劉煥獻談2004台北藝術博覽會〉、陳長華〈畫家．創作．市場／80年代台灣的畫廊發展〉、胡永芬〈華山論劍：第3屆藝術家博覽會／藝術跨代．電力放送〉、2004.5（348）「華山論劍／第3屆藝術家博覽會」、黃海鳴〈視覺藝術的超現實大饗宴／從第3屆藝術家博覽會談起〉。

2005.3（358）〈藝術台北ART TAIPEI 2005／年輕、國際的台北國際藝術博覽會〉、2005.4（359）〈中華民國畫廊協會：亞洲．青年．新藝術／台北國際藝術博覽會ART TAIPEI 2005第一現場〉、吳介祥〈以藝術破除「工具決定論」／ART TAIPEI 2005台北國際藝術博覽會當代年輕藝術家特展介紹〉、吳介祥〈小澤剛的民生主義篇／ART TAIPEI 2005台北國際藝術博覽會年度藝術家介紹〉、劉素玉〈一場美麗的遇合／從「收藏家精品特展」看到中西藝術的碰觸〉、張孟起〈傳統的現代創意／台灣年輕藝術家在2005台北國際藝術博覽會中嶄露頭角〉

2006.5（372）〈從新世代的活力看藝術的新形異貌／ART TAIPEI 2006台北國際藝術博覽會〉、經典藝術展區、〈亞洲現場：新形異貌、台灣當代年輕藝術家的推介展／台灣25縣市文化局共同展出〉、2006.5（373）張晴文：除了熱，還是熱！／ART TAIPEI 2006台北國際藝術博覽會、2007.5（384）Art Taipei 2007台北國際藝術博覽會、2007.5（384）子月兒中藝搏主辦第4屆國際畫廊博覽會、2009.6（409）楊宇書〈很有態度的藝博會／Revoltion藝術祭2009Taipei〉、陳書俞〈充滿年輕活力的YONG ART／首屆台北國際當代藝術博覽會圓滿落幕〉、2009.7（410）〈美學與環境／2009台北國際藝術博覽會〉，2009.9（412）〈台北國際藝術博覽會於8月底展開／78家國內外畫廊參加展出〉、陳書俞〈不景氣展韌性／專訪畫廊協會理事長王賜勇、召集人蕭耀〉、〈因人而藝／2009台北藝博會主題展「美學與環境」、新銳藝術家的展演平台／「台灣製造／新人推薦專區」在藝博會展出〉、〈聚焦東南亞／2009台北藝博會「國際邀請／東南亞藝術特區」〉、2009.10（413）陳書俞、黃怡珮、張晴文〈總成交額新台幣4.6億元／2009台北國際藝術博覽會現場綜觀〉。

2010年以後有：2010.5（420）〈飯店型藝博會新氣象／第2屆台北國際當代藝術博覽會登場〉、2010.6（421）陳書俞〈台北國際當代藝術博覽會落幕／總成交額近新台幣3000萬元〉、宇珍春拍暨「國泰美術館塵封25年珍寶再現／慶豐銀行珍藏專拍Ⅰ、Ⅱ」6月下旬登場、2010.8（423）2010台北國際藝術博覽會、黃怡珮〈專訪畫廊協會代理理事長張學孔〉、〈新世代的冒險精神／2010台北國際藝術博覽會「台灣製造／新人推薦特區」〉、2010.10（425）黃怡珮、張羽芃、陳寬育〈總成交額突破新台幣5億元／2010台北國際藝術博覽會現場綜觀〉、2011.4（431）當代藝術連線〈精緻出擊．作品多元／第3屆台北國際當代藝術博覽會登場〉、2011.6（433）〈台北國際當代藝術博覽會圓滿落幕／總成交額達新台幣 3300 萬元、〈台北新藝術博覽會「藝」新耳目／經典藝術大師、當代藝術新銳。

2011.7（434）〈接收全球藝術風向／ 2011 台北國際藝術博覽會 8 月登場〉、2011.10（437）〈2011 台北國際藝術博覽會圓滿落幕／交易熱絡，總成交額達新台幣 10 億元〉、〈全民收藏時代的到來／ 2011 台北國際藝術博覽會〉、2012.11（450）〈台北藝博會 19 屆以來最大規模／ Art Taipei 2012〉、〈台灣製造／新人推薦特區〉、〈2012 台北國際藝術博覽會畫廊展區〉、2012.12（451）胡永芬〈步步履冰的台北藝博〉、2013.11（462）〈亞洲當代藝術交易的平台／第 20 屆台北國際藝術博覽會 11 月登場〉、2014.7（470）〈ART SOLO 14 好評不斷．備受市場矚目／首屆「個展型」博覽會風光落幕〉、2014.10（473）〈承襲富經驗．推展新世代多彩樣貌／ 2014 台北藝術博覽會〉、2014.11（474）〈累積、成長、再卓越／台北藝博推動藝術收藏再進化〉、2014.12（475）胡永芬〈新的台北，未來的藝博會之路〉、〈2014 台北國際藝術博覽會展後報導〉、2015.4（479）〈第 1 屆福爾摩沙國際藝術博覽會／台北寒舍艾麗酒店盛大開展〉。

高雄

2014.11（474）〈第 2 屆高雄藝術博覽會 ART KAOHSING 擴大舉行〉、2015.2（477）〈高雄藝術博覽會展後報導〉。

香港

1992 年美歐藝術商開拓亞洲新市場，開始香港亞洲藝術博覽會。1992.12（211）香港國際藝術博覽會、1993.9（220）許慧蘭報導香港亞洲藝術博覽會。1993 年《藝術家》組團前往現場採訪：12 月（223）王庭玫〈國際藝術市場的新寵兒／觀察香港 1993 亞洲藝術博覽會〉、郁斐斐〈香港藝術博覽會現場側記〉、陸蓉之〈美國藝壇巨星．香江會〉、1994.12（235）陳修明〈東西藝術薈萃．古今精品爭輝／記 1994 年香港國際藝術博覽會〉、1996.1（248）陳修明香港報導〈「亞博」開始有亞洲的味道了〉、2008.4（395）趙秀明專訪 2008 香港國際藝術展總監馬格努斯．連夫魯；同期並有張丁元、蕭富元、歐陽憲、董道茲觀察兩岸三地華人藝術市場、孫嘉蓉〈華人商業藝術最早的交易站／香港畫廊發展〉、趙秀明〈藝術買賣「好年份」／香港畫廊眼中的當代藝術市場〉、2008.6（397）徐升潔現場報導 2008 香港國際藝術展登場、專訪 2008 香港國際藝術展總監馬格努斯．連夫魯；介紹推展台灣藝術作品到香港的其玟畫廊、誠品畫廊、新苑藝術；採訪香港新銳藝術家展「MIRAGE 虛象」。

2013.6（457）刊出 2013 首屆香港巴塞爾藝術展的消息，該展有 245 間畫廊分布於四大展區，台灣五家畫廊參展。

巴塞爾

1996.8（255）王玉齡〈國際藝術市場復甦／第 27 屆瑞士巴塞爾當代藝術博覽會〉、1997.8（267）許碧城〈巴塞爾國際藝術博覽會〉、1998.8（279）許碧城〈巴塞爾國際藝術博覽會展現今日藝術多面向創作〉、2000.8（303）王玉齡〈發燒的空前搶購熱潮／巴塞爾博覽會現場紀實〉、〈巴塞爾博覽會注入新血輪／新任掌門人山姆．凱勒專訪〉、2003.8（339）陸蓉之〈從邊緣到主流之間的千山萬水／記 34 屆巴塞爾藝術博覽會〉、2004.8（351）陸蓉之〈藝術／巴塞爾／國際藝術市場的指標〉、張晴文〈第 35 屆巴塞爾藝術博覽會側寫〉、2006.5（372）第 37 屆巴塞爾藝術博覽會〉、2006.8（375）陸蓉之〈第 37 屆巴塞爾藝術博覽會現場〉、2007.4（383）張新建採訪〈巴塞爾藝術博覽會〉、2007.8（387）方振寧〈第 38 屆巴塞爾藝術博覽會報導〉、2008.4（395）徐升潔〈第 39 屆巴塞爾藝術博覽會 6 月登場〉

美國

1998.5 月（276）推出紐約亞洲藝術節專輯：唐忠珊〈紐約亞洲藝術節實況／燦爛耀眼文物藝術饗宴〉、李維菁〈台灣古董商參加紐約亞洲藝術節的看法〉、唐忠珊／王玉齡紐約採訪〈紐約亞洲藝術節重要幕後功臣〉、〈紐約中國古董和亞洲藝術市場〉、1998.7（278）高千惠〈另類品味的交易所／雜觀 98 年芝加哥當代藝術博覽會〉、1999.5（288）唐忠珊紐約報導〈1999 紐約亞洲藝術節綜覽〉、唐忠珊、王玉齡紐約報導〈1999 紐約國際亞洲藝術節焦點人物專訪〉、王玉齡〈亞洲藝術市場的風雲變化〉。

2006.1（368）謝伊琳〈另一種藝術博覽會／純為商業服務的紐約當代美術博覽會〉、2006.5（372）賴思儒〈國際藝術市場大趕集／紐約 3 月五項藝術博覽會〉、2006.5（372）鄭意萱〈軍械庫新藝術國際博覽會／紐約藝術博覽會盛事〉、2011.3（430）張懿文〈洛杉磯藝術博覽會現場目擊〉、2013.5（456）陳佳音〈沃荷化的紐約藝術市場／春季紐約藝博會觀察〉。

馬斯垂克

1998.5（276）唐忠珊荷蘭報導〈馬斯垂克藝術博覽會〉、2005.5（360）丘彥明 2005 年〈馬克垂斯「歐洲藝術博覽會」〉、2007.5（384）丘彥明〈中國古藝術的魅力／觀 2007 年馬斯垂克藝術博覽會〉、2010.4（419）荷蘭馬斯垂克藝術博覽會。

中國大陸

中國大陸的藝術博覽會開始於廣州舉行，而後擴展到上海、北京等地。1993.12（223）郁斐斐〈波特藝術公司負責人劉昌漢談廣州中國藝術博覽會實況〉、1996.1（248）陳修明在廣州報導〈步向成熟的中國藝術博覽會〉、1997.1（260）高天民、陳修明兩人都發表了在看廣州看國際藝術博覽會的文章、1997.7（266）王玉齡〈中國前衛藝術家進軍國際藝術市場〉、1998.5（276）錢建群．龔雲表預告了第2屆上海藝術博覽會、2004.4（347）《藝術家》刊出〈博覽會百年不墜的秘密〉。

2004.4（347）首屆中國國際畫廊博覽會開幕，有周文翰的專文介紹。2004.6（349）張晴文在北京觀察第1屆中國國際畫廊博覽會現場。2005.3（358）第2屆中國國際畫廊博覽會5月開幕，周文翰報導國際畫廊界看好中國藝術市場。6（361）另有劉崢的〈今年北京的第一波藝術熱浪／第2屆中國國際畫廊博覽會綜觀〉、周文翰〈「錢進北京」的虛與實／從北京中國國際畫廊博覽會看中國藝術場走勢〉。2006.5（372）周文翰再從北京看中國國際畫廊博覽會，隔月（373）周文翰寫〈觀第3屆大山子國際藝術節看798新動向〉、2006.11（378）李鳳鳴〈初試啼聲．一鳴驚人／「藝術北京2006」中國當代藝術博覽會〉、周文翰〈藝術北京，散了又聚〉、2007.3（382）周文翰從北京上海藝術博覽會的形勢，觀察藝術博覽會在中國的轉型生態、2007.6（385）周文翰〈能賣的都來了！／2007中藝博國際畫廊博覽會實況〉、2007.10（389）刊出李鳳鳴〈白熱化的藝術之爭／記2007上海藝術博覽會國際當代藝術展〉、周文翰〈當代藝術的上海高潮〉、方振寧〈2007：藝術北京之秋〉、〈藝術消費時代來臨／藝術北京當代藝術博覽會總監董夢陽訪談〉、〈藝術北京的新面孔、新感動／藝術北京當代藝術博覽會運營總監趙孝萱訪談〉及胡永芬的〈從上博會觀察市場策略〉。2007.8（387）預告2007上海藝術博覽會國際當代藝術展9月開幕、2007.8（387）藝術北京2007當代藝術博覽會開幕、2008.6（397）李鳳鳴採訪2008中藝博國際畫廊博覽會、第11屆北京國際藝術博覽會，發現藝術博覽會的國際化趨勢不減。

2009.6（409）第6屆中藝博國際畫廊博覽會登場，有來自許玉鈴現場報導〈新面孔參展，擴展藝術觀察視野〉、〈展出內容多元化，帶來意外之喜〉及劉曉丹寫的〈吳冠中：藝術市場的神話〉。2010.5（420）2010中藝博國際畫廊博覽會登場。2010.6（421）許玉鈴回顧1979至2009，並介紹2010北京中藝博國際畫廊博覽會〈樸素地開幕，低調地落幕〉、2011.1（428）曉新介紹第5屆北京文博會盛況、2011.6（433）許玉鈴〈藝術實力vs.藝術消費力／4月，北京兩場藝術博覽會場上較勁〉。2011.10（437）聶小聞〈2011上海藝術博覽會國際當代藝術展〉、2012.7（446）首屆上海城市藝術博覽會銷售破千萬、2013.5（456）上海再辦城市藝術博覽會、2013.7（458）劉婉貞〈追記2013年上海城市藝術博覽會〉。

韓國

2003.8（339）台灣十四家畫廊，參展韓國國際藝術博覽會，雜誌刊出劉煥獻〈前進南韓開拓華人藝術新版圖〉、張雅晴〈「韓國國際藝術博覽會」參展後台灣畫廊經驗深入探討〉等專文。後續之韓國國際藝術博覽會報導見諸於2004.8（351）張晴文2004韓國國際藝術博覽會、2006.7（374）鄭涵文〈2006年韓國藝術博覽會等文〉。

德國

2000.10（305）方振寧〈理想與現實衝突的真實／德國漢諾威世界博覽會〉、方振寧〈世紀末建築．境界．智慧的競賽／德國漢諾威世界博覽會博覽館綜述〉、任戎〈跨入新世紀的博覽會巡禮／漢諾威EXPO 2000現場〉。

日本

1994.5（228）國際藝術博覽會特別報導，由郭少宗、侯權珍採訪撰文。文章有：世界的藝術博覽會、東京國際藝術博覽會、日本國際現代藝術博覽會記實（NICAF實行委員會資料提供，木島彰、高橋睦治、黃月協助）等、2005.4（359）介紹2005年以〈自然的睿智與地球的未來〉為主題的日本國際博覽會、2005.5（360）方振寧更深入解剖〈自然的睿智：建築．藝術．科技／2005年日本國際博覽會〉，並介紹〈日本展區一花獨秀〉、〈自然睿智的世界版〉等。

2008.9（400）刊出大阪國際藝術博覽會活動內容。

西班牙

從2004-2008年，都有黃莉菲來自西班牙的畫廊博覽會報導：2004.4（347）〈從西班牙畫廊博覽會看西班牙藝術市場〉、2005.4（359）〈藝術指向未來／2005年西班牙畫廊博覽會〉、2006.4（371）〈西班牙現代美術的來龍去脈／第5屆西班牙畫廊博覽會DEARTE與第1屆馬德里藝術博覽會Art Madrid〉、2007.5（384）第6屆西班牙畫廊博覽會與第2屆馬德里藝術博覽會、2008.4（395）第7屆西班牙畫廊博覽會及第3屆馬德里藝術沙龍。另外，2009.4（407）有周政緯〈不同於「拱之大展」的馬德里藝術博覽會〉等。

除了上述的國家地區，《藝術家》報導的有關博覽會訊息還有1991.12（199）德國統一後的大型藝術博覽會／巴黎美術大廈、1992.9（208）1992 世界博覽會專輯：陳建北西班牙報導〈發現的時代／ 1992 世界博覽會參觀記〉、陳建北〈世界博覽會建築的欣賞〉、1994.5（228）第 27 屆科隆藝術博覽會、1995.4（239）劉永仁〈義大利當代藝術市場趨勢／ 1995 年波隆納藝術博覽會〉、1996.10（257）陳炎鋒巴黎報導〈巴黎國際古董雙年展參觀記〉、王玉齡巴黎報導〈國際古董藝術的盛會〉、1997.1（260）王玉齡巴黎傳真〈科隆博覽會成交熱絡〉、1997.6（265）清泉〈新加坡國際藝術博覽會／揭開新加坡藝術市場新頁〉2006.5（372）劉家蓁〈舊體新制再出擊／法蘭克福藝術博覽會〉、2006.8（375）2006 墨爾本藝術博覽會、2007.12（391）王仁宏在倫敦書寫的 2007 弗里茲藝術博覽會、2011.12（439）唐忠珊介紹之首屆巴黎古畫博覽會等。

投資和市場

1980 年代以後，文物市場在國際出現一片好景，市場的態勢和行情、投資相關知識和技巧、藏家活動等等都受到關注和討論，《藝術家》在這方面也有積極的報導。1985.9（124）郭少宗〈透視最古老的行業／古董市場面面觀〉、〈國內古董市集指南〉、1988.8（159）在「投資知識」欄目中有郁斐斐的〈如果你也想投入藝術市場〉、丁辛的〈真真假假是是非非〉、劉奇俊記錄〈八方風雨會香江／如何鑑定古今書畫〉。1990.1（176）採用日本大和三郎的文章、袁因譯〈投資知識．企業收藏之建言〉。1990.3（178）刊出袁因譯〈身價暴漲的伊斯尼克陶器市場〉、1990.5（180）陳英德報導〈本世紀最大的藝術醜聞／假達利石印畫的訴訟案〉、1992.5（204）廣松隆志等採訪；高見浩譯〈美術市場的第四勢力／日益蓬勃發展的新興工業地域〉、1992.7（206）黃議震〈明清金銀器的投資與養護〉、1992.9（208）龐志英介紹清代織繡品的市場、投資。1993.6（217）郭浩滿〈海外中國畫市場的回顧及前瞻〉、1993.7（218）壇子秀一著；高見浩譯〈繪畫投資避免損失的準則〉。

1994.9（232）推出〈收藏家的品味〉專輯：郭繼生〈收藏家與藝術／從藝術史的觀點談起〉、李亞俐〈市場導向與藝術品收藏〉、太乃〈誰才是真正的收藏家〉、高千惠〈高尚品味與文化渣滓／從品味的相濡以沫淺談文化生活的滋味〉。1996.3（250）谷菽分析了 1995 年中國大陸的文物市場概述。1996.4（251）楊明布魯塞爾報導〈歐洲金融界對藝術品投資的看法〉、1997.5（264）《藝術家》舉辦 94 後中國當代藝術的市場機制與藝術趨勢座談會，由胡永芬主持及記錄、1997.5（264）刊出巴瑞特．史催奇〈亞洲古董行情看漲／美國收藏家發現購藏傳統亞洲藝術的絕佳時機〉、1997.10（269）蕭勤〈50-60 年代臺灣現代藝術在市場上發展的潛力〉、1997.12（271）芭芭拉．波拉克〈西方走向東方／新一代的亞洲藝術家已成為國際藝術市場的新興勢力〉、1998.2（273）仇永波報導日本藝術拍賣行業現況〈從「黑船襲來」到「市場寵兒」〉、1999.7（290）方瑜主持，黃寶萍策畫、記錄〈台灣古董文物市場的新世紀願景〉、1999.10（293）陸潔民主持，黃寶萍策畫、記錄〈藝術品網路交易座談會〉、2000.1（296）黃寶萍策畫、主持〈台灣繪畫市場千禧總體檢座談會〉。

2001.12（319）探討當前衛藝術走上藝術市場：內文有石瑞仁的〈前衛已上市，買家必瘋狂？〉、翁基峰的〈當代實驗性創作進入藝術市場的可能性〉、王俊傑〈互不相容？共生共存？〉。有關私人收藏成為公共議題，在 2004.12（355）刊出王焜生〈德國佛烈克收藏展〉、吳介祥〈「藝術自主性」與「政治免疫力」的糾錯／從柏林展出企業家佛烈克收藏說起〉。

2005.4（359）伊拉克被盜文物牽動國際文物黑市，周文翰寫〈80 億美元的地下行業〉、2005.5（360）黃淑娟報導〈倫敦十一家古董商推出 2005 倫敦雕塑週〉、2005.5（360）刊出黃亞紀〈微笑的中間地帶／擁抱商業市場的日本年輕藝術家〉、2006.1（368）胡永芬〈2005 年度藝術市場回顧與分析〉、2007.1（380）胡永芬〈向當代藝術靠近／ 2006 年台灣藝術市場觀察〉、2008.6（397）徐升潔記錄整理〈學院教育與藝術產業／新生代藝術家與當代藝術市場座談會〉。

有關中國大陸的收藏市場，陸續有專文分析，包括 2005.7（362）周文翰〈大陸收藏市場的長期基礎〉、2008.3（394）張新建〈盤點 2007 年中國當代藝術品市場〉、2009.5（408）朱浩雲〈明末清初各大畫派藝術風格與今日市場行情〉、2009.10（413）朱浩雲〈徐悲鴻猶如績優股〉、2009.12（415）林華〈擺脫「山寨」才有出路／試說中國新媒體藝術市場〉、2010.5（420）劉曉丹〈從「歷史肖像」到「新古典主義」／中國當代油畫大師靳尚誼作品與市場分析〉、2010.8（423）許玉鈴〈當市場機制進入展場／專訪中國當代藝術策展人呂澎〉、2011.4（431）中國大陸成為世界第二大藝術品市場〉。

2011 年以後的報導有 2011.1（428）胡永芬〈2010 年藝術市場回顧與分析〉、2011.5（432）胡永芬〈團結、奮鬥、救台灣／從香港蘇富比舉行尤倫斯當代中國藝術收藏專拍講起〉、2012.2（441）林華〈民國瓷器出現速漲行情〉、2012.2（441）端子〈首屆中外企業藝術收藏論壇在北京舉行〉、2012.6（445）夏洛特．柏恩斯；謝汝萱編譯〈中國就愛老藝術家（但正愈變愈年輕）／調查顯示 63 歲是中國最暢銷的藝術家的平均年齡〉、2013.2（453）林華〈中國與印度當代藝術品市場〉、2013.11（462）陸潔民出版《藝術收藏投資六講》、2014.4（467）張羽芃編譯〈十年來國際藝術投資市場分析〉、2014.4（467）陳琬尹編譯〈歐洲藝術市場的地下內幕／戰後納粹暗藏藝術品遭曝光〉。

畫廊和經紀

台灣的商業畫廊在1970年代之後陸續成立，到了1980年代，百家爭鳴，繪畫市場呈現一片蓬勃氣象。1979.6（49）《藝術家》刊出畫廊專輯，有楊英風〈提高畫廊水準，要先建立藝術評論制度〉、文康〈台北畫廊的滄桑史〉，史文楣〈台北的畫廊主持人談畫廊的經營〉、〈新一代收藏家趙翔、黃宣彥、曾文雄談在畫廊買畫經驗〉、〈台北的畫廊的地圖〉、〈畫家談畫廊與繪畫市場〉等和台灣相關的文章，以及郭東榮〈東京的畫廊〉、何肇衢〈日本最前衛的畫廊：東京畫廊訪問記〉、勃爾凡著；陳英德譯〈巴黎畫商的幾個面目〉、陳英德〈巴黎的畫廊〉、呂理尚〈漫談紐約畫廊〉等介紹國外畫廊的專文。1982.3（82）沈蕙萱專訪太極藝廊負責人曾唯淑，談該藝廊的經紀制度。1992.10（209）刊出陳建北〈台灣的畫廊轉型試探〉。1993.3（214）發表雜誌主辦女性藝術經紀人與文字工作者的對談，以及陸蓉之〈中國女性藝術的發展與啟蒙〉。

1994.1（224）的「畫廊角色」探究專輯中，有以下的文章〈我們都是看「春之」長大的〉、〈從現代走回印象・林復南傳棒黃于玲／南畫廊〉、「台灣泥雅」敗將不言勇「玟秀收藏」獨行闢奇徑〉、〈精美沙龍／愛力根畫廊〉、〈美術館作品供應站／誠品畫廊〉、〈主流以外的理想存在／拔萃畫廊〉、〈「你好我也好」的「祕密花園」／IT Park〉、石瑞仁〈生意經＋藝術經＝藝術產業全面升級〉、高千惠〈第三類接觸／文化商業與商業文化的新默契〉。1980年代台灣的公立美術館開始營運，包括1983.12月啟用的台北市立美術館、1988年落成開幕的省立美術（今國立台灣美術館），以及同年籌備的高雄市立美術館。因為畫廊與畫家的互動，成為美術館發展的重要資料。畫廊的行銷也讓畫家作品被推薦給美術館。《藝術家》在1999.1（284）推出黃光男主持，黃寶萍策畫、記錄〈從典藏的角度看美術館與畫廊之互動關係〉座談。

2002.7（326）針對畫廊進軍上海，雜誌製作專輯，刊出于彭〈進出上海〉、劉煥獻〈認清角色，前進上海？〉、王嘉驥〈台灣藝壇上海熱的迷思〉。2003.6（337）行政院文化建設委員會和藝術家雜誌合辦「畫廊產業與藝術發展座談會」由王雅玲、張晴文記錄整理。2008.1（392）因應新一代藝術家走進市場，刊出鄭林佳〈快樂市場：新轉機！？／2007年台灣年輕藝術家〉、〈畫廊與藝術市場現象〉、蔡佩珊〈歡欣鼓舞之餘／市場火熱之際採訪年輕藝術家與畫廊之見〉。2008.3（394）陳豪毅採訪撰文〈畫廊產業看台灣當代藝術未來／當代藝術是前瞻的功夫〉、蔡佩珊採訪撰文〈畫廊產業看台灣當代藝術未來／扶植當代藝術〉、〈藝術家看藝術市場與當代藝術／張晴文採訪〈陳慧嶠：藝術市場是創作後頭的事〉、陳書俞採訪〈吳天章：畫廊應向國際推介收藏〉、陳書俞採訪〈郭維國：熱浪來襲時不要暈船〉、張晴文採訪〈姚瑞中：藝術≠藝術市場〉、陳書俞採訪〈涂維政：避免內耗，以「部落格式」整合力量〉、張晴文採訪〈蘇匯宇：期待大膽的主事者〉、陳書俞採訪〈曾御欽：走入國際需要國家全然的支持〉、鄭林佳採訪〈畫廊產業看台灣當代藝術未來／從本土特色建立辨識度〉、陳書俞採訪〈廖堉安：美術館與畫廊應相互對話〉。另有鄭林佳〈透視當代，走向國際／思索台灣當代藝術的下一步〉、周家輝〈改善體質，繼續前進／美術館館長看台灣當代藝術〉、蔡佩珊〈畫廊產業看台灣當代藝術未來／拍場現象不是藝術市場全貌〉、蔡佩珊〈發展台灣美學脈絡〉、蔡佩珊〈國際化不是口號在主場〉、張晴文〈為自己的球隊加油〉、蔡佩珊〈國際化的人才，做國際化的事、以藝術為外交橋樑〉、蔡佩珊〈台灣新媒體藝術別具優勢〉等文章。

在國際畫廊以紐約為主的有1984.6（109）楊熾宏〈世界藝術的首都為什麼是在紐約？〉、奧白〈紐約藝壇的麥加聖地57街〉、孟易洋〈叟候（SOHO）前衛藝術的根據地〉、奧白〈叟候（SOHO）的畫廊〉、楊熾宏〈麥迪遜大道上的畫廊〉、賀德孫〈揣貝卡區的畫廊〉、志閎〈東格林威治村的新浪潮〉、楊熾宏〈紐約新藝術的「新空間」〉、〈紐約美術館位置圖〉、2001.8（315）曾長生〈紐約的新畫廊區：卻爾西〉、2014.12（465）張羽芃〈紐約OK哈利斯畫廊結束營業〉。

重要的經紀人訊息則有，1984.9（112）稚嶸〈新崛起的紐約一流畫商梅麗彭〉、1985.3（118）楊熾宏〈伊蓮諾瓦德慧眼識英雄〉、1985.4（119）孟易洋〈世界最成功的畫商李奧卡斯底里〉、1990.5（180）陸蓉之〈誰在寫歷史／當代藝術的教皇卡斯底里〉、2010.6（421）陳寬育編譯〈藝術伯樂的傳奇故事／紐約重要藝術經紀商李奧卡斯底里的一生〉等。

在歐陸部分的畫廊及經紀介紹有1984.5（108）巴黎畫廊簡史：龐畢度文化中心附近和馬海的畫廊、巴黎畫廊位置圖、塞納河右畫廊、塞納河左畫廊。1993.4（215）畫廊經營之道／專訪奧地利格林威畫廊主持人保羅、楊佩玲〈從畫廊風格到收藏趨勢／專訪美國莫瑞畫廊主持人琳達〉1993.5（216）陳英德〈巴黎市藝術和文化資產畫廊／「三個古典主義者」畫展答客問〉。1994.2（225）劉昌漢〈國際藝術市場上縱橫捭闔的傳奇人物／大衛・萊斯特〉、

1996.1（248）王玉齡〈經營畫廊五十年．見證歐洲當代藝術演變／丹尼絲．賀內和她的藝術家們〉、侯瀚如〈純化後的「五大洲畫廊」〉、2002.6（325）翁基峰〈西班牙新興的產業生命／CATALOGO GENERAL 畫廊訪談〉、2003.9（340）馬曉瑛〈俄羅斯國家特列恰可夫畫廊〉、2005.1（356）丘彥明〈引領應用藝術潮流的經紀人與收藏家／席格弗瑞德．賓與「新藝術」〉、2006.1（368）洪藝真〈影響英國當代藝術發展由查理沙奇創辦的沙奇畫廊〉、2006.11（378）周東曉〈安布茲．伏拉德：現代繪畫大師背後的推手／塞尚、畢卡索首次個展的巴黎藝術經紀人〉在亞洲地區有 1995.7（242）吳明珠〈傑出的藝術商蒂提爾．英伯獲頒法國藝術爵士勛章〉、1997.1（260）史蒂帝芬．馬克奎寧斯〈東南亞藝術市場未來發展管窺／一個外國畫廊經紀商的觀點、跨地域性的藝術市場交流經驗〉、2006.8（375）韓書力〈拉薩畫廊業一瞥〉、2006.11（378）李鳳鳴〈打開宋莊．藝術啟程／第2屆中國．宋莊文化藝術節熱鬧登場〉、2014.9（472）蒂博爾．德．納吉；陳琬尹編譯〈藝術家、交易商和畫廊的誠信關係〉、2014.11（474）詹姆士．科寇倫；陳琬尹編譯〈一位洛杉磯藝術品商的觀察〉、2015.4（479）克里斯多福．愛迪生；陳琬尹編譯〈一位華盛頓藝術品商的觀察〉。

中國文物鑑賞

《藝術家》在初創的 1970 年代，便將中國文物鑑賞納入重點內容之一。1970 年代策畫的相關專輯有 1975.11（6）〈明清書畫專題〉，有屈志仁、張光賓的〈無用師與黃公望富春山居圖卷〉等文章、1976.6（13）推出宋代花鳥畫專輯、1976.8（15）〈漢代繪畫〉專輯、1978.1（32）馬年專輯：介紹〈中國古代雕塑中的馬〉、王幻〈迎接馬年談畫馬藝術〉、陳仲玉〈馬的漫談〉、劉其偉〈史前藝術與馬〉、傅稜婷〈馬的歷史〉、〈西方古代藝術中的馬〉、〈近代美術中的馬〉、〈從素描、雕塑、攝影／看馬的動態〉、〈賞心悅目的雕刻／柯爾達創作的馬〉、劉三豪〈馬年談馬事種種〉、陳小凌〈從故宮馬畫／談歷代畫馬〉。1978.9（40）羅漢專輯：〈中國古畫中的羅漢〉、宋龍飛〈細説羅漢／中國美術特有題材〉。1976.6月號（13）蘇立文《中國美術史》在雜誌開始連載、1976.8（15）刊出江兆申〈古畫真偽的鑑定〉。

在 1980 年代，陸續推出傳統繪畫理論及賞析，1980.3（58）製作水墨畫專輯：何懷碩〈媒材、特性與觀念／關於中國水墨畫的一點感想〉、談錫永〈重新認識水墨畫的傳統〉、于還素〈試論水墨畫之美／試論中國畫南北分宗〉、賀天健〈提高中國繪畫水平的我見〉、呂壽琨〈淺説用墨的方法〉、王耀庭〈試説白描〉、若士〈龔半千的水墨技法〉、羅青〈論文人水墨畫〉。1982.9（88）介紹現存最早的箋譜蘿軒變古箋譜、〈蘿軒變古箋譜小引〉、沈之愉〈關於蘿軒變古箋譜〉、〈蘿軒變古箋譜選介〉、〈跋蘿軒變古箋譜〉。1982.3（82）香港每週經濟評論〈古畫真偽鑑別／明代作品如何鑒藏〉。

1983.7（98）知名女作家郭良蕙在雜誌開專欄「郭良蕙看文物」、李葉霜、劉奇俊等人士也開始為雜誌撰文。1984.2（105）李葉霜寫〈八大山人與石濤的一些關鍵性問題〉、〈海外珍藏八大石濤展選輯／石濤野色冊葉〉。1984.3（106）劉奇俊〈與艾青談白石老人〉、〈齊白石的藝術理論〉、譚志成〈齊白石／三絕時代的總結／新藝術精神的開出〉、胡橐〈白石老人怎樣畫蝦？〉、〈齊白石畫選輯《山水篇、花鳥篇、書法篇、篆刻篇》〉、〈齊白石年譜〉。1987 年劉奇俊開始介紹一系列「中國繪畫流派」、1987.6（145）漢代畫像藝術專輯：Alexander C.Soper 文；夏雨涵譯〈漢代畫像藝術的文化性〉、〈反映漢代生活的畫像磚藝術〉。1988.1（152）清初四畫僧藝術討論專輯：平西〈「漸江、石谿、八大山人、石濤繪畫藝術」學術討論會側記〉、王季遷〈四僧畫的淵源一索〉、方聞〈朱耷之生平與藝術歷程〉、李德仁〈四僧藝術與中國畫的基本規律〉、上海博物館四僧精品展選輯、蔡星儀〈『四僧』繪畫思想綜論〉。

1990 年《藝苑掇英》與《藝術家》交換編輯、合作編選中國名畫，針對此交流合作，1990.4（179）有龔繼先的報導。5 月（180）刊出《藝苑掇英》編選中國繪畫書法名作的專輯，文章包括：龔繼先〈北宋山水三大主流畫派略述〉、穆益勤〈趙孟頫《浴馬圖》卷〉、子重〈何澄《歸莊圖》卷〉、徐潤芝〈黃公望《富春山居圖》卷〉、鄭國〈張渥《九歌圖》卷〉，以及劉忠誠的〈淺談《歸去來兮圖》〉。

1990.6（181）刊出單國霖的〈明吳門畫派藝術略談〉、穆益勤〈明代宮廷院體與浙派繪畫〉、興鈞〈孫隆和他的《花鳥草蟲圖卷〉、李遇春〈顏宗的《湖山平選圖》卷〉、黎庚〈對龔賢書《漁歌子》的管見〉、二友〈一拳打破古來今／虛谷和尚的藝術生涯〉。1990.9（184）王方宇「鑑賞故事」系列、1990.12（187）邵大箴〈賀蘭山巖畫〉等。1991 年的文章有：1991.6（193）滕固〈中國美術小史〉、豐子愷〈中國畫的特色〉、傅抱石〈中國山水畫論〉、袁同禮〈我國藝術品流落歐美之情況〉、「近代中國美術論集」出版。1991.7（194）聶崇正〈晚清畫家任預及其作品〉、1991.11（198）邵大箴〈江蘇水印木刻畫派〉。在 1991.9（196）的西藏藝術專輯中，韓書力介紹了西藏繪畫，並有札西次仁執筆的〈西藏繪畫的緣起和流變〉、余珈〈西藏畫名蹟尋訪實錄〉等。

1993.11（222）聶崇正寫〈清代詞臣畫／四王及常州派的山水花鳥〉、1994.6（229）靜波洛從杉磯報導書畫鑑定大師謝稚柳談郭熙〈早春圖〉、1994.11（234）王方宇〈八大山人驢字款鳥石牡丹圖〉、1995.8（243）推出〈海派繪畫〉專輯，文章有郭繼生的〈記北京故宮博物院「海上繪畫」特展〉、黃光男〈海上畫派畫風與影響〉、單國霖〈上海博物館的海上繪畫收藏與研究〉。1997.3（262）方振寧東京報導〈游離在光和大氣中的南宋畫家牧谿〉、1998.2（273）中國歷代書畫真偽展特別報導：楊仁愷〈中國歷代書畫真偽展〉、〈中國書畫真偽鑑別的關鍵性問題〉。2001.6（313）吉川健一〈豐子愷繪畫新探〉。

有關人物畫研究與賞析，可以閱讀聶崇正寄自北京、1992.3（202）的〈虛谷的人物肖像畫〉和1993.1（212）〈殘存的《紫光閣功臣像》〉、1993.7（218）華人德〈明清肖像畫略略論〉、張建富〈人物畫才是古今藝術表現及市場的主流／探討中國「祖宗官像畫」的價值〉、陳傳席〈清圓細勁・潤潔高曠／明代大畫家陳洪綬的人物畫〉、1995.3（238）明清繪畫研究新趨向專輯：郭繼生〈記「明清繪畫透析國際學術討論會〉、聶崇正〈清代外籍畫家與宮廷畫風之變〉、李湜〈明清閨閣畫家人物題材取向初探〉、何延喆〈從嘉道仕女畫看清後期審美心態文化觀念及畫家境遇之變〉、1997.8（267）蔣健飛〈簡筆人物畫家梁楷〉等。1996.11（258）劉奇俊從東京報導蒙古祕寶展覽、1996.12（259）報導〈宋元繪畫名品／波士頓美術館至寶東來展覽〉、2003.12（343）報導《淳化閣帖》存世最善本公開面世。

至於有關古器物之賞析，雜誌在1980.10（65）刊出宋念慈譯的〈中國古代的造形美〉，首篇介紹中國北魏及隋唐金銅佛。1993.6（217）楊伯達〈中國古玉面面觀〉、1994.2（225）楊力民〈中國瓦當藝術〉、1996.3（250）東周彩色琉璃珠、1996.5（252）劉雲輝〈周原玉器概論〉、1996.9（256）黃盛榕〈蒐集古陶瓷的祕訣〉、哈里・加納著；葉艾程、羅立華譯〈東方青花瓷器的鑑定〉、1996.11（258）哈里・加納著，葉文程、葉立華譯〈青花瓷的年號鑑定〉、1998.5（276）金申〈談河北易縣八佛窪三彩陶羅漢的時代〉、趙仲達〈開片青花瓷藝術〉、宋良璧〈德化白瓷觀音〉、1999.4（287）胡永炎〈永青文庫的佛像名品／透視中國雕刻語言〉、宋良璧〈明清德化白瓷燈、燭台、羹匙、印盒〉、1999.5（288）張婉真「法國居美美術館收藏中國陶瓷特展」策展紀要、劉靜敏「如雪・如冰・如影／法國居美美術館收藏中國陶瓷特展」展品賞析、2000.5（300）胡進祿〈元瓷的絕響／青花四系小口扁壺〉、郭良蕙在專欄寫〈寥寥可數的宋官窯〉、2002.1（320）熊傳薪介紹〈楚國的青銅藝術〉、2006.2（369）長谷部樂爾〈宋瓷細說〉、周文翰〈從海底打撈沉睡的瓷器貿易史〉、2007.2（381）朱燕翔〈鑑賞中國紋樣之美〉、2008.1（392）孫鍵〈南海沉船與宋瓷外銷〉、2008.2（393）董亮，江淩〈概述明清時代中國紋章瓷〉。2015.3（478）乾隆的收藏和藝術品味：王亞民〈「乾隆的收藏」專題序〉、張震〈漫談乾隆內府的書畫收藏〉、徐巍〈乾隆皇帝的珍寶〉、羅文華、李中路〈乾隆時期宮廷仿古佛造像〉、劉岳〈博古、師古、變古／關於乾隆時期宮廷工藝仿古風的幾個問題〉、王時偉、劉暢〈金界樓臺思訓畫，碧城鸞鶴義山詩／如詩如畫的乾隆花園〉。

敦煌

近四十年來，《藝術家》雜誌也借助許多專家的研究報導敦煌文物。1979.8（51）絲路專輯推出〈出土的漢絹，唐絹等絲路文物〉、劉其偉〈絲路的文物／中西文化交流含苞初放的一章〉、宋念慈〈絲路的今昔〉、井上靖著；陳有慧譯〈絲路的要衝：敦煌〉、北辰〈日本的絲路探險〉。1984.9（112）〈大英博物館秘藏的中國敦煌繪畫〉、〈絲路與敦煌〉、林保堯〈史坦因博士的西域探險〉、威特費德〈大英博物館藏的史坦因蒐集品〉、林保堯〈敦煌繪畫選輯〉。1986.2（129）連載法書名蹟〈柳公權的金剛般若波羅蜜經〉、1986.9（136）敦煌專輯：黎朗從香港報導〈古崖彩壁不老春／敦煌紀行〉、林保堯〈敦煌壁畫彩塑選輯〉、黎朗〈敦煌壁畫中的故事畫〉、林保堯〈饒宗頤編敦煌書法叢刊出版〉、黎朗〈敦煌文物散失記〉、海月山〈香音飄飄又飛天〉。1991.11（198）〈西域・美術・吐魯番學熱潮〉、劉奇俊〈德國探險隊調查的吐魯番西域美術〉、西域美術展圖版欣賞。1992.11（210）林保堯〈敦煌學術座談會記實／段文杰院長的〈玄奘取經圖研究〉〉、段文杰〈玄奘取經圖研究〉。1997.2（261）劉奇俊〈永遠的敦煌／敦煌研究院創立50週年展〉、段文傑〈臨摹是一門學問／敦煌壁畫臨摹記〉。1999.7（290）王竹平〈敦煌寶藏的迷思／英國考古學家斯坦因與大英博物館館藏敦煌文化〉。2005.4（359）樊錦詩〈敦煌藝術大展綜論〉、林春美〈展現胡風的唐代時裝／西域流行風對唐人時尚的影響〉、鄭德淵〈敦煌的音樂文化／呈現中國千年的音樂文化面貌〉、馬世長〈唐代的敦煌莫高窟／唐代洞窟基本形制與常見經變畫〉、吳曉芳〈新絲綢之路大展／從夢幻古代樓蘭到永恆之都西安〉。2002.10（329）刊出段文杰〈敦煌石窟藝術的研究重任／段文杰自傳第4章〉。2011.4（431）徐升潔賓州大學考古與人類學博物館展出絲路文物在考古發現的方面，重要的報導有：1992.3（202）崇凱〈秦始皇陵2號兵馬俑坑今春發掘〉、崇凱〈青銅之冠藝術明珠／秦陵出土的銅馬車〉。1994.3（226）江東、雷雲貴〈大陸考古新發現：雁北邊地重展舊顏／平朔十年考古發掘獲重大成果〉。江東〈三峽古文明初見端倪／去年三峽壩區考古獲初步成果〉。1994.4（227）谷菽〈古國千秋鑄新篇／ 1993 大陸十大考古新發現述評〉、1994.6（229）江東〈新鄭彝器家族又添新成員〉、1994.9（232）江東〈膠東春秋貴族墓發掘〉、1994.10（233）漢陵考古隊：陽陵漢代裸體陶俑、1995.2（237）江東、耿建軍〈首座漢代被誅列候墓葬面世／徐州清理漢宛朐候劉執墓〉、1995.6（241）江東〈汝州出土一批仰韶文化彩陶畫〉。1995.8（243）江東〈查海遺址發現中國最早的龍形堆塑〉、1996.1（248）江東〈舞蹈紋彩陶盆在青海宗日遺址面世〉。

1996.3（250）中國文明的軌跡專輯：介紹北京大學考古發掘成果展，李仰松、張江凱〈中國新石器時代有關課題的研究〉、權奎山〈中國古代陶瓷考古的教學和研究〉、1996.8（255）兩千年前的中國文化寶藏／新發現的南越王文物、1996.8（255）江東〈五代壁畫及雕刻藝術的又一重要發現／記河北曲陽縣五代王處直墓〉、1997.3（262）楊冠富〈龍泉青瓷新發現／龍泉出土重要明墓記〉。

1999.9（292）刊出方振寧的〈漢王朝／中國國家、都市、社會秩序的早期模式〉、〈現代長安城的發掘調查／專訪中國社會科學院考古研究所李毓芳教授〉、〈漢長安城的發掘經驗〉、1999.10（293）藍春秀〈五代吳越國王室墓葬出土／晚唐五代越窯青瓷淺議〉、2000.3（298）李建毛〈漢初長沙國與南越國陶器之比較研究〉、2003.8（339）張鵬〈內蒙古遼墓發現千年彩棺〉、2004.11（354）〈大兵馬俑展／新出土彩色文官俑百戲俑首次公開〉、〈秦始皇帝陵博物院將闢建〉、2009.4（407）王巍〈卅年考古大揭祕／ 1978 年以來中國考古學之輝煌〉。

配合〈三星堆傳奇／華夏古文明的探索．古蜀假面王國文物〉在台灣展出，1998.6（277）製作〈三星堆文化〉專輯，刊出方振寧東京報導〈鼎盛期的長江青銅文明／「三星堆．中國五千年之謎．驚異的假面王國」東京展綜述〉、方振寧〈解析三星堆文物的造形與意匠〉、方振寧〈三星堆出土文物二三事〉、朱昭明〈揭開古蜀王國的神祕面紗／三星堆博物館開館〉、1999.3（286）吳南薰〈三星堆傳奇／華夏古文明的探索．古蜀假面王國文物在台灣展出〉、胡文和〈璀璨的廣漢「三星堆文化」／古蜀國青銅器〉、方振寧〈神祕的三星堆文明及其假說〉、方振寧〈關於三星堆文物展覽的傳播報導〉等文章。

2

國際大展

《藝術家》雜誌放眼世界，對國際重大的競藝及觀摩展覽，都保持著密切的關注，同時盡一切可能將第一手資料傳遞給讀者。歷年來報導的國際大展有：威尼斯國際雙年美展、德國卡塞爾文件展、里昂雙年展、西班牙「拱」國際藝展、紐約惠特尼雙年展、聖保羅雙年國際藝展、威尼斯建築雙年展、伊斯坦堡雙年展、柏林當代藝術雙年展、梵谷世界大展、卡內基國際展、瓦倫西亞雙年展、以色列第海法國際裝置三年展、利物浦雙年展、歐洲城市之光與電子藝術節、哈瓦那雙年展、光州國際雙年展、釜山藝術雙年展、亞洲美術三年展、瀨戶內國際藝術祭、橫濱三年展、新加坡藝術雙年展、北京國際美術雙年展、上海雙年展、廣州三年展等。

除了報導全球各重要國際大展的實況，《藝術家》雜誌並刊有相關的觀察省思，例如：2007.10（389）徐升潔、張晴文〈突破主流的新觀點／下半年度全球雙年展一覽〉、2012.6（445）解剖雙年展熱現象專輯：〈國際雙年展的藝術景觀／吳金桃解析當前雙年展發展趨勢〉、〈近十年來國際雙年展的主題傾向／上海雙年展策展人邱志杰的策展筆記〉、黃建宏〈從世界到花園的繪圖術／邱志杰的能量敘事〉、〈從地圖開啟的 2012 年上海雙年展／邱志杰「重新發電地圖」中的個體與城市關係〉、崔延蕙〈不只是小寫的「d」／文件展的起源與第 13 屆文件展的（Non-）Logo〉、洪韵婷〈挑戰現實的政治藝術／第 7 屆柏林雙年展「忘記恐懼」〉、鄭元智〈緊密相鄰：一世紀的人文民族藝史記／巴黎東京宮重新開幕展「藝術的力量／巴黎藝術三年展」〉、江凌青〈播放一張名為格拉斯哥生活的唱片／格拉斯哥國際視覺藝術雙年展〉、王涵智〈當代藝術進行式的國際化在地觀點／紐約新美術館推出三年展「不受控制」〉、2012.11（450）2012 亞歐雙年展觀察：陳寬育〈2012 台北雙年展觀察〉、陳芳玲〈專訪台北雙年展策展人安森・法蘭克〉、王柏偉〈亞洲文化島鏈的連結嘗試／「藝想世界：2012 關渡雙年展」的策略性閱讀〉、黃可萱〈一睹台灣美術的多元面貌／國立台灣美術館舉辦第 3 屆台灣美術雙年展〉、錢君潔〈尋找重新發電的可能／評第 9 屆上海雙年展〉、朱煜宇〈從藝術家到策展人／專訪第 9 屆上海雙年展總策展人邱志杰：再發電〉、高森信男〈2012 光州雙年展「圓桌」／複數陰性的歷史書寫〉、江凌青〈麵包、草原與帳篷／2012 利物浦雙年展焦點作品觀察〉、〈以利物浦開展藝術城市論述／2012 利物浦雙年展的遺憾與反饋〉、〈城市之國／城市魔法的競技〉、2013.1（452）張羽芃整理，2012 雙年展、三年展以及大型藝術活動回顧等。2013.2（453）黃海鳴〈作品檔案材料與啟動器的角色／有關 2012 年台北雙年展中的台灣文化動能測量〉、2014.11（474）黃可萱〈台灣當代藝術歷史的重要逗點／2014 台灣美術雙年展〉、江凌青〈從後媒體到人類世／2014 年台北雙年展「劇烈加速度」的藝術難題〉

威尼斯國際雙年美展

1976.9（16）劉芬奇〈環境與參與／第 37 屆威尼斯國際雙年美展〉、1982.8（87）旅居義大利畫家蕭勤〈看第 40 屆威尼斯國際雙年藝展〉、〈第 40 屆威尼斯國際雙年藝展作品選輯〉。1985.2（117）陳聖頌〈記威尼斯國際雙年美展〉、1986.8（135）蕭勤〈評第 42 屆威尼斯國際雙年藝展〉、程文宗拍攝現場，雜誌並刊出第 42 屆威尼斯國際雙年藝展作品選輯。1988.8（159）蕭勤〈第 43 屆威尼斯國際雙年美展是怎麼回事？〉、1991.3（190）陳泰松翻譯法蘭克布蘭的〈被數字搞砸的藝術／90 年代威尼斯雙年展〉。

第 45 屆威尼斯雙年展相關報導連續三期：1993.6（217）孔長安〈第 45 屆威尼斯雙年展「開放展 '93」、〈不冷漠〉、吳瑪悧〈到威尼斯不要忘了帶一本藝術家〉、連德誠〈拼貼格林伯格〉、劉永仁〈邁向「'93 緊急關頭」／記李銘盛參加威尼斯雙年展前奏曲〉，以及柳悅孝〈日本參展威尼斯雙年展作品〉。1993.7（218）再推出專輯，有吳瑪悧〈威尼斯混聲大合唱／另一種展覽類型〉、〈第 45 屆威尼斯雙年展總策劃奧利瓦訪問記〉、繪畫金獅獎兩位得主、雕塑金獅獎得主、〈第45屆威尼斯國際雙年展得獎名單揭曉〉、鄭乃銘〈在威尼斯看李銘盛〉、黃寶萍〈誰是明日之星？／威尼斯雙年展觀後感〉、第45屆威尼斯國際雙年展展品、劉永仁〈「反愛滋聯線」及「奇特拉之旅」〉。

1993.8（219）吳瑪悧〈本來我們就想要激進一點／訪問威尼斯雙年展「開放展」之策劃海連娜·康托娃〉、威尼斯雙年展國家館展品、威尼斯雙年展開放展作品、黃寶萍〈紊亂的威尼斯雙年展／美國藝評家對威尼斯雙年展的褒貶〉、奧利瓦；朱嘉樺譯〈藝術的基本方位〉、李銘盛〈興奮·哀傷·感激／參加1993威尼斯國際雙年美展雜感〉。

到第46屆時，先有1994.2（225）孔長安〈展望未來1995年威尼斯雙年展／與（可能成為）來年威尼斯雙年展總策劃的半絕密談話〉、1994.4（227）孔長安〈法國人將領導下屆「文件」展和「威尼斯雙年展」〉。1995.5（240）雜誌策畫〈威尼斯雙年展快報〉：克萊爾〈威尼斯雙年展百年紀念：身分和差異〉、克萊爾〈本世紀藝術史的八個篇章／第46屆威尼斯國際雙年展展覽方案〉、劉永仁〈衝向百年倒數計時／第46屆威尼斯雙年展〉、威尼斯雙年（1895-1944）大事記。1995.6（241）劉永仁〈誰在操控威尼斯雙年展？／義大利左派介入藝文界的事實與背景、「超國度文化展」／本屆威尼斯雙年展特展之一。

1995.7（242）第46屆威尼斯雙年展專輯，藝術家雜誌派遣採訪團在威尼斯雙年展採訪、孫淑芳口譯，專文有〈本屆威尼斯雙年展策畫人讓·克萊爾專訪〉、〈主題館「身分與他性」展品選輯〉、孔長安〈讓·克萊爾的威尼斯雙年展〉、劉永仁〈達陣後的失落／看威尼斯雙年展「國家館」〉、王庭玫〈蕭勤看百年威尼斯雙年展〉、何政廣〈大獎得主評介〉、〈國家館作品介紹〉、〈第46屆威尼斯雙年展國家館（綠園城堡）地圖與各國參展藝術家〉、陸蓉之〈從發現之旅到藝術的聖殿〉、黃寶萍〈憂鬱沈靜的反論／讓·克萊爾的凝重抉擇〉、鄭乃銘〈台灣館首次進入威尼斯雙年展〉、〈茶道：多鄉音感／威尼斯雙年展日本館介紹〉、胡永芬〈「亞洲展」記實〉、〈當藝術遇到政治〉等。1995.8（243）續做第46屆威尼斯雙年展專輯：劉永仁〈以造型為傳達的見證／專訪威尼斯雙年展榮譽獎得主農吉歐〉、〈電腦藝術的未來／河口洋一郎在威尼斯一席談〉、陸蓉之〈從發現之旅，到藝術的聖殿〈下〉〉、Marizio Calvesi；侯權珍譯〈威尼斯雙年展品味之旅／前衛藝術的雙年展〉、羊文漪〈另一觀看的角度／承辦「威尼斯雙年展」台灣館問答〉。

1997年台灣館在第47屆威尼斯雙年展出現，1997.4（263）刊出楊佩玲〈威尼斯雙年展臺灣館風貌〉、1997.5（264）劉俐〈威尼斯雙年展日本館概念〉及〈日本館策畫人南條史生專訪〉、1997.5（264）羊文漪〈「裂合與聚生」：三位台灣藝術家參加第47屆威尼斯國際美術雙年展〉、1997.6（265）劉永仁〈三分之一世紀的過去、現今、未來／第47屆威尼斯雙年展訊息〉、1997.7（266）推出第47屆雙年展專輯：高千惠〈威尼斯報導至窮之後的無窮／塞倫特30年的「貧窮藝術」之擴張〉、威尼斯雙年展提供；許玉鈴譯〈第47屆威尼斯雙年展策畫人／傑瑪諾·塞倫特訪談錄〉、劉永仁〈得獎名單揭曉〉、〈首度頒當代藝術貢獻金獅獎／馬丁與維度瓦獲得殊榮〉、劉永仁〈正逆向潮騷之渦旋／記威尼斯雙年展「國家館」〉、乃藩〈生鮮活力的觀景窗／記臺灣主題館「面·目·全·非」〉、〈「台灣·台灣／面目全非」／威尼斯雙年展臺灣館〉、黃寶萍〈裂合與聚生／三位藝術家展〉、高千惠〈摩西的神杖失去方向／觀讀47屆威尼斯雙年展的主題展演〉、〈哈囉！休斯頓／威尼斯VS.休斯頓實況很達達〉。1997.9（268）黃海鳴〈「威尼斯雙年展」所激發的思考〉、高千惠〈文化度量衡·藝術鬆緊帶／比較威尼斯雙年展亞洲三館的策展方向〉。

1999.4（287）關於第48屆內文有〈台灣館策展綜述〉、1999.5（288）羊文漪〈現成品是當代藝術的語言遊戲／法國館代表藝術家黃永砯專訪〉、江淑玲〈大未來贊助「殖民史與平行觀」展進軍威尼斯雙年展〉、1999.6（289）王玉齡〈第48屆威尼斯雙年展快報〉、〈第48屆威尼斯雙年展主席貝哈塔和策展人史澤曼專訪〉、高千惠〈永遠的藝術新新黨／史澤曼卅年彌新的展覽觀念〉、高千惠譯〈自由策展人的世界／史澤曼訪談〉、王玉齡〈法國館代表藝術家與策展人專訪〉、1999.7（290）48屆威尼斯雙年展專輯：王玉齡〈世紀末的威尼斯雙年大展〉、高千惠〈國音蕩蕩·錢塘泱泱／從國家館之文化觀，看台灣館味與國際交流〉、王玉齡〈威尼斯大獎花落誰家〉、高千惠〈給她一針胎盤素／看威尼斯雙年展的國際展演／全然開放〉、〈龍在威尼斯／當代華人藝術在威尼斯的顯象與比較〉、王玉齡〈主題館的中國藝術家〉、高千惠〈國際藝術嘉年華會的金絲銀線／從企業的贊助與投資看文化跨國的民間力量〉、王玉齡〈專業人士講評雙年展〉、1999.11（294）高千惠〈威尼斯雙年展的「洋婆偽華」事件／與美國的中國當代藝術學者林似竹談威尼斯的Ying Bo之作〉。

2001年7月第49屆威尼斯雙年展舉行前的暖身報導有2001.4（311）高千惠〈威尼斯的美國觀點與品味／與2001威尼斯雙年展美國館策展人詹姆士·朗杜對話〉、〈人的精神工坊／有關威尼斯雙年展台灣館主題「活性因子」的文本概念與視覺展現〉、2001.5（312）高千惠〈向莎士比亞與波依斯致敬／新世紀威尼斯雙年展「人類的舞台」的主題與其年代意識〉、雙年展大會邀展藝術家名單公布、2001.6（313）香港「連結的關照」引航威尼斯／張頌仁策畫威尼斯雙年展香港館。開展之後，2001.7（314）推出專輯：陸蓉之〈哈洛．史澤曼：一位歷史性的人物，在關鍵年代的舞台上／專訪威尼斯雙年展策展人史澤曼〉、〈德國館獲最佳國家館金獅獎／大獎結果揭曉〉、〈聲音 VS. 身體／專訪特別獎得獎人卡迪芙及米勒〉、高千惠〈愚人船上岸／人類新舞台上的機制禮儀與自由人事之角力〉、〈誰在詮釋誰？／嘆息橋畔亞洲三館的當代文化詮釋選擇〉、陸蓉之〈國家館的紙上導遊／在位移與顯微之間〉、〈澳洲館經驗借鏡台灣參展威尼斯／專訪澳洲館館長里昂．帕羅西安〉、高千惠〈反製造中的非常製造／從 2001 年歐陸大展看當代藝術總體性的美學承傳問題〉、2001.8（315）第 49 屆威尼斯雙年展威尼斯雙年展陸蓉之〈國家館的紙上導遊〉、高千惠〈不倫桂冠的新拋物線／從藝聞事件看當代華人藝術裡的社會現實主義之旁落〉、樊婉貞〈威尼斯雙年展的亞洲經驗／從香港觀點比較台灣、香港與新加坡〉。

2003 年第 50 屆的相關報導有：2003.3（334）張晴文〈跌入烏托邦與現實交界的不明邊境／專訪林書民談第 50 屆威尼斯雙年展台灣館「心感地帶」〉、林書民〈心感地帶〉、2003.6（337）高千惠〈第 XX 世紀的終結／第 50 屆威尼斯雙年展理念的夢想與衝突〉、〈第 50 屆威尼斯雙年展的理念與結構〉、第 50 屆威尼斯雙年展參展國家及十個主題館藝術家名單、張晴文〈威尼斯雙年展中國館取消展出／訪中國館策展人之一范迪安〉、2003.7（338）第 50 屆威尼斯雙年展專輯：高千惠〈第 50 屆威尼斯雙年展的得獎名單與評審方向〉、〈2003 年愛琴海上烏托邦聯的夢遊者、〈有關威尼斯雙年展藝術家與國家館的互動與衝突〉、崔延蕙〈威尼斯邪？雙年展乎／第 50 屆威尼斯雙年展參觀記〉、高千惠〈不同的達爾文觀點／亞洲館群的藝種演變〉、黃舒屏〈夜半鐘聲到客船／記 2003 威尼斯雙年展台灣館〉、〈與陌生人共枕，在飄著蒜味與鐘聲的失格城市／台北市立美術館台灣館「心感地帶」威尼斯記事〉、高千惠〈館界如國界／有關採訪與被採訪的護照問題〉、〈非奇觀．非忘想／威尼斯雙年展的外圍演出〉、〈絕對品牌 VS. 絕對世代／「ABSOLT VODKA」威尼斯雙年展唯一參展企業〉、2003.8（339）陸蓉之〈從尋夢，到出軌／第 50 屆威尼斯雙年展國家館導覽〉、高千惠〈非獨立美學／第 50 屆威尼斯雙年展新影錄影作品的老美學〉、崔延蕙〈靈光是否再現？／從村上隆到安迪．沃荷〉、高千惠〈大眾思想與城市文化當家／ 2003 年南歐國際大展的同步與異質呈現〉、彭弘智〈原來你也是藝術家？／第 50 屆威尼斯雙年展觀察報告〉、2003.9（340）范迪安〈造境／第 50 屆威尼斯雙年展中國館在廣東美術館〉、王璜生〈從威尼斯到廣州的移動〉。

2004.9（352）披露第 51 屆策展人名單與策略；2005.6（361）有進一步訊息和訪談：朱燕翔〈第 51 屆威尼斯雙年展三展國家及主題館藝術家名單〉、王嘉驥〈自由的幻象／第 51 屆威尼斯雙年展台灣館〉、張晴文〈處女花園：浮現／專訪范迪安談第 51 屆威尼斯雙年展中國館〉、黃寶萍〈一個 local 的藝術家／陳界仁的十年經驗〉、林惺嶽〈「台灣獎」前進威尼斯〉、台北市立美術館〈以「當代」為名／威尼斯雙年展台灣參展回顧 1995-2003〉。2005.7（362）現場報導〈第 51 屆威尼斯雙年展得獎紀錄〉、黃淑媚〈芭芭拉．克魯格榮獲威尼斯雙年展終身成就金獅獎〉、黃寶萍〈從驚爆的「！」到詩意的「…」／第 51 屆威尼斯雙年展主題館「藝術經驗」〉、呂佩怡迴避與折衝／閱讀軍火庫「行道無涯」〉、張晴文〈關於分享和逃脫的想像／第 51 屆威尼斯雙年展國家館簡評〉、張晴文〈第 51 屆威尼斯雙年展國家館綜覽〉、〈震動威尼斯的低音／台灣館「自由的幻象」在埔里其歐泥工展出〉、樊婉貞〈從藝術甜品到概念與情感的展現／亞洲諸館：中國館、台灣館、香港館、新加坡館、泰國館〉、張晴文〈第 51 屆威尼斯雙年展的展外展〉、〈從福爾摩沙看威尼斯／赫島社「台灣獎」頒予阿富汗藝術家哈星．瓦歷沙達與麗達．阿布多〉、何拾弱水基金、無願讀書會，贊助「台灣獎」、王雅玲整理〈向威尼斯出發／赫島社「台灣獎」行前會〉、2005.8（363）唐居易〈2005 年威尼斯雙年展藝術觀察行記／一位旅台美國女性藝評家的藝術觀感〉、陸蓉之〈繪畫性、藝術性是最重要的考量／專訪第 51 屆威尼斯雙年展總策展人瑪利亞．德．柯芮爾〉、方振寧〈哪種聲音最強烈？／第 51 屆威尼斯雙年展〉、〈呂佩怡，張晴文人性與科技的交錯關注／第 51 屆威尼斯雙年展國家館選介〉、樊婉貞〈亞洲參與威尼斯雙年展的行政機制探討〉、陳靜昕〈好展覽比有香港特色重要／專訪第 51 屆威尼斯雙年展香港館策展人馮美瑩〉。

2007.2（381）林宏璋策畫第 52 屆威尼斯雙年展台灣館「非域之境」、2007.4（383）高千惠尋找「具面貌」者／第 52 屆威尼斯雙年展的國家館新默契、2007.6（385）虛空中的能量／李真參加第 52 屆威尼斯雙年展會外展、魏道培〈有感的思考．有覺的感悟．現在時態中的藝術／第 52 屆威尼斯雙年展隆眾展開〉、周佩璇〈第 52 屆威尼斯雙年展參展國家〉、〈主題館藝術家及會外展名單〉、高千惠〈知識論＋感覺論＋經驗論＝藝術來電／閱讀 2007 年威尼斯雙年展的藝術宣告有感〉、林宏璋〈非域之境／第 52 屆威尼斯雙年展台灣館策展論述〉、2007.7（386）第 52 屆威尼斯雙年展專輯：李鳳鳴〈透過鏡頭關照生命的藝術成就／馬力克．西迪貝榮獲威尼斯雙年展終生成就金獅獎〉、高千惠〈後設與衍生的形感疆域〉、〈大江回頭，八家展風流〉、〈眾裡尋她／非第二性的精神圖式〉、李鳳鳴〈第 52 屆威尼斯雙年展國家館總述〉、〈威尼斯的非域之境／

第 52 屆威尼斯雙年展台灣館〉、〈第 52 屆威尼斯雙年展國家館綜覽〉、〈水道巷弄間的藝術驚喜〉。

2007.8（387）方振寧〈誰被未來所期待？/ 第 52 屆威尼斯雙年展報導〉、黃金福〈當影像成為文件 / 從第 52 屆威尼斯雙年展看攝影美學的紀錄文件化〉、樊婉貞〈藝術的泥沼 / 概論第 52 屆威尼斯雙年展亞洲諸館〉、〈策展 VS. 策展論述 / 台灣館〉、曾崢〈侯瀚如：用藝術表達一種女性化的聲音 / 專訪第 52 屆威尼斯雙年展中國館策展人〉、樊婉貞〈藝術，本是一種小眾 / 中國館〉、李樂〈論第 52 屆威尼斯雙年台灣館與中國館、樊婉貞〈參與，只是一種態度 / 澳門館〉、〈策展，只是一種策略 / 香港館〉。

2009.2（405）阿拉伯聯合大公國成立威尼斯雙年展國家館、2009.3（406）徐升潔第 53 屆威尼斯雙年展「製造世界」、2009.4（407）陳書俞〈小野洋子、巴爾代薩里獲頒威尼斯雙年展終生成就金獅獎〉、〈「第 53 屆威尼斯雙年展」主題暨參展藝術家公佈〉、2009.6（409）徐升潔〈以藝術「製造世界」/ 第 53 屆威尼斯雙年展 6 月開幕〉、〈年輕的策展人，更新的展場〉、張晴文〈國家館主題選介〉、張芳薇〈外交：視人如己，從內部展開的外交〉、陳書俞〈「外交」參展藝術家作品綜論 / 台灣館參展藝術家謝英俊、陳界仁、張乾琦、余政達〉、黃怡珮〈婆娑之廟 / 台灣製造 / 楊茂林參展第 53 屆威尼斯雙年展〉、2009.7（410）陳書俞〈美國館獲得本屆國家金獅獎〉、〈第 53 屆威尼斯雙年展獲獎名單〉、許瀞月〈觀念藝術的偶遇，在威尼斯的浪潮 / 威尼斯雙年展終生成就獎得主小野洋子、巴爾代薩里、原敏之〉，吳曉芳〈對於世界的憧憬 / 第 53 屆威尼斯雙年展「製造世界」〉、陳書俞〈台灣館「外交」在普里奇歐尼宮展出〉、陳書俞〈楊茂林個展「婆娑之廟 / 台灣製造」在聖喬凡尼和保羅教堂展出〉、吳曉芳〈國家館主題選介之一〉、陳書俞〈國家館主題選介之二〉、胡永芬〈華文世界國家館總覽〉、〈爭議或者歧義 / 第 53 屆威尼斯雙年展華文世界展覽評析〉、陳書俞〈大家一起來「製造世界」/ 第 53 屆威尼斯雙年展周邊花絮〉。

2011.2（429）張羽芃〈海盜免進攻威尼斯雙年展〉、2011.3（430）謝春德〈前進威尼斯雙年展〉、2011.4（431）張羽芃編譯〈第 54 屆威尼斯雙年展快報 / 主題：「啟迪之光」/ 總策展人：畢絲．克芮格〉。〈台灣社會聲音圖景 / 第 54 屆威尼斯雙年展台灣館〉，莊偉慈〈專訪第 54 屆威尼斯雙年展台灣館策展人鄭慧華〉、2011.5（432）威尼斯雙年展：畢絲．克芮格；張羽芃編譯〈啟迪之光 ILLMInations / 第 54 屆威尼斯雙年展總策展人策展〉，張羽芃整理〈第 54 屆威尼斯雙年展首次參展國家〉、張羽芃整理〈第 54 屆威尼斯雙年展主題館入選藝術家全覽〉，陳芳玲〈威尼斯雙年展綠園城堡國家館參展名單〉。

2011.6（433）張羽芃編譯〈2011 威尼斯雙年展艾蓮．史特迪芬茲、法蘭茲．衛斯特 / 榮獲今年威尼斯雙年展終身成就獎〉、張晴文編譯〈威尼斯雙年展公布丁托列托三幅展品〉、陳芳玲〈彌漫 / 第 54 屆威尼斯雙年展中國館主題〉、〈來自兩岸的威尼斯雙年展平行展〉、2011.7（434）第 54 屆威尼斯雙年展：張晴文〈德國館獲國家館金獅獎 / 第 54 屆威尼斯雙年展開幕暨頒獎典禮〉、王柏偉〈太陽與閃電 / 2011 威尼斯雙年展主題館觀察〉、胡永芬〈去殿堂、反崇高，關於藝術的論證 / 主題展「啟迪之光」在軍火庫的另一種鋪陳〉、張晴文〈台灣館「聽見，以及那些未被聽見的聲音 / 台灣社會聲音圖景」〉、許瀞月〈當代藝術及其實驗光譜的邊緣 / 第 54 屆威尼斯雙年展短評〉、樊婉貞〈回歸藝術才是國家外交的軟實力 / 評中國館、香港館及新加坡館〉、李依依〈歐美國家館綜覽 I / 義大利、瑞士、俄國、英國、法國、奧地利、捷克和斯洛伐克共和國、德國〉、吳垠慧〈歐美國家館綜覽 II / 丹麥、加拿大、澳洲〉、張晴文〈歐美國家館綜覽 III / 美國、波蘭、西班牙、日本、韓國、北歐、匈牙利、荷蘭、比利時、沙烏地阿拉伯王國、葡萄牙、土耳其、蒙特內哥羅〉、〈視覺萬花筒 VS. 幽微的原慾 /「未來通行證」與「春德的盛宴」在威尼斯演出〉、〈屬於你的世界 / 葛拉西宮展出皮諾收藏、〈裡裡外外威尼斯雙年展〉、2011.8（435）伯納比．卓瑞柏；張羽芃編譯〈在威尼斯我們的對象是「藝術」/ 第 54 屆威尼斯雙年展總策展人畢絲．克芮格訪談錄〉。

2012.11（450）鄭安齊〈艾未未代表德國參加 2013 威尼斯雙年展〉、2013.1（452）莊偉慈〈威尼斯雙年展台灣館參展爭議事件始末〉、2013.3（454）張羽芃〈第 55 屆威尼斯雙年展總策展人吉奧尼〉、2013.5（456）威尼斯雙年展預報：馬西米利亞諾．吉奧尼；吳礽喻編譯〈第 55 屆威尼斯雙年展主題展論述 /「百科殿堂」探索藝術的想像力〉、張羽芃、陳芳玲、游千慧整理〈第 55 屆威尼斯雙年展主題館入選藝術家全覽。張羽芃、游千慧整理編譯〈威尼斯雙年展綠園城堡與軍火庫國家館參展名單〉、2013.6（457）威尼斯雙年展預報：陳芳玲編譯〈瑪利亞．拉斯尼克、瑪利莎．梅茨 / 榮獲第 55 屆威尼斯雙年展終身成就獎〉、陳芳玲〈這不是一座台灣館 / 專訪第 55 屆威尼斯雙年展台灣館策展人呂岱如〉、詹宏靜〈為「變位」備戰著 / 專訪第 55 屆威尼斯雙年展中國館策展人王春辰〉、許玉鈴整理〈平行展之「中國熱」/ 中國逾兩百位參展藝術家齊步踏上威尼斯之路〉、2013.7（458）第 55 屆威尼斯雙年展：莊偉慈〈安哥拉獲頒國家館金獅獎 / 第 55 屆威尼斯雙年展得獎名單揭曉〉、〈由陌生人鏡映台灣主體 /「這不是一座台灣館」於普里奇歐尼宮開幕〉、周郁齡〈全景幻視 / 第 55 屆威尼斯雙年展主題展「百科殿堂」、周郁齡〈跨越人／偶界線／辛蒂·雪曼為「百科殿堂」策畫展中展、國家館綜覽〉。

2014.1（464）張羽芃〈恩威佐兒擔任第56屆威尼斯雙年展總策展人〉。

德國卡塞爾文件展

1987.7（146）吳瑪悧〈藝術的奧林匹克／文件展神話？〉、吳瑪悧，李銘盛〈文件展現場傳真報導〉、1987.8（147）吳瑪悧〈全民共享的藝術盛會／卡塞爾第8屆文件展〉、1987.9（148）文件展不但是大規模的國際大展，也是當代藝術的集合場所，反映新思想與新趨勢或新意見的理論會合場。德國卡塞爾第8屆文件展，《藝術家》快速刊出三期第一手採訪報導。1987.9（148）刊出策展人史內肯伯格訪問錄，使讀者對該展有更深入了解。吳瑪悧文、李銘盛攝影，德國敏斯特戶外雕塑展〈公眾空間的藝術〉。

1989.11（174）吳瑪悧〈訪問1992第9屆文件展策劃揚·荷特〉、1990.11（186）陸蓉之〈1992德國文件展將是一場有機性的文件大展〉、1992.4（203）吳瑪悧〈第9屆文件展將在6月13日開幕〉、崔延蕙〈今年的文件展耗資最多〉、崔延蕙〈至高無上的藝術能將世間的冷淡打破／第9屆文件大展召集人揚·荷特專訪〉、1992.7（206）第9屆文件大展專輯：吳瑪悧〈從身體到身體與身體／第9屆文件大展開幕了〉、〈第9屆文件大展現場筆記〉、1992.9（208）崔延蕙〈第9屆文件展將打破所有的紀錄〉。

1996.9（256）崔延蕙〈理性的顛覆·顛覆的理性／為第10屆文件展熱身〉、楊煉〈「文件展文件」第一冊開場文章／因為奧德修斯，海才開始漂流〉、1997.2（261）第10屆文件展快訊／包容從臨界藝術最激進的當代文化表現、1997.5（264）文件大展回顧、1997.6（265）修茲·漢塞；陳盈瑛譯〈第10屆文件展策畫人／卡特琳娜·大衛專訪〉、1997.7（266）文件大展網路新聞〈回溯的透視／第10屆文件大展縱覽現今藝術和視覺文化〉、崔延蕙卡塞爾報導〈文件大展變了嗎？／織進一場文化事件〉、1997.8（267）第10屆文件大展專輯：高千惠〈知性獨霸的新烏托邦／卡特琳娜·大衛的創世紀藝術版圖〉、黃寶萍〈適合且必須深度閱讀的第10屆文件大展〉、崔延蕙〈大衛真正的敵人／第10屆文件大展開幕記者會實況〉、哈巴訪問卡特琳娜·大衛女士；吳瑪悧譯〈並非名單，而是作品才算數／透視第10屆文件大展的思考架構〉、1997.9（268）第10屆文件大展下篇：崔延蕙〈延異的卡塞爾，後現代裡的烏托邦〉、陸蓉之〈女王的新衣穿出／西方文化霸權絕地大反攻的怕錯〉。

2002.7（326）第11屆文件大展：崔延惠〈第11屆文件大展參展藝術家名單〉、高千惠〈知識的生產力與爆破力／觀讀第11屆文件大展釋義的新前衛〉、〈藝術紅軍要長征／中國工農紅軍第一方面藝術軍開拔〉、陸蓉之〈影像就是媒材／從卡塞爾到巴塞爾看影像的詮釋與當代藝術的時代性〉、崔延蕙〈冰棒都走了味／第11屆文件大展第五論壇〉、高千惠〈卡塞爾的後衛景觀／童話之鄉的後現代後花園〉、〈如果西方不存在／第11屆文件大展的全球化與現代性之再申論〉、〈格鬥戰士與陌生天堂／參與第11屆文件大展的中國藝術家馮夢波與楊福東作品〉、第11屆文件大展專輯，高千惠、崔延惠、陸蓉之德卡塞爾現場，強調後殖民主義的文化情境問題，去區域化或去疆域化。2002.8（327）高千惠〈去英雄神話年代的前衛藝術所在／關於第11屆文件展的多義性觀看界面〉、〈國際大展的新中國藝術路線／有關中國新生代藝術家的現代性表現方向〉、陸蓉之〈影像就是媒材／從卡塞爾到巴塞爾看影像的詮釋與當代藝術的時代性（下）〉。

2007.4（383）方振寧〈波依斯以來最大的社會雕塑〈童話〉／中國藝術家艾未未參展第12屆卡塞爾文件展〉、2007.4（383）高千惠〈從好萊塢到卡塞爾／2007年文件展的百日黑箱計畫〉、2007.6（385）崔延蕙〈第12屆文件大展的六件展覽建築〉、2007.7（386）徐升潔〈讓藝術與觀眾直接對話／第12屆文件大展開幕〉、2007.8（387）崔延蕙〈第12屆文件大展現場綜覽〉、崔延蕙〈「八國以外」的高峰會議／第12屆文件大展記者會〉、〈是國旗還是畫？／解讀形式的移民〉、〈都是老虎狗的錯／形式移民的策展缺失〉、高千惠〈奪回證據／屬於引證與寓言的第12屆文件大展〉、2007.9（388）張晴文〈天真之眼／第12屆文件大展的幾則繪畫觀看〉、呂佩怡〈文件大展與「無形式」、方振寧文件大展如此神話〉。

2012.4（443）第13屆文件大展6月9日開幕、2012.5（444）第13屆文件展：崔延蕙〈第13屆文件展策展人卡洛琳·克里斯多夫／芭卡吉芙出任〉、崔延蕙〈查科、塔科、達兒西／21世紀展覽的新格局？／第13屆文件展快報〉、張羽芃、吳礽喻編譯〈一百本筆記，一百種想法／第13屆文件展展前出版計畫〉、2012.7（446）第13屆文件展專輯：崔延蕙〈「不舒服、未完成、有稜有角的」？／第13屆文件展與策展人克里斯多夫／芭卡吉芙速寫〉、張晴文〈第13屆文件展現場〉、胡永芬〈從廢棄的碎片中再生鮮活優雅的文化／西斯特·蓋茨在卡塞爾、綠色〉、許玉鈴〈歷史及未來／第13屆卡塞爾文件展關注的特定立場〉、江凱群〈緊繫現代生活的藝術／第13屆文件展的視野〉、吳礽喻編譯〈「每當藝術家來到卡塞爾，他們就不想離開了。」／文件展策展人克里斯多夫／芭卡吉芙訪談錄〉、吳礽喻編譯〈文件展的歷史及魅力／觸角遍及全球的第13屆文件展〉、張羽芃、吳礽喻編譯〈一百本筆記，一百種想法／「第 13 屆文件展出版計畫」續篇〉、2012.8（447）第 13 屆文件展特別報導：高千惠〈何謂物質、何謂時間、何謂藝術？／對第 13 屆文件展作品選件的論證與思考〉、江凌青〈在一個戀人眼中的世界．重回讓我們傾向現實的書寫／一種觀察卡塞爾文件展的角度〉、許瀞月〈直觀、野性與無限可能的卡爾斯谷地／第 13 屆文件展觀察、莊偉慈〈藝術如何回應世界？／第 13 屆文件展作品選介〉。

2013.1（452）張羽芃編譯〈「全球藝術權力榜」名單公布／文件展策展人克里斯多夫／芭卡吉芙獲榜首〉、2014.1（464）張羽芃〈亞當．修姆紀克擔任 2017 年文件大展總策展人〉。

里昂雙年展

1996.2（249）第 3 屆里昂當代藝術雙年展：王俊傑〈空中再會？／論第 3 屆法國里昂當代藝術雙年展中的前衛與歧異〉、王俊傑、劉永皓採訪、劉永皓整理〈專訪里昂雙年展策畫喬治．瑞〉、劉永皓〈晚安電影，日安滑鼠／記里昂雙年展中對電影的多重注視〉、1997.9（268）廖瓊芳〈另類的展演／第 4 屆里昂當代藝術雙年展〉、劉安琪〈一致之外的其他／第 4 屆里昂當代藝術雙年展〉、余小蕙〈「獨立策畫人」史澤曼／記本屆里昂雙年展策畫人〉

2000.5（300）廖瓊芳〈第 5 屆里昂雙年展於巴黎東京宮召開記者會〉、〈第 5 屆里昂雙年展受邀藝術家名單揭曉〉、2000.8（303）第 5 屆里昂雙年展：廖瓊芳〈分享異國情調／第 5 屆里昂當代藝術雙年展〉、游童〈里昂的熱帶憂鬱／記第 5 屆里昂雙年展〉、廖瓊芳整理〈讓／于貝．馬當／第 5 屆里昂雙年展策展人〉、〈蒂埃里．拉斯帕伊訪談／第 5 屆里昂雙年展藝術指導〉、廖瓊芳〈蒂埃里．普拉訪談／第 5 屆里昂雙年展藝術指導〉、劉安琪〈梅丁衍、陳界仁訪談錄／第 5 屆里昂雙年展台灣參展藝術家〉。

2001.8（315）第 6 屆里昂雙年展，企圖超越極限，擴大主題，邀七位 30、40 歲策展人，從攝影電影表演藝術音樂文學策劃標題「默契」connivence。主題是「外在的」模糊其界限。廖瓊芳、游童、劉安琪專訪藝術指導和部分策展人。不同之藝術表現形式產生混和和交流，混生交雜的多元藝術形式。每台電玩都是裝置藝術作品。

2001.8（315）默契 CONNIVENCE：2001 里昂雙年展，2003 里昂雙年展序幕：廖瓊芳〈第 6 屆里昂當代藝術雙年展〉、廖瓊芳、游童、劉安琪採訪；廖瓊芳整理〈里昂雙年展藝術指導拉斯帕伊訪談錄〉、廖瓊芳、游童、劉安琪採訪，廖瓊芳整理〈混生交雜的多元藝術形式／專訪里昂雙年展藝術指導蒂埃里．普拉暨電影策展人讓／馬克．夏布里〉、游童〈電影與電玩／失憶身分與數位遊戲〉、游童〈玩出智慧／訪問蘿倫斯．德雷佛斯〉、廖瓊芳〈里昂雙年展的三個展覽現場〉、劉安琪〈2003 年里昂雙年展序幕〉、2005.11（366）劉永皓〈時間、經驗與藝術／記第 8 屆里昂雙年展〉、金文潔〈凝視當下的真實／尚斯與包瑞歐聯手策展第 8 屆里昂雙年展〉、2009.9（412）廖瓊芳〈日常生活的景觀／第 10 屆里昂雙年展〉、2009.11（414）廖瓊芳〈「日常生活的景觀」展現希望樂觀／第 10 屆里昂當代藝術雙年展現場綜覽〉、廖瓊芳〈提供思考我們存在的所作所為的場域／專訪第 10 屆里昂雙年展策展人侯瀚如〉、〈抽象河流上的「流動花園」／第 10 屆里昂雙年展參展藝術家李明維創作對話〉、〈將生活中的凡物化為神奇／第 10 屆里昂雙年展參展藝術家林明弘創作對話〉、2011.7（434）史惟筑〈第 11 屆里昂雙年展〉、2011.11（438）史惟筑〈渾沌不清的「可怖之美」／第 11 屆里昂雙年展〉、2013.10（461）廖瓊芳〈第 12 屆里昂雙年展主題速報〉、2013.11（462）史惟筑〈第 12 屆里昂雙年展「就在這個時候？？突然間，後來」〉、廖瓊芳〈「敘述」做為進入視覺世界的楔子／專訪第 12 屆里昂雙年展國際展策展人昆納．克瓦漢〉、〈導覽里昂雙年展國際展區—舊糖廠〉、里昂當代美術館、布魯奇昂基金會、發電廠、聖居斯教堂、廖瓊芳〈70 多個藝術品的接待家庭／在里昂市外圍小鎮創造景觀〉、〈「迴響」至隆河—阿爾卑斯省／里昂雙年展外圍展覽焦點〉。

西班牙「拱」國際藝展

1986.5（132）朱麗麗〈西班牙「拱」86 國際藝展開幕〉、1992.4（203）陳建北〈第 11 屆拱之大展、1993.4（215）第 12 屆西班牙拱之大展走向精兵政策、1994.4（227）陳建北〈第 13 屆西班牙拱之大展〉、1995.4（239）陳建北〈第 14 屆西班牙拱之大展〉、1996.4 月（251）陳建北〈第 15 屆西班牙拱之大展〉、Rafael Sierra 專訪：陳建北譯〈當代藝術的窗口／專訪拱之展策畫羅絲娜〉、1998.4（275）周芳蓮西班牙報導〈第 17 屆西班牙拱之大展〉。1999.4（287）第 18 屆拱之大展：周芳蓮〈第 18 屆拱之大展〉、〈拱之大展負責人羅西娜訪談〉、巫義堅〈世紀末的拱之大展〉。2000.3（298）巫義堅〈拱之大展 2000 ／觀念性與物體的視覺藝術集結〉。

2000.4（299）周芳蓮〈第 19 屆拱之大展〉、周芳蓮〈「拱」之大展現場面面觀〉、巫義堅〈焦慮的千禧年／拱之大展 2000 的觀想〉、2000.7（302）西班牙通訊：2001 年拱之大展 20 週年慶、2001.4（311）周芳蓮〈ARCO「拱之大展」廿週年〉、2003.4（335）周芳蓮〈第22屆拱之大展〉、2004.4（347）周芳蓮〈2004「拱」之大展〉、2006.4（371）周芳蓮〈第25屆拱之大展〉、2007.4（383）周芳蓮〈第26屆拱之大展非常亞洲〉，周政偉、盧昉〈從2007拱之大展看當代具象藝術的韓國風〉、2008.4（395）第27屆拱之大展煥然一新，周芳蓮〈充滿濃厚巴西味的馬德里／巴西為第27屆拱之大展榮譽邀請國〉、2012.4（443）拱之大展：周芳蓮〈第31屆拱之大展／西班牙王儲菲利普揭幕，157家畫廊參展〉、〈拱之大展對當代藝術市場樂觀／今年交易熱絡，紙上繪畫作品明顯增多〉、〈一邊享受美食，一邊購買藝術品／ARCO基金會收藏並推動當代藝術又一新創舉〉、〈焦點荷蘭，促進荷蘭藝術收藏、策展和藝評發展／德利安基金會與駐西班牙荷蘭大使館合作籌畫〉、〈「單一物體」區的巨大藝術品／十二件裝置〉、〈雕塑以及特殊體積的作品佔據博覽會館廣場〉、〈獨秀計畫／拉丁美洲／ARCO給拉丁美洲新興藝術的開放空間〉。

紐約惠特尼雙年展

1989.7（170）陸蓉之〈評析1989年紐約惠特尼雙年展〉、1991.6（193）陸蓉之〈1991紐約惠特尼雙年展〉、1993.2（213）陸蓉之〈1993惠特尼雙年展〉、1993.4（215）陸蓉之〈「別人」的雙年展／1993年紐約惠特尼雙年展〉

1993.5（216）陸蓉之〈藝術裡的政治正確性／1993年紐約惠特尼雙年展〉、1993.8（219）王受之〈惠特尼雙年展的困惑〉、1995.5（240）黃麗絹〈「隱喻」／1995年惠特尼雙年展〉、張金催〈總析美國惠特尼雙年展今昔〉、2004.4（347）周東曉〈2004年惠特尼雙年展盛大揭幕〉、2006.5（372）鄭意萱〈如夜之畫／惠特尼雙年展的畫夜交會〉、2008.6（397）鄭意萱〈陷入時差裡的美國人／2008年紐約惠特尼雙年展〉、2010.1（416）2010惠特尼雙年展、2012.3（442）張羽芃編譯〈惠特尼雙年展3月1日開展〉、2014.5（468）徐升潔〈2014惠特尼雙年展〉。

聖保羅雙年國際藝展

1990.2（177）林聖揚〈（巴西）〈聖保羅雙年國際藝展40年〉、1992.2（201）林聖揚〈聖保羅國際雙年藝展〉、1994.6（229）林聖揚〈第22屆聖保羅國際雙年藝展10月舉行／本屆有中國現代畫家參展〉、1995.4（239）林聖揚〈鄧貴珠、王美蓮攝影第22屆聖保羅國際雙年展〉、2002.5（324）黃才郎〈參展與觀展／第25屆巴西聖保羅雙年展現場手記〉、2012.11（450）〈藝術的詩學／第30屆聖保羅雙年展〉、2014.11（474）賴思儒〈如何……？不存在的事物／第31屆聖保羅雙年展現場目擊〉。

威尼斯建築雙年展

2000.7（303）第7屆威尼斯國際建築雙年展：方振寧〈21世紀e建築的先聲／來自第7屆威尼斯國際建築雙年展的報告〉、張基義〈世紀末威尼斯建築雙年展〉、方振寧〈激變的超前建築形態／解析威尼斯國際建築雙年展精華組〉、2000.7（302）方振寧〈「竹北城市」計畫／專訪威尼斯國際建築雙年展中國代表新生代建築家張永和〉、2002.10（329）方振寧〈專訪威尼斯建築雙年展特別獎得主張欣談「建築師走廊」〉、〈亞洲及當代中國建築論〉、〈廣島／超越悲憤和憎恨的和平之地〉、〈連結記憶的深淵／丹尼爾．李賓斯金德廣島個展〉、〈面向全人類的強烈訊息／丹尼爾．李賓斯金德和柏林猶太博物館〉、〈嚴島神社／讓海潮和心潮互動〉、2002.10（329）王玉齡〈第8屆威尼斯建築雙年展．國際名建築師爭輝〉、2002.11（330）方振寧〈未來10年建築趨勢／第8屆威尼斯建築雙年展〉、〈西薩與中國建築／第8屆威尼斯建築雙年展上訪西薩〉、〈中國不是建築師和建築思想的進口者／威尼斯建築雙年展策展人蘇迪克專訪〉、〈明日建築／第8屆威尼斯雙年展獲獎項目〉。

2004.10（353）吳介禎〈科特．福斯特／第9屆威尼斯建築雙年展策展人〉、林潔盈〈改變的年代．持續性的革新／第9屆威尼斯建築雙年展評論〉、林潔盈，黃健敏〈第9屆威尼斯建築雙年展得獎全紀錄〉、黃健敏〈第9屆威尼斯建築雙年展國家館綜覽〉、陳建北〈渾沌架構下的可能性／第9屆威尼斯建築雙年展台灣館訪談〉、陳建北〈主流已死，渾沌再現／呂理煌談「威尼斯繁殖計畫」〉、〈從台南道威尼斯／黃碧端談「建築繁殖場」〉，黃健敏〈自身繁殖／談呂理煌的建築語言〉、2004.11（354）方振寧〈蛻變：建築走到後形態／第9屆威尼斯建築雙年展深度報告〉、〈音樂和建築聯姻／第9屆威尼斯建築雙年展主題展〉、〈威尼斯建築雙年展改變模式的前夕〉。

2006.6（373）張晴文〈城市獨大時代下的逆向思維／阮慶岳策展「樂園重返」參展第10屆威尼斯建築雙年展台灣館〉、阮慶岳〈樂園重返：台灣的微型城市〉、2006.9（376）吳麗娟記錄整理〈顛覆「超城市」的霸權心態／第10屆威尼斯建築雙年展台灣館行前討論會〉、周文翰〈第10屆威尼斯建築雙年展中國館曝光／王澍、許江到水城造「瓦園」〉。

2006.10（377）第10屆威尼斯雙年展專輯：李美璁〈城市．建築．社會／第10屆威尼斯建築雙年展主題展〉、李鳳鳴〈醉心於城市的建築師／理查．羅傑斯獲威尼斯建築雙年展終生成就獎〉、劉育東口述；張晴文採訪整理〈前衛的思維與原始的回歸／第 10 屆威尼斯建築雙年展國家館綜覽〉、李鳳鳴〈從威尼斯建築雙年展放眼國際／國立台灣美術館館長薛保瑕談台灣館的策展問題〉、賴素鈴〈順應生活紋理找出建築的秩序／台灣館「樂園重返：台灣的微型城市」〉、賴素鈴〈當鄉愁略過大地／中國館「瓦園」〉、周文翰〈威尼斯上演華人七城記／從北京到新加坡、〈雙年展內外／第 10 屆威尼斯建築雙年展小記〉、賴素鈴〈傾聽成為一種更可貴的細緻美德／西班牙館獲得「建築台灣獎」〉。

2006.11（378）方振寧〈城市：超級問號／第 10 屆威尼斯建築雙年展〉、〈史卡帕：建築的交響樂／威尼斯的卡洛．史卡帕〉。

2008.9（400）劉克峰〈黑城建築考察：Dark Side Of The City／第 11 屆威尼斯雙年展台灣館「夜城」策展論述〉、陳書俞〈台灣首度獲邀威尼斯建築雙年展大會館展出／呂理煌建築繁殖場〈幻域計畫〉受邀第 11 屆威尼斯建築雙年展〉、方振寧〈在星座與植木之間／石上純也代表日本參加威尼斯建築雙年展〉。

2008.11（402）方振寧〈超越房子的裝置／第 11 屆威尼斯建築雙年展〉、2012.1（440）威尼斯建築雙年展由「地理啟蒙」代表參展〉、2012.10（449）方振寧〈「原初」在威尼斯／第 13 屆威尼斯建築雙年展中國館策展記〉。2014.7（470）威尼斯建築雙年展台灣館開幕。

伊斯坦堡雙年展

2005.8（363）第 9 屆伊斯坦堡雙年展 9 月開展、2007.5（384）徐升潔〈不只可能，也是必要／第 10 屆伊斯坦堡國際雙年展開跑〉、2007.11（390）譚偉平〈漫遊城市的記憶／記第 10 屆伊斯坦堡雙年展〉、〈全球化之下，公共空間的消失危機／與伊斯坦堡雙年展策展人侯瀚如對話〉、2009.1（404）2009 伊斯坦堡雙年展策展理念公布、2009.10（413）伊斯坦堡雙年展開幕。

2009.11（414）許瀞月〈東進之後，藝術有什麼作為？／ 2009 年雅典雙年展、薩羅里碁雙年展、伊斯坦堡雙年展〉、2011.10（437）張羽芃編譯〈2011 伊斯坦堡雙年展〉、2011.11（438）周郁齡〈低限轉向習作／第 12 屆伊斯坦堡雙年展「無題」〉、2013.8（459）鄭安齊〈伊斯坦堡雙年展序展於柏林舉辦〉、2013.11（462）鄭安齊〈2013 伊斯坦堡雙年展觀察〉、〈2013 伊斯坦堡雙年展作品選介〉、黃舒屏〈2013 亞洲藝術雙年展〉。

柏林當代藝術雙年展

2004.3（346）劉粹倫〈「小寫的」柏林當代藝術雙年展〉、崔延蕙〈另類雙年展／柏林的神話與次文化〉、2004.4（347）劉粹倫〈玫瑰色的未來：第 3 屆柏林當代藝術雙年展〉、2006.5（372）崔延蕙〈關於第 4 屆柏林雙年展〉、崔延蕙〈第 4 屆柏林雙年展記者會剪影〉、謝汝萱〈柏林雙年展的歷史演變〉、崔延蕙〈童話與啟示錄／第 4 屆柏林雙年展「人鼠之間」〉、崔延蕙〈第 4 屆柏林雙年展現場綜覽〉、2008.5（396）崔延蕙〈關於第 5 屆柏林雙年展〉、〈緣起圍牆／第 5 屆柏林雙年展〉、〈藝術工廠當代藝術中心〉、〈新國家畫廊〉、〈雕刻公園／柏林中心〉、〈辛克爾閣〉、2011.10（437）張羽芃〈2012 柏林雙年展〉。2012.4（443）第 7 屆柏林雙年展 4 月 27 日開幕、2012.6（445）洪韵婷〈挑戰現實的政治藝術／第 7 屆柏林雙年展「忘記恐懼」〉、2014.3（466）鄭安齊〈柏林雙年展最新進度〉。2014.7（470）鄭安齊〈派對已經結束／柏林雙年展秩序井然、2014 柏林雙年展作品選介〉。

梵谷世界大展

1998.11（282）梵谷熱潮專輯／梵谷世界大展四個現場：丘彥明〈橢圓形的空間／梵谷美術館新館〉、〈梵谷又回到荷蘭國立美術館〉、〈素描是一切的基礎／荷蘭庫拉／穆勒梵谷素描大展〉、西岡文彥；魏伶容譯〈復活的〈向日葵〉／梵谷在死後確立聲譽的因素〉、唐忠珊〈米勒與梵谷／巴黎奧塞美術館特展〉、周東曉〈梵谷中的梵谷／來自梵谷美術館的梵谷經典名作展〉。2015.3（478）陳珮藝編譯〈梵谷 125 週年系列大展／歐洲文化之都蒙斯舉辦首展「梵谷在布瑞納吉：藝術家的誕生」〉。

卡內基國際展

1980.1（56）黃春英〈卡奈基國際大展〉、1999.12（295）卡內基國際展專題企畫：高千惠〈地域的榮光：明日經典的庫房／一座私人美術館與區域的跨世紀夢想〉、〈獨白與天下／閱讀 53 屆卡內基國際展跨世紀之藝術語境〉、〈雲雷上的筆／瑪德琳，葛茲提酌兀九年卡內寡國際展策展之旅〉、〈卡內基國際展總策畫瑪德琳．葛茲提專訪〉、2004.11（354）高千惠〈鍍金年代企業家的繆斯夢—卡內基國際展的印象書寫與其打造模式〉、〈第 54 屆卡內基國際展的藝術家們〉、〈前衛無名後衛如花／ 2004 年卡內基國際展的新經典概觀〉、〈亞塔曼／卡內基國際展得獎藝術家〉。

瓦倫西亞雙年展

2001.7（314）張芳薇〈瓦倫西亞雙年展〉。

以色列第海法國際裝置三年展

2003.9（340）陸蓉之〈2003年以色列第2屆海法國際裝置三年展〉。

利物浦雙年展

2010.12（427）江凌青〈2010年利物浦雙年展現場報導〉，謝德慶作品於利物浦與光州雙年展展出。2012.11（450）江凌青〈麵包、草原與帳篷／2012利物浦雙年展焦點作品觀察〉與〈2012利物浦雙年展的遺憾與反饋〉、2014.9（472）黃慕怡〈當代日常現實的聲納／大海撈針：2014利物浦雙年展〉。

歐洲城市之光與電子藝術節

2010.10（425）歐洲城市之光與電子藝術節專輯：王柏偉〈從「世界的黑夜」到「媒介的黑盒子」／歐洲城市之光藝術節〉、江凌青〈有限的螢幕，無限的光／利物浦的歐洲城市之光藝術節〉、游佳晨〈街頭魔術方塊／馬德里的歐洲城市之光藝術節〉、林書民〈戴上一個夜間的面具／林茲的歐洲城市之光藝術節〉、林書民〈修復：2010奧地利電子藝術節〉、2014.3（466）鄭安齊〈CTM實驗與電子聲響藝術節〉、〈transmediale跨媒體藝術節〉。

哈瓦那雙年展

2012.11（450）吳礽喻編譯〈藝術實踐與社會想像／第11屆哈瓦那雙年展〉。

光州國際雙年展

1995.11（246）第1屆韓國光州國際雙年展：孫天珍、王俊傑採訪；孫天珍整理〈進軍國際舞台的全方位企圖／專訪光州國際雙年展執行主席姜鳳奎〉、孫天珍、王俊傑採訪；孫天珍整理〈白南準的影響力／專訪光州國際雙年展「資訊藝術」執行總監辛西雅．顧德嫚〉、王俊傑〈超越國界，還是超越亞洲／記第1屆韓國光州國際雙年展〉、1997.10（269）1997光州國際藝術雙年展。2008.9（400）徐升潔〈第7屆光州雙年展：年度報告／展覽巡迴的一站〉、2010.10（425）張羽芃〈第8屆光州雙年展「萬人譜」〉、2012.11（450）高森信男〈2012光州雙年展「圓桌」／複數陰性的歷史書寫〉、2014.10（473）吳尚霖〈第十屆光州雙年展／燒掉房子：輕盈且暴力的轉化美學〉、光州雙年展作品選介。

釜山藝術雙年展

2002.11（330）潘襎〈文化邂逅／第1屆釜山藝術雙年展〉、〈亞洲的藝術主張／釜山雙年展的世紀首航〉、岡林洋；潘襎譯〈煤礦裝置藝術／川 正的跨文化企畫〉、潘襎〈書藝與記號／第2屆亞洲藝術學會韓國大會〉、2008.9（400）徐升潔〈第6屆釜山雙年展：消費／藝術與消費文化的連結〉。

亞洲美術三年展

1999.4（287）第1屆亞洲美術三年展：方振寧〈亞洲美術在全球化趨勢的位置／第1屆福岡亞洲美術三年展綜述〉、王俊傑〈溝通、信心與自律底層／記第1屆福岡亞洲美術三年展〉、後小路雅弘；方振寧摘譯〈亞洲美術館的誕生／亞洲美術收藏和美術展的20年〉、2002.5（324）福岡第2屆亞洲美術三年展系列：方振寧〈全球化潮流中亞洲的現代鄉土／福岡第2屆亞洲美術三年展快報〉、方振寧〈由身體延伸，內外皆探索／中國女藝術家林天苗訪談〉、〈一個箱子像一個家／中國女藝術家尹秀珍訪談〉、〈我們已經是全球化的一分子／台灣藝術家彭弘智訪談〉、2005.11（366）岩切澪〈我內在的「多重世界」／第3屆福岡亞洲美術三年展〉、2009.10（413）宮本初音文；朱燕翔譯〈共再生／為明日創造／第4屆福岡亞洲藝術三年展〉。

瀨戶內國際藝術祭

2013.7（458）莊偉慈〈「跨越國境．海」參與瀨戶內國際藝術祭〉、2013.10（461）蘇瑤華〈藝術里海／「跨越國境．海」參加日本瀨戶內藝術季的一段敘事〉。

橫濱三年展

2005.5（360）周文翰〈跳出日常的馬戲／2005橫濱三年展在基地中策展〉、2005.11（366）呂佩怡〈「藝術馬戲團」或「馬戲團藝術」／第2屆橫濱三年展〉、

2008.9（400）陳書俞〈第3屆橫濱三年展：時間的縫隙／藝術彌合隔閡的力量〉、2011.8（435）張羽芃〈2011第4屆橫濱三年展〉、2011.11（438）鄭涵云〈OR MAGIC HOR／我們能了解世界多少？／2011第4屆橫濱三年展〉、2013.1（452）張羽芃〈森村泰昌擔任橫濱三年展藝術總監〉。2014.9（472）高森信男〈華氏451度的藝術／2014年橫濱三年展〉。

新加坡藝術雙年展

2005.7（362）在赤道上方看藝術世界／首屆新加坡藝術雙年展明年開展、2008.9（400）陳書俞〈第2屆新加坡雙年展：驚奇／南條史生續任策展人〉、2013.12（463）李依佩〈假如世界改變了／2013新加坡雙年展〉、高森信男〈亞洲的威尼斯？／從威尼斯雙年展新加坡國家館到新加坡雙年展的大策略〉。

北京國際美術雙年展

2003.11（342）邵大箴〈面對北京國際美術雙年展的思考〉、周文翰〈地域性是起點／訪談中國美術家協會主席靳尚誼〉、周文翰〈重估繪畫和雕塑的魅力／訪談北京雙年展外籍策展人溫琴佐．桑福〉、高千惠〈另一種開放的態度／從北京隻年展看中國當代文化價值觀的歧變〉、周文翰〈北京雙年展面面觀〉、高千惠〈大圈圈外的小圈圈／北京雙年展的外圍藝術之聲〉、周文翰〈北京雙年展現場和場外〉、〈大陸藝術圈的雙年展年〉、劉新〈北京會是另一個當代藝術的中心嗎？／北京國際美術雙年展觀察〉。2005.10（365）邵大箴〈人文關懷與中國當代藝術／第2屆北京國際美術雙年展中國藝術家作品〉、陶勤〈體驗跨文化的美妙／第2屆北京國際美術雙年展〉、王鏞〈北京雙年展：後來者的起步〉、丁寧〈返顧、直面與希冀／第2屆北京國際美術雙年展國外作品印象一瞥〉、2008.7（398）第3屆北京國際美術雙年展在中國美術館揭幕。

上海雙年展

2008.9（400）陳書俞〈第7屆上海雙年展：快城快客／都市變遷與城市移民的藝術觀察〉、2008.10（401）李鳳鳴〈人與城市的碰撞／記第7屆上海雙年展「快城快客」〉、陳嘉翎〈舊手工與新科技／第7屆上海雙年展中的台灣藝術家林銓居、黃心健〉、陳嘉翎〈快城快客：TransLocalMotion／2008第7屆上海雙年展學術面向特寫〉、陳嘉翎〈上海雙年展總策展人張晴／從中國美學出發的國際策展思路〉、曾暐婷〈城市之客的中國當代藝術盛宴／記2008上海雙年展外圍展〉、2010.12（427）朱煜宇〈以城市為劇場／第8屆上海雙年展：「巡迴排演」〉、〈永不停息的共用律動／上海外灘美術館侯瀚如策畫「日以繼夜」展〉、2012.11（450）錢君潔〈尋找重新發電的可能／評第9屆上海雙年展〉、朱煜宇〈從藝術家到策展人／專訪第9屆上海雙年展總策展人邱志杰：再發電〉、2013.5（456）方致評〈風景。流變／第9屆上海雙年展特別展「中山公園計畫淡水站」〉、2014.8（471）許玉鈴〈第10屆上海雙年展「社會工廠」〉。2015.1（476）朱煜宇〈社會工廠的精神糧食製造／2014年上海雙年展〉、胡岳〈慢下來觀看／2014上海雙年展中的敘事和影像〉。

廣州三年展

2008.9（400）周文翰〈第3屆廣州三年展：向後殖民說再見／最具學術野心的大展〉、2008.10（401）李鳳鳴〈再見後殖民／記第3屆廣州三年展「與後殖民說再見」〉、周文翰〈戴著防毒面具向後殖民說再見／廣州三年展特別報導〉、周文翰〈專訪廣州三年展策展人高士明／廣州三年展特別報導〉、高愷珮〈當代藝術於創作及生存論中的可能／試析第3屆廣州三年展的視覺空間思維〉。2012.11（450）第4屆廣州三年展主題展「前所未見」。

紐奧良雙年展

2015.2（477）賴思儒〈展望.3：當下的註記／第3屆紐奧良雙年展〉。

洛杉磯製造雙年展

2012.9（448）張懿文〈2012／LA製造雙年展〉、2014.9（472）張懿文〈身體認同與文化多樣性的實驗／2014年「洛杉磯製造」雙年展〉。

愛知三年展

2014.2（465）方振寧〈愛知三年展／天搖地動／我們在哪裡站立？場所、記憶，以及復活〉。

3 焦點人物

☑ 西洋焦點人物
☑ 華裔焦點人物

西洋焦點人物

《藝術家》自創刊後，持續介紹西洋畫家的作品及相關動態，為廣大的讀者群開啟國際的視窗，開闢了紙上藝術欣賞的圖文並列的賞析篇章，四十年來所出現的焦點藝術家名單有：

高更（Pal Gagin）、魏斯（Andrew Wyeth）、達文西（Leonardo da Vinci）、畢卡索（Pablo Picasso）、傑克遜．帕洛克（Jackson Pollock）、柯爾達（Alexander Calder）、艾倫（恩）斯特（Max Ernst）、杜庫寧（Willem de Kooning）、達利（Salvador Dalí）、魯本斯（Peter Pal Rbens）、克里斯多（Christo Javacheff）、諾爾德（Emil Nolde）、米羅（Miló）、列賓（Ilya Repin）、察克科羅斯（Chck Close）、蘇珊．魯生柏（Ssan Rothenberg）、夏卡爾（Marc Chagall）、阿爾曼（Arman）、德洛涅（Robert Delanay）、波依斯（Joseph Beys）、德爾沃（Pal Delvax）、歐姬芙（Georgia O'Keeffe）、亨利．摩爾（Henry Moore）、馬諦斯（Henri Matisse）、安迪．沃荷（Andy Warhol）、梵谷（Vincent van Gogh）、凱斯．哈林（Keith Haring）、安舍．基弗（Anselm Kiefer）、林布蘭特（Rembrandt）、傑利訶（Théodore Géricalt）、培根（Francis Bacon）、馬列維奇（Kazimir Malevich）、羅丹（Agste Rodin）、達比埃（Antoni Tàpies）、妮基．德桑法爾（Niki de Saint Phalle）、魯西安．佛洛依德（Lcian Fred）、蘇拉吉（Pierre Solages）、薩拉霍夫（Salahov）、丁托列托（Tintoretto）、霍伯（Edward Hopper）、布朗庫西（Brâncşi）、卡拉瓦喬（Caravaggio）、摩洛（Gstave Morea）、羅蘭珊（Marie Larencin）、孟克（Edvard Mnch）、麥約（Aristide Maillol）、柯洛（Corot）、馬克．羅斯柯（Mark Rothko）、莫內（Clade Monet）、塞尚（Pal Cézanne）、雷諾瓦（Agste Renoir）、卡蘿（Frida Kahlo）、波特羅（Fernando Botero）、塞撒（César）、瓊斯（Jasper Johns）、貝克曼（Max Beckmann）、巴塞利茲（Georg Baselitz）、蒙德利安（Piet Mondrian）、勃拉克（Georges Braqe）、巴斯奇亞（Basqiat）、竇加（Degas）、弗立德立希（Friedrich）、李奇登斯坦（Roy Lichtenstein）、喬爾喬涅（Giorgione）、德拉克洛瓦（Delacroix）、馬丁．奇歐（Martin Gyax）、馬格利特（Magritte）、杜布菲（Jean Dbffet）、尚－皮爾．雷諾（Jean-Pierre Raynad）、大衛．霍克尼（David Hockney）、葛利哥（El Greco）、泰納（Trner）、克利（Pal Klee）、伯恩瓊斯（Edward Brne-Jones）、諾曼．洛克威爾（Norman Rockwell）、艾雪（M.C.Escher）、杜米埃（Damier）、傑克梅第（Alberto Giacometti）、理查．塞拉（Richard Serra）、碧翠絲．嫵得（Beatrice Wood）、桑．法蘭西斯（Sam Francis）、慕夏（Mcha）、巴爾杜斯（Balths）、恩斯特（Max Ernst）、封答那（Fontana）、克林姆（Gstav Klimt）、羅賽蒂（Rossetti）、費寧格（Feininger）、瓦斯涅佐夫（Viktor Vasnetsov）、布列松（Bresson）、尼古拉．費申（Nicolai Fechin）、克萊因（Yves Klein）、席勒（Egon Schiele）、達敏．赫斯特（Damien Hirst）、馬奈（Manet）、羅勃．勞生柏（Robert Raschenberg）、亞倫．瓊斯（Allen Jones）、克里斯．歐菲（Chris Ofili）、大衛．史密斯（David Smith）、露意絲．布爾喬亞（Loise Borgeois）、波洛夫斯基（Jonathan Borofsky）、傑夫．孔斯（Jeff Koons）、布莉姬特．黎蕾（Bridget Riley）、康丁斯基（Wassily Kandinsky）、索羅亞（J.Sorolla）、弗朗茲．馬爾克（Franz Marc）、牟里尤（Mrillo）、阿爾瑪．塔德瑪（Alma-Tadema）、菲利浦．佩爾斯坦（Philip Pearlstein）、卡波爾（Anish Kapoor）、琳達．班格拉斯（Lynda Benglis）、莫莉索（Berthe Morisot）、曼雷（Man Ray）、梵．鄧肯（Kees Van Dongen）、史帖拉（Frank Stella）、歐登伯格（Claes Oldenbrg）、畢沙羅（Pissarro）、夏凡尼（Chavannes）、

朱利安·施拿柏（Jlian Schnabel）等。

高更（Pal Gagin）

1975.6（1）高更名著〈諾亞·諾亞〉、1987.1（140）衛斯理著；張依依譯〈高更與諾亞·諾亞〉、諾亞諾亞一書彩色頁選輯、1998.10（281）丘彥明荷蘭報導〈失樂園／保羅·高更特展〉、2001.9（316）南方工作室的傳奇故事／梵谷與高更特展9月在芝加哥先推出、2002.3（322）徐芬蘭西班牙報導〈巴塞隆納「高第年」活動3月起跑〉、2002.8（327）周東曉圖片〈大都會美術館〈「紐約典藏之保羅·高更：異國風情之魅力」大型特展〉、2005.2（357）周芳蓮〈高更和象徵主義源頭／馬德里提森美術館舉辦大展〉、2010.9（424）《解讀高更藝術的奧祕》出版、2010.4（419）丘彥明〈突破拓展現代風格的高更／記梵谷美術館一個展覽中的展覽〉、2010.10（425）何政廣〈綜合主義大畫家保羅·高更／《高更名畫420選》序〉、2010.11（426）陳明惠〈高更：神話的創造者／倫敦泰德現代美術館推出大型高更回顧展〉、2012.11（450）周芳蓮〈高更異國風情之旅／為馬德里泰森美術館20週年慶揭開序幕〉、2014.5（468）周東曉〈從變異與轉換中得到靈感／紐約現代美術館「高更：圖象演變」版畫特展〉。

梵谷（Vincent van Gogh）

1990.3（178）梵谷百年紀念專輯／梵谷書簡全集出版、喬安娜文；林淑琴譯〈追憶文生·梵谷〉、1990.5（180）李梅齡〈梵谷百年祭活動紀盛〉、黃寶萍在荷蘭看梵谷回顧展〉、1997.6（265）劉奇俊〈梵谷與靜物畫〉、1997.11（270）陳英德〈在東京梵谷向日葵會是惡之花？／畫作真實性遭西方專家質疑始末〉、1999.5（288）王玉齡巴黎報導〈梵谷和塞尚的朋友：嘉塞醫生〉、2002.4（323）「梵谷與高更」特展：丘彥明〈阿姆斯特丹梵谷美術館「梵谷與高更」特展〉、詹姆斯·伍德／芝加哥藝術協會會長、約翰·萊登／阿姆斯特丹梵谷美術館館長〈「梵谷與高更」特展序〉、劉昌漢〈世紀交遇的火花與餘燼／梵谷、高更「南方工作室」展覽會〉、2003.3（335）丘彥明〈梵谷150歲〉、丘彥明〈展覽，從書信裡走出來／梵谷的繪畫愛好〉、丘彥明〈梵谷與海倫〉、2003.8（339）丘彥明〈摩登梵谷／梵谷與戰後當代藝術的另一種對話〉、2004.1（344）劉奇俊〈梵谷與花卉／梵谷與同時代畫家〉、2004.4（347）黃郁惠〈梵谷在阿爾特展〉、〈兩萬光年之外的梵谷／哈伯望遠鏡拍攝到外太空藝術狀星塵〉、黃郁惠〈梵谷在阿爾特展、2005.2（357）董衛〈向生命的終點衝刺／梵谷從聖保羅療養院到奧維〉、2005.5（360）吳曉芳〈看東京舉行梵谷展〉、2005.9（364）丘彥明〈梵谷／艱苦自學的素描家：看荷蘭梵谷美術館「素描家梵谷」特展〉、2006.12（379）鑑賞大美術家系列首冊《文生·梵谷》出版、2007.1（380）李美璁〈梵谷，在布達佩斯／布達佩斯美術館梵谷特展〉、2007.10（389）周芳蓮〈所不會用言語表達的／梵谷最後的風景、2008.11（402）劉明惠〈今夜一起去摘星／紐約現代美術館「梵谷與夜色」特展晶燦閃爍〉、2009.4（407）丘彥明〈阿姆斯特丹梵谷美術館特展「梵谷與夜晚的顏色」〉、2009.10（413）永遠的梵谷／丘彥明著《踏尋梵谷的足跡》出版、何政廣〈梵谷的魅力／《踏尋梵谷的足跡》序〉、2009.11（414）A. Nemeczek文；林貞吟〈譯梵谷在阿爾／污穢之城〉、2010.1（416）朱燕翔譯〈瘋狂的肖像／梵谷與高更在阿爾的生活 2010.2（417）Nemeczek文；林貞吟譯〈梵谷在阿爾／真正的生活〉、2010.4（419）丘彥明〈突破拓展現代風格的高更／記梵谷美術館一個展覽中的展覽〉、2011.2（429）陳芳玲〈梵谷〈草地上的兩隻兔子〉〉、2012.3（442）徐升潔〈一沙見世界，一花窺天堂／費城美術館推出特展「梵谷聚焦」〉、2015.3（478）陳珮藝編譯〈梵谷125週年系列大展／歐洲文化之都蒙斯舉辦首展「梵谷在布瑞納吉：藝術家的誕生」〉。

莫內（Clade Monet）

1995.12（247）高千惠〈莫內在芝加哥／一個透過展覽媒體重現的藝術生命〉、深谷克典、宮崎克己文；任春美譯〈莫內晚年／後花園的世界〉、1997.9（268）喬治.畢莎洛著；崔薏萍譯〈莫內與威尼斯〉、1999.8（291）廖瓊芳〈莫內的睡蓮中詩在巴黎橘園美術館〉、2007.5（384）吳曉芳〈印象派巨匠及其遺產／莫內大回顧展於日本國立新美術館〉、2010.7（421）周芳蓮〈印象派大師莫內和抽象繪畫大師對話／提森美術館與馬德里合作金庫基金會舉辦「莫內與抽象」特展〉、2010.11（426）唐忠珊〈畫筆捕捉瞬間的光影印象／巴黎大皇宮的莫內回顧大展〉、2013.11（462）保羅·海斯·托克；張羽芃編譯〈光的追尋者／印象派繪畫大師莫內〉。

塞尚（Pal Cézanne）

1995.12（247）陳英德〈巴黎大皇宮國家畫廊的寒尚回顧大展〉、陳炎鋒寄自巴黎〈人體·風景·蛻變／從塞尚大展看塞尚畫風演變〉、菲力普·杜詩特·伯勒濟；蘇美玉譯〈塞尚回顧展序言〉、波那·亞挪特；蘇美玉譯〈真實性·原創性·才能／塞尚回顧展協辦感言〉、林其蔚譯〈塞尚藝術手箋〉、2006.3（370）耿殿文〈塞尚在普羅旺斯／現代繪畫之父的故鄉情〉、潘潘〈現代繪畫之父塞尚書簡集首次中文面世〉、李鳳鳴〈一把開啟現代藝術之鑰/探訪艾森·普羅旺斯塞尚畫室〉、王受之〈普羅旺斯和現代藝術/塞尚與艾森·普羅旺斯/梵谷與阿爾〉、2007.9(388)《塞尚書簡全集》中文版問世、潘襎〈現代繪畫之父塞尚的心靈世界/《塞尚書簡全集》編譯的話〉、潘襎〈塞尚印象派時期書簡選讀塞尚〉。

畢卡索(Pablo Picasso)

1975.7(2)畢卡索專輯並做封面。十篇文章,包含日本評論家瀨木慎一〈畢卡索的假畫〉及代表作、私生活、作品分析相關文章。《藝術家》主辦兩場幻燈片欣賞,7.19日「立體主義前後」在台北中山北路舉行,有劉其偉演講,8月9日在台南美國新聞處舉辦。1980.8(63)黃春英〈紐約現代美術館的最高禮讚/畢卡索回顧大展〉、1981.10(77)「格爾尼卡」回到西班牙故土、1986.7(134)陳炎鋒〈巴黎新落成的畢卡索美術館〉、陳炎鋒〈屬於畢卡索中的畢卡索〉、李銘盛攝影〈巴黎畢卡索美術館〉、王庭玫〈畢卡索的素描簿〉、1988.8(159)陳英德〈最後的畢卡索/記龐畢度中心畢卡索末期畫作大展〉、1999.3(286)徐芬蘭西班牙報導〈畢卡索版畫與馬格影視展〉、1993.6(217)焦平寄自柏林〈1937-1973格爾尼卡之後的畢卡索〉1996.12(259)「現代藝術魔術師:畢卡索」出版、何政廣〈「現代藝術魔術師:畢卡索」前言〉、1997.3(262)徐芬蘭西班牙報導〈畢卡索與劇場/舞臺布景的現代化〉、1998.4(275)徐芬蘭班牙報導〈最大規模的畢卡索素描展〉、1998.10(281)伯申巴黎報導〈朵拉·瑪爾與畢卡索的九年激情〉、1999.3(286)徐芬蘭西班牙報導〈畢卡索版畫與馬格影視展〉、1999.4(287)周東曉紐約報導〈畢卡索看戰爭/畢卡索與戰爭歲月:1937-1945〉、2001.12(319)徐芬蘭〈巴塞隆納畢卡索美術館「情色畢卡索」大展〉、2003.4(335)周東曉〈20世紀現代藝術大師馬諦斯畢卡索世紀聯展〉、徐芬蘭〈畢卡索從漫畫到變形風格大展/探討畢卡索畫面中的走樣人物〉、2003.8(339)徐芬蘭〈藝術蠻牛畢卡索與鬥牛藝術/巴塞隆納畢卡索美術館推出畢卡索鬥牛藝術版畫系列展〉、2004.7(350)徐芬蘭〈「畢卡索:戰爭與和平」大展在巴塞隆納舉行〉、2006.1(368)劉明惠〈千變萬化的畢卡索──溫哥華市立美術館年末特展〉、2006.9(376)畢卡索〈格爾尼卡〉回歸西班牙25周年、2006.10(377)周芳蓮〈不同面貌的畢卡索:傳統與前衛/畢卡索大展在西班牙〉、2007.1(381)李鳳鳴〈當畢卡索在南法艷陽下/威尼斯葛拉西宮「畢卡索,生之喜悅1945-1948」〉、2007.5(384)周芳蓮〈鏡子和面具/畢卡索所屬世紀之肖像畫〉、2008.12(403)唐忠珊〈畢卡索與其他的繪畫大師/巴黎大皇宮〉、羅浮宮與奧塞美術館盛大展出、陳奇相〈畢卡索一生的精彩創作/在巴黎看「畢卡索與其他的繪畫大師」特展〉、鳥口木子〈畢卡索的魅力·魔力·想像力/東京中城「巨匠畢卡索」特展〉、2011.8(423)方秀雲〈一條不斷換皮的蛇/畢卡索的女人與藝術〉、2011.4(431)周東曉〈紐約現代美術館「畢卡索:吉他,1912-1914年」特展〉、2011.6(433)陳芳玲〈畢卡索和他的七個女人來了/國立歷史博物館「世紀大師/畢卡索特展」〉、2011.7(434)方秀雲〈探索·探知·觸動/畢卡索的美學激素〉、2011.8(435)方秀雲〈喚起畢卡索創作慾望的十二位女人〉、傅維新〈中西畫壇兩位大師的歷史性會面/張大千與畢卡索1956年在法國坎城會晤〉、2011.10(437)黃麗娟〈拆、解、形變與顛覆的創作美學/舊金山德揚博物館畢卡索特展〉、2013.3(454)徐升潔〈單色調的豐富/紐約古根漢美術館「畢卡索黑與白」大展〉。

馬諦斯(Henri Matisse)

1987.1(140)賈祥久譯〈尼斯時期的馬諦斯〉、1992.12(211)陳錦芳紐約報導〈華麗、感性、抒懷、發現/馬諦斯回顧大展〉、黃春英〈20世紀繪畫盛壇泰斗/看MOMA馬諦斯回顧展〉、1997.4(263)《華麗野獸派大師:馬諦斯》出版、《華麗野獸派大師:馬諦斯》前言、1999.8(291)馬諦斯與畢卡索、2002.7(326)蔡旻衡〈馬諦斯與畢卡索〉、2002.11(330)現代藝術大師/馬諦斯特展專輯:〈穿越線條與色面/馬諦斯特展〉、馬諦斯特展作品選輯、赫密·拉布傳斯著;王美文譯、圖版説明:蘇美玉譯〈動線情起,空間造境/馬諦斯與中國〉、馬諦斯著;蘇美玉整理翻譯〈《馬諦斯畫語錄》摘錄〉、喬治·蝶思瓦立野赫;蘇美玉譯〈畫家的筆記/序文〉、馬諦斯著;蘇美玉翻譯〈畫家的筆記〉、馬諦斯著;蘇美玉譯〈旺斯教堂,一生努力的結果〉、2002.12(331)馬諦斯著;蘇美玉編譯〈馬諦斯畫語錄〉、2005.3(358)董衛〈永不消逝的色彩/記野獸派畫家馬諦斯〉、2005.7月(362)周芳蓮〈馬諦斯「藝術的第二春」〉、2005.10(365)周東曉〈法國現代繪畫大師馬諦斯的如夢織錦/紐約大都會美術館年度特展〉、2009.10(413)周芳蓮〈一條響亮、虛無又無變化的線條/「馬諦斯1917-1941」大展在馬德里〉、2010.9(424)徐升潔〈色彩與構圖的碰撞協調/紐約現代美術館推出馬諦斯大展〉、2012.6(445)史惟筑〈色彩的奧德賽之旅/「成雙與系列」馬諦斯回顧展在巴黎龐畢度中心舉行〉、2013.2(453)周東曉〈探究馬諦斯作畫的過程/「馬諦斯:追尋真正的繪畫」國際巡迴特展〉。

夏卡爾（Marc Chagall）

1985.5（120）夏卡爾紀念專輯：J.T.SOBY文；曾培堯譯〈絢爛的愛／夏卡爾訪問記〉、曾培堯譯〈夏卡爾論超現實主義／1946年在芝加哥大學演講記錄〉、〈夏卡爾作品選輯〉、夏卡爾著；曾培堯譯〈我的生涯／夏卡爾自傳〉、〈夏卡爾影集〉、〈夏卡爾年譜〉、1985.6（121）陳聖頌譯〈夏卡爾夫人娃娃談夏卡爾〉、1999.3（286）周芳蓮西班牙報導〈愛與鄉愁的畫家夏卡爾〉、2002.4（323）廖瓊芳法國報導〈夏卡爾用版畫寫日記／法國山城弗勒里美術館展出夏卡爾版畫全貌〉、2011.2（429）〈夏卡爾的夢幻與鄉愁／「生日快樂／夏卡爾的愛與美」特展於國立故宮博物院登場〉、貝拉．梅爾〈夏卡爾的愛情、藝術與人生〉、2012.4（443）周芳蓮〈詩情畫意直達人心／夏卡爾在西班牙大型回顧展〉。

孟克（Edvard Mnch）

1992.2（201）墨子雲巴黎通訊〈影像的衝擊／孟克與法國〉、1996.2（249）李婷婷〈心中的吶喊／孟克的心理畫作〉、1998.5（276）方振寧東京報導〈心靈主義與愛德華．孟克的藝術〉、2006.5（372）周東曉〈挪威表現藝術家愛德華．孟克之愛欲人生／紐約現代美術館大型回顧特展〉、2007.10（389）〈馬曉瑛吶喊的源頭／挪威繪畫大師孟克巡禮〉、2011.12（439）史惟筑〈愛德華．孟克／孤寂卻不遺世的現代之眼、2012.7（446）方秀雲〈現代之眼／泰德現代美術館舉行孟克大展〉、2013.6（457）孟克誕生150年：張羽芃編譯〈到挪威看孟克〉、陳芳玲編譯〈孟克〈吶喊〉拍出史上最高價〉、朱燕翔編譯〈孟克藝術的極致／〈吶喊〉的主題〉、蘇．普里多；張羽芃編譯〈穿透靈魂之筆〉。

達利（Salvador Dalí）

1977.4（23）〈達利專輯〉、〈達利如是說〉、〈大家談達利〉、1981.10（77）郭軔〈達利／從哥特式邁入現代〉、〈超現實的迷宮／達利的藝術生活〉、〈達利版畫原作展選介〉、1989.3（166）王哲雄〈超現實主義巨星的殞落／薩爾瓦多.達利逝世、1995.5（240）陳建北〈年輕的達利：1918-1930〉、1996.9（256）〈超現實主義大師／達利〉出版、何政廣〈超現實主義大師／達利〉前言、1999.12（295）徐芬蘭西班牙報導〈介於神話與喧嘩之間的達利／西班牙達利美術館25週年慶〉、2001.3（310）奇幻之旅／20世紀天才達利的魔幻世界、2002.8（327）周芳蓮〈達利的格拉迪娃〉、2003.11（342）徐芬蘭〈2004瘋狂天才大師達利年／西班牙國王卡洛斯主持達利年開幕典禮、2004.3（346）黃淑娟〈超現實主義大師達利百年誕辰紀念活動〉、2004.6（349）徐芬蘭〈「達利／文化的展現」在西班牙巴塞隆納展出〉、2005.5（360）丘彥明〈遊戲於大眾媒體之間／觀看達利的藝術全貌〉、2007.4（383）方秀雲〈迷狂的魅力／薩爾瓦多．達利的自畫像〉、2011.1（428）徐升潔〈超現實與時尚感／達利大型雕塑於紐約展出〉、2012.6（445）時藝多媒體〈達利：超現實主義的戰士／「瘋狂達利／超現實主義大師特展」在台北舉行〉、〈永遠的天才／達利的藝術生涯〉、2013.2（453）林智偉〈「瘋狂」與「想像」的結晶／達利—法國龐畢度中心舉辦達利回顧展〉。

米羅（Miró）

1984.2（105）超現實大師米羅專輯：劉晞儀譯〈生命形態的隱喻／載詩載夢畫家米羅評傳〉、斯衛奈作；方桼譯〈繪畫的抒情詩／米羅的話〉、阿蒙文；倪淑華譯〈與米羅在一起的三小時〉、〈米羅的陶藝〉、〈米羅的版畫〉、〈米羅的雕刻〉、〈米羅的編織藝術〉、〈米羅的畫室〉、〈米羅年譜〉。1993.5（216）陳建北寄自西班牙：〈星空／米羅誕生百年紀念〉、1993.6（217）陳建北寄自西班牙〈米羅百年誕辰編年展1883-1993〉、陳建北〈陶藝家的米羅〉、1996.8（255）《米羅》推出、何政廣《載詩載夢的畫家：米羅》、2010.11（426）鄭意萱〈與17世紀荷蘭畫家的超時空交會／米羅的「荷蘭室內」系列〉、2011.8（435）吳礽喻編譯〈米羅，米羅，告訴我……〉、米羅；朱燕翔譯〈我夢想有間大工作室〉、吳礽喻編譯〈米羅傳奇的延續〉、梅魯德西爾；吳礽喻編譯〈自由的聖歌／米羅繪畫的政治社會關懷〉、德斯蒙德．莫里斯；吳礽喻編譯〈米羅參觀倫敦動物園〉、〈米羅回顧展—生作品選輯〉、方秀雲〈逃亡的梯子／米羅童真背後的苦處／米羅特展在倫敦泰德現代美術館〉、2012.2（441）徐芬蘭〈米羅回顧大展／在巴塞隆納米羅基金會美術館盛大舉行〉。2013.7（458）游千慧整理〈西班牙藝術大師的世界／「女人．小鳥．星星／米羅特展」〉、陳芳玲〈爺爺的家在工作室裡／專訪米羅之孫胡安．旁耶．米羅〉、喬治．拉亞爾〈米羅的最終夢想／喬治．拉亞爾與米羅談論他在馬約卡工作室的精神與創造〉、羅莎琳．克勞斯；游千慧編譯〈米羅的魅力根本〉。

魏斯（Andrew Wyeth）

1975.7（2）美國畫家魏斯，八篇文章：鍾行憲翻譯〈魏斯的世界〉、席德進等人〈我看魏斯〉及何政廣的文章〈美國的另一面〉，1974年出版何政廣編譯《美國懷鄉寫實大師魏斯》一書，三個月內刷三版。1975.5月美國新聞處放映〈魏斯〉影片。1975.12月號（7）何政廣在美新處演講〈魏斯與美國寫實繪畫〉、1994.1（224）攝影／松川裕文；袁因譯〈生氣情動的繪畫世界／在畫家的故鄉訪問魏斯〉、1996.12（259）「美國寫實派大師：魏斯」出版、何政廣「美國寫實派大師：魏斯」前言、2009.3（406）徐升潔〈美國懷鄉寫實繪畫大師／魏斯的鄉土詩情〉、2009.4（407）沈奕伶〈對於水彩最初的愛／魏斯早年畫作回顧〉、2009.8（411）蔣健飛〈魏斯三代其人其藝的傳承〉。

帕洛克（Jackson Pollock）

1975.10（5）傑克遜帕洛克、1998.1（273）李家祺〈美國抽象派畫家的先驅帕洛克〉、1998.12（283）謝慧青紐約報導〈飛灑的線條／紐約現代美術館帕洛克回顧展〉、周東曉紐約報導〈帕洛克的畫室／一生藝術創作的高峰地〉、2002.1（320）世界名畫家全集《美國滴彩畫大師／帕洛克》出版、2012.4（443）鄭涵云〈東京國立近代美術館展出帕洛克回顧展〉。

艾倫斯特（Max Ernst）

1975.12（7）何玉郎翻譯〈達達派超現實大師艾倫斯特〉（取自法國雜誌《藝術花園畫廊》）。

杜庫寧（Willem de Kooning）

1976.1（8）杜庫寧訪問、1994.12（235）吳毓奇〈抽象表現派靈魂人物杜庫寧在華盛頓〉、吳毓奇〈伊蓮娜和杜庫寧／「性」推銷杜庫寧〉、1997.5（264）高千惠〈活著，是為了要畫／威廉．杜庫寧的最後女人香〉。

柯爾達（Alexander Calder）

1977.1（20）〈馳名世界的活動雕刻家／柯爾達〉專輯：龍伍〈在法國看柯爾達的創作〉、1977.1（20）黃春英〈美國雕塑巨人／亞歷山大柯爾達〉、陳其茂〈永恆的柯爾達〉、〈柯爾達一生代表作回顧展〉、何政廣〈宇宙時代的新美學／動態藝術家的創作路線〉、1996.11（258）柯爾達雕塑回顧展、1998.9（280）謝慧青華盛頓報導〈動的雕塑／亞歷山大．柯爾達百年誕辰回顧展〉、2010.9（424）劉明惠〈活潑自在的理性美感／活動雕刻家亞歷山大．柯爾達與當代藝術特展〉。

魯本斯（Peter Pal Rbens）

1977.7（26）魯本斯誕辰400週年專輯：黃春英〈魯本斯的生涯及藝術〉、丹青〈魯本斯的素描〉、魯本斯小傳。1980.10（65）佛林特專輯：劉其偉譯〈英國水彩畫派的泰斗佛林特爵士〉、〈超越光影的畫家／佛林特水彩畫選〉1980.11（66）鍾行憲譯〈影響20世紀藝術的主流之一葛魯比斯和包浩斯〉。2015.3（478）方秀雲〈畫家們的畫家／倫敦皇家藝術學院「魯本斯與他的影響：范．戴克到塞尚」〉。

克里斯多（Christo Javacheff）

1981.1（68）北辰〈國際藝壇風雲人物／克里斯多的飛牆〉、〈飛牆製作工程的部分攝影記錄〉、1985.10（125）徐純譯〈克里斯多包裹新橋〉、1985.11（126）蕭曼〈「巴黎「新橋」包裝／克里斯多實現十年藝術夢〉、陳英德「穿上200萬美元大裙的新橋〉、1994.5（228）崔延蕙〈克里斯多包裝德國國會大廈〉、1995.8（243）包裹德國國會大廈特別報導：孔長安柏林報導〈克里斯多與珍娜．克勞德／〈包裹國會大廈／柏林計畫〉〉、王俊傑柏林報導〈會呼吸的德國國會大廈／克里斯多的〈包裹國會大廈／柏林計畫〉〉、崔延蕙柏林報導〈觸手可及又稍縱即逝的不明物〉、2003.4（335）朱素貞〈克里斯多2005年春將在紐約創作〈門〉藝術計畫〉、朱素貞〈「包」羅萬象／跨世紀綑包大師克里斯多與珍納．克羅德的藝術計畫檔案〉。

諾爾德（Emil Nolde）

1982.2（81）諾爾德專輯：何政廣〈令人悸動的藝術心靈／看諾爾德回顧展〉、〈諾爾德1913年到東方所作的作品〉、〈諾爾德的「未畫出的畫」、馬可伍班作；藝術家譯〈德國表現主義畫家諾爾德、〈諾爾德一生的重要作品／油畫、水彩、版畫〉、魏澤著；沈蕙萱譯〈德國表現主義的木刻畫〉、2009.4（407）廖瓊芳〈德國表現主義大師艾米爾．諾爾德回顧展／於南法蒙佩利耶的法布爾美術館展開〉。

列賓（Ilya Repin）

1984.6（109）李明宗譯〈探討俄國人最深沉的內在／列賓的藝術〉、1993.3（214）奚靜之〈列賓和他的彼納塔故居〉。

察克．科羅斯（Chck Close）

1984.10（113）楊熾宏〈攝影寫實者察克科羅斯的繪畫〉、1998.7（278）周東曉紐約報導〈與巨幅肖像對話／美國當代畫家察克．科羅斯30年回顧展〉。

蘇珊．魯生柏（Ssan Rothenberg）

1984.11（114）楊熾宏〈新形象繪畫的黑馬／蘇珊魯生柏〉、1985.1（116）〈使火車大放異彩的地下鐵藝術家〉、楊熾宏〈在牆壁上塗寫的藝術〉。

阿爾曼（Arman）

1986.1（128）楊熾宏〈集錦彫刻大師阿爾曼的物體藝術〉、1998.4（275期）王玉齡巴黎報導〈阿曼大型回顧展〉、2000.8（303）潘台芳〈阿曼／物體夢想家、王哲雄〈消費文明與工業社會的詩人暨社會學家／阿曼〉。

德洛涅（Robert Delanay）

1986.2（129）俞麗珊譯〈將時間帶入繪畫結構／西德舉行德洛涅百年展〉、俞麗珊譯〈德洛涅與德國〉。

波依斯（Joseph Beys）

1986.3（130）吳瑪悧〈德國藝壇英雄波依斯去世〉、吳瑪悧譯〈波依斯最後的演說〉、1991.2（189）海涅著；吳瑪悧譯〈約瑟夫．波依斯傳〉、1999.7（290）《藝術在美國》授權本刊專用／大衛．席維斯特；吳南薰譯〈關於波依斯〉、2005.3（358）波依斯／擴大藝術觀念的德國前衛藝術家、2009.1（404）王鼎曄〈藝術家的膜拜／「波依斯．我們是革命」在柏林展出〉。

德爾沃（Pal Delvax）

1986.4（131）王哲雄〈不受當代藝術思潮感染的超現實主義大師德爾沃〉、洛華笙〈超現實大師德爾沃晤聚記〉、1990.6（181）劉奇俊〈夢的魔法／德爾沃的藝術〉、德爾沃畫展作品選輯、保羅．德爾沃美術館。

歐姬芙（Georgia O'Keeffe）

1986.5（132）黃春英〈從平凡中見偉大／ 20 世紀美國最著名女畫家歐姬芙去世〉、1988.4（155）程明琤〈向天空問訊／歐姬芙的繪畫世界〉、2002.7（326）周芳蓮〈歐姬芙／親密大自然在馬德里〉、2013.3（454）歐姬芙眼中的新墨西哥州風景。

亨利．摩爾（Henry Moore）

1986.10（137）現代雕塑大師亨利摩爾專輯：黃祖強譯〈生活與時代／亨利摩爾小傳〉、劉欽棟〈人性與大自然的結合／論亨利摩爾的雕塑藝術〉、〈空間與形體／亨利摩爾對創作觀念的自述〉、克拉克〈亨利摩爾綿羊素描冊序〉、2002.1（320）周東曉〈融合具象與抽象造形的英國現代雕刻／「亨利．摩爾作品回顧展」〉。

安迪．沃荷（Andy Warhol）

1987.4（143）楊熾宏〈普普藝術的超級巨星安迪沃荷〉、安迪沃荷文；藝術家譯〈安迪沃荷如是說〉、1990.9（184）陳泰松〈世紀末的黑天使／安迪．沃爾荷〉、1994.10（233）大衛．布東；賴小秋譯〈安迪．沃荷和美國夢〉、2002.4（323）「世界名畫家全集」推出普普藝術大師／安迪．沃荷、2008.2（393）林志鴻因為簡單．所以我做／安迪．沃荷的 50 年代插畫傳奇、2009.1（404）普普教父／安迪沃荷世界巡迴展、2011.2（429 期）徐升潔〈安迪沃荷的黑白無聲影片肖像／紐約現代美術館展出安迪沃荷早期影片作品〉、2012.10（449）徐升潔〈半個世紀的沃荷式普普／紐約大都會美術館「關於沃荷」大展現場直擊〉、張羽芃編譯〈無遠弗屆的影響力／「關於沃荷：六十位藝術家，五十個年頭」不同世代的對話〉、張羽芃編譯〈紐約現代美術館安迪沃荷藏品精選〉、2014.2（465）鄭涵云〈安迪沃荷大展於東京展出〉。

凱斯．哈林（Keith Haring）

1990.12（187）吳毓奇〈未來根源／凱斯.哈林回顧展〉、達屈作；彭尊聖摘譯〈凱斯.哈林的藝術〉、1987.1（140）哈陵塗寫反毒品壁畫、1998.9（280）周東曉紐約報導〈開拓精緻藝術與通俗文化交疊空間／凱斯．哈林首次回顧展〉、2013.7（458）史惟筑〈巴黎市立現代美術館凱斯．哈林回顧展〉。

安舍．基弗（Anselm Kiefer）

1991.5（192）焦平〈德國當今最走紅的藝術家安舍．基弗〉。

林布蘭特（Rembrandt）

1991.12（199）陳炎鋒〈歐洲林布蘭特巡迴大展〉、郁斐斐〈第一位把鏡子舉向自己的畫家〉、郁斐斐譯〈毀譽參半的林布蘭特〉、1999.12（295）丘彥明〈永遠的自畫像／「林布蘭特自己」特展觀後記〉、2006.4（371）丘彥明〈踏著林布蘭特青春年少的足跡／林布蘭特與萊登〉、〈林布蘭特與阿姆斯特丹〉、〈四百年後的相遇／林布蘭特與卡拉瓦喬〉、〈究竟是虛構的母親？還是真實的母親？／林布蘭特繪畫中的模特兒〉、林布蘭特的素描、林布蘭特年表、2007.2（381）廖瓊芳〈為大師慶祝四百歲生日／羅浮宮「素描家林布蘭特展」、2009.10（413）丘彥明〈阿姆斯特丹「完整的林布蘭特」特展。2011.12（439）張羽芃整理〈華沙皇宮城堡展出林布蘭特畫作〉。

傑利訶（Théodore Géricalt）

1992.1（200）陳韻雁譯〈浪漫派大師傑利訶 200 年紀念展〉、2012.2（441）林智偉〈夢與形上學的編織者／巴黎市立現代美術館舉辦德．基里訶回顧展〉。

培根（Francis Bacon）

1992.6（205）黃春英〈描繪死亡之舞的培根病逝馬德里〉、1992.8（207）陳英德〈世紀末大師法蘭西斯．培根的最後訪談〉、1996.10（257）培根大回顧展、1999.4（287）朱紀蓉〈從另一層面觀看培根的藝術／培根紙上作品暨油畫作品展〉、2003.1（332）世界名畫家全集《培根》出版、2009.1（404）方秀雲〈獸性的最高極限／獸性派畫家法蘭西斯．培根回顧展〉、2009.8（411）鄭意萱〈法蘭西斯．培根百年誕辰紀念展〉。

馬列維奇（**Kazimir Malevich**）

1993.3（214）陳建北〈為新社會開創新藝術局面／馬列維其的回顧展〉、2003.9（340）周東曉〈幾何抽象大師馬列維奇／紐約古根漢美術館等歐美三地巡迴展〉。

羅丹（**Agste Rodin**）

1993.6（217）羅丹藝術展續輯〈雕塑．印象／台灣藝術家看羅丹〉、黃健敏〈羅丹在美國〉、穴澤一夫；袁因譯〈羅丹和近代雕刻〉、2000.3（298）陳雪妮〈羅丹的水彩與索描藝術〉、熊秉明〈羅丹素描／暗夜與清晨〉、2001.1（308）吳安蘭〈燃燒的大理石／天才之手羅丹〉、2006.11（378）方秀雲〈倫敦皇家藝術學院的羅丹回顧展〉、2011.7（434）「羅丹：素描的無盡樂趣」展出羅丹女體素描、2012.1（440）柏羅；唐忠珊編譯〈羅丹一件從未發表過的作品〈卡蜜兒〉／鑑定藝術品時的深沉信念〉、2012.2（441）柏羅；唐忠珊編譯〈鑑定藝術品時的深沉信念／羅丹一件從未發表過的作品〈卡蜜兒〉〉。

達比埃（**Antoni Tàpies**）

1993.9（220）李婷婷譯〈達比埃訪問記〉、陳建北〈訪達比埃基金會〉、1998.7（278）徐芬蘭〈達比埃斯．圖騰與形體〉、2000.7（302）周芳蓮〈雙重意義和不可能性／達比埃斯大型回顧展〉、2012.3（442）張羽芃〈西班牙非定形繪畫大師達比埃斯辭世〉。

妮基．德桑法爾（**Niki de Saint Phalle**）

1993.10（221）吳瑪悧〈炙熱的烈火／妮基．德桑法爾〉。

魯西安．佛洛依德（**Lcian Fred**）

1994.3（226）陳玉珍〈探究人類本性與心靈／魯西安．佛洛依德的世界〉、1998.8（279）朱紀蓉〈穿透表層人體畫家／佛洛伊德近作精選展〉、2010.7（422）廖瓊芳〈動物性的人體呈現／盧西安．佛洛依德「畫室」展於巴黎龐畢度中心展出〉、2011.9（436）張羽芃編譯〈英國當代寫實大畫家／盧西安．佛洛依德〉。

蘇拉吉（**Pierre Solages**）

1994.3（226）王哲雄〈蘇拉吉，來自現代藝術不孕之地／賀碟滋（Rodez）的前衛藝術家〉、邵亦楊〈充滿人性的具體聲音／記蘇拉吉繪畫回顧展〉、1996.6（253）王玉齡〈蘇拉吉／黑色的光線〉。

薩拉霍夫（**Salahov**）

1994.6（229）奧斯馬洛夫斯基作；奚靜之譯〈與時代對話／關於薩拉霍夫的創作〉、李文苓〈來自北荒大地的光華／泰爾．薩拉霍夫印象〉。

丁托列托（**Tintoretto**）

1994.12（235）孫望中威尼斯報導〈威尼斯畫派最後的大師／丁托列托400年紀念展〉、2007.5（384）周芳蓮〈威尼斯大師丁特列托名畫聚集於馬德里／普拉多美術館丁特列托大展〉、2011.5（432）唐忠珊〈丁托列托對於光線的運用〉。

霍伯（**Edward Hopper**）

1995.1（236）陳聖頌〈愛德華．霍伯的繪畫與生活〉、蘇珊．勞遜〈現代生活的畫家／愛德華．霍伯〉、2011.10（437）〈黑色電影般的懸疑布局／愛德華．霍伯作品中的女性刻畫〉、2012.9（448）周芳蓮〈西班牙泰森美術館舉辦霍伯大型回顧展〉。

布朗庫西（**Brâncşi**）

1995.6（241）唐忠珊〈布朗庫西回顧展〉、2001.10（317）盧人仰〈一位欲刺穿地球的雕塑家／關於布朗庫西〉。

卡拉瓦喬（**Caravaggio**）

1995.6（241）陳英德〈17世紀歐洲繪畫最大的創新者和最具影響力的大師卡拉瓦喬〉、2005.4（359）〈末路微光／卡拉瓦橋在英倫〉、2010.4（419）尹之前〈傳奇一生．鑄就非凡／寫於卡拉瓦喬逝世400周年紀念〉、2012.8（447）李依依〈軀體與陰影／卡拉瓦喬與歐洲卡拉瓦喬流派〉。

摩洛（**Gstave Morea**）

1995.7（242）歷史與人物：劉奇俊〈魂的夢．思想的詩／象徵主義大師摩洛畫展〉、1999.1（284）唐忠珊〈璀璨亮麗的神祕夢境／摩洛百年回顧展〉、施淑萍〈美麗神話的官能構築／摩洛裝飾性繪畫風格的經典之作〉。

羅蘭珊（**Marie Larencin**）

1982.9（88）林逸〈瑪麗．羅蘭珊的世界〉、〈瑪麗羅蘭珊簡歷及畫選〉1996.1（248）八重樫春樹文；呂明穎摘譯〈瑪麗．羅蘭珊的生涯與藝術〉、2003.10（341）劉奇俊〈女性．

裝飾．繪畫／瑪莉．羅蘭珊回顧展〉。

麥約（**Aristide Maillol**）

1996.1（248）穴沢かずお〈麥約與地中海〉、1996.2（249）布拉賽著；呂明穎譯〈燃燒生命與藝術的熱情／法國近代雕塑大師麥約訪問手記〉。

柯洛（**Corot**）

1996.4（251）唐忠珊〈柯洛誕生兩百年回顧展／重新確定藝術史上地位〉、2005.10（365）周芳蓮〈柯洛回顧展在西班牙〉。

羅斯柯（**Mark Rothko**）

1996.4（251）劉俐〈渾沌宇宙的邀請／馬克．羅斯柯回顧展〉、1999.1（284）周東曉紐約報導〈馬克．羅斯柯回顧展／在彩色與光暈交融中尋求精神性體驗〉、2008.9（400）泰德現代美術館「羅斯科」展、2009.1月（404）方秀雲〈黑暗與神祕的靈光／馬克．羅斯柯的「悲劇」主題作品展〉。

雷諾瓦（**Agste Renoir**）

2001.8（315）劉奇俊〈雷諾瓦／從異端兒到巨匠之路〉、2007.5（384）方秀雲〈印象派的實驗／雷諾瓦 1865-1883年的風景畫特展〉。2013.6（457）雷諾瓦與印象派的繪畫藝術：〈印象派的幸福大師雷諾瓦／雷諾瓦作品於國立故宮博物院展出〉、劉巧楣〈雷諾瓦與時尚／雷諾瓦畫作中的女性形象〉、尚．雷諾瓦；拾珍編譯〈愛的吶喊／我的父親雷諾瓦〉、中山公男；朱燕翔編譯〈歌詠生命的美好／從藝匠、市民藝術家到詩人的雷諾瓦〉、馬克．雷斯特里尼；朱燕翔編譯〈雷諾瓦與印象派革命〉。

卡蘿（**Frida Kahlo**）

1996.8（255）曾長生〈壯烈的卡蘿／ 20 世紀最引人爭議的女畫家〉、2003.11（342）劉奇俊〈卡蘿和她的時代／墨西哥女性超現實派〉。

波特羅（**Fernando Botero**）

1996.8（255）劉奇俊〈波特羅的肥胖美學〉、2003.3（334）段煉〈雅俗互動／拉丁美洲畫家波特羅的藝術〉、2004.6（349）吳曉芳〈渾圓豐滿．洋溢喜樂生命力／波特羅戶外雕刻大展〉、2005.10（365）張素雯〈波特羅：我幾乎沒有注意到他們是胖的〉。

塞撒（**César**）

1996.12（259）塞撒回顧展專輯：法蘭斯瓦．巴黑著；林其蔚譯〈塞撒／一位爭議性的雕刻家〉、龐度．于嗔著；林其蔚譯〈破譯現實的奇趣靈現／評論塞撒的現代雕刻〉、亞蘭．瓊斯著；林其蔚譯〈塞撒訪問錄〉、貝爾納．布里斯坦採訪；林雅珠譯〈與塞撒的訪談〉。

瓊斯（**Jasper Johns**）

1996.12（259）心靈已經相識的事物／紐約現代美術館瓊斯回顧展、1997.8（267）方振寧〈美國現代美術的巨匠傑士帕．瓊斯／ 40 年軌跡〉、2009.1（404）「聚焦：傑斯帕．瓊斯」在紐約現代美術館展出。

貝克曼（**Max Beckmann**）

1997.1（260）劉裘蒂〈納粹的逐客／德國表現主義大師貝克曼的非表現主義〉。

巴塞利茲（**Georg Baselitz**）

1997.1（260）王玉齡〈德國畫家巴塞利茲大型回顧展〉。

蒙德利安（**Piet Mondrian**）

1995.9（244）蒙德里安個展。

勃拉克（**Georges Braqe**）

2002.6（325）周芳蓮〈從野獸派到立體主義／西班牙首次舉辦勃拉克回顧展〉。

巴斯奇亞（**Basqiat**）

1997.1（260）尚蹈易布拉特著；賴慧芸譯〈80 年代的「少年大師」巴斯奇亞〉、2011.1 月（428）楊識宏〈美國藝術的傳奇人物／尚．米榭．巴斯奇亞〉。

竇加（**Degas**）

1996.11（258）劉俐〈世紀末竇加特展〉、高千惠〈穿越歲月的力量／從竇加晚期作品談黃昏創作的激情〉、1998.8（279）周東曉〈竇加畫賽馬／藝術家的另一大創作主題〉。

弗立德立希（**Friedrich**）

1997.4（263）馬其方〈詩意的憂鬱與疏離／德國浪漫主義大師弗立德立希〉。

李奇登斯坦（**Roy Lichtenstein**）

1997.11（270）劉俐〈普普藝術大師李奇登斯坦驟然逝世〉、

秦松〈走入東方「網點山水」/我與李奇登斯坦的一面緣〉、2004.5(348)陳永賢〈普普藝術大師/李奇登斯坦特展〉。

喬爾喬涅(Giorgione)

1998.5(276)陳英德〈喬爾喬涅/威尼斯畫派的革新者與近代繪畫的創建人〉。

德拉克洛瓦(Delacroix)

1998.6(277)唐忠珊〈浪漫主義派的先驅德拉克洛瓦〉。

馬丁・奇歐(Martin Gyax)

1998.7(278)〈馬丁奇歐雕塑心靈的幻象世界〉。

馬格利特(Magritte)

1998.7(278)朱紀蓉〈超現實畫家馬格利特百年回顧展〉、2003.8(339)周昕〈這是馬格利特/超現實主義畫家馬格利特作品回顧展〉、2011.9(436)方秀雲〈揮之不去的挑釁與美麗/泰德利物浦美術館舉行「馬格利特:愉悅的原則」展〉。

杜布菲(Jean Dbffet)

1998.9(280)蘇美玉〈杜布菲回顧展 1919-1985〉、胡永炎〈杜布菲與原生藝術〉。

尚－皮爾・雷諾(Jean-Pierre Raynad)

1999.3(286)王玉齡〈法國新寫實巨匠/尚－皮爾・雷諾大型回顧展〉。

大衛・霍克尼(David Hockney)

1981.8(75)陳英德〈享譽當代西方藝壇的英國寫實畫家霍克尼/在巴黎看新寫實畫〉。1999.4(287)劉安琪巴黎報導〈空間與風景的對話〉、2009.8(411)方秀雲〈綠意的浪漫與觸感/大衛・哈克尼的四季體驗〉、2010.10(425)楊識宏〈恆久以來繪畫藝術不可取代的詭妙魅力/美國畫壇的寵兒大衛・霍克尼〉、2012.2(441)江凌青〈樹立風景畫的新典範/倫敦皇家藝術學院之大衛・霍克尼回顧展〉、2014.1(464)郁斐斐〈舊金山德揚博物館的霍克尼新作特展〉。

葛利哥(El Greco)

1999.6(289)周方蓮〈葛雷柯(葛利哥)大展/巡迴希臘、義大利、西班牙隆重舉行〉、2003.10(341)形而上派繪畫大師/德・基里訶、2008.3(394)周芳蓮〈縱覽葛利哥名畫巨作/普拉多美術館舉行西班牙畫聖葛利哥繪畫雕刻大展〉、2013.3(454)鄭涵云〈神祕而激越的宗教情懷/東京展出艾爾・葛利哥回顧展〉。2014.9(472)周芳連〈葛利哥之於現代繪畫〉。

泰納(Trner)

1986.11(138)林秀薇〈山水中的旅者/水彩畫巨匠泰納和他的藝術〉、泰納代表作選輯、2008.1(392)耿殿文〈英國風景畫大師回顧展/華盛頓國家畫廊舉行泰納回顧展〉、2010.4(429)唐忠珊〈大師的生成/泰納和他崇敬的畫家〉。

克利(Pal Klee)

1980.2月(57)雨云譯〈克利日記選〉。

伯恩瓊斯(Edward Brne-Jones)

1999.8(291)施淑萍〈優雅、浪漫、騎士、英國風/19世紀英國「拉斐爾前派」大師伯恩－瓊斯〉。

波納爾(Bonnard)

1996.11(258)李蕭錕〈印象主義最後一筆/波納爾〉。

諾曼・洛克威爾(Norman Rockwell)

2000.3(298)郭菉猗〈20世紀美國的名插圖畫家/諾曼・洛克威爾〉。

艾雪(M.C.Escher)

2000.9(304)丘彥明〈不可能存在的存在/版畫大師艾雪〉、2003.1(332)丘彥明〈版畫為他贏得了一座王宮/「艾雪宮美術館」創館記〉。

杜米埃(Damier)

1999.12(295)廖瓊芳〈19世紀的藝術全才杜米埃/巴黎大皇宮回顧展〉、2001.4(311)陳瑞文〈略談杜米埃的石版畫〉、梅丁衍〈杜米埃寫實主義在台灣側寫〉。

傑克梅第(Alberto Giacometti)

1984.1(104)劉晞儀譯〈存在主義雕刻家傑克梅第訪問記〉、1996.7(254)法蘭茲・麥耶文;吳瑪悧譯〈阿貝托・傑克梅第〉、2001.8(315)「傑克梅第百年回顧展」蘇黎世展開、2002.1(320)周東曉〈開創寫實新視野的人像雕塑大師/傑克梅第百年誕辰回顧展〉。

理查・塞拉(Richard Serra)

2002.2(321)楊識宏〈2001年國際藝壇風雲人物/美國

雕刻的鐵人理查・塞拉〉、2011.7（434）賴麗惠〈黑色的張力與重量／理查・塞拉於紐約大都會美術館的素描回顧展〉、2014.5（468）張羽芃〈理查・塞拉於卡達沙漠的新作〉。

柏克林（Böcklin）
2002.3（322）廖瓊芳〈瑞士象徵主義大師柏克林個展〉。

牟里尤（Mrillo）
2002.3（322）周芳蓮〈西班牙黃金時代繪畫大師牟里尤〉、2010.2（417）周芳蓮〈黃金時代的繪畫大師牟里尤／「年輕的牟里尤」於西班牙盛大展出〉。

碧翠絲・嫵得（Beatrice Wood）
2002.5（324）劉明惠〈當代藝術家傳奇／「達達之母」碧翠絲・嫵得〉。

桑・法蘭西斯（Sam Francis）
2002.6（325）楊識宏〈桑・法蘭西斯的世界〉。

慕夏（Mcha）
2009.8（411）廖瓊芳〈新藝術風格大師慕夏回顧展〉、2011.7（434）「慕夏大展／新藝術・烏托邦」特展」。

巴爾杜斯（Balths）
1995.8（243）伊莎貝爾・莫諾方丹〈巴爾杜斯回顧展〉、2013.12（463）徐升潔〈大都會美術館推出巴爾杜斯大展〉。

恩斯特（Max Ernst）
2005.6（361）黃淑娟〈超越現實裡的奇幻夢境／紐約大都會美術館舉辦「恩斯特回顧大展」〉、2013.5（456）何欣欣〈鬼才大師、超現實主義先鋒／馬克思・恩斯特回顧展〉。

封答那（Fontana）
2008.2（393）貝瑞・修瓦斯基文；朱燕翔譯〈掌握媒材與想像的能手／盧丘・封答那「坐落在空間主義的根源」〉。2014.8（471）林智偉〈抽象空間形式和變換媒材／巴黎市立現代美術館舉辦封答那回顧展〉。

克林姆（Gstav Klimt）
2012.5（444）鄧聿檠編譯〈審視克林姆作品全新視野／2012維也納「克林姆年」十大專題展〉、史蒂芬・柯雅；鄧聿檠編譯〈繪畫詮釋超越時間的永恆與和諧／克林姆的風景畫與實景〉。

羅賽蒂（Rossetti）
2004.5（348）丘彥明〈沉浸於中世紀夢幻世界的詩人與畫家、羅賽蒂的詩與畫〉、2006.8（375）以妮〈羅賽蒂詩畫中的碩美意境〉。

費寧格（Feininger）
2004.6（349）黃淑娟〈總是前衛，從歐洲到美國／包浩斯藝術家費寧格〉。

瓦斯涅佐夫（Viktor Vasnetsov）
2004.8（351）馬小英〈維多米海洛維奇・瓦斯涅佐夫／19世紀俄羅斯風俗畫家〉。

布列松（Bresson）
2004.9（352）周文翰〈攝影大師布列松辭世〉。

尼古拉・費申（Nicolai Fechin）
2004.11（354）馬小英〈流浪天才／俄羅斯畫家尼古拉・費申〉。

克萊因（Yves Klein）
2005.6（361）周芳蓮〈身體藝術先驅克萊因大型回顧展／在畢爾包古根漢美術館舉行〉。

席勒（Egon Schiele）
2005.6月（361）丘彥明〈愛與死／席勒的繪畫及其引發的表演藝術〉。

達敏・赫斯特（Damien Hirst）
2005.7（362）陳永賢〈驚悚暴力美學／英國前衛藝術家達敏・赫斯特〉、2012.5（444）江凌青〈菸蒂、藥丸與鑽石的搖籃曲／泰德現代美術館舉辦達敏・赫斯特首次回顧展〉、2012.7（446）安・蓋勒格；張羽芃編譯〈達敏・赫斯特的美學／英國當代藝術家達敏・赫斯特〉、尼可拉斯・席洛塔；張羽芃編譯〈藝術是世界上最重要的貨幣系統／赫斯特與泰德美術館館長尼可拉斯・席洛塔的對談〉。

馬奈（Manet）
2005.8（363）柔之〈馬奈的藝術世界〉、2011.6（433）方秀雲〈融合寫實與浪漫主義的現代精神／巴黎奧賽美術館「馬奈，發明現代藝術的人」特展〉。

羅勃・勞生柏（Robert Raschenberg）
2006.3（370）林千琪〈超越藩籬的藝術巔峰者／羅勃・勞

生柏與綜合繪畫〉。

亞倫·瓊斯（**Allen Jones**）

2006.4（371）林千琪〈與英國普普藝術家亞倫·瓊斯訪談〉、宮川淳〈亞倫·瓊斯回顧60年代創作〉。

謝洛夫（**Valentin Serov**）

2006.4（371）馬曉瑛〈謝洛夫140年誕辰展〉。

克里斯·歐菲（**Chris Ofili**）

2006.4（371）洪藝真〈化腐朽為創作，讓繪畫不只是客體／克里斯·歐菲〉。

大衛·史密斯（**David Smith**）

2006.5（372）周東曉〈結合素描繪畫的開放式現代雕塑／美國藝術家大衛·史密斯百年紀念大展〉。

馬丁·撒拉薩

2007.4（383）柯孟德著；杜立中譯〈馬丁·撒拉薩：一位新社會人文主義雕塑家〉。

里昂·科索夫（**Leon Kossoff**）

2007.11（390）徐升潔〈倫敦孕育出的繪畫大師／英國表現主義畫家里昂·科索夫〉。

露意絲·布爾喬亞（**Loise Borgeois**）

1998.4（275）方振寧〈人間無法自拔的孤獨／路易絲·布爾喬亞回顧展〉、2008.5（396）鄭元智〈我對於女人的所作所為有著高度的興趣／露意絲·布爾喬亞回顧展〉。

波洛夫斯基（**Jonathan Borofsky**）

2008.8（399）周文翰〈波洛夫斯基重塑人類精神／波洛夫斯基為北京奧運創作28公尺高〈人之塔〉雕塑〉、周文翰〈專訪波洛夫斯基〉。

傑夫·孔斯（**Jeff Koons**）

2008.11（402）劉明惠〈庸俗之王會遇太陽王／傑夫·孔斯凡爾賽宮回顧展〉、2011.2（429）陳寬育〈傑夫·孔斯的〈兔子〉〉、2014.8（471）周東曉〈藝術創作是溝通的工具／傑夫·孔斯國際巡迴回顧展〉

布莉姬特·黎蕾（**Bridget Riley**）

2008.11（402）方秀雲〈眼睛的激素，是神秘與不神秘的殿堂／布莉姬特·黎蕾的歐普藝術〉、2009.6（409）沈奕伶〈顛覆視覺經驗的幻視藝術家／布莉姬特·黎蕾〉。

康丁斯基（**Wassily Kandinsky**）

2009.8（411）唐忠珊〈康丁斯基的內在世界／龐畢度中心展出康丁斯基回顧展〉、1995.4（239）康丁斯基「構成展」追溯其抽象畫發展歷程。

索羅亞（**J.Sorolla**）

2009.9（412）周芳蓮〈西班牙陽光畫家／索羅亞大型回顧展於普拉多美術館〉

弗朗茲·馬爾克（**Franz Marc**）

2009.10（413）沈奕伶〈化身藍馬的藝術先鋒／德國表現主義大將弗朗茲·馬爾克〉。

阿爾瑪·塔德瑪（**Alma Tadema**）

2010.2（417）吳靖雯〈維多利亞時代藝術的經典象徵／阿爾瑪·塔德瑪〉。

菲利浦·佩爾斯坦（**Philip Pearlstein**）

2011.3（430）張羽芃編譯〈忠實捕捉表象的真實／菲利浦·佩爾斯坦的現代主義寫實繪畫〉。

卡波爾（**Anish Kapoor**）

2011.7（434）陳英德、張彌彌〈走進雕塑的內裡／卡波爾〈海中怪獸〉於「不朽2011」展出〉、2011.7（434）吳水柔〈卡波爾在巴黎大皇宮展出巨型裝置〈海中怪獸〉〉。

琳達·班格拉斯（**Lynda Benglis**）

2011.10（437）張懿文〈流動的有機雕塑／琳達·班格拉斯回顧展〉。

莫莉索（**Berthe Morisot**）

2012.2（441）周芳蓮〈「因繪畫而活」以藝術刻畫自己的生命／獨立、叛逆、創新的印象派女畫家貝絲·莫莉索〉。

曼雷（**Man Ray**）

2013.3（455）方秀雲〈永遠年輕的煉金術士／倫敦國立肖像美術館舉辦「曼雷肖像」展〉。

梵·鄧肯（**Kees Van Dongen**）

2012.6（445）廖瓊芳〈巴黎野獸派肖像畫家梵·鄧肯〉。

史帖拉（**Frank Stella**）

2012.10（449）〈史帖拉作品回顧展〉。

歐登伯格（**Claes Oldenbrg**）

2013.6（457）歐登伯格早期經典：徐升潔〈日常生活物件的創作主題／紐約現代美術館展出歐登伯格早期作品〉、周東曉〈克雷斯．歐登伯格創新普普藝術的雕塑發展／精選早期作品回顧國際巡迴展〉。

夏凡尼（**Chavannes**）

2014.2（465）鄭涵云〈夏凡尼回顧展首次於日本舉辦〉。

朱利安．施拿柏（**Jlian Schnabel**）

2014.4（467）吳虹霏編譯〈進入主流朱利安．施拿柏〉。

畢沙羅（**Pissarro**）

2013.8（459）周芳蓮〈印象派大師畢沙羅專題展在馬德里〉。

華裔焦點人物

人與創作，匯聚成就了美術發展的歷史長河。《藝術家》創刊至今，報導了難以計數的藝術家的生活、創作及相關的活動。這些藝術家共同創造了輝煌的美術史，他們的藝術歷程及動向也經由雜誌的圖文成為永遠的記錄，並為廣大的讀者帶來美好而寶貴的訊息與賞析媒介。《藝術家》的作者群數以千計，除了來自台灣並遍及海外各地，針對焦點人物，寫下創作者投入藝術的熱情、苦心和成就，《藝術家》也以製作專輯的方式，作更深入的呈現。從雜誌每一個階段所推出的焦點人物，不難窺視當時的美術生態，在歲月的流轉裡，不同出生和學習背景、不同風格流派的藝術家，都以其個人的風采，點亮並豐富了美術歷史。

1975.06 — 1985.05

1975.06（1） 任伯年專題

1975.09（4） 徐悲鴻專題

1975.10（5） 惲壽平專題：張臨生、凌祖綿撰文

1976.01（8） 揚州八怪專輯

1976.03（10） 廖繼春2月13日病逝。賴傳鑑、陳景容的悼念文章及作品選輯。

1976.10（17） 傅抱石專輯：蔣健飛、凌祖綿、仰真撰文

1977.04（23） 何弢〈創造中國畫新境界的一位隱士／陳其寬〉、李鑄晉〈文人畫的再躍昇／評陳其寬的繪畫〉、陳長華〈陳其寬一席談〉、陳其寬年表、陳其寬〈肉眼、物眼、意眼與現代畫〉

1977.05（24） 林風眠專輯：蔣健飛〈林風眠的繪畫天地／民初畫家選介〉、林惺嶽〈奇光異彩的塞星／追昔撫今話風眠〉

1977.11（30） 何政廣〈旅居海外的中國畫家專訪一／超寫實畫家姚慶章〉

1977.12（31） 何政廣〈旅居海外的中國畫家專訪二／趙無極訪問記〉、索翁〈在我國首創人體寫生教學的劉海粟〉、蔣健飛〈民初畫家簡介／藝術叛徒劉海粟〉、魏克猛〈西洋藝術入中國的第一聲／上海美專校史／舊文新刊〉、劉抗〈劉海粟與中國近代藝術〉、戴維藩存〈天閣追憶〉、劉穗久〈裸體模特兒以外的歐洲畫／告中國學西畫者〉、賴傳鑑〈人體寫生的研究〉、陳景容〈怎樣畫人體素描〉

1978.01（32） 何政廣〈旅居海外的中國畫家專訪三／彭萬墀訪問記〉

1978.02（33） 何政廣〈旅居海外的中國畫家專訪四／陳建中訪問記〉

1978.03（34） 何政廣〈旅居海外的中國畫家專訪五／夏陽訪問記〉、蔣健飛〈中國近百年重要畫家選介／任熊／從民間畫工到富有創造性的大畫家〉

1978.04（35） 蔣健飛〈中國近百年重要畫家選介／虛谷和尚〉、何政廣〈旅居海外的中國畫家專訪六／朱德群訪問記〉

1978.05（36） 何政廣〈旅居海外的中國畫家專訪七／霍剛訪問記〉

1978.06（37） 蔣健飛〈中國近百年重要畫家簡介四／海上派代表畫家錢慧安〉

1978.07（38） 何政廣〈旅居海外的中國畫家專訪八／蕭勤訪問記〉

1978.09（40） 楊熾宏〈攝影訪問1／個東西南北人劉國松〉

1978.10（41） 楊熾宏〈攝影訪問2／性．甲骨文．原始藝術和張義〉、蕭勤〈李仲生／一個隱居的藝術工作者〉、李無心〈抽象的獨裁者／和李仲生相見〉。

1978.11（42） 楊熾宏〈攝影訪問3／連綿的山巒與王無邪〉

1979.01（44） 何政廣〈旅居海外中國畫家專訪九／王己千訪問記〉

1979.02（45） 何政廣〈旅居海外中國畫家專訪十／陳英德訪問記〉、談錫永〈丁衍庸赤子之心〉、繆

樂民〈丁衍庸回顧展77／丁衍庸略歷〉、楊熾宏〈攝影訪問畫伯丁衍庸〉。

1979.03（46） 劉其偉〈悼水彩大師藍蔭鼎〉、〈藍蔭鼎專輯彩色頁〉、北辰〈成功者的孤影／藍蔭鼎的生涯與藝術〉、楊英風〈藍蔭鼎的畫外故事〉、李澤藩口述〈「英國紳士」／我所知道的藍蔭鼎〉、何肇衢〈懷述鼎廬舊事〉。

1979.06（49） 何政廣〈旅居海外中國畫家專訪十一／韓湘寧訪問記〉

1979.07（50） 梁楷專輯：田中一松著；張桐生譯〈梁楷的藝術〉、李榮龍譯〈梁楷的精妙之筆〉、〈文史中有關梁楷的記錄〉、〈梁楷略年表及代表作〉、談錫永〈梁楷及八高僧故實圖卷〉

1979.11（54） 駱拓〈一代大師徐悲鴻的生活與藝術〉、駱拓提供〈徐悲鴻畫馬〉、劉抗〈論徐悲鴻〉、何政廣〈中國前衛繪畫的先驅李仲生〉

1980.01（56） 蔣健飛〈一代山水大師黃賓虹〉

1980.02（57） 朱沅芷專輯：蔣健飛〈看朱沅芷回顧展〉、海倫撰；小明譯〈憶沅芷〉、〈朱沅芷作品選輯〉、朱小明譯〈一位被重新發現的中國畫家朱沅芷的藝術生涯〉

1980.05（60） 劉耿一、曾雅雲〈劉啟祥七十自述〉、〈劉啟祥油畫選輯〉、〈劉啟祥年表曾雅雲〉、曾雅雲編〈劉啟祥作品目錄〉

1980.09（64）〈黃賓虹作品展大特寫〉、鄭明〈觀黃賓虹作品展〉、〈細説三百年來一賓虹〉、〈黃賓虹畫語錄選〉、何弢〈黃賓虹晚年的作品〉、〈黃賓虹的山水畫法〉

1980.11（66） 歐豪年〈嶺南畫派的回顧與前瞻〉、蔣健飛〈嶺南派中的奇才高奇峰〉、駱拓〈榮獲勳爵的花鳥畫大師趙少昂〉、歐豪年〈傳統繪畫技法講座3／中國畫的寫生與筆墨〉

1981.01（68） 蔣健飛〈中國近百年重要畫家簡介／白龍山人王一亭〉

1981.03（70） 曾景文專輯：〈曾景文的水彩近作〉、劉其偉節譯〈水彩畫家曾景文訪問記〉、郭海倫著；靜枚譯〈曾景文談水彩畫室與作畫經驗〉

1981.06（73） 高劍父專輯：曾杜昭〈高劍父的藝術〉、關山月〈憶我師／高劍父與春睡畫院〉、〈高劍父繪畫作品選〉、〈高劍父藝術活動年表〉

1981.08（75）〈八大山人的故居〉、李葉霜〈南昌青雲譜道士朱道朗與八大山人〉、〈八大山人花卉冊〉

1981.11（78） 蔣健飛〈中國近百年重要畫家簡介／謝稚柳〉、于還素〈與李德論自然及其含義〉、杜若洲〈李德的「形」及其他〉、郭軔〈一支三十年的標竿／李德的藝術〉、〈李德畫選〉

1982.01（80） 劉抗繪畫回顧展：劉海粟〈劉抗的繪畫藝術〉、〈劉抗畫集自序／寫在我的繪畫回顧展前夕〉、何和應〈新加坡畫壇一代領袖／劉抗〉、蔣健飛〈中國近百年重要畫家／以自然為師的李苦禪〉

1982.02（81） 蔣健飛〈中國近百年重要畫家／一代宗師張大千的藝術天地〉

1982.04（83） 蔣健飛〈中國近百年重要畫家簡介／齊白石的詩情畫意〉

1982.10（89） 陳英德〈從大陸出版的「徐悲鴻研究」談徐悲鴻留學法國時的師輩畫家〉、〈徐悲鴻畫選〉、艾中信〈徐悲鴻的油畫作法〉、〈中國名畫家傳記／悲鴻自述〉連載、艾中信〈忠誠於美術事業的教育家徐悲鴻〉、蔣健飛〈於幾件小事看徐悲鴻〉

1982.11（90） 麥慶揚專輯：〈麥慶揚難忘的歲月／我創作這組連作的自白〉、林大悲〈油畫刀下的華僑血淚／旅加畫家麥慶揚和他的畫〉、二了〈華人社區史詩篇／寫在麥慶揚油畫展之前〉、林清玄〈流浪中國人的悲歌／看麥慶揚的畫〉

1982.12（91） 蔣健飛〈中國近百年重要畫家簡介／沙馥〉

1983.01（92） 張照堂〈攝影作家（1）梁正居／行腳者的蹤跡〉、廖靜文〈徐悲鴻小傳〉、徐悲鴻〈任伯年評傳〉、王家誠〈蕭索復蕭索／談任伯年的際遇和畫〉、）王方宇〈八大山人的畫押〉

1983.03（94） 蔣健飛〈中國近百年重要畫家／嶺南派的創新者關山月〉

1983.05（96） 何懷碩〈閒雲野鶴任徜徉／論張大千畫〉、〈畫説／張大千遺作〉、〈張大千一生作品選輯〉、北辰〈張大千和他的二哥張善子〉、〈張大千繪畫的國際市場行情〉、〈張大千談畫〉（人物、畫梅、畫蘭、畫菊、沒骨花卉畫法）、劉國光〈張大千的畫歷與畫風〉、曾克耑〈大千諸相〉、〈摩耶精舍／張大千紀念館〉、〈張大千年譜〉

1983.06（97） 林逸〈十指參成香色味／虛谷上人的繪畫〉、〈陳文希博士珍藏的虛谷名畫〉、〈遺落大陸的虛谷書畫作品選〉

1983.07（98） 洛夫〈丁雄泉繪畫的風格〉、管管〈丁雄泉

是棵牡丹花〉、林復南〈採花大盜丁雄泉〉

1983.08（99） 劉其偉〈星洲藝壇巨星的殞落／敬悼鍾泗賓大師〉、劉奇俊〈創立「南洋畫派」的鍾泗賓〉、劉奇俊〈歷盡坎坷／傾心藝術家的李苦禪〉、〈李苦禪作品選〉、霜園〈費丹旭的美人畫〉、李葉霜〈費丹旭畫稿十二幅〉

1983.11（102）劉奇俊〈新加坡第一代畫家劉抗〉

1983.12（103）劉奇俊〈程十髮的藝術生涯〉、〈程十髮作品選輯／紅樓夢12金釵等〉、〈程十髮繪「紅樓夢 12 金釵」〉、〈程十髮速寫〉

1984.01（104）〈李曼峰作品選輯〉、徐悲鴻〈李曼峰畫集序〉、李曼峰〈我的繪畫觀〉

1984.04（107）李銘盛鏡頭裡的畫家楊三郎、葉淺予專輯：黎朗〈從漫畫到舞蹈人物／葉淺予繪畫回顧〉、葉淺予自述；黎朗記錄〈「天山之舞」／畫的落墨設色過程〉、〈葉淺予 1929 到 1937 年的漫畫〉、黎朗；劉奇俊提供〈葉淺予的速寫作品〉、劉奇俊〈葉淺予的藝術生涯〉、李可染專輯：黎朗〈淳樸無華意境入勝／專訪李可染〉、黎朗〈雨勢驟晴山又綠／李可染作畫過程〉、〈李可染作品選輯〉

1984.08（111）陳其寬專輯：莫士撝〈陳其寬畫展序〉、唐德剛〈陳其寬畫學看記／兼論國畫現代化〉、羅青〈一隻毛筆再造乾坤／陳其寬訪問記〉

1984.09（112）劉奇俊〈應從日出看江潮／人物畫家范曾的藝術〉、〈范曾冊頁選〉

1984.12（115）劉奇俊〈黃冑的藝術生涯〉

1985.01（116）〈陳德旺年譜〉、王偉光筆錄〈陳德旺自述〉、王偉光筆錄〈陳德旺談畫錄〉、陳德旺口述；王偉光筆錄〈安井曾太郎二三事〉、王偉光筆錄〈空谷足音／陳德旺最後的談話〉

1985.04（119）蔣兆和專輯：劉奇俊〈蔣兆和的藝術生涯〉、黎朗〈為人生而藝術／人物畫家蔣兆和〉

1985.06 — 1995.05

1985.08（123）嶺南派一代宗師趙少昂專輯：趙世光〈國色天香話牡丹／兼介趙少昂的牡丹花〉、歐豪年〈開啟嶺南畫派新頁／吾師趙少昂先生德業〉、劉奇俊〈趙少昂的藝術風格〉、趙世光〈空靈雋逸的趙少昂小品畫〉

1985.11（126）周澄書畫篆刻特輯：劉良佑〈周澄書畫新貌〉、劉奇俊〈意境常新的周澄山水畫藝術〉

1986.02（129）陳英德〈試評董希文油畫〉、袁運生追憶其恩師董希文、劉奇俊〈致力油畫民族化的董希文〉

1986.05（132）林玉山繪畫作品選、陳瓊花〈提倡自然寫生拓展傳統繪畫／林玉山八十回顧展〉

1986.08（135）席德進繪畫作品選輯、莊振山〈永遠的席德進〉、李焜培〈生命即藝術的席德進〉

1987.03（142）龐薰琹專輯：龐薰琹年譜、龐均〈我的父親龐薰琹〉、龐均〈紀念父親龐薰琹〉、龐薰琹〈漢代裝飾畫〉

1987.04（143）八大山人研究專輯：李苦禪〈為有源頭活水來／讀八大山人的書畫隨記〉、劉國展〈氣勢磅礡的畫卷／八大山人河上花圖〉、王方宇〈八大山人繪畫作品的分期問題〉、吳子南〈墨點無多淚點／雜談八大山人〉、李苦禪紀念館開幕

1987.09（148）齊白石專輯：黎朗〈鄉情．詩情．童心．愛心／紀念白石山翁逝世卅週年〉、齊良遲〈父親的教誨〉、李苦禪〈恩師白石翁二三事〉、齊白石篆刻、黎朗〈齊白石早期的一幅畫和最後的一張畫〉、胡絜青〈記齊白石大師〉、齊白石作品選輯、齊白石詩選、黎朗〈白石晚年部分事蹟和過世後的遭遇〉、卓以玉〈齊白石是中國的也是世界的〉

◆ 註：為紀念齊白石逝世 30 周年。《藝術家》雜誌花費一年多時間蒐集資料及約稿，有黎朗、齊白石得意門生李苦禪、齊白石門生老舍夫人胡絜青、卓以玉、齊白石四子齊良遲的文章，皆是第一手，且選刊多幅未曾公開之齊白石作品，以及齊白石詩選欣賞。

1987.10（149）蘇立文〈朱德群的藝術〉、龍柏〈朱德群的「逃脫之風景畫」〉、宋龍飛〈亦師亦友朱德群／寫於國家畫廊回顧展前夕〉

1987.11（150）徐悲鴻藝術探討專輯：曾嘉寶〈徐悲鴻五幅合作畫賞析〉、羅世長〈徐悲鴻遺作展的觀感與回省〉、張紹載提供〈徐悲鴻素描集〉、〈徐悲鴻《徐悲鴻藝術文集》之一／中國今日急需提倡之美術〉

1988.03（154）潘朝森〈我所認識的蕭如松〉、石台娟〈以不斷的探索直窺藝術心靈的蕭如松〉

1988.04（155）齊白石作品展賞析：程榕寧〈白石么兒談齊白石〉、黃鉅雄〈齊白石早期和晚期的蝦蟹〉、黃鉅雄〈齊白石工筆草蟲〉、齊白石

作品選輯
1988.12（163）劉海粟〈女畫家潘玉良〉、鮑加〈尋找潘玉良在巴黎的足跡〉、徐永昇〈潘玉良年表〉
1989.05（168）黎朗〈畫品人品兩相重／一代大師萬古芳／當代大寫意畫家李苦禪〉
1989.10（173）與世紀同齡的中國大畫家林風眠專輯：林風眠〈抒情、傳神及其他〉、呂蒙〈時代性、民族性、個性／林風眠的繪畫風格〉、國立歷史博物館提供〈林風眠畫選〉、朱樸編〈林風眠先生年譜〉、劉國松演講〈從林風眠的創新思想談起〉
1988.04（155）柯文輝〈藝術大師劉海粟傳〉
1988.10（161）何政廣〈用最大的功力打進去，用最大的勇氣打出來／李可染訪問記〉
1988.11（162）劉奇俊〈聽奕子聲中，誰操勝算／范曾訪問記〉、尼可力文．靜枚譯〈姚慶章的第一自然系列〉
1989.10（173）林玉山〈追憶老畫友郭雪湖／兼記其舊作與新畫〉、郭禎祥〈膠彩畫的發展與『台展三少年』〉
1989.11（174）龐靜平〈林風眠台北行〉
1990.01（176）劉海粟專輯：歷史博物館提供劉海粟在台北展覽作品選、程榕寧〈中國藝壇一代風流人物劉海粟訪問記〉、邵大箴〈他的名字將和中華民族的山水永存／悼念李可染先生〉、何懷碩〈日摧朽骨．黑入太陰／李可染的藝術成就和未了的心願〉、駱拓〈遙憶李可染老師〉
1990.02（177）黎朗〈求其氣韻．得其情趣／黃永玉其人其藝〉
1990.03（178）何懷碩〈從吳昌碩到石魯／「近代十大名家書畫選」序〉
1990.05（180）駱拓〈朱屺瞻百歲畫展〉
1990.06（181）黎朗〈古典風範現新姿／訪油畫家靳尚誼〉
1990.10（185）陳傳席〈宇宙的精神／傅抱石的生涯與繪畫（中）〉
1990.11（186）陸錫安〈高劍父的革新精神〉
1990.12（187）莊伯和〈人花共瘦／懷念臺靜農先生〉、李梅齡〈當代通儒臺靜農〉
1991.01（188）梅子青文攝影〈面對藝術家／謝稚柳〉
1991.08（195）龐均〈龐薰琹美術館成立〉、邵大箴〈一個永遠探索的靈魂／紀念龐薰琹先生〉、林玉山〈略述關山月的藝術創作〉
1991.11（198）柳悅孝〈台灣第一位水彩畫家倪蔣懷〉、張萬傳〈台灣早期美術紀事美術贊助者倪蔣懷〉
1991.12（199）陳秋萍譯〈蔡文穎動感藝術獲國際尖端藝術大獎〉、蕭勤〈「東方」精神的時代意義／為東方畫會創立35週年而作〉
1992.02（201）邵大箴〈戛戛獨造／紀念著名畫家陳文希〉、李松〈天機流暢——讀陳文希的畫〉
1992.03（202）安妮．花拉〈20世紀的中國畫家／吳冠中〉、黎朗〈吳冠中作品在大英博物館展出〉
1992.04（203）台灣美術全集第2卷問世、石守謙〈人世美的記錄者／陳進畫業研究〉
1992.05（204）臺灣美術全集第3卷問世、王耀庭〈林玉山的生平與藝事〉、彭郁娟〈台灣水彩畫壇清流蕭如松〉
1992.06（205）葉思芬〈短暫而光芒／天才畫家陳植棋〉
1992.07（206）林惺嶽〈超越時代鴻溝的彩／論廖繼春的生涯及藝術〉、陳景容〈我所知道的洪瑞麟〉
1992.09（208）台灣美術全集第6卷問世、莊素娥〈純藝術的反叛者／顏水龍〉
1992.11（210）林保堯〈台灣美術的澱積者／楊三郎〉
1993.01（212）王德育〈高彩度的追逐者／李石樵〉
1993.03（214）林柏亭〈典雅與鄉土兼融／郭雪湖的膠彩世界〉
1993.04（215）趙無極台北行／《趙無極自畫像》出版上市、精煉而美麗的感情／論郭柏川的生平與繪畫藝術
1993.05（216）顏娟英〈南方的清音／油畫家劉啟祥〉
1993.06（217）蔣勳〈勞動者的頌歌／礦工畫家洪瑞麟〉
1993.07（218）翟宗浩〈現代中國畫的界定／王無邪訪問錄〉
1993.10（221）張瓊慧〈江兆申北京行〉、張瓊慧〈記錄江兆申書畫藝術座談會〉、楊力舟〈傳統繪畫的傑出代表江兆申〉
1994.05（228）傅維新〈常玉／三十年前回國未成真象．50年代巴黎生活往事〉、陳炎鋒〈繪畫拍賣市場中的常玉〉
1994.07（230）徐慶平〈為中國畫開拓新路／承前啟後的一代宗師徐悲鴻〉、莊索〈徐悲鴻和八十七神仙卷〉
1994.08（231）臺灣美術全集第13卷問世、黃光男〈開拓台灣水彩畫本土化新頁的李澤藩〉、李明明〈中國畫家的巴黎經驗／1920-1970年旅法中國畫家的歷史回顧、何鐵華〈中國的新藝術運動沿革〉
1994.09（232）蔡長盛〈遠慮的人生／李澤藩的人與畫〉、

黃光男〈豁達淡泊的哲思者／早期抗日畫家何德來〉、〈百年孤寂／台灣「遺」民劉錦堂〉
1995.03（238）曾柱昭〈楊善深的書畫藝術〉
1995.04（239）王偉光〈陳德旺的生涯與創作〉
1995.05（240）黃朝謨〈林克恭繪畫研究〉

1995.06 – 2005.05

1995.06（241）林惺嶽〈憶往事前塵／記楊三郎前輩〉、林惺嶽〈打開天窗説亮話／與楊三郎前輩一席談〉
1995.07（242）劉長久〈紀念徐悲鴻誕辰 100 週年／談徐悲鴻的中國畫藝術觀〉
1995.08（243）陳錦芳〈1968 年楊三郎旅法日記〉、何肇衢〈配給米．農家樂．玫瑰花／李石樵生涯紀事〉、林如薇〈石川欽一郎第二次在台灣的活動／ 1924.2-1932.3〉、任竹章〈徐悲鴻於台灣〉
1995.09（244）白雪蘭〈台灣第一位水彩畫家與藝術贊助者／倪蔣懷〉
1995.10（245）雙玉交輝專輯：王玉立〈潘玉良／頑強堅持地為藝術獻身．探索中西藝術融合道路〉、陳炎鋒〈常玉／風流俊逸．狂狷畫家．簡約線條．抒情浪漫〉、台灣雕塑藝術的播種者黃土水／高美館舉辦「黃土水百年誕辰紀念展」、席慕蓉〈真山真水真畫圖，山川真貌的詮釋者／陳慧坤〉
1995.11（246）王貞閔「台灣美術全集」第 18 卷《廖德政》出版、李元佳書簡、東方畫會遺落的一顆星子／畫友座談李元佳
1996.01（248）川平朝申著；邱彩虹譯〈台灣畫壇人物論／藍蔭鼎論〉
1996.02（249）吳冠中〈被遺忘，被發現的星／吳大羽〉、黃乃群〈楊善深．春風草堂．寶山山房〉
1996.03（250）野村幸一著；蔡秀妹譯〈陳進論〉
1996.06（253）九位畫壇宗師專輯：「溥心畬、張大千、傅狷夫、郭柏川、李澤藩、李石樵、陳德旺、李仲生、江兆申」、胡懿勳〈齊白石人物畫的內在涵意〉、黃永川〈溥心畬書畫／關於國立歷史博物館所藏〉、莊伯和〈文人畫最後一筆／論江兆申畫〉、侯吉諒整理〈江兆申畫語錄〉、劉曦林〈朱屺瞻的生涯與藝術〉
1996.08（255）沈士君：胡適與〈齊白石年譜〉
1996.09（256）謝里法〈打架就得打到倒下來為止／張義雄如是説〉、廖靜文〈去偽存真／為徐悲鴻辯白〉、應大偉〈被遺忘的台灣早期水墨、攝影家／羅訪梅〉
1996.10（257）謝里法〈在「遊戲」中相遇的畫家／薛萬棟〉
1996.11（258）《台灣美術全集》再出發／第 19 卷「黃土水」專卷首次揭開黃土水雕塑藝術的四大謎題、王秀雄〈台灣第一位近代雕塑家黃土水的生涯與藝術〉
1996.12（259）李鑄晉〈陳其寬的意眼〉、魏志強〈視覺與心靈的奇幻之旅／陳其寬在德國首展〉
1997.01（260）追記前輩畫家洪瑞麟、謝里法〈去年春天在加州見到了洪瑞麟〉
1997.05（264）謝里法〈廖德政／從歷史的邊緣開創「紀元」時代的畫家〉
1997.06（265）謝里法〈鄭世璠／「正是蕃」「正是反」「真是煩」〉、邵大箴〈中西藝術嫁接果實／論吳冠中繪畫創作〉、陳玉珍〈風箏不斷線／吳冠中在中國現代水墨的新發展〉
1997.07（266）江兆申專輯：傅申〈努力的天才／江兆申的書藝人生〉、蔣勳〈看江兆申先生書法〉、莊伯和〈文人生活美學的實踐者〉、謝里法〈顏水龍／繞過地球一圈又一圈沒有賺到半毛錢〉
1997.08（267）謝里法〈孫多慈／我的老師〉、謝里法〈郭雪湖／永樂町的畫師〉
1997.10（269）謝里法〈林玉山／永遠的少年人〉
1997.11（270）胡懿勳〈潘天壽繪畫淵源與風格試析〉、黃光男〈千里煙波雲山碧海／林玉山的畫〉、謝里法〈萬米長跑的終結者李石樵〉、廖瓊芳〈巴黎傑出的華人藝術家／朱德群訪問記〉
1997.12（271）鄭惠美〈回歸單純／形塑生命共相的楊英風〉、謝里法〈在那邊遠的地方有位畫家叫楊啟東〉
1998.01（272）謝里法〈王攀元／從 500 元的故事談起〉、王素峰〈90 年代末在臺灣看／梅原龍三郎與郭柏川〉
1998.02（273）王偉光〈陳夏雨印象記／超越寫實的寫實世界〉、謝里法〈張萬傳／一氣走完在野的人生〉、吳世全〈「翡翠臺灣」水彩畫／ 50 年代藍蔭鼎的吉光片羽〉、吳大光〈「邊遠的畫家楊啟東」與木碗故事的啟示〉
1998.03（274）臺灣美術全集第 20 卷《林之助》專輯：散發濃郁香味的膠彩畫家、倪朝龍〈唯美主義的畫家／「膠彩畫導師」林之助〉、繆樂

民〈嶺南大師趙少昂去世〉、吳世全〈記憶的揮灑／藍蔭鼎的彩墨世界〉、謝里法〈廖繼春／啊！那一半的人〉

1998.04（275）吳世全〈藍蔭鼎 VS. 石川秀夫／日據時期藍蔭鼎的教職生涯〉、謝里法〈趙春翔／生蛋的大鳥飛走了〉

1998.07（278）傅申〈烽火外另走蹊徑／張大千〉

1998.08（279）顏娟英〈展覽會上的畫家／呂基正〉、《呂基正》出版

1998.10（281）劉煥獻〈藝術是他忠實的愛／前輩畫家王水金〉、江淑玲〈王水金執著創作的人生〉、「臺灣美術全集」第22卷出版、林保堯〈臺灣美術的「高雄者」／張啟華〉

1999.03（286）朱德群專輯：廖瓊芳〈《華裔美術選集 II．朱德群》出版〉、廖瓊芳巴黎報導〈華人藝術之光／朱德群榮獲法蘭西藝術院院士授勳典禮記實〉、麥可．蘇利文文；董景昭譯〈朱德群的藝術〉、基爾白．艾華；董景昭譯〈回歸即是自白〉、廖瓊芳〈朱德群的水墨情結〉、黃圻文〈滄浪繪影隱逸行／前輩畫家紀有泉問藝旅痕〉、梅丁衍〈黃榮燦身世之謎餘波盪漾〉

1999.08（291）陳惠黛〈楓丹白露．孤雁南飛／概述林風眠生平與藝術〉

2000.01（296）黃寶萍〈無限寬廣的路／林風眠之路百年紀念展〉、〈林風眠故居〉

2000.10（305）劉曉路〈李可染和東山魁夷／山水畫和風景畫雜論〉、周韶華〈李可染對藝術語言的重大建樹〉、李可染〈李可染札記〉

2000.11（306）諾貝爾文學獎得主高行健的彼岸風景、潘播〈蓬山萬重，滄海有情／藝術思想家程抱一的生命世界〉

2001.01（308）高業榮〈台灣研究的奠基貢獻者／陳奇祿院士的藝術成就及其化〉、吉川健一〈李叔同清末在日活動考／東京《國民新聞》對李叔同的報導〉、吉川健一〈李叔同與白馬會／李叔同在日活動資料的新發現〉、方振寧〈上海驕子．逸飛時尚／在東京訪中國著名藝術家陳逸飛〉

2001.03（310）《徐悲鴻繪畫全集》套書出版、陳傳席〈徐悲鴻開一代之新畫風〉

2001.04（311）中國名畫家全集《齊白石》卷出版

2001.06（313）黃慈美〈攀圓追日／王攀元的太陽傳奇〉、王攀元〈浮生往事〉、曾炳榮〈享受王攀元的詩鄉美術〉、王偉光〈乘著傳統的翅膀／從塞尚到陳德旺〉、倪再沁〈大器九五／蒼松映長春，陳慧坤九五回顧展〉、黃于玲〈追憶台灣畫之父／倪蔣懷〉、中國名畫家全集卷《傅抱石》出版

2001.07（314）羅秀芝〈眾音鎔鑄的風景情調／探索陳慧坤的藝術風格〉、王文宏〈大方無隅，大器晚成／學生眼裡的陳慧坤老師〉、謝里法〈東南．西北，葫蘆墩／紀念台中美術前輩林天從〉

2001.08（315）中國名畫家全集《黃賓虹》出版

2001.10（317）高玉珍〈鄉關何處／常玉的繪畫藝術〉、黃于玲〈廖德政的人生四季〉

2001.11（318）中國名畫家全集《潘天壽》出版

2002.01（320）往來成古今／張大千早期風華與大風堂用印：黃光男〈往來成古今／大千文風〉、傅申〈從四川省博物館藏品看張大千早期繪畫〉、「往來成古今／張大千早期風華與大風堂用印」展品選輯、魏學峰〈張大千繪畫藝術簡論〉、孫家勤〈敦煌壁畫對大千居士畫風之影響〉、巴東〈集中國古典畫學傳統大成的張大千／敦煌佛教藝術對張大千的影響意義〉、石守謙〈記錄夕陽最後光華／「幸在日未斜」藍運登紀念畫展〉

2002.02（321）王玉立〈張愛玲的畫／神祕飄忽的遺傳〉

2002.03（322）王偉光〈愛與美的壯闊詩篇／懷念藍運登老師〉

2002.04（323）郎紹君〈齊白石藝術的風格特色〉、郎紹君〈齊白石的書法〉

2002.06（325）周東曉〈朱沅芷早期的繪畫與生命旅程／人物肖像世界「極簡心象」特展〉、黃圻文〈靜遊靈空一身彩跡／紀念前輩藝術家陳庭詩〉

2002.10（329）「臺灣美術全集」第23卷蔡蔭棠問世、林保堯〈「獨學」豐華／蔡蔭棠〉

2002.11（330）劉俐〈風雲藝壇一甲子／論曾佑和與當代中國美術之關係〉

2003.02（333）前輩畫家張萬傳、中國名畫家全集《吳昌碩》出版

2003.03（334）中國名畫家全集《高劍父》出版、鄭俊德〈八十七歲女畫家江寶珠辭世〉

2003.04（335）黃茜芳〈李德：繪畫是生命與構造〉、中國名畫家全集《陳之佛》出版

2003.06（337）黃茜芳〈廖德政：最能發揮自我的人，別人看他是天才〉

2003.08（339）陳慧坤獲第 7 屆國家文藝獎：張晴文〈「慧照乾坤／陳慧坤回顧展」與「從塞尚到陳慧坤」學術研討會紀實〉、黃光男〈流轉的韻律／談陳慧坤教授作品中水影的美學表現〉、陳慧坤〈我對藝術創作的看法〉、黃光男〈悠閒靜思／陳進畫藝〉、黃茜芳〈王己千：震澤世家能無感愴〉

2003.10（341）陳奇祿〈我如何畫插圖／寫在返鄉舉行原住民民藝素描展之前〉、蕭瓊瑞〈見微知著／介說陳奇祿「台灣民藝圖繪」〉、蕭瓊瑞〈番社采風圖〉、台灣膠彩畫前輩黃鷗波的藝術

2004.01（344）台灣畫壇 107 歲人瑞吳梅樹、黃茜芳〈王攀元／布衣粗食，身心自在，人生築夢踏實〉

2004.02（345）周東曉〈在繪畫與詩文理看見華人藝術家朱沅芷／美國帕薩迪納加州美術館「朱沅芷藝術與詩作」特展紀實〉、周東曉〈華人藝術家朱沅芷藝術詩文選集／美國華盛頓大學專書出版〉

2004.03（346）陳徵毅〈陳澄波／殞落於二二八事件中的藝壇彗星〉

2004.04（347）中國名畫家全集《林風眠》出版

2004.06（349）倪再沁〈縱筆乾坤／陳慧坤的世紀風華〉、謝里法〈賴傳鑑的時代與台灣美術的折衷主義〉

2004.07（350）顏娟英〈南台灣油畫的啟蒙者／劉啟祥的繪畫語言〉

2004.09（352）台灣美術全集第 24 卷問世、凌春玉〈永恆的執著／蕭如松〉

2004.10（353）王雅玲等整理〈林玉山藝術生涯回顧紀事〉

2004.12（355）何懷碩〈千秋椽筆驚宇內／傅抱石藝術抉微〉、傅二石〈殺雞也可用牛刀／談父親傅抱石的繪畫〉

2005.06 － 2015.04

2006.02（369）賈德芳〈潘玉良的再發現／從修復的潘玉良油畫作品解讀她一生的點滴事〉

2006.04（371）陳徵毅〈衷心自在覺春深：台灣膠彩畫宗師／林之助〉

2006.06（373）國立台灣美術館陳慧坤百歲誕辰特展

2006.07（374）劉新〈徐悲鴻與徐派及其弟子們〉

2007.02（381）蕭瓊瑞〈飄浪靈魂的典麗映現／張萬傳藝術生涯與油畫創作〉、臺灣美術全集第 25 卷《張萬傳》問世、王哲雄〈探索西方藝術，找回自我的光璨／李石樵的繪畫風格〉

2007.05（384）台灣美術全集第 26 卷《金潤作》問世、蕭瓊瑞〈從悲憫到詩情／畫壇才子金潤作的藝術〉

2007.12（391）「台灣近現代水墨畫大系／鄭月波」出版、盧瑞珽〈《鄭月波》前言

2008.01（392）潘襎著《台灣近現代水墨畫大系：陳其寬》出版

2008.03（394）張晴文〈有感而畫，動人的藝術展現／台灣膠彩畫之父林之助去世〉

2008.05（396）徐升潔〈國立歷史博物館館長黃永川談郭雪湖的藝術、陳書俞〈嚴謹、積極、樂觀的人生／郭禎祥談郭雪湖〉、〈追求真、善、美的一生〉、徐升潔〈第 27 屆行政院文化獎得主郭雪湖〉

2009.04（407）陳英德〈漢學者與畫家／歷史博物館侯錦郎紀念展〉、陳奇相〈生命二重奏／旅法畫家侯錦郎紀念展〉

2009.08（411）劉曉丹〈神來之筆，化合中西／華人油畫家趙無極藝術軌跡〉、林保堯〈風景旅人蔡蔭棠的真情本懷〉、陳奕愷〈蔡蔭棠百年特展作品分期導論／城市意象．風景漫遊／蔡蔭棠百年紀念特展〉

2009.09（412）劉曉丹、張達莉〈林風眠為藝術的人生〉

2010.07（422）施翠峰〈才華洋溢的藍蔭鼎／藝壇交誼錄之一〉

2010.08（423）華天雪〈在古今中外的交匯點上：吳冠中論〉、吳冠中談美、〈我負丹青！丹青負我！〉／吳冠中自傳摘錄、施翠峰〈溫文儒雅的郎靜山／藝壇交誼錄之二〉

2010.10（425）施翠峰〈寫實泰斗李梅樹／藝壇交誼錄之四〉

2010.11（426）何懷碩〈林風眠與其成為名畫家的學生／中國美術今日與明日的思考〉

2011.02（429）北美館推出劉耿一回顧展

2011.03（430）攝影家鄭桑溪辭世、畫家陳慧坤辭世、國美館「蒲添生百年特展」

2011.04（431）蕭瓊瑞〈鵬飛太虛／藝壇傳奇楚戈辭世〉

2011.07（434）陳郁秀〈傳承之美．哲人已遠／典範長存〉、王秀雄〈陳慧坤教授的性格與畫藝評釋／從台灣的塞尚到後殖民、混合文化的新藝術風格〉、席慕蓉〈陳慧坤教授生平〉、蕭瓊瑞〈人文風景／陳慧坤的風景思維〉、陳淑華〈經師人師之典範／陳慧坤〉、陳俊良〈高

山仰止／景行陳慧坤教授〉
2011.08（435）方秀雲〈文化底蘊下的初始記憶／朱為白、李錫奇、李重重、顧重光的「虛實之涵」〉
2011.10（437）旅美畫家司徒強病逝。許玉鈴〈思想變了，筆墨就不能不變／現代中國畫開拓者／傅抱石大型藝術展〉
2011.11（438）林進忠〈水墨大師李奇茂的自然意象〉
2012.01（440）北美館舉辦顏水龍作品展。「台灣美術全集」第28卷推出《林天瑞》
2012.02（441）藝術家林壽宇辭世
2012.03（442）台灣前輩畫家郭雪湖辭世
2012.04（443）《陳澄波全集》推出首卷《陳澄波全集》18卷編輯出版工作啟動——首先推出「第3卷·淡彩速寫」、黃光男〈曖曖內含光／談吳學讓的創作世界〉、李思賢〈傳統精靈的躍升／吳學讓母體文化基因的當代表達〉、王月琴〈為時代畫肖像的藝術家〉
2012.07（446）李既鳴〈追記孫多慈百年紀念展在中大〉、「驚鴻／孫多慈掠影」作品選輯、謝里法〈在美術史中揭開孫多慈神祕的面紗〉
2012.12（451）陳嘉翎「2012內江·海峽兩岸張大千學術研討會」綜述
2013.01（452）胡奇中在洛杉磯去世、赤粒藝術〈第7屆中國高唐書畫博覽會暨李奇茂美術館開館〉、黃光男〈筆墨天地人間事／李奇茂畫展記〉
2013.05（456）趙無極特輯：何政廣〈相識五十年側寫趙無極〉、趙無極〈遠離東方十年感想錄〉、蕭瓊瑞〈無極象外·返虛入渾／紀念抽象大師趙無極〉、佛羅倫斯·托克梅、亨利·米修編譯；劉俐、鄧聿檠〈墨之戲／趙無極與米修／一名畫家與詩人的對話〉、張羽芃〈水墨畫家吳學讓辭世〉
2013.08（459）許玉鈴〈齊白石的心跡與畫意／北京畫院與20世紀中國大畫家之情〉
2013.11（462）廖瑾瑗〈視覺·思維·記錄／陳澄波素描簿之研究〉、蕭瓊瑞〈逆流獨行／直探油彩本質的陳輝東〉
2013.12（463）生命的禮拜天／國立台灣美術館舉辦「張義雄百歲回顧展」、潘潘〈水流心不競，花落柚花開／台灣南嶺派宗師歐豪年「八旬無心」特展〉、謝里法〈嘉義英雄：台灣羅特列克／張義雄的藝術人生（上篇）〉
2014.01（464）謝里法〈嘉義英雄：台灣羅特列克／張義雄的藝術人生（下篇）〉
2014.02（465）陳澄波百二紀念活動：賴清德〈從古都出發／陳澄波百二誕辰東亞巡迴大展宣告啟動〉、陳重光〈深沉的感謝·無上的光榮〉、林曼麗〈寫在「青春群像」聯展之前〉、蕭瓊瑞〈陳澄波百二誕辰東亞巡迴大展的歷史意義〉、陳芳玲〈追尋藝術家在本質上的成就／「陳澄波百二誕辰東亞巡迴大展」的策展脈絡與意義〉、張羽芃〈重現陳澄波與他的年代／光影旅行者／陳澄波百二互動展〉與〈北回歸線下的油彩／陳澄波畫作與音樂的對話〉、蕭瓊瑞〈《陳澄波全集》出版／還原陳澄波的藝術成就與生命際遇〉
2014.05（468）潘潘〈追念法蘭西藝術院士朱德群〉、廖瓊芳〈記抽象繪畫大師朱德群辭世〉、梅墨生〈誰能識得模糊趣／黃賓虹山水藝術論稿之一〉
2014.06（469）梅墨生〈以「書」入畫／黃賓虹山水藝術論稿之二〉
2014.07（470）梅墨生〈山水真趣說／黃賓虹山水藝術論稿之三〉
2014.08（471）梅墨生〈畫重內美山水真趣／黃賓虹山水藝術論稿之四〉
2014.09（472）莊偉慈〈滲透生活的攝影／陳順築作品中的微觀敘事〉、梅墨生〈黃賓虹與他的時代／1907至1948年〉
2014.10（473）梅墨生〈黃賓虹與他的年代／1907至1948年〉
2014.11（474）梅墨生〈自然美三題／以黃賓虹繪畫為例〉
2014.12（475）梅墨生〈自然美三題／以黃賓虹繪畫為例〉
2015.01（476）文貞姬；陳楠楠編譯〈另類學習／論陳澄波蒐集的視覺美術資料〉、潘潘〈我們想念先生／漢寶德的人文書寫與其內心世界〉、黃議震〈于右任先生辭世50週年紀念展〉、王耀庭〈靈漚館風／江兆申的創作與傳承〉
2015.02（477）王哲雄〈真·善·美的完形論／陳輝東繪畫世界的語境〉、張照堂〈迢迢行走，迢迢迷路／陳順築其人與攝影〉、汪征魯〈汪天亮的塗鴉人生〉、陳研〈才華，孤獨和熱情／孤寂的綻放／向大師致敬·沙耆百年紀念展〉
2015.03（478）潘潘〈一位孤獨又具爭議性的多方位藝術家倪再沁〉
2015.04（479）何政廣〈中國前衛繪畫的先驅／李仲生〉、何弢〈我看黃虹賓的水墨山水畫〉

4

西洋美術及潮流

1975.06 — 1985.05

1975.07（2） 在席德進建議下，連載〈轟動世界的假畫事件〉

1976.06（13） 動態藝術專輯：何政廣〈動態藝術簡史〉、〈蘇特／一位在巴黎成名的動態藝術家〉、賴傳鑑〈亞剛的視覺世界〉、〈動態藝術家謝夫爾訪問記〉、何玉郎譯；艾倫斯特專輯：賴傳鑑〈幻視畫家艾倫斯特〉、〈艾倫斯特年譜〉

1976.07（14） 美國兩百年藝術專輯：二戰後，美國紐約取代巴黎，成為世界現代藝術中心，原沒有深厚藝術傳統的美國，在短短200年已擁有代表自己面貌的現代藝術表現，美國藝術家的充沛活力和獨立精神，本專輯回顧與展望。文章有：何政廣〈1776-1976美國繪畫的成長〉、鐵硯〈美國雕刻的起飛歷程〉、席德進〈美國畫家的創新精神〉、龍伍〈60年代普普藝術沃荷爾〉及翻譯的〈普普藝術的健強羅森柏〉、紐約畫派等，以及抽象派導師霍夫曼、紐約畫派克萊茵、法蘭西斯、高爾基等人、普普藝術羅森柏、沃荷爾、瓊斯、羅森桂斯特等人、歐普藝術史特拉、高德等、新寫實繪畫克洛兹等人作品欣賞。

1976.09（16） 林瀧野〈大自然的新面貌／地景藝術〉、何政廣〈地景藝術的創作觀〉

1977.01（20） 何玉郎〈1976年歐洲藝壇的回顧與前瞻〉

1977.06（25） 自畫像專輯：世界名畫家的自畫像：賴傳鑑〈逐漸式微的自畫像／世界歷代名畫家自畫像縱橫談〉、劉其偉〈關於畫像的酷似與意向〉、莊伯和〈一幅清末的肖像油畫〉

1978.08（39） 超現實主義專輯／震撼20世紀藝術史的革命運動：賴傳鑑譯〈超現實主義〉、〈超現實主義的脈絡〉、〈超現實主義的主張〉、〈超現實主義的感受性〉、〈超現實主義藝術〉、〈超現實主義的生活〉、〈超現實主義的命運〉、李東平〈超現實與非現實〉

1978.11（42） 陳英德〈在巴黎看新寫實畫／希維埃爾〉

1979.02（45） 拉丁美洲藝術專輯：于還素〈新大陸與舊大陸〉、中國空間藝術學會學術組〈墨西哥古代美術〉、劉其偉〈拉丁美洲古文化〉、王藍〈瓜地馬拉國立考古民族博物館〉、鄭閼騰〈瑪雅文明／中美洲藝術史上輝煌的一頁〉、劉其偉〈提卡爾遺跡／人類文明的奧秘〉、梁丹平〈瑪雅的雕刻·陶藝·建築〉、席德進〈中南美旅遊第一站／瓜地馬拉〉、劉其偉輯〈中南美風土民情〉

1980.03（58） 陳長華記錄〈金霍兹的藝術與生活影片討論會〉、于還素〈荒謬的人造人／論金霍兹的藝術〉

1980.06（61）〈惠特尼美術館迎接50週年〉、劉麗〈丹麥現代畫家克勞斯、海佛門訪問記〉

1980.08（63） 黃春英〈紐約現代美術館的最高禮讚／畢卡索回顧大展〉

1980.10（65） 佛林特專輯：劉其偉譯〈英國水彩畫派的泰斗佛林特爵士〉、〈超越光影的畫家／佛林特水彩畫選〉

1980.11（66） 鍾行憲譯〈影響20世紀藝術的主流之一葛魯比斯和包浩斯〉

1981.05（72） 史文楣譯〈水彩畫壇大師系列報導／光與形的美／沙金的藝術生涯與水彩風格〉

1981.09（76） 何玉郎〈巴黎、巴黎展〉、楊雪梅〈巴黎、巴黎展時代人物之／史塔耶爾回顧展〉

1982.03（82） 蘇波著；陳炎鋒譯〈巴黎超現實素描家古夢南〉、陳炎鋒〈巴黎初識古夢南〉、陳炎鋒〈古夢南生平簡介〉

1982.07（86） 海斯〈粉彩畫入門〉、曹志漪〈粉彩畫的特性／兼談我畫粉彩的經驗〉、陳英德〈粉彩下的寂然／斯查風〉

1982.09（88） 北辰〈維納斯化的女性／洛可可代表畫家布欣〉

1982.10（89） 楊熾宏〈80 年代的美國新繪畫／從紐約畫壇的發展看新的動向〉、黃春英譯〈西洋繪畫史上的前衛畫家〉連載：第 13 章空間的征服

1982.12（91） 陳英德〈在巴黎看新寫實畫／亨利居歌〉

1983.02（93）〈永恆的名畫重新展現光芒／波諦采立的春修復展出〉、林逸〈15 世紀翡冷翠繪畫大師波諦采立〉、巴爾迪尼〈妙手回「春」／記文藝復興初期最偉大名畫「春」的修復〉

1983.08（99） 楊熾宏〈美國藝壇的新英雄朱利恩施拿柏〉

1983.09（100） 劉晞儀譯〈兩次世界大戰期間與戰後的歐洲繪畫〉、馬諦斯著；王偉光譯〈一位畫家的筆記／論他的素描〉、何明績〈莫迪里亞尼的彫刻〉

1983.11（102） 康丁斯基著；吳瑪悧譯「世界藝術名著《點線面》」

1983.12（103） 劉晞儀譯〈立體派大師勃拉克訪問記〉

1984.05（108） 雷文炳〈西洋藝術史綱：15 世紀的歐洲藝術〉連載

1984.10（113） 楊熾宏〈攝影寫實者察克科羅斯的繪畫〉

1984.11（114） 楊熾宏〈新形象繪畫的黑馬／蘇珊魯生柏〉

1985.01（116）〈使火車大放異彩的地下鐵藝術家〉、楊熾宏〈在牆壁上塗寫的藝術〉

1985.03（118） 季鐵生〈義大利新未來主義〉

1985.06 — 1995.05

1985.10（125） 紐約現代藝術館舉行「新攝影術」展

1985.11（126） 吳瑪悧〈蘇黎世達達〉、〈當達達在那裏時，達達就在那裏了〉、〈達達不是一所學校，達達是一個精神的警報器、一切都鬆懈下來，沒有一根螺絲在它原來的位置上〉、〈達達萬歲〉、達達作品選輯

1985.12（127） 楊熾宏〈冷酷的個人性視覺／佛洛依德的繪畫〉、林逸〈寫實主義繪畫的再認識〉、〈德國寫實主義的繪畫〉、〈寫實派繪畫選輯〉

1986.01（128） 德國現代藝術專輯：吳瑪悧〈藝術是…德國的／1945 年以後〉、〈藝術是片刻的存在／無形式繪畫、藝術是○＝白＝沈默／零群〉、〈藝術不驚人不罷休／Flxs、藝術是社會彫塑／波依斯〉、〈藝術是肚子裏跑出來的／新表現主義．新野獸主義〉、賴瑛瑛，謝東山〈德國現代美展評介〉、楊熾宏〈集錦彫刻大師阿爾曼的物體藝術〉

1986.2（129） 托納文；吳瑪悧譯〈80 年代的德國藝術／西德的新繪畫〉、郭少宗〈德國藝術家訪華拾影／于克的創作、休閒與觀感〉

1986.6（133） 劉欽棟〈當代德國素描展〉

1986.7（134） 吳瑪悧〈柏林達達？〉、〈如果圖畫可以殺人的話，普魯士的軍隊早就死光了〉、〈達達宣言〉、〈喂喂喂年輕人，達達不是藝術運動〉、〈什麼是達達主義，它在德國要求什麼？〉、〈達達活動〉、〈每天 15 分鐘達達訓練〉

1987.2（141） 陳英德〈什麼是現代雕刻？／巴黎龐畢度中心雕刻藝術大展〉、楊熾宏〈「現代美術新潮」後記〉

1987.3（142） 陳聖頌〈今日的德國新形而上主義〉

1987.5（144） 陳英德〈奧塞美術館簡史〉、陳英德〈19 世紀後半的巴黎畫壇〉、陳英德〈印象派是最後勝利者〉、陳英德〈奧塞美術館藏畫一瞥〉

1987.11（150） 于還素〈靈與神無限的牽引／現代神性的造形者瑪德琳娜〉

1987.12（151） 吳瑪悧〈新幾何現象〉

1988.06（157）『達達／藝術和反藝術』：哈夫特曼文；吳瑪悧譯〈『達達／藝術和反藝術』出版記〉、賴瑛瑛〈『達達的世界』藝術展〉、陸蓉之〈遲綻的奇葩─達達主義對後現代藝術的影響〉、于還素〈約瑟夫．波依斯這個人〉

1988.07（158） 袁因譯〈艾米塔吉美術館名畫大公開／蘇聯秘藏的西歐名畫〉

1988.08（159） 陳英德〈當代藝術的傳信者克蕾賀〉、陳炎鋒〈由烏克蘭、以色列到巴黎的藝術之路／閔斯坦的塗鴨世界〉、庫茲內左夫文；袁因譯〈蘇聯艾米塔吉美術館秘藏的西歐素描畫〉

1988.10（160） 陸蓉之〈後現代主義的藝術現象：女性運動的影響〉、陳英德〈50 年代的繪畫與彫刻／龐畢度中心 1950 年代藝術大展〉

1988.11（161） 劉麗〈卡蜜爾．克勞黛的復活〉

1989.04（167）解構主義繪畫專輯：陸蓉之〈「延異」的地平線出現／解構主義〉、班寧登文；龐靜平譯〈解構不是你所想的〉

1989.06（169）俞麗珊摘譯〈聲光之外的映像結構／記『閉路電視雕塑』25 年回顧展〉

1989.07（170）顧英莉；任戎譯〈殘稿．斷片／克里蒙特的藝術〉、陳聖謀〈再生的宇宙／葛莉芙斯的現代雕塑〉

1989.09（172）孫文雄〈義大利鈔券雕刻大師喬尼尼〉、朱伯雄〈20 世紀末回顧上一世紀末藝術專題之一／拉斐爾前派繪畫〉

1989.10（173）高階秀爾著〈世紀末藝術專題系列／把藝術與現實對立的象徵派〉、陳聖頌〈莫斯科、第三個羅馬／俄國的前衛藝展〉

1989.12（175）潘諾夫斯基著；李元春譯美國藝術史三十年（4 之 1）

1990.04（179）陸蓉之〈當代藝術追蹤報導／躍進 90 前衛的風華〉

1990.06（181）史帖拉．包姆著；吳瑪悧譯〈黃金歲月〉

1990.08（183）奚靜之〈「藝術世界」和俄國的前衛藝術／現代派藝術的起步〉俄羅斯／蘇聯畫選彩頁、于還素〈戈巴契夫的藝術／俄國現代藝術思想的形成〉

1990.09（184）派翠．普林斯作；何怡玫譯〈摩莉那比／電腦動畫藝術家訪談〉

1990.10（185）紐約通訊：現代藝術與大眾文化

1990.11（186）劉奇俊〈法國近代美術的光輝／里昂美術館藏畫展〉、吳瑪悧〈MadeinGDR 東德製造〉

1990.12（187）張省卿〈表現主義獨行客．這個時代藝術先驅／馬克斯．貝克曼〉、黃海鳴譯〈70 年代的錄影藝術及藝術的行動〉

1991.02（189）海涅著；吳瑪悧譯〈約瑟夫．波依斯傳〉

1991.03（190）黃海鳴〈福魯克薩斯／生活與藝術融合的總體藝術〉、西方女性藝術家專輯：4 世紀的女性美術史：劉奇俊〈四百年來西方傑出的女畫家〉、柯孟德〈影子人物新潮代表／黎祕．盛瑟〉

1991.04（191）雷文炳〈日耳曼與東歐新繪畫〉

1991.05（192）焦平〈德國當今最走紅的藝術家安舍．基弗〉、陳英德〈線的對話／法國當代畫家多明尼各．提諾〉

1991.06（193）朱淑芬譯〈蘇聯隱藏的美術品〉、朱淑芬譯〈一箱不知何去何從的法國名畫〉

1991.07（194）陳英德〈點畫派大師修拉作品回顧大展〉、劉奇俊〈德國表現派與 1920 年代的德國美術〉

1991.08（195）傑得．普爾著；李婷婷譯〈塞尚的啟示錄〉

1991.10（197）劉奇俊〈蘇聯現代美術〉、蘇聯現代美術欣賞篇、翟宗浩〈細讀羅莎蓮．卡拉斯的「畫面的空間和紀錄的問題」〉、卡拉斯著；翟宗浩譯〈畫面的空間與紀錄的問題〉

1991.11（198）吳毓奇〈背離主流藝術的拼貼大師畢爾登〉

1992.01（200）陸蓉之〈多元文化主義時代〉

1992.02（201）劉奇俊〈生活與藝術的統／橋派的繪畫〉、劉奇俊〈維也納的世紀末／席勒新紀元〉、翟宗浩〈為金錢而藝術／ 90 年代的紐約藝壇〉、莫妮可．弗著；潘台芳譯〈都市景觀與現代藝術〉、李婷惇譯〈顛覆性的雕刻、大衛．馬區的藝術〉

1992.03（202）行為藝術專輯：盧傑〈上海／闡釋權利的分散與轉移／上海的行為藝術〉、朱大可〈關於「蘋果闡釋」的闡釋〉、PalGood 文；吳瑪悧譯〈台灣／負荷過多的身體／談李銘盛「我的身體／我的藝術」〉、焦平寄自德國〈日本／表演藝術家霜田誠二〉、郁斐斐〈美國／克里斯多的「傘之狂想曲」〉

1992.04（203）劉奇俊〈達柯夫與巴黎畫派〉

1992.05（204）李佩穗〈就藝術的觀點來看電腦藝術〉、焦平〈頹廢藝術／納粹時期的德國前衛藝術命運〉

1992.07（206）奇文．堅堡著；翟宗浩譯〈西方繪畫的危機、翟宗浩讀奇文．堅堡的《西方繪畫的危機》

1992.09（208）崔延蕙〈城市遊牧者馬利歐．梅爾茲／從他在第 9 屆文件展之作談起〉

1992.11（210）俄羅斯藝壇掃瞄專輯：俄羅斯藝壇掃瞄激變中的俄羅斯藝壇、陸蓉之〈亞瑪宗奇葩錄／俄國女性藝術家的崛起〉、劉奇俊〈俄羅斯收藏的世界藝術名作〉、黃麗絹〈纖維藝術的盛宴／第 15 屆瑞士洛桑織錦雙年展〉

1993.01（212）黃麗絹〈當代美國纖維藝術探索／油彩與織布機共創的視覺幻像／莉亞．庫克〉

1993.03（214）英國的密教美術熱潮、美國「模擬實感」美術館

1993.04（215）吳瑪悧〈蔡國強的爆破藝術〉

1993.05（216）陳英德〈羅浮宮最大名作「加納婚筵」及其修復經過〉、吳瑪悧〈維也納行動藝術〉

1993.06（217）陳英德〈法國本世紀最大的考古事件之一／科斯凱海底洞窟壁畫的發現經過

1993.07（218）吳毓奇〈柏尼斯珍藏法國名畫首次公開〉

1993.10（221）劉奇俊〈生之魅惑與田園牧歌／雷諾瓦的油畫女性〉

1993.12（223）陳英德〈大收藏家柏尼斯醫生與他的藏畫經過／記巴黎奧塞美術館「從塞尚到馬諦斯」特展〉

1994.01（224）陳建北〈德國表現主義／橋派〉

1994.02（225）〈「創世紀」展新顏／梵諦岡米蓋朗基羅西斯汀教堂大壁畫修復完成〉、〈修復的熱情〉、袁因、黃月娥譯〈原罪〉逐出樂園、西斯汀的小宇宙、〈最後審判〉的修復、李婷婷〈古畫修復的省思〉、陳建北〈當代裝置藝術大師／諾曼回顧展〉

1994.03（226）奚靜芝〈俄羅斯當代畫家格拉祖諾夫創作談〉

1994.08（231）特別企畫：觀念的進化與視覺的退化：高千惠〈寫實主義作品的再解讀〉、王嘉驥〈從觀看與敘述的困境談起／關於寫實主義的聯想〉、葉玉靜〈畫布上的黃布條／從抗爭心態看寫實主義的新出口〉、石瑞仁〈發現台灣情／解讀台灣寫實繪畫〉、陳玉珍〈人類視覺藝術的延伸／雷射影像〉、眼鏡蛇畫派創始人卡阿貝爾80歲阿姆斯特丹市立美術館・眼鏡蛇美術館・海牙市立美術館展、李婷婷〈解構人體的高齡雕塑家／露易斯・布爾喬亞〉、費大為〈生活貧窮，藝術沸騰佛／俄國新體制下的藝術重建〉

1994.09（232）崔延蕙〈仙境內的獨角獸／特立獨行的女藝術家芮貝卡・洪〉、廖瓊芳〈藝術的魔術師／皮耶・保羅・卡爾佐拉利〉

1994.10（233）陳炎鋒、陳茂進〈布拉格城市與美術〉專輯：布拉格國立美術館、〈我自己・肖像〉、〈甜俗優雅新藝術風格／在布拉格看慕哈回顧展〉、〈波希米亞的幻象之城布拉格〉

1994.11（234）第1屆印象派展再現專輯：〈回到1874年／巴黎／第1屆印象派展再現〉、劉奇俊〈1874年的第一屆印象派畫展〉、高橋明也〈由戰爭邁向和平／1874年間法國的美術與社曾〉

1995.02（237）AbelFlgereS；侯權珍譯杜象與加泰隆尼亞、廖瓊芳〈法國雕塑家隆德夫斯基〉、陳龍廷／林晏如〈超越界限／近半世紀的西方前衛潮流〉、〈由巴黎「超越前衛／藝術與生活」展看1952-1994前衛藝術運動脈絡〉、〈界限如何超越／質疑與反省〉

1995.03（238）陳英德〈浪漫主義時代的風景畫大師／卡斯巴・大衛・佛烈德利赫〉

1995.04（239）女性與藝術專輯：錢正珠口述；吳瑪悧整理〈美麗的幻想與期待〉、池農深口述；楊佩玲整理〈尋覓心裡的家園〉、黃海雲〈完美的女性畫像〉、謝鴻均〈尋找一個平衡點〉、侯俊明〈女性主義是階段性的運動策略〉、高媛口述；湯瓊生整理〈「性」並非惟一目的〉、謝里法口述；林珮淳〈整理女性主義是手段非目的〉、石瑞仁〈正面看待與期盼「女性藝術」〉、蕭瓊瑞筆述；楊佩玲整理〈建立女性觀點〉、廖瓊芳採訪整理〈我不認為藝術有性別之分／與國立歷史博物館館長黃光男一席談〉、〈藝術行政工作適合女性／與帝門藝術教育基金會賴香伶一席談〉、〈年輕女性收藏家有增加趨勢／與誠品畫廊經理趙俐一席談〉、吳瑪悧企劃採訪〈70年代美國女性藝術及教育的回顧與反省〉、〈雖改不了大環境，但我們改變了自己〉、〈我們是女人，我們好得很！／專訪70年代女性藝術領導人米莉安・夏皮蘿〉、〈某個歷史時刻，有個女性藝術運動／專訪女性藝術課程教師費絲・外珥丁〉、廖雯〈中國大陸當代藝術中的女性方式雛形〉、〈人體雕塑新釋／記「赫胥宏美術館現代雕塑展」〉、陳英德〈7世紀最知名的風景畫家克勞德・洛漢〉

1995.05（240）吳毓奇〈歐登伯格與軟體雕塑〉

1995.06 — 2005.05

1995.06（241）劉俐寄自東京〈當代女雕刻家瑪麗梭兒〉、東京美國文化中心主辦／劉俐摘錄〈瑪麓梭兒回顧展座談會〉

1995.07（242）黃麗絹〈女性的記憶／瑪果、安・梅斯納、伊莉莎白・紐曼與露西・帕爾斯的雕塑〉、吳毓奇〈惠斯勒名作載譽歸鄉展〉、吳瑪悧〈簡介德國萊茵區的藝術風貌〉、陳英德〈描寫光影的繪畫詩人喬治・德・拉杜〉、歷史與人物：劉奇俊〈魂的夢・思想的詩／象徵主義大師摩洛畫展〉

1995.08（243）孔長安波昂報導〈偉大的收藏／聖・彼得堡俄國國家博物館百年收藏展〉、陳英德〈勒蘭兄弟／法國最早描繪庶民生活的三畫

家〉、廖瓊芳法國報導〈愛的進行式／記安內特．梅莎傑回顧展〉

1995.09（244）劉俐東京報導〈安東尼．卡洛回顧展〉、陳英德〈法國古典繪畫的象徵／尼科拉．普桑〉

1995.10（245）陳英德〈文藝復興精神臻於頂峰的傑作／談波提且利的〈春〉暨〈維納斯的誕生〉〉

1995.11（246）藝術家雜誌聖彼得堡採訪報導：「聖彼得堡冬宮博物館匿藏五十年名畫現身」專輯：邵大箴〈俄國舉行非同尋常的展覽／人所未知的傑作〉、米哈伊爾．彼歐陀夫斯基〈名畫重見天日〉、艾伯特．柯斯德內維奇〈藏世珍寶現世／冬宮博物館保存的印象派精品和其他重要法國繪畫〉、「渥夫索尼安美術館開幕展／改革和説服的藝術」

1996.01（248）劉奇俊〈風景畫的世紀／從巴比松到印象派〉、劉永仁〈災變傾覆兮諸神啟示／超前衛恩佐．古奇的驚竦圖象〉

1996.03（250）艾米塔吉名畫現場（編輯部策畫採訪）、邵大箴〈艾米塔吉的歐洲繪畫珍藏〉、本刊東京報導〈奧塞美術館印象派大展先在日本露面〉、劉奇俊〈現代性／巴黎．近代的誕生／奧塞美術館展〉、陳英德〈15 世紀末最大的幻想畫大師／希洛尼穆斯．勃希〉、廖瓊芳〈法蘭西研究院 200 週年紀念〉

1996.04（251）美國《藝術新聞》授權本刊：羅絲．貝茲著；本刊譯〈寫實主義：玫瑰還是玫瑰〉、〈寫實主義：凱薩琳．墨菲／是它選擇了我〉、劉裘蒂〈完全的冒險、自由及紀律／古根漢美術館「20 世紀抽象藝術回顧展」〉、陳聖頌〈佩姬古根漢收藏館〉、奚靜之〈普希金造型藝術博物館珍藏〉、王惠平〈「一千年」崛起現代藝壇／本屆泰納獎得主賀斯德〉

1996.05（252）身體和表現特輯：克勞德．修凡斯古特著；呂明穎譯〈搖動的身體〉、劉奇俊〈身體和表現／觀龐畢度現代美術展〉、吳瑪悧〈每個展覽都可以成為歷史／專訪羊文漪〉；陳英德〈18 世紀的風俗畫與靜物畫大師／瓊．希梅翁．夏丹〉；電腦與藝術專輯：任春美譯〈藝術家織就的網〉、巴巴拉．霍夫曼著；任春美譯〈恢恢法網〉、邁克．史考特著；侯權珍譯〈當滑鼠遇到傑作〉、巴巴拉．波拉克著；侯權珍譯〈視窗裡的特嘉何價〉、王俊傑〈「哈囉世界？」錯亂我們的世界／蘇黎世設計博物館的「純」網際網路藝術展〉

1996.06（253）傅維新〈精緻光艷的展覽機制／海牙莫里斯邸宅博物館佛梅爾大展〉、劉奇俊〈音樂之都的皇家藏畫〉、王哲雄〈從法國當代美術看畢費作品〉

1996.07（254）徐芬蘭〈義大利未來主義／ 1909-1916〉、安德魯．戴克著；侯權珍譯〈蓋提世界〉

1996.08（255）唐忠珊〈浪漫與古典／ 1815-1850 年的法國繪畫〉、陳英德〈法國大革命／拿破崙帝國與復辟時代的古典主義巨匠：賈克．路易．達維特〉

1996.10（257）曾長生〈現代主義回顧／重探美國前衛藝術的根源〉、方振寧〈神祕的比例和諧調／柯比意作品收藏展〉、蘇君瑋〈勞生柏新作「西藏映象」〉

1996.11（258）劉永仁〈藝術 VS. 時裝／ 1996 翡冷翠雙年展〉、王俊傑〈蘇活，一個沒落但昂貴的村落／ 1996 紐約蘇活藝術節雜記〉

1996.12（259）陳英德〈當代裝置藝術衍生的問題〉、劉裘蒂〈浪漫與印象主義的德國寫實／孟澤爾畫筆下的工業革命社會〉

1997.01（260）劉俐〈空間大師丹尼爾．布罕／水戶藝術館個展〉、曾長生〈食人族宣言／探拉丁美洲的超現實〉

1997.02（261）華府通訊：米蓋朗基羅和他的影響／來自英國溫莎堡的素描

1997.03（262）王玉齡〈索圖大型回顧展〉、劉惠媛〈誰的藝術是歷史？／ 19 世紀末的女性、女性藝術家與歷史〉、劉奇俊〈裸的真實／世紀末歐洲象徵派大展〉

1997.04（263）劉裘蒂〈達達進攻紐約〉、任戎〈木、鐵、蠟／ 90 年代德國新藝術家對材料的運用〉、馬其方〈詩意的憂鬱與疏離／德國浪漫主義大師弗立德立希〉、劉俐〈從「紐約派」到「無性」／看當代美術的歷程〉、劉永仁〈展現服裝建構空間舞臺的場域〉

1997.06（265）張省卿〈藝術史學科的創立／德國藝術史學科巨擘瓦堡〉、陳英德〈文藝復興初期國際哥德式代表畫家／安東尼奧．畢薩內洛〉

1997.07（266）周芳蓮〈追尋女性胴體理想美／西班牙現代雕刻家羅勃回顧展〉、周書豪巴塞隆納報導〈水上飛翔／彼得．格林威的一份報告〉、徐芬蘭〈包浩斯全能畫家史勒邁回顧展〉、劉裘蒂〈提雅波羅的光彩世界／威尼斯畫派最後大師 300 年誕辰慶〉、陳英德〈威尼斯

畫派的早期大師／喬凡尼・貝利尼〉、劉奇俊〈從洛可可到新古典派／羅浮宮美術館名畫在東京展覽〉

1997.08（267）王玉齡〈勒澤大型回顧展〉、方振寧〈美國現代美術的巨匠傑士帕・瓊斯／40年軌跡〉、陳英德〈1815-1850年／浪漫主義時代的法國繪畫〉

1997.09（268）吳瑪悧〈德國報導大智若愚的敏斯特雕塑展〉、周芳蓮西班牙報導〈西班牙畢爾包古根漢美術館／美國最膽敢創新建築師傑里的作品〉、郭冠英美國報導〈美國印象／印象派在美國〉、陳英德〈表現回憶中的風景與理想化的人物／卡密爾・柯洛的繪畫〉、曾長生〈拉丁美洲現代主義萌芽／既不脫離歐洲也不喪失自身立場〉、《拉丁美洲現代藝術》出版、曾長生〈《拉丁美洲現代藝術》自序／後現代的浪子〉

1997.10（269）徐芬蘭〈包浩斯搖籃之手／莫荷里・那基〉、徐芬蘭〈專訪莫荷里・哈度拉〉

1997.11（270）〈德國意象／來自分離土地的藝術〉

1997.12（271）本刊採訪〈魔幻世界的導演／美國當代攝影家亞瑟・崔斯〉、唐忠珊〈用生命讓一個古代重生／蒲魯東大型回顧展〉

1998.01（272）艾力克・吉伯遜文；侯權珍譯〈世界藝壇另類大事紀〉、史考特・海勒文；任春美譯〈21世紀的美術館〉、安・藍迪文；鄭冠榮譯〈2022年誰仍會名留青史／新主體、夢景、不褪的粗鄙與神祕的接觸〉、安・藍迪文；胡碧珍譯〈材料革新〉、劉俐〈文化的重生／非洲新藝術〉

1998.02（273）周芳蓮〈維拉斯蓋茲的畫中畫／解讀西班牙黃金時代藝術大師〉、《法國繪畫史》出版、潘旛《法國繪畫史》譯者序〈從文藝復興到世紀末〉、高階秀爾《法國繪畫史》原著總序〈從文藝復興到世紀末〉

1998.04（275）唐忠珊〈伊比利古文明再現〉

1998.05（276）劉永仁〈達文西名畫「最後的晚餐」／修復完成重新開放〉、周芳蓮〈哥雅「裸體的瑪哈」和「穿衣的瑪哈」之謎〉、江淑玲〈領略人生、體驗當下／行動觀念藝術家李明維〉

1998.06（277）謝慧青〈水底的靈光／比爾・維歐拉錄影裝置藝術25年回顧展〉、劉永仁〈純化迷人的觀象略影／歐里威利幻影動勢的繪畫〉、王受之〈新普普主義〉、鄭治桂〈羅浮宮柯洛名畫「塞夫勒的道路」失竊〉、陳英德〈表現痛苦生命中的美／日耳曼大師格林勒華特在伊森海恩祭壇畫傑作〉

1998.07（278）馬丁奇歐雕塑心靈的幻象世界、朱紀蓉〈超現實畫家馬格里特百年回顧展〉、唐忠珊〈被詛咒的國王們／菲利浦四世和他三個兒子的藝術風格〉、陳英德〈表現痛苦生命中的美／日耳曼大師格林勒華特在伊森海恩的祭壇畫傑作〉、方振寧〈各領風騷的日本前衛藝術家們／有關上海「超日常／日本當代藝術家七人展」〉、方振寧〈做為身體進化的影視美學／日本媒體藝術的最先端〉、王受之〈當代抽象藝術的發展〉

1998.08（279）王受之〈極限藝術在當代的發展〉、島子〈刻畫人類自身處境的文本／珍妮・荷爾澤的人骨、人皮裝置藝術及其他〉、周東曉〈單色塊面與空間的多元遊戲／美國藝術家艾斯渥史・凱利的紐約三展〉、方振寧〈倫敦世紀末最後的都市祭典／東京「現代英國建築與歐洲文脈」展〉

1998.09（280）蘇美玉〈杜布菲回顧展〉、胡永炎〈杜布菲與原生藝術〉、巫義堅西班牙報導〈波爾坦斯基的裝置空間〉

1998.10（281）賴瑛瑛〈繪畫零度化／義大利戰後藝術的一種閱讀〉、劉永皓〈美麗新世界／記第1屆巴黎影像雙年展〉、王受之〈新表現主義繪畫的發展和現況〉

1998.11（282）謝西・布恩〈藝術家的花園／有關樹的回憶〉、周芳蓮〈克利詩情畫意回顧展〉、謝西・布恩；徐文瑞譯〈第2屆宣言／歐洲當代藝術雙年展〉

1998.12（283）朱紀蓉〈促進大眾對英國當代藝術的認識／98泰納大獎四位入選者名單公布〉、劉安琪〈真實與虛構／蘇菲・卡兒的雙重遊戲〉、巫義堅西班牙報導〈詩化的基弗／淺析「風・時間・沈默」〉、王受之〈後現主義的發展和現況〉、謝慧青〈飛灑的線條／紐約現代美術館帕洛克回顧展〉、周東曉〈帕洛克的畫室／一生藝術創作的高峰地〉

1999.01（284）朱紀蓉〈英國報導藝術與時尚百年回顧展〉、廖瓊芳〈阿列欽斯基巴黎回顧展〉、巫義堅〈關於女性意識的西班牙閱讀〉、洪米貞〈利特儂斯基的廢物藝術〉

1999.02（285）方振寧〈巴比倫的圖書館／文字、書籍、媒體的展開〉

1999.03（286）游童〈巴黎畫派與東站／盧森堡兩大圍繞藝術運動與城市概念的展覽〉

1999.04（287）高千惠〈詩意與暴力／雪琳．納歌特雙重邊緣與雙向挑釁的文化飄移〉、高千惠〈末終結的歷史．頃刻間的迷情／99年看芝加哥兩項當代藝術展〉、高千惠〈誰在端盤子／與「末終結的歷史」策展者法蘭西斯哥．波納米之對話〉、王受之〈紐約的當代新藝術〉

1999.05（288）王受之〈紐約之外的美國當代藝術〉、游童〈影像的天堂／法國四個當代影像藝術展綜觀〉、丘彥明〈「眼鏡蛇藝術群」五十年的省思〉、方振寧〈德國攝影大師托馬斯．施特魯特訪談〉

1999.07（290）洪淑娟紐約報導〈移民．認同．科技消費／美國世紀：藝術與文化 1900-2000〉、周東曉〈杜象現成物之謎／紐約席勒藝術科學研究中心新發現〉、王受之〈俄羅斯當代藝術〉、廖瓊芳〈新巴黎畫派代言人／麥約美術館推出希勒瓦回顧展〉

1999.08（291）方振寧〈平凡的美國藝術家勞倫斯．維納〉、唐忠珊〈摩洛哥王國的寶藏〉

1999.09（292）廖瓊芳〈美國抽象繪畫（1940-1960）／法國蒙佩利耶法布爾美術館展出〉、王玉齡〈巴黎皇宮花園女性雕塑家展〉、奧夫．俄德曼．奇格勒；吳南薰譯〈生活的律動〉、周芳蓮〈捷克前衛藝術團體「硬頭」〉、方振寧〈素材與藝術表現的試驗紀錄〉

1999.10（293）廖瓊芳〈荷蘭繪畫黃金時代之靜物／阿姆斯特丹國家美術館展出〉、廖瓊芳〈堅持對於繪畫的熱情／尼姆當代藝術館貝爾納．弗里茲近作展〉、周芳蓮〈莫朗迪回顧展在西班牙〉、傅維新〈凡．戴克400週年誕辰大展〉

1999.11（294）王玉齡巴黎報導〈當代雕塑走上街頭／巴黎香榭麗舍大道第二屆戶外雕塑大展〉、周芳蓮〈沙漠的真象顯彰／理查．密士勒奇的「沙漠之歌」攝影展〉、陸蓉之〈利物浦的末世尋蹤／世紀末英國的首屆國際當代藝術雙年展〉、丘彥明〈捕捉瞬間的存在／荷蘭印象派大師以撒．伊斯拉埃爾斯〉、王受之〈非洲和加勒比海地區黑人藝術的現狀〉、人衛．羅斯金文；吳南薰譯〈用金屬作畫的雕塑家〉、林侃生〈感動的圖景／西班牙國際當代攝影節〉、方振寧〈從形的經營戰到意的文化戰略／日本「PAOS 中國設計網絡」在中國〉、吳曉芳〈世紀末紐約最「聳動」的前衛藝術特展〉

1999.12（295）王受之〈大地藝術、環境藝術、光線藝術、人體藝術〉、徐芬蘭〈介於神話與喧嘩之間的達利／西班牙達利美術館25週年慶〉、魏伶容譯〈19世紀末新學院派大師／拉斐葉．柯倫唯美浪漫的美女畫〉

2000.01（296）吳南薰〈預見20世紀／橘園美術館收藏於北美館展出〉、麥克爾．佩皮特著；史咏譯〈塞尚／造就純粹持久的藝術〉、周芳蓮〈雕塑與素描的對話／安黑．費南特大型回顧展、王玉齡〈歐洲現代藝術的引爆器／巴黎市立美術館野獸派大型回顧展〉、朱紀蓉〈布魯斯貝利畫派的繪畫〉、郭菉猗〈沙金的人像畫〉、王受之〈婦權主義藝術和同性戀藝術〉、余瓊宜〈觀念藝術的體現／克萊因畫作的神祕儀式〉、葉子奇〈13年的等待／謝德慶公開報告結束行為藝術「13年計畫」〉

2000.02（297）劉俐〈後現代主義與本土化交集之後〉、郭菉猗〈從「在世的十位最傑出藝術家」思考現代藝術的走向〉、吳曉芳〈謝德慶13年計畫「公開報告」現場目擊〉、游童〈無法預知的死亡紀事／非洲與大洋洲美術館：「死亡」特展〉、游童〈死亡將不會知道／與策展人傅荷一席談〉、宮守業〈古埃及的今生與來世／古埃及文物大展在台中展覽〉、唐忠珊〈金字塔時期的埃及藝術〉、伯申〈逝後永生的木乃伊〉、〈赫爾辛基的千禧宣言／歐洲九都市文化串連〉、王受之〈德國納粹掠奪藝術品的歸還〉

2000.03（298）世界百年藝術特輯德國篇：高千惠〈綜覽百年世界美術經緯／「20世紀美術系列」世界卷《百年世界美術圖象》總論〉、《百年世界美術圖象》／20世紀美術系列椎出世界卷、曾長生〈千禧年世界美術大趨勢／20世紀的藝術省思〉、簡上淇〈20世紀．德國藝術一百年〉、陳玉珍〈「達文西：科學家、發明家、藝術家」特展〉、魏伶容譯〈MOMA2000／紐約現代美術館本世紀最大約藝展〉

2000.04（299）百年世界藝術特輯美國篇：吳曉芳〈紐約現

代美術館世紀大展 MOMA2000Part Ⅰ／現代起始：「人」、「地」、「物」〉、巴巴拉．葛羅士克洛斯；魏伶容譯〈美國美術中的美國特質〉、劉奇俊〈美國繪畫一百年〉、莫瑞．麥肯那；陳淑玲譯〈從惠斯勒到沃荷：從版畫看美國美術的一百年〉、方振寧〈在精神深淵旁徘徊的芬蘭現代攝影家〉、方振寧〈近在眼前的遙遠傳說／攝影家羅蘭德和紐約藝術家們的故事〉

2000.05（300）丘彥明〈與線條攜手同遊／克利與神話的面具〉、方振寧〈媒體實驗室．e-art．電腦世界語／栗憲庭 VS. 方振寧東京對談〉

2000.06（301）法國藝術百年特輯：陳英德〈法國藝術百年：1900-2000 藝術大事選看〉、唐忠珊〈豐富而多元的 1900〉、黃琤〈世紀之末與黎明之起／巴黎大皇宮 2000 年春季大展〉、劉奇俊〈蒙娜麗莎的 100 種微笑〉、周芳蓮〈秦尚伯爵夫人回娘家／哥雅名畫回到普拉多美術館〉

2000.07（302）丘彥明〈輝煌的黃金時代／荷蘭國家美術館 200 週年特展〉、吳曉芳〈作選擇／紐約現代美術館世紀大展 Part Ⅱ〉、廖瓊芳〈庫爾貝與人民公／巴黎奧塞美術館展出珍貴史料與作品〉、唐忠珊〈精靈、金飾與薩滿／哥倫比亞金飾博物館的收藏〉、丘彥明〈沈浸和諧神祕世界／象徵主義畫家撒維耶．麥樂里〉、曾慧燕〈集體全裸在公共空間／紐約藝術攝影藝術家圖尼克創作現場〉、王受之〈歡樂的 90 年代／美國插圖發展的歷程〉

2000.08（303）劉奇俊〈光與空氣，水與樹木的風景詩人／典型印象派畫家希斯萊百年展〉、潘台芳〈阿曼／物體夢想家〉、王哲雄〈消費文明與工業社會的詩人暨社會學家／阿曼〉、丘彥明〈自由．自娛的繪畫世界／法國雕塑家卡波的畫展〉、鄭意萱〈新藝識焦點／網路與藝術的相關形態〉、簡上淇〈彩色科隆藝術／ 2000 年科隆藝術博覽會〉

2000.09（304）丘彥明〈不可能存在的存在／版畫大師艾雪〉、周芳蓮〈法國大文豪雨果的畫展〉、廖雯〈「美國女性藝術家訪談錄」引言〉、廖雯〈美國女性藝術家訪談錄：露西．李帕德〉、「世界美術全集」隆重登場／首卷推出：陳英德著《法蘭西學院派繪畫》

2000.11（306）美國《藝術在美國》雜誌授權本刊譯載；林貞吟譯〈馬松：暴烈的臉〉、吳曉芳〈紐約現代美術館世紀大展終結篇／MoMA2000:「開啟終結」（OpenEnds）〉、廖瓊芳〈不分享的異國情調／里昂當代美術館展出裝置作品收藏展〉、廖瓊芳〈羅勃．莫里斯 2000 年裝置作品〈白夜〉／與里昂當代美術館的三部曲〉、劉俐〈從不入流到主流／羅伯．科司考特的繪畫奇遇記〉、黃琤〈〈孟勾寶箱〉與〈霖莫梓〉基督像／法國羅浮宮博物院藝術品部的兩件新藏〉、劉奇俊〈謎一般的超古代文明展〉、劉奇俊〈魯本斯和他的時代／維也納美術大學收藏展〉、高千惠〈神界的黃昏／從英國聳動展到啟示展，看終結前衛之後的驚悚美學〉

2000.12（307）唐忠珊〈從庫爾貝到馬諦斯的地中海風景〉、廖瓊芳〈亞維儂「美之大展」〉

2001.01（308）丘彥明〈光！／ 1750-1900 年工業時代的藝術與科學〉、劉奇俊〈布魯克林美術館收藏印象派名畫展〉、廖瓊芳〈腦中的世界／巴黎市立現代美術館世紀末當代藝術大展〉、吳安蘭〈燃燒的大理石／天才之手羅丹〉、林貞吟〈當科技速度遇上藝術溫度／科技藝術面觀〉、方振寧〈新世紀最初的「嬰兒」／世界首次人類夥伴型機器人博「ROBODEX2000」〉、方振寧〈讓人工智能機器生物成為人類的朋友／世紀初日本全新人類夥伴型機器人產業全貌〉

2001.02（309）丘彥明〈荷蘭女王客座館長策畫畫展／戰後的荷蘭現代藝術〉、劉建華〈QOBO：柏林當代藝術／ 1989-1999〉

2001.03（310）鄭意萱〈「巴黎畫派」的重聚與回顧／巴黎現代美術館跨世紀展〉、吳啟基〈走出凍土冰原／加拿大愛斯基摩人藝術大展〉、方振寧〈大眾傳播藝術先鋒：未來派德培羅／「德培羅的未來派藝術展」綜述〉

2001.04（311）廖瓊芳〈兩千年基督教藝術在埃及／科普特藝術〉

2001.05（312）周東曉〈德爾夫特的維梅爾／紐約大都會美術館年度大展〉

2001.06（313）丘彥明〈宇宙之間的漫遊／尤金那．布朗斯和他的畫〉、尤金那．布朗斯；丘彥明譯〈樹林裡的一個園子〉、劉奇俊〈比利時五巨匠／從表現主義到超現實〉、吳安蘭〈浪漫大師德拉克洛瓦最後的畫室〉、郭冠英〈京

都跨領域團體 DmbType 中的聲音藝術 / 訪 DmbType 藝術家山中透〉

2001.07(314) 彭韻玲〈亞歷山大・柯爾德：隨風起舞的「活動雕塑」〉、陳英德〈歐洲年輕創作者沙龍展〉、廖瓊芳〈從拉斐爾前派至未來主義 / 奧塞美術館「邁向現代化的義大利藝術」展〉、廖瓊芳〈歐亞游牧民族的黃金藝術 / 居美亞洲美術館亞馬遜藝術展〉、唐忠珊〈星際、地球與權利的中心 / 法國自然歷史博物館鑽石展〉、劉奇俊〈拉斐爾前派的藝術風格〉

2001.08(315) 陳永賢〈比爾・維歐拉的錄影藝術新作展〉、丘彥明譯〈卡・阿貝爾(KarelAppel)詩四首〉、丘彥明〈旺盛的藝術生命力 / 寫在卡・阿貝爾八十歲〉、丘彥明譯〈光！/ 魯迪・福斯與卡・阿貝爾對話〉、「傑克梅第百年回顧展」蘇黎世展開

2001.09(316) 周芳蓮〈錄影藝術先鋒白南準的世界〉、鄭意萱〈點流 / 光電藝術的精集於惠特尼美術館再掀新幕〉、林其蔚〈「廣視角」大展 / 在弗雷諾國家當代藝術工作室〉、周東曉〈從法國那比派看世紀末裝飾藝術美學的興起 / 紐約大都會美術館「延伸於畫架之外」繪畫特展〉

2001.10(317) 林書民〈替換行動(Takeover)/ 2001 奧地利科技媒體藝術節〉、林書民〈未來美術館〉、葉謹睿〈繪畫之死與現代藝術的未來 / 從新媒體風潮看傳統媒材之重生與蛻變〉、劉奇俊〈華麗的 18 世紀義大利威尼斯繪畫展〉、黃舒屏〈從安格爾到馬諦斯：法國繪畫的光榮勝利 / 英國皇家藝術學院特展〉、高千惠〈勞孔是怎麼死的？/ 有關當代藝術書寫的魅與昧想像空間〉、盧人仰〈一位欲刺穿地球的雕塑家 / 關於布朗庫西〉、黃淑玲〈從巴黎義大利風景展談 19 世紀法國學院派歷史風景畫的興衰〉

2001.11(318) 丘彥明〈1950 年後荷蘭的寫實主義繪畫〉、周芳蓮〈印象派的先驅 / 馬德里泰森美術館柯洛展〉、唐忠珊〈波修的幻想世界 / 荷蘭鹿特丹波修大展〉、高千惠〈謬誤的繆思殿堂 / 從阿富汗國家美術館的淪落看一地文明的興衰〉

2001.12(319) 劉奇俊〈龐貝出土文物的光輝〉、徐芬蘭〈阿富汗千年歷史展〉、方振寧〈「往來」：電子藝術的可能性 / 電子藝術國際會議 2002 名古屋籌備研討會報告〉、方振寧〈東亞電子藝術的新發展 / ISEA2002 名古屋籌備研討會〉

2002.01(320) 方振寧〈MVRDV 和秒速十米住宅方案〉、方振寧〈夢想自身化比特 / 有感「秒速十米的住宅」獲獎〉、林珮淳〈科技・文化・新美學 / 藝術在科技媒體時代的認識與省思〉、方振寧〈世紀大發明 Ginger 及近未來都市風景〉、〈碎形千年都市〉、段煉〈耶魯大學的拉斐爾前派繪畫〉、丘彥明〈從畢卡索到達比埃 / 荷蘭人眼中的 20 世紀西班牙繪畫與雕塑〉、許惠蘭〈恩梭・亞當斯百年展〉、朱紀蓉〈紀念 20 世紀最重要的藝術史家之一：貢布里希〉、陳永賢〈馬丁・克里得以極限風格贏得透納首獎 / 2001 英國透納藝術獎揭曉〉、沈秀貞〈希區考克與藝術展 / 影片、繪畫與布展的 / 場漫步探幽〉、廖瓊芳〈一場隨意的訪談 / 在里昂與蔡國強對話〉、周東曉〈開創寫實新視野的人像雕塑大師 / 傑克梅第百年誕辰回顧展〉、周東曉〈融合具象與抽象造形的英國現代雕刻 /「亨利・摩爾作品回顧展」〉、《不再有好女孩了 / 美國女性藝術家訪談錄》出版、廖雯〈女性為了女性 /《不再有好女孩了 / 美國女性藝術家訪談錄》序〉

2002.02(321) 丘彥明〈家族合唱 / 揚・托洛普四代的藝術生命〉、陳永賢〈無人之地的生命基調與機制 / 馬克・渥林格的回顧展〉、楊識宏〈2001 年國際藝壇風雲人物 / 美國雕刻的鐵人理查・塞拉〉

2002.03(322) 周東曉〈文藝復興人體相貌之美〉、〈美德與美麗 / 文藝復興女性肖像：華盛頓國立美術館年度特展〉、鐘兆慧〈文藝復興時期藝術家的身體表現 / 以女性觀點探討〉、周東曉〈在曼哈頓遇見德國奧地利藝術 / 紐約新畫廊開幕首展〉、丘彥明〈游泳池變成美術館 / 魯貝藝術與工藝美術館〉、廖瓊芳〈巴黎報導 19 世紀的實物塑模〉、約翰・艾里昂；李文謙摘譯《黃色房間之回憶》、朱素貞〈怪誕形象的創造者 / 波修對「超現實主義」繪畫的影響〉、方振寧〈導航地球號宇宙船 / 宇宙時代的先驅者巴克明斯特・富勒〉、方振寧〈英特網時代最早之推手巴克明斯特・

富勒／富勒成就論〉、網路藝術展的強弱機危：方振寧〈網路·空氣·水〉、葉謹睿〈「網路藝術」「展」〉、陳永賢〈智謀的模擬國界〉、高千惠〈血之花瓣的魔幻視境／南非當代藝術家威廉·肯垂居的藝域〉

2002.04（323）方振寧〈隱私與公開·窺視與參與／索菲·卡萊的雙重遊戲裝置藝術〉、唐忠珊〈法王路易十五的情婦與密友／龐芭度夫人與藝術〉、廖瓊芳〈19世紀的法國餐飲文化藝術／巴黎奧塞美術館展出〉、許慧蘭〈在藝術中找尋自我／德國當代女藝術家伊娃·赫色〉

2002.05（324）丘彥明荷蘭報導〈史偉爾斯之謎／17世紀極具創造力畫家〉、）廖瓊芳〈兩個藝術之都迸發的火花／「巴黎—巴塞隆納」藝術大展〉、徐芬蘭〈兩市之間的對話／「巴黎—巴塞隆納」大展〉、鄭意萱〈藝術平衡我們在科技生活的位置／惠特尼美術館2002雙年展〉、江冠明〈藝術家紀錄片的時代意義／從「解放前衛」中的當代前衛藝術家談起〉

2002.06（325）陳永賢〈錄影藝術的新發現／英國貝克獎之錄影藝術〉、陳永賢〈宣示與預言／從貝克獎看英國當代藝術的未來〉、周芳蓮〈從野獸派到立體主義／西班牙首次舉辦勃拉克回顧展〉、徐芬蘭〈巴塞隆納新意象／西班牙前衛藝術家魯斯德雕塑展〉、鄭意萱〈超現實主義的幕後／解放的慾望與藝術治療〉

2002.07（326）丘彥明〈自由、反傳統、夢與偶然性／超現實主義的革命〉

2002.08（327）西班牙追回失竊名畫十幅、吳鼎武、瓦歷斯〈雷射全像藝術家SamMoree〉／余瓊宜〈生命的形而上／比爾·維歐拉的〈南特三聯像〉〉

2002.09（328）楊識宏〈天真無邪的荷蘭人／阿拜爾的藝術〉、陳永賢〈初晨／英國新世代藝術窺探〉、劉明惠〈盛裝思維的容器／諾瑪·明蔻薇芝雕塑作品裡的弦外之音〉

2002.10（329）陸蓉之〈交媾·在科技禁區〉、黃舒屏〈解禁「科技禁區」：一個關於人文的當代媒體藝術大展〉、林宏璋〈科技與倫理／手機與電子雞〉、林書民〈斷電狀態／2002奧地利科技媒體藝術節〉、張晴文〈假冒的天堂／德國科技媒體藝術中心ZKM〉、墨索里尼時代宣傳藝術／沃夫森收藏在倫敦展出、梁美萍〈第4屆歐洲聲言雙年展〉

2002.12（331）劉奇俊〈溫斯洛普捐贈福格美術館所藏19世紀英法繪畫〉、崔薏萍譯〈審美之眼／溫斯洛普的歐洲藝術收藏〉、丘彥明〈1770至1920年的美國繪畫〉

2003.01（332）方振寧〈面對百分之百的高達／新浪潮派電影巨匠高達〉、方振寧〈如果PLAY操作失去的話／讓·呂克·高達東京訪談〉、陳永賢〈凱斯·泰森摘取2002年英國泰納獎桂冠〉、陳永賢〈解讀2002年英國泰納藝術獎之前衛作品〉、賀內·貝歇宏；詹文碩〈馬諦斯與旺斯教堂〉、丘彥明〈版畫為他贏得了一座王宮／「艾雪宮美術館」創館記〉、周東曉〈90年代當代創意素描／紐約現代美術館跨年特展「今日素描」〉

2003.02（333）美國《藝術新聞》發行一世紀、卓有瑞〈美國《藝術新聞》一百週年／專訪執行總監茱迪斯·艾斯特羅〉

2003.03（334）王華〈2002年英國泰納獎〉

2003.06（337）劉奇俊〈米勒三大名畫展／歐洲自然主義的畫家們〉

2003.07（338）陳永賢〈英國當代錄影藝術新趨勢〉

2003.08（339）周東曉〈蔡國強中央公園「光環」計畫〉、周東曉〈紐約大都會美術館年度特展／從馬奈與維拉斯蓋茲看西班牙黃金時代繪畫對法國藝術家的影響〉

2003.09（340）布列塔尼專輯：黃郁惠譯〈藝術的原創性與特殊性／高更和布列塔尼的畫家〉、廖瓊芳〈阿凡橋追憶之旅、何政廣〈印象派畫家筆下的艾特達〉、安妮－瑪麗·貝傑里－古邦；黃郁惠摘譯〈19世紀的藝術城·印象派的搖籃／翁夫勒〉

2003.12（343）洪藝真〈「保存」英國藝術基金會百年大展〉、陳永賢〈解開生活與藝術之間的密碼／2003英國當代藝三年展〉

2004.02（345）劉奇俊〈發現維多利亞／英國19世紀裸體畫〉、周文翰〈蒙塔達斯亞洲行／世界上第一個做出網路實驗藝術作品的多媒體藝術家〉

2004.04（347）黃淑媚〈洛可可的藝術精靈／美國德州舉行布欣誕生300年素描展〉

2004.05（348）吳曉芳〈巴黎1900美好時代的光輝〉

2004.06（349）陳郁秀〈掀開三萬年前洞窟壁畫的神秘面紗／法國維修洞窟的藝術震撼〉、王雅玲整理〈文化遺產永續的可能／從法國洞窟藝術

談文化遺址的保存〉、唐忠珊〈智識與感官平衡的畫面／納比派代表畫家威雅爾回顧展〉

2004.07（350）陳永賢〈英國前衛藝術 yBa 三傑〉、郭冠英〈數位時代 vs. 人文省思／由「漫遊者／2004 國際數位藝術大展」幾件國際作品談起〉、馬小英〈西伯利亞男孩／歷史人物畫家蘇理科夫〉、高千惠〈當星塵撞進紅塵／太空科學對當代藝術的影響〉

2004.08（351）2004 年雅典「文化奧運會」、林保堯〈藝術知識．創意產業／奧運帶動文化創意產業的可能、田邊勝美〈從希臘到東方／亞歷山大大帝與東西文明交流展〉、林保堯〈古代雕刻的聖俗係譜與背景／女性、兩性俱有、動物〉、洛光〈旅遊雅典觀賞希臘古典藝術〉

2004.09（352）周文翰〈攝影大師布列松辭世〉、陳永賢〈永不凋謝的生命之花／海倫．查德薇克的藝術歷程〉、周東曉〈地景與身體藝術之結合／女性展演藝術家安娜．梅蒂耶塔回顧展〉

2004.10（353）林俊賢〈時間移轉 TIMESHIFT ／奧地利電子藝術節 25 週年〉、葉謹睿〈過去、現在與未來／李小鏡／科技藝術檔案之十〉

2004.11（354）馬小英〈流浪天才／俄羅斯畫家尼古拉．費申〉

2004.12（355）徐芬蘭〈一個夢想的實現／「立體—未來主義派」代表畫家馬內里大展在巴塞隆納舉行〉、高千惠〈收藏家安迪．沃荷的藝術世界／匹茲堡當代藝術場所 1〉、高千惠〈麻雀變鳳凰／床墊工廠與古巴當代展／匹茲堡當代藝術場所 2〉

2005.01（356）元敏〈2004 法國秋季沙龍〉、陳永賢〈傑瑞米．戴勒摘取 2004 年泰納獎桂冠〉、陳永賢〈2004 年泰納獎風雲錄〉

2005.02（357）黃淑娟〈在荷蘭發現維梅爾畫室〉

2005.04（359）黃淑娟〈文化熔爐，藝術東村／紐約「美國東村」藝〉術展〉、劉粹倫〈基本原則／超媒體 .05：柏林國際媒體藝術節〉、陳永賢〈點燃情緒與情感的驚爆點／山姆．泰勒／伍德的錄像藝術〉、馬小英〈從西伯利亞走向世界舞台／俄國雕塑家達西．那達科夫的金雕與寶石作品〉

2005.05（360）孫立銓〈由藝術與人道精神出發／英果．古騰「世界運轉器」的全球化視野與亞熱帶對話〉、沈伯丞編譯〈「世界運轉器」：藝術與新聞介面的全球視野—訪德國藝術家英果．古騰〉、唐忠珊〈透析光點下的景色／看巴黎奧塞美術館「新印象派：從秀拉到克利」〉、郭菉猗〈「淘金熱」的省思／從東京國立近代美術館的「琳派」展看克林姆的繪畫〉

2005.06 — 2015.04

2005.06（361）周文翰〈龐畢度中心收藏的法國當代藝術大展〉、唐忠珊〈新興中產階級的生活景象／法國大革命「督政府和執政府時期的巴黎社會」大展〉、馬小英〈蘇聯解體前後的藝術活動〉、周芳蓮〈馬德里的德國橋派百年大展〉

2005.07（362）周芳蓮〈馬諦斯「藝術的第二春」〉、吳曉芳〈世界之鏡／德勒斯登國立美術館典藏大展〉、鄭意萱〈紐約東村的藝術傳奇／美國東村首次的展出與回顧〉、徐芬蘭〈抽象藝術的「片段風格」／巴塞隆納舉辦尚．海里昂大展〉

2005.08（363）黃意芝〈法國龐畢度文化中心「非洲當代藝術展」〉、黃意芝譯解〈轉移牽動／巴黎東京宮展出跨領域當代藝術展〉、達文西傳世經典壁畫〈安奇亞里戰役〉將重現人間、丘彥明〈新寫實主義和普普藝術／荷蘭普普藝術與 60 年代特展〉、鄭意萱〈80 年代後的新攝影〉

2005.10（365）林干琪〈塗鴉新生代／ K-Spray 模板塗鴉藝術亞洲巡迴展覽〉

2005.11（366）馬小英〈1950-1999 前衛藝術流派展／俄羅斯馬爾博宮殿特展〉

2005.12（367）丘彥明〈為國族主義奮鬥下的繁美藝術／ 1890-1920 年的芬蘭繪畫〉、唐忠珊〈奧匈帝國的最後一道虹彩／維也納 1900〉

2006.01（368）劉明惠〈凱薩琳大帝傲視群雄的藝術珍藏／聖彼得堡隱士廬美術館精品展〉

2006.02（369）高千惠〈火山下的時間膠囊／龐貝古城末日的當代考據和想像〉、陳永賢〈性．死亡．變體／查普兄弟的藝術觀〉、林千琪〈叛逆巨響：普普藝術在英國〉、洪藝真〈重回真實／繼克萊茵之後的色彩，再看 60 和 70 年代藝術〉

2006.03（370）周文翰〈從達文西到瓦萊里奧．費斯蒂／來

自義大利的創造力〉

2006.07（374）蔡幸伶〈榮耀之門／19 世紀法國巴黎官方沙龍展〉

2006.08（375）北辰〈4500 萬美元購入杜喬〈聖母子〉疑為仿作／紐約大都會美術館確認是真品〉、耿殿文〈貝里尼、喬爾喬涅、提香和威尼斯畫派的文藝復興〉、以妮〈羅賽蒂詩畫中的碩美意境〉

2006.09（376）郭冠英〈兩位卡爾斯騰的聲音．藝術．市場／「歌唱時鐘」聲音藝廊 VS. 前衛聲響獨立廠牌「點陣．諾頓」〉、吳達坤〈零一位元藝術節：科技藝術連線〉、吳達坤〈〈BABYLOVE〉前進零一位元藝術節〉、曾崢〈當藝術戀上科技／北京國際新媒體藝術展「代碼：藍色」〉、陳永賢〈時序靈光／比爾．維歐拉的錄像藝術〉、洪藝真〈透過錄影鏡頭看藝術〉

2006.11（378）方振寧〈維蘇威火山的誘惑／那不勒斯錄像藝術在北京〉、徐婉禎〈立體世界的幻覺／關於全像藝術〉

2006.12（379）陳永賢〈企業、藝術、觀眾三者共贏標／泰德現代美術館渦輪大廳之創作計畫〉

2007.01（380）周東曉〈19 世紀末美國藝術家尋夢之旅〉

2007.02（381）周芳蓮〈世紀水彩大師．西班牙陽光畫家／西班牙馬德里沙金與索羅亞大展〉、劉明惠〈介於史詩與啟示錄間的宏觀巨構／德國象徵主義藝術家基弗「天與地」巡迴展〉

2007.03（382）廖瓊芳〈法國 17 世紀的寫實畫家／巴黎橘園整修後首次特展〉、吳曉芳〈19 世紀藝術家們的樂園／奧塞美術館藏品於東京都美術館展出〉、廖瓊芳〈反映英國社會的霍加斯／羅浮宮舉行霍加斯在法國首次個展〉、陳永賢〈英國當代藝術 60 年〉

2007.04（383）黃意芝〈錄影藝術雙人組費希里與魏斯回顧展〉、宅／00 年代藝術空間感、高千惠〈御宅族考／從封閉世界到無限人間〉、周郁齡〈四方之內座標零／科技藝術抽樣觀察〉、張晴文〈向未知的世界通聯／平面，00 年代空間感〉、崔延蕙〈烏托邦就在這裡／萊比錫棉布紡織廠畫室〉、崔延蕙〈另一種傳統／萊比錫畫派與萊比錫版畫與書冊藝術學院〉、崔延蕙〈甚於厭煩／新萊比錫畫派〉、周文翰〈綜觀適應與革新的美國藝術史／美國藝術 300 年於北京中國美術館開展〉

2007.06（385）高千惠〈加法的當代藝術展覽：高科技＋綠意識＝藝術世界是平的？〉、高千惠〈加法的當代藝術展覽：記錄性＋隱喻性＝｛代言影片｝〉、高千惠〈觀念藝術＋女權運動→藝別論述的蝶變／看「藝術與女權革命」的年代回顧與發展（1970-1990）〉

2007.08（387）方秀雲〈我，我，我，我，我／來自烏菲茲美術館的自畫像〉

2007.09（388）數位藝術現在式：陳永賢〈數位奇觀與新互動倫理／當下數位藝術的發展及可能性〉、亞歷士．阿德里安善斯（AlexAdriaansens）〈動態媒體：行動／互動／V2_ 特區〉、吳介祥〈藝術的「媒材即媒體」時代／Boom！快速與凝結的交互作用〉、鄭月秀〈從 BBS 到 Web2.0 時代／網路藝術的發展〉

2007.10（389）陸蓉之〈3L4D：動漫美學新世紀〉、王受之〈生活少不了的樂趣／《動漫設計》之美國報紙經典連載漫畫 II〉、方秀雲〈跟啟蒙運動再續前緣／愛丁堡視覺藝術季〉、高千惠〈在巴塞爾看見布洛塔爾／關於馬賽爾．布洛塔爾的料理、骨頭與文本概念〉

2007.11（390）曾炳榮〈數位舞台的主流美學／展望動漫美學新世紀〉、王受之〈技術與堅持同步打造動畫王國／《動漫設計》之彩色動畫時代〉、音浪席捲，視覺藝術協奏：林志鴻〈搖滾音符爆彈，樂與怒的噴射氣流／卡地亞基金會展出「搖滾文化」特展〉、徐升潔〈搖滾吧，視覺藝術！／芝加哥當代藝術館探討四十年來的藝術與搖滾樂〉、林志鴻〈恐怖攻擊．藝術暴動／巴比肯藝術中心展出「龐克年代的藝術」〉、方秀雲〈知性的撞擊與藝術的創新／第 4 屆愛丁堡視覺藝術季〉

2007.12（391）俄羅斯當代藝術：馬曉瑛〈金磚的真相／俄羅斯當代藝術進行式〉、鄭元智〈批判的俄羅斯當代藝術／巴黎蘇俄當代藝術季〉、林志鴻〈莫斯科製造／俄羅斯的城市文化潛意識〉、林志鴻〈藝術是戲劇，絕不是意外事故／AES+F 的當代神話解剖學〉、徐升潔〈豐富可觀的藝術資產／林明哲談俄羅斯藝術收藏〉

2008.01（392）陳書俞〈數位新趨勢／21 世紀寧靜的革命〉、高千惠〈007 手提箱內的杜象〉、鄭元智〈介於自然與人工之間，唯美下的真相／巴黎卡地亞當代藝術基金會舉行李昢、羅伯·亞當斯個展〉、王仁宏〈社會與政治議題當道／馬克·沃林格獲 2007 年泰納獎〉、呂佩怡〈橫跨那一道裂縫／泰德現代美術館「通關密語」展〉、周芳蓮〈充滿歡樂的西班牙三王節〉、王受之〈動盪時代的動畫／第二次世界大戰期間的動畫發展情況之一〉

2008.02（393）方秀雲〈以疑問為名的繪畫／繪畫的新視點〉、王受之〈蘇聯動畫的發展〉、曾長生美國當代藝術史學的發展〉

2008.03（394）劉明惠〈媒合藝術和政治的設計哲學／從「權勢的象徵」特展看拿破崙帝國裝飾藝術風格〉

2008.04（395）李鳳鳴〈愛與死的掙扎象徵／法國象徵主義藝術家摩沙誕辰 125 周年紀念展〉、鄭意萱〈美國攝影藝術的先驅／艾弗瑞·史提葛立茲、劉明惠印象派鏡頭美感寫真／百年畫意攝影藝術集錦〉、鄭意萱〈晦澀的現代性面貌／中歐戰間攝影在英美巡迴展〉、埃馬努埃爾·特維農〈馬格蘭通訊社 60 年〉、丘彥明〈詩歌般抒情的繪畫大師／記梵谷美術館英國拉斐爾前派畫家約翰·密萊特展〉

2008.05（396）鄭意萱〈劃時代的時尚攝影家／愛德華·史泰欽〉、徐升潔〈勾勒加勒比海樣貌／與歷史並進的古巴藝術〉、陳書俞〈古巴多元文化下的瑰麗／「林飛龍在北美」於邁阿密美術館展出〉、塔瑪拉·科提斯（TamaraCrtis）文；張晴文譯〈告示板藝術：古巴風格〉、徐升潔〈下一個藝術市場焦點／古巴現當代藝術〉

2008.06（397）陳永賢〈什麼是數位藝術？／數位時代的藝術表徵〉、徐升潔〈數位藝術夢想由此起飛／國立台灣美術館的「數位藝術方舟」〉、許瑜庭〈方舟中的城市／國立台灣美術館「城市雙向道」〉、張晴文〈台灣數位藝術知識與創作流通平台〉

2008.07（398）彼得·韋伯（PeterWeibel）〈後媒體狀態／媒體藝術的現在與未來〉、李鳳鳴〈中國美術館「合成時代：媒體中國 2008」國際新媒體藝術展〉、張尕〈合成時代、李鳳鳴新媒體藝術在中國的局部觀察、尤力〈新媒體革命／香港藝術館「數碼演義」〉、賈勝楓，趙秀明記錄整理〈媒體民主化下的新媒體藝術／新媒體討論區〉、陳永賢〈新媒體藝術的聲光感知／記 2008 年「科光幻影」創作發表〉、新媒體藝術 Q&A、鄭元智〈關於神與人，永遠的疑問／龐畢度中心年度大展「聖跡」〉、劉明惠〈西班牙畫家羅培茲·賈西亞回顧展〉、周芳蓮〈黑暗人性的紀錄／國立普拉多美術館「戰爭中的哥雅」展〉、端子〈拿破崙作客故宮博物院／北京故宮展出「羅浮宮·拿破崙一世」〉

2008.08（399）方秀雲〈從人群中發現奇蹟／印象派時期戲院包廂的世界〉、方振寧〈〈NOX 的數位洞窟／ NOX 設計「合成時代：媒體中國 2008 ／國際新媒體藝術展」展場空間〉、方振寧〈GreenPix 幕牆：零耗能·多媒體〉、徐升潔記錄整理〈新媒體藝術發展／藝術與科技〉

2008.09（400）黃麗絹〈聖荷西數位藝術風采／第 2 屆 Zero1 聖荷西全球前衛藝術節雙年展：超級光〉

2008.10（401）周芳蓮〈文藝復興時期肖像畫聚集馬德里／普拉多美術館舉辦肖像畫大展〉

2008.11（402）「傾斜：義大利藝術的傳統與革命 1968-2008」於葛拉西宮展出〉

2008.12（403）賴思儒〈向即將卸任的館長獻上最崇高的敬意／飛利浦·德·蒙特貝羅的風華年代／ 30 年珍藏特展〉、陳奇相〈天使的化／楊·法布爾於大羅浮宮展出〉、鄭意萱〈亨利·卡地亞／布列松／決定性的瞬間〉、鄭元智〈複數性的客觀攝影／杜塞道夫攝影學派〉、約翰·G·漢哈德文；謝汝萱譯〈白南準的世界／錄像實現藝術的可能性〉

2009.01（404）王受之〈1960 至 70 年代的各國動畫／動畫國際性的爆發〉、鄭意萱〈勞勃·端諾／法國人道關懷攝影代表人物〉

2009.02（405）〈新表現主義繪畫在泰德現代美術館展出〉

2009.04（407）陳書俞〈未來派 100 周年，義大利各地舉行慶祝活動〉、吳曉芳〈日本國立西洋美術館「羅浮宮美術館展／ 17 世紀歐洲繪畫」〉、陳瀅如〈哈蘭·法洛奇的影像論文／法洛奇影像裝置個展〉、北辰〈寧為藝術俘虜—謝德慶「一年的行為藝術系列」在紐約現代美術館展出〉

2009.05（408）王受之〈進入 21 世紀的動畫〉、陳書俞〈達拉斯美術館「圖坦卡門和黃金時代的古埃及法老王」展〉、鄭元智〈藝術文化帶動都市新生／里爾「歐洲無限大藝術節」〉、陳奇相〈我將回來／瓦爾・德馬捺當代美館典藏展〉、鄭元智〈卡夫卡式的「生產線」劇場／米卡・蘿登伯〉格的錄像藝術〉、王鼎曄〈雙年展中的精華／林茲的「雙年展精華展」〉

2009.06（409）周芳蓮〈卓越的暗影／從文藝復興繪畫到當代攝影和電影藝術〉、唐忠珊〈義大利早期繪畫／於法國盧森堡美術館、捷克瑪－安德列美術館展出〉

2009.07（410）徐芳蘭〈飆未來：未來主義百年大展〉、陳奇相〈綜觀巴黎近日展覽／吉米・杜罕、麥特・穆力肯、奎葛瑞・庫德森、歐達・朱恩個展〉、鄭元智〈「她們」在龐畢度中心／法國國立現代美術館當代藝術典藏展〉、唐忠珊〈詩意與幻覺／威廉・布雷克回顧展在巴黎小皇宮舉行〉、劉明惠〈走進畫家的繁華盛世／維梅爾、林布蘭特與荷蘭藝術的黃金時代：來自阿姆斯特丹國家美術館的傑作〉

2009.08（411）陳永賢〈泰納獎的形式與風格、朱燕翔泰納獎得主〉

2009.12（415）廖瓊芳〈璀璨的古代文化／墨西哥古文明「提奧提華坎」歐洲首展〉、廖瓊芳〈古老文明的再發現／提奧提華坎之考古新發現〉、沈奕伶〈安德烈・馬松／在秩序崩解時，以繪畫尋求生命的解答〉、賴瑞鎣〈油畫的誕生／1420-1450年的尼德蘭繪畫〉

2010.01（416）徐升潔〈杜象的最後秘密創作／〈給予〉於費城美術館展出〉、陳奇相〈反科技及技術系統的瓦解／巴黎東京宮「追逐拿破崙」特展〉、王柏偉〈藝術、科技與社會／包浩斯模式90年〉、王受之〈包浩斯的歷程（上篇）〉、吳靖雯〈包浩斯1919-1933、黃怡珮藝術與工業技術的新統一／威瑪時期的包浩斯〉

2010.02（417）吳靖雯〈羅浮宮／「神聖俄羅斯大展」、「中東之路」與「古典重現」特展、吳靖雯〈奧塞美術館／「犯罪與懲罰二百年」探討犯罪題材創作〉、吳靖雯〈維多利亞與艾伯特博物館／「被毯展五百年」、「摩納哥王妃葛莉絲凱莉紀念展」〉、吳靖雯〈泰德英國美術館／「克里斯・奧菲利作品展」〉、「亨利摩爾雕塑展」今昔經典輝映〉、吳靖雯〈大都會美術館／「林保兄弟與貝里公爵的《華美日禱經》」〉、「畢卡索大展」於春夏呈現、吳靖雯〈紐約現代美術館／MoMA出品、影像大師布列松與提姆・波頓登場〉、張晴文〈惠特尼美術館／「典藏雙年展」、「歐姬芙：抽象」等美術史的翻案，以及未來趨勢的探索〉、陳奇相〈法國冬季大展／巴黎現代美術館ARC兩大展覽與河畔攝影影像雙年展〉

2010.03（418）徐升潔〈紐約現代美術館展出「提姆・波頓」插畫動漫電影回顧展〉、黃怡珮〈德國當代藝術家麗貝卡・霍恩在東京現代美術館展出〉、徐升潔〈嘉布利耶・歐羅茲柯世界巡迴展／首展於紐約現代美術館展出〉

2010.04（419）徐升潔〈畢卡索影響下的巴黎前衛藝術圈／費城美術館推出「畢卡索與巴黎前衛藝術」大展〉、王柏偉〈給我一個時間的影像／「使用者」的「一致性的引擎I & II：向李格緹致敬」〉、鄭意萱〈湯瑪斯・史托斯／德國後新客觀攝影家〉

2010.05（420）吳靖雯編譯〈影像、裝置、行動、跨領域藝術實踐／國際當代藝術界新星群像〉、黃怡珮編譯〈絢麗迷亂流行意象之美／數位時代的普普藝術大師瑞恩・麥可基尼斯〉

2010.07（422）廖瓊芳〈動物性的人體呈現／盧西安・佛洛依德「畫室」展於巴黎龐畢度中心展出〉、馬曉瑛〈再見祖國／「從帝俄出走的美國藝術家」巡迴展〉、唐澤慧〈五個家庭，五個展覽／記芝加哥「藝術家與居民」〉展、陳寬育編譯〈當代畫家的靈感來源／五位美國年輕藝術家一席談〉、江凌青〈光盒裡的歷史／英國1970至1980年代錄像藝術展〉

2010.09（424）竇倩〈哀惋的都市牧歌／拉斐爾前派藝術誕生的土壤〉、張羽芃〈伊拉克藝術家的戰後創傷〉、陳明惠〈世界政治、文化的權力變遷與邊界／倫敦國際視覺藝術機構「誰的地圖？藝術家的新地圖」展〉

2010.10（425）林智偉〈動畫素描探討政治與社會主題／法國國立網球場美術館「威廉・肯崔吉五個主題展」〉

2010.11（426）唐忠珊〈晚期哥德藝術的瑰寶／巴黎中世紀博物館展出「斯洛伐克的中世紀藝術」〉、徐升潔〈抽象表現主義在紐約／紐約現代美術館推出回顧大展〉、唐忠珊〈《一個美好時代／穿梭在巴黎的古董拍賣之間》出版自序〉

2010.12（427）丘彥明〈藝術家眼中的真實／1875-1918 年間的自然主義藝術特展〉、方秀雲〈泰德英國美術館「浪漫派」展〉、唐忠珊〈從魯本斯與普桑看法國 17 世紀的繪畫交流〉、林智偉〈巴黎網球場美術館世紀攝影大師科泰茲攝影回顧展〉、陳永賢〈《錄像藝術啟示錄》出版自序〉、《互動設計概論：後數位時代的網站、介面、產品及軟體設計的原則》出版〉

2011.01（428）周芳蓮〈馬德里「印象花園」大展〉、江凌青〈影像列車裡的風景／菲力普．帕利諾的錄像之旅〉、丘彥明〈永垂不朽的亞歷山大帝／阿姆斯特丹艾米塔吉博物館特展呈現亞歷山大帝時代藝術文化〉

2011.02（429）唐忠珊〈巴黎麥約美術館「梅迪奇家族的寶藏」特展〉、唐忠珊〈法國學院派繪畫巨匠傑羅姆〉、林智偉〈新古典運動的誕生／羅浮宮「理想的古代文化／18 世紀的革新與阻力」展〉、林智偉〈攝影的最初／法國國家圖書館推出「卡羅式攝影法在法國」展〉、黃麗絹〈璀璨印象．獨綻光芒／舊金山迪揚美術館印象派與後印象派雙特展〉

2011.03（430）陳奇相〈菲利浦．瑪約的隱喻性雕塑裝置〉、廖瓊芳〈巴黎達培非洲藝術館展出西南非安哥拉藝術〉、黃麗絹〈自然的纏捲與素材的神采／舊金山灣區帕洛阿圖藝術中心特展〉、徐升潔〈受邊緣化但具影響力的藝術家／華盛頓國家肖像畫廊「捉／藏」特展探索同性戀與藝術〉

2011.04（431）鄭意萱〈龐畢度中心「蒙德利安與風格派」回顧展〉、徐升潔〈費城美術館展出「窗外的巴黎：夏卡爾與他的圈子」特展〉、吳水柔〈西方的宮崎駿：莫比斯的奇幻世界〉、唐忠珊〈德國文藝復興人文主義精神繪畫／巴黎展出克拉納哈與他的時代作品展〉、江凌青〈2011 英國動力藝術博覽會新媒體藝術〉、張羽芃編譯〈電子媒體中的擬人性／丹佛美術館「閃！／光、聲音與移動的影像」展〉

2011.05（432）法國當代藝術概觀、徐升潔〈紐約大都會美術館「有景觀的房間：19 世紀之窗景」特展〉、唐忠珊〈17 世紀前半期的羅馬風景畫在巴黎大皇宮〉

2011.06（433）吳曉芳〈路易王朝宮廷的風華／女畫家維潔．勒布朗夫人時代的女性藝術家們特展在東京〉、方秀雲〈融合寫實與浪漫主義的現代精神／巴黎奧塞美術館「馬奈，發明現代藝術的人」特展〉、廖瓊芳〈人像雕塑揭露神話與宗教信仰／巴黎人類博物館推出西非多貢藝術大展〉、當代聲音藝術形貌專輯

2011.07（434）江凌青〈在一片雜訊中宣告行動的開端／馬克．雷奇倫敦個展「瞧，我們團結起來了」〉、林智偉〈非山寨的模擬／高級文化／「普通觀念」（GeneralIdea）1969-1994 回顧展〉、廖瓊芳〈穿梭巴黎找尋入畫靈感／巴黎市政府展示廳舉辦 19 世紀末印象派畫家筆下的巴黎展〉、唐忠珊〈卡玉伯特家族的兩位藝術家〉、方秀雲〈倒影的吸吮幻化出美麗的水仙／愛丁堡水果市集畫廊展出「映照納希瑟斯」群展〉、賴麗惠〈紐約 5 月的城市議題／BMW 之 BGL 計畫 vs. ADI 城市未來計畫〉、鄭元智〈非關繪畫／漫談法國瑪格頌國立當代藝術中心「畫作」展〉、重回藝術中的沙龍年代／《踏出沙龍．走向現代：法國〉近現代藝術》出版、李明明《踏出沙龍．走向現代：法國近現代藝術》序言

2011.08（435）張羽芃〈美國戰後抽象畫家塞．湯柏利辭世〉、徐升潔〈色彩與筆觸的融合／紐約大都會美術館展出「粉彩肖像：18 世紀歐洲圖象」〉、方秀雲〈給現代世界的宣言／泰德英國美術館舉行旋渦派藝術展〉

2011.09（436）李依依〈追尋一道歷史中的心理景觀／紐約新美術館推出「東德情結」展〉

2011.11（438）王涵智〈〈腹中之火〉的後續延燒／費城美術館「動盪不安：當代藝術中的攝影與政治」〉、唐忠珊〈美、道德與情慾／王爾德時代的英國藝術〉

2011.12（439）江凌青〈泰納獎開啟新紀元／2011 泰納獎特別報導〉、張羽芃〈「獻給紐約現代美術館的壁畫」展〉、鄭元智〈對於迷宮的禮讚／龐畢度中心梅茲分館舉辦「漫遊／迷宮的多重面貌」展〉、徐升潔〈消失了，卻依舊存在／紐約現代美術館附館 PS1「9 月 11 日」特展〉、廖瓊芳〈法國 CNAP 藏品呈現國家藝術收藏的多樣面貌／「收集者」當代藝術大展於里爾展開〉、吳礽喻編譯〈倫敦國立美術館繼 1939 年米蘭回顧展後最隆重

的／達文西大展歷時四年策畫借展經過〉、莊偉慈〈朝向虛擬與進化的邊界／未來之身／TheNextBody數位藝術展〉、曾鈺涓〈以「光」傳遞．依「光」而存在／光子＋／2011新北市科技藝術國際交流展〉、鄭淑鈴〈在光子中，邂逅三位科技藝術家／格雷戈里．夏通斯基、瑪麗珍．穆希歐勒、亞雷希．麥爾的創作世界〉

2012.01（440）唐忠珊〈古羅馬人的生活藝術／龐貝古城遺物在巴黎展覽〉、廖瓊芳〈龐貝城的最後一天／龐貝古城的地理歷史〉、徐升潔〈藝術、科學、或兩者之間？／紐約新美術館特展「卡斯登．赫勒：經驗」〉、江凌青〈影像的紀念碑／泰西塔．迪恩在泰德現代美術館渦輪廳展出巨型影像藝術〉、鄭元智〈未來的記憶／法國紅宅基金會湯馬斯．奧爾布里希特典藏展〉

2012.03（442）逾越的可能：藝術中的同志情慾與性別認同專輯：吳礽喻〈崇拜陽剛／美國藝術史中的男男慾望〉、陳明惠〈邊緣的愛／歐洲現代與當代藝術中的同志情慾〉、吳礽喻〈情慾的隱喻／二戰後美國藝術家的性別認同政治〉、彭康家〈大衛．霍克尼繪畫中的男同志再現〉、王涵智〈對漠然的回應／1980年代後聚焦於愛滋病和同性戀議題的攝影與視覺文化〉、莊偉慈〈顛覆性別的二元幻像／凱薩琳．歐蓓攝影作品中的性別流動〉

2012.04（443）她者視線：從克勞德．卡恩到辛蒂．雪曼專輯：莊偉慈〈顛覆的力量／辛蒂．雪曼對當代藝術的深遠影響〉、徐升潔〈觀景窗之外／辛蒂．雪曼與約翰．華特斯對話〉、王涵智〈真實與虛構的辨證／紐約現代美術館展出辛蒂．雪曼回顧展〉、林志鴻〈詭變碎形的流體意識／克勞德．卡恩的鏡像寓言、圖象×想像力／詩意：辛蒂．雪曼影像〉

2012.05（444）林智偉〈墨西哥精神的交替與承接／巴黎市立現代美術館「對抗現狀，墨西哥2000／2012」〉、鄭意萱〈美國社會寫實攝影〉

2012.06（445）鄭涵云〈「西歐繪畫四百年」於日本展出〉

2012.09（448）〈德國當今身價最高的畫家／傑哈．利希特80回顧展「全貌」〉

2012.10（449）徐升潔〈半個世紀的沃荷式普普／紐約大都會美術館「關於沃荷」大展現場直擊〉、張羽芃整理〈無遠弗屆的影響力／「關於沃荷：60位藝術家，50個年頭」不同世代的對話〉、劉明惠〈串織四百年的黃金年代／15-18世紀歐洲織畫代表作〉

2012.11（450）唐忠珊〈威尼斯的兩位大使：卡那雷托與奎爾迪〉、方秀雲〈叛逆、美、科學的精確與浩瀚的想像／泰德英國美術館推出「拉斐爾前派兄弟會：維多利亞時代的前衛」特展〉、周芳蓮〈高更異國風情之旅／為馬德里泰森美術館20週年慶揭開序幕〉

2013.01（452）吳虹霏編譯〈娜芙蒂蒂：時代的頭像／埃及艷后胸像出土百年紀念展在柏林新博物館〉、江凌青〈探觸當代藝術的敏感地／2012泰納獎觀察〉、江凌青〈為錄像藝術再添新頁／2012泰納獎得主伊莉莎白．普萊斯〉、江凌青〈以影像檔案向歷史告白／英國影像藝術新星路克．佛勒〉、江凌青〈將想像的寓言搬動到真實的世界裡／手繪時空膠囊的保羅．諾柏〉、江凌青〈在荒原上巡狩的人類學家／首位入圍泰納獎的表演藝術家斯巴達克斯．切特溫德〉

2013.02（453）鄧聿檠編譯〈暢遊印象派與象徵主義之間／德布西的音樂與藝術特展〉、唐忠珊〈波希米亞的神話／「波希米亞氛圍」於巴黎、馬德里展出〉

2013.03（454）周東曉〈抽象的發明：1910-1925／紐約現代美術館年度大型特展〉、鄭涵云〈日本首次展出拉斐爾大展〉、鄭涵云〈法蘭西斯．培根於日本巡迴展出〉、方秀雲〈從丟勒到荷巴茵／倫敦白金漢宮女王美術館的北方文藝復興大展〉、周芳蓮〈戶外寫生畫的起源和發展／「印象主義／從柯洛到梵谷」大展於西班牙展出〉、徐升潔〈單色調的豐富／紐約古根漢美術館「畢卡索黑與白」大展〉

2013.04（455）藝術做為行動主義：黃建宏〈為何行動主義是藝術問題？〉、珍妮佛．席基；張羽芃編譯〈藝術、政治與行動主義〉、鄭安齊、馬克．高弗瑞；謝汝萱編譯〈以分享抵抗佔有／德國觀察報告、生活的設計者：西斯特．蓋茨〉、張羽芃〈武庫展覽會一百週年〉、張羽芃〈馬奈〈奧林匹亞〉獲准至威尼斯展出〉、周東曉〈從柯爾達到歐姬芙看美國現代藝術傳奇／紐約惠特尼美術館年度典藏特展〉

2013.05（456）莊偉慈〈激浪派 FLXS 反藝術的藝／德國斯圖加特美術館舉辦激浪派回顧展〉、〈超真實主義 1960-2012〉、唐忠珊〈脆弱的慕拉諾玻璃／威尼斯輝煌玻璃藝術發展史〉

2013.07（458）鄭涵云〈羅浮宮地中海文物主題展〉、江凌青〈策展就是一種讓故事流傳下去的方式／巴比肯藝術中心「新娘與單身漢們：杜象、凱吉、康寧漢、勞生柏與瓊斯」回顧特展〉、楊詩涵〈一個世紀光與運動的藝術／巴黎大皇宮舉辦 Dynamo 機動藝術 100 年回顧展〉

2013.08（459）王涵智〈不破不立的時尚美學／紐約大都會美術館展出「龐克：失序到華美」〉、方秀雲〈如果不寂寞，我的作品就不會存在／泰德英國美術館今夏的「羅瑞與現代生活繪畫」展〉

2013.09（460）潘襎〈西洋基督宗教下的幽靈世界〉、陳英德、張彌彌〈一百年光與動藝術大觀／巴黎大皇宮「Dynamo 機動藝術 100 年回顧展」〉、賴佩君〈百家鳴唱的策展風景／在東京宮俯瞰巴黎當代藝術〉、方秀雲〈尋找對墨西哥本土的認同／倫敦皇家藝術學院舉辦「墨西哥：藝術裡的革命，1910-1940」〉、周芳蓮〈從安吉利科到弗裘尼／馬德里普拉多美術館大展展現文藝復興到現代主義的館藏之美〉、吳礽喻〈定義普普藝術的重要畫家／漢彌頓回顧展的挑戰〉

2013.10（461）陳佳音〈紐約現代美術館「聲音：當代譜相」大展〉、李依依〈「天空之王」的風景畫家／尤金．布丹回顧展〉

2013.12（463）唐忠珊〈維多利亞時代的感官慾望與享樂／捷克瑪／安德列美術館「維多利亞時代特展」〉、彭昌明〈徐悲鴻巴黎時代的老師／法國 19 世紀畫家達仰〉

2014.01（464）陳永賢〈普沃斯特勇奪 2013 年泰納獎桂冠〉、〈2013 年泰納獎評析〉方秀雲〈歷史的寫實紀錄／杜米埃：巴黎景象〉、唐忠珊〈安特衛普的榮耀／巴黎小皇宮博物館舉辦喬丹回顧展〉

2014.02（465）理察．沃夫；謝汝萱譯〈新拼貼／以新策略、新媒材更新現代主義的當代藝術家〉、莊偉慈編譯〈2014 年國際重點展覽預覽〉、史惟筑〈前置記憶的生態體系／皮耶．雨格巴黎龐畢度中心回顧展〉、周東曉〈迎接新象之畫廊經紀人與收藏家／「愛林娜．索娜本：迎接新象之大使」特展〉、唐忠珊〈文藝復興與夢境〉、周芳蓮〈馬德里「超現實主義與夢幻世界」大展〉

2014.03（466）從 yBa 到今日的英國藝術專輯：陳永賢〈yBa 的當代傳奇〉、陳永賢拆解性與愛／莎拉．盧卡斯的創作之路〉、陳永賢〈坦露私密的自我／崔西．艾敏的藝術脈絡〉、柯琳．米莉亞德；張羽芃編譯〈yBa 之後／崔西．艾敏談創作〉、黃慕怡〈日常的化石／瑞秋．懷特雷的負向鑄造〉、周郁齡〈從工業革命到娛樂工業的今日／傑瑞米．戴勒策畫「一切堅固者皆煙消雲散」巡迴展〉、周芳蓮〈維拉斯蓋茲與王室菲利浦 IV 世／西班牙宮廷肖像畫特展〉、林智偉〈巴黎 Pinacothèqe 美術館「布魯格爾家族」特展〉、張羽芃編譯〈永遠的 15 分／森美術館推出安迪．沃荷大展〉、陳英德、張彌彌〈幾何抽象光／動藝術／歐普藝術之父瓦沙雷〉、劉昌漢〈美國早期風景畫（上）〉

2014.04（467）江凌青〈英國藝術團隊 VA 新作〈動量〉〉、林智偉〈超現實主義起始與後繼浪潮／龐畢度中心推出「超現實主義物體藝術」〉、鄭元智〈黎卡地亞藝術基金會「拉丁美洲 1960 年到 2013 年間的攝影藝術」〉、林智偉〈自然環境的醒世攝影大師／巴黎網球場美術館展出「勞勃．亞當斯回顧展」〉、林智偉〈決定性瞬間的世紀之眼／龐畢度中心推出布列松回顧大展〉

2014.05（468）周芳蓮〈馬德里普拉多美術館「復仇女神的憤怒：從提香到黎貝拉」〉、唐忠珊〈從華鐸到福拉歌那的殷勤、文雅聚會〉、廖瓊芳〈清新優雅家庭生活寫照／瑞典人民最喜愛的畫家卡爾．拉森〉、林智偉〈幸福甜美圖象的讚頌者／卡爾．拉森回顧展於巴黎小皇宮展出〉、劉昌漢〈哈德遜河學派風景畫（四之一）〉

2014.06（469）唐忠珊〈巴黎 1990〉、方秀雲〈「提香與威尼斯藝術的黃金時代」展覽〉、林智偉〈完美外形的追尋者／巴黎大皇宮推出羅伯．梅波索普回顧展〉、劉昌漢〈哈德遜河學派風景畫（四之二）〉

2014.07（470）賴佩君〈我是誰？我在哪裡？我要去哪裡？／巴黎大皇宮「比爾．維歐拉回顧展」〉、周東曉〈不在場證明／席格瑪．波爾克多元媒材大型回顧展〉、劉明惠〈紳士與農夫之間／瑞典國寶級畫家安德斯．佐恩〉、周芳蓮〈寫生的精神／泰森美術館「塞尚回顧展」〉、方秀雲〈不老的野獸／泰德現代美術館「亨利．馬諦斯的剪紙藝術」〉、劉昌漢〈哈德遜河學派風景畫（四之三）〉

2014.08（471）當代錄像藝術的變貌專輯：史惟筑〈當代藝術中的電影可見性／淺介電影擴張論述〉、江凌青〈「其他」的疊加與迫近／新一代的英國錄像藝術、史惟筑〈以間距為軸／安力．薩拉的作品複聲性、賴佩君〈百科全書式錄像／卡蜜兒．韓若的影像創作〉、林智偉〈抽象空間形式和變換媒材大師／巴黎市立現代美術館舉辦封答那回顧展〉、方秀雲〈線條顏色和格子在牆上攀爬／泰德利物浦美術館「蒙德利安和他的工作室」〉、周芳蓮〈圖象遊戲／泰森美術館展出「普普藝術神話」〉、劉昌漢〈哈德遜河學派風景畫（四之四）〉

2014.09（472）劉昌漢〈哈德遜河學派的變異與現實主義之崛起（上）〉

2014.10（473）廖瓊芳〈蘇拉崎個人美術館於南法故鄉羅德滋開幕〉、康雅筑〈具體化與自然的關係／「具體化芬蘭輸出」展覽〉、劉昌漢〈哈德遜河學派的變異與現實主義之崛起（下）〉

2014.11（474）詹姆士．柯寇倫；陳琬尹編譯〈一位洛杉磯藝術品商的觀察〉、劉昌漢〈美國印象派（五之一）／新藝術的海外取經者〉

2014.12（475）周東曉〈德國二次戰後現代經典創作／紐約古根漢美術館「零」特展〉、唐忠珊〈橘園美術館舉辦「貝爾納回顧展」〉、劉昌漢〈美國印象派（五之二）／新藝術的海外取經者〉

2015.01（476）漢斯－雅各布．布蘭；朱燕翔編譯〈無盡的黑夜與冰封／冬之國的美術／從19世紀至現代的挪威美術〉、陳永賢〈丹肯．坎貝爾摘得2014年泰納獎桂冠〉、唐忠珊〈波吉亞家族〉、方秀雲〈光與色的交會／泰德英國美術館「晚期泰納／繪畫釋放自由」〉、廖瓊芳〈法國皇家如意印花布〉、劉昌漢〈美國印象派（五之三）／印象風采I〉

2015.02（477）廖瓊芳〈冰島畫家艾羅大型回顧展於里昂當代美術館〉、方秀雲〈歡愉與滑稽的人體創作／倫敦皇家藝術學院的「艾倫．瓊斯展」〉、周東曉〈立體派經典新增館藏特展／雷那．勞德之精品收藏贈與紐約大都會美術館〉、〈現代繪畫之父背後的女性／賽尚夫人肖像特展〉、漢斯-雅各布．布蘭；朱燕翔編譯〈無盡的黑夜與冰封／冬之國的美術／從19世紀至現代的挪威美術（之二）〉、周芳蓮〈普普藝術的極限邊緣／誘惑無法擋／西班牙漢彌爾頓回顧大展〉、劉昌漢〈美國印象派（五之四）／印象風采II〉、方振寧〈從立體、未來到至上／馬列維奇〈至上主義宣言〉發表百年〉

2015.03（478）法布羅回顧展、漢斯－雅各布．布蘭；朱燕翔編譯〈無盡的黑夜與冰封／冬之國的美術／從19世紀至現代的挪威美術（之三）〉、劉昌漢〈美國印象派（五之五）／印象派的地方漫衍〉

2015.04（479）周芳蓮〈西班牙首次「美國印象主義繪畫」展〉、劉昌漢〈現代藝術的萌發（四之一）／垃圾桶學派綜述與八人幫簡介〉

5

在台展覽活動選輯

洪通畫展

1976.03（10） 1976年3月13日，洪通首次個展在台北美國新聞處舉行，以洪通的水彩作品做封面，46頁的當月專輯「洪通畫展」有羅杰、周奇勳、汪澄、顧獻樑、王秀雄、廖修平〈評介洪通的藝術〉。有劉其偉的〈洪通的畫與精神醫學〉，有8頁彩色頁披露他從未示人的精彩作品，如嵌珠油彩畫〈鳳與獅子〉、水彩畫〈王爺船〉、〈廟會〉、〈鄉下姑娘〉、〈美人〉等。

1976.04（11） 洪通畫展回響：柯萊恩〈天才？瘋子？洪通畫展觀感〉、黃清連〈沐浴在泥土的芬芳裡／洪通畫展觀後〉等。

洪通於1987年2月過世。1987年9月8日「洪通遺作回顧展」在美國文化中心舉行。配合該展，1987年9月號（148）有40頁特別報導。專文包括漢寶德的〈再見洪通〉、曾培堯的〈洪通生平略記〉、謝東山整裡的〈藝術界論洪通〉。

1996.03（250） 洪通逝世十年回顧展。

西班牙 20 世紀名家畫展

1978.07（38） 西班牙20世紀名家畫展專輯：何政廣〈中西美術交流的第一步〉、米蓋〈寫在西班牙20世紀名家畫展前夕〉、安德列斯撰；陳明德譯〈西班牙20世紀名家畫展序〉、林惺嶽〈迎接新的挑戰／為「西班牙20世紀名家畫展」而寫〉、〈西班牙20世紀名家畫展選輯〉、蔡琨霖譯〈西班牙現代繪畫的展望／背景與近況〉、陳艾妮〈鬥牛士不可能是鬥牛場的評判／從慕提杜畫廊談起〉、劉昌漢〈從畢卡索的故鄉／看他的藝術〉、烏爾古洛撰；陳明德譯〈我的繪畫藝術觀〉、慕提杜畫廊提供〈西班牙30年代藝術批評短論集〉、〈達利的家居生活〉、劉昌漢〈永恆的星辰之光／看馬德里舉行的米羅85歲回顧展〉、林惺嶽〈畫家與詩人之鄉／冠加（CENCA）〉、〈西班牙風光〉。

1979.03（46） 陳奇祿〈光復前台灣美術回顧展〉、〈光復前台灣美術回顧展作品選集〉、賴傳鑑〈歷史的回顧／寫在光復前台灣美術回顧展前夕〉、〈參展美術家選介〉。

1979.12（55） 〈劉其偉新作個展〉、徐訏〈其偉／其人．其畫．其事〉、李葉霜〈劉其偉的遊與藝〉、李德〈流水40年／記老友劉其偉的人與畫〉、劉其偉〈我的新作試驗與題材〉。

1982.09（88） 台南舉辦千人美展。

古埃及文物展

1985.09（124） 古埃及美術專輯：何浩天〈古埃及文物展序〉、王偉光〈大英博物館古埃石雕巡禮〉、王偉光〈古埃及素描舉例〉、王偉光輯〈埃及文明遞嬗年表／及與中國等其他世界文化的關係〉、埃及美術品選輯。

國際版畫展

1984.01（104） 〈我國首次舉辦國際版畫展〉、文建會提供〈國際版畫展作品選〉

1986.01（128） 我國主辦第2屆國際版畫雙年展。郭少宗、龐靜平〈國際評審委員談本屆國際畫雙年展〉、文建會提供〈世界各地舉辦國際版畫展一覽表〉

1998.01（272） 陸蓉之〈第8屆國際版畫及素描雙年展〉

1999.12（295）第 9 屆國際版畫及素描雙年展：林曼麗〈藝術是二千年的新生活需要〉、賴瑛瑛〈跨、國、際、版、圖／「第 9 屆國際版畫及素描雙年展」的理想與現實〉、〈版圖走透．大地集遊／參展單位介紹〉

張大千畫展

1988.05（156）巴東〈張大千 90 紀念展〉、張大千 90 紀念展作品欣賞、故宮博物院舉行張大千紀念展、莊申〈張大千與無皴畫〉

1992.10（209）北京故宮博物院文物在東京展出

1998.10（281）張大千．畢卡索東西藝術聯展專輯：傅申〈張大千百年紀念展／ 20 世紀最後一次張大千大展〉、江淑玲〈張大千精品盡出／訪黃天才、陳筱君談張大千百年紀念展〉、張大千的世界展品圖版、巴東〈張大千 VS. 畢卡索／東西藝術相會的小型高峰會議〉、《典藏大師／張大千》新書出版。

羅浮宮珍藏名畫特展

1995.09（244）羅浮宮珍藏名畫特展專輯（帝門藝術教育基金會企畫／藝術家雜誌編輯製作）：蔣勳〈人與風景／西方風景畫的真正主題〉、羅浮宮珍藏名畫特展展品、「16 至 19 世紀西方繪畫中的風景畫八篇章」

故宮博物院

莫內與印象派

1993.02（213）莫內與印象派專輯：王哲雄〈見羅德．莫內與印象主義〉、馬里安尼．杜拉芳著；袁因譯〈瑪摩丹美術館：印象派及後期印象派收藏〉、劉奇俊〈莫內的眼睛與眾不同？〉、劉奇俊〈在東京先睹莫內名畫展〉、莫內生平小檔案。

中華瑰寶赴美展

1996.02（249）「中華瑰寶赴美展」專輯：本刊採訪〈「中華瑰寶／國立故宮博物院的珍藏」赴美巡展〉、〈中華瑰寶赴美展展品選輯〉、王逸明〈書畫／完整呈現中國書畫發展之歷史、風格與成就〉、蔡和璧〈器物／不以尺寸巨大為好，偏向形制精巧為美〉、林保堯〈古物之愛不妨寬愛〉、本刊採訪〈「搶救故宮限展國寶放洋事件」始末〉

1996.03（250）「中華瑰寶赴美展」啟程

帝國的回憶／臺北．國立故宮博物院瑰寶

1998.07（278）吳南薰〈「帝國的回憶」拓展文化交流／專訪國立故宮博物院院長秦孝儀〉、「帝國的回憶／台北．國立故宮博物院瑰寶」赴法展覽

1998.09（280）故宮瑰寶赴法特展專輯：吳南薰〈故宮瑰寶即將赴法展出〉、林柏亭〈故宮瑰寶赴法特展書畫賞析〉、蔡和璧〈領略器物之美／故宮瑰寶赴法特展器物選件賞析〉

漢代文物大展

1999.09（292）漢代文物大展專輯：〈故宮「漢代文物大展」洽辦過程／訪兩儀文化事業負責人謝玉玲〉、熊傳薪．曹學群〈燦爛的漢代文明〉、陳松長〈漢初神仙信仰〉、〈藝術風尚的圖像／馬王堆漢墓文物藝術特色掃描〉、陸雲逵〈絲綢文化的馬王堆出土文物〉、鄭曙斌〈奇詭怪誕．撲朔迷離／漢代的神話〉、李建毛〈寫實與浪漫結合．現實與神話交融／漢代繪畫〉、賴素鈴〈沈睡二千年的地下珍寶／故宮「漢代文物大展」展品介紹（上）〉

1999.10（293）李林娜〈南越王墓出土文物綜述〉、賴素鈴〈沈睡二千年的地下珍寶／故宮「漢代文物大展」展品介紹（下）〉、喻燕姣〈傳統的延續，浪漫與現實相結合／漢代玉器之特點〉。《漢代文物大展圖錄》、《漢朝．漢族．漢文化》專書出版

故宮宋代文物大展

2000.04（299）故宮宋代文物大展：國立故宮博物院〈宋代文物大展緒論〉、吳哲夫〈道與藝〉、林柏亭〈師法自然〉、蔡玫芬〈樸素之美〉、蔡玫芬〈生活與藝術〉、王福壽〈文化融合〉

「魔幻．達利」特展

2001.02（309）「魔幻．達利」特展：徐芬蘭〈「魔幻．達利」特展〉、「魔幻．達利」特展展品選輯、岡村多佳夫；魏伶容譯〈新人類的誕生和生與死的變貌〉、徐芬蘭〈風之宮殿：達利戲劇美術館〉、方振寧〈宗教和科學的狂信者薩

爾瓦多．達利／達利展與丸龜市豬熊玄一郎現代美術館〉、吳安蘭〈勁爆的達利／敢於與眾不同的超現實主義畫家〉

從普桑到塞尚／法國繪畫三百年展

2001.11（318）從普桑到塞尚／法國繪畫三百年展：〈從普桑到塞尚／法國繪畫三百年展展品選輯〉、潘襎〈光芒四射兩百年／羅浮宮美術館的興衰與名畫的歸屬〉、〈近代美術的曙光／巴比松畫派與寫實主義〉、波特萊爾原著；潘襎譯、〈1845 年沙龍藝評〉、潘襎〈光從東方來／ 19 世紀後半期的法國繪畫與日本浮世繪〉

乾隆皇帝的文化大業

2002.10（329）乾隆皇帝的文化大業／國立故宮博物院年度大展

德藝百年／德意志藝術的黃金時代．柏林國家美術館珍藏展

2004.05（348）德藝百年／德意志藝術的黃金時代．柏林國家美術館珍藏展：有川治男〈德國的寫實主義、自然主義、印象主義〉、瑪格達雷娜．梅拉〈探求生活和藝術統一的橋派〉、瑪格達雷娜．梅拉〈藍騎士的成立與發展〉、基威特〈藍騎士五健將〉、基威特〈德國表現主義名畫賞析〉

2004.06（349）張晴文〈德意志黃金時代的藝術與工藝／「德藝百年」在台北故宮舉行〉

大觀／北宋書畫、北宋汝窯、宋版圖書特展

2007.01（380）大觀／北宋書畫、北宋汝窯、宋版圖書特展在國立故宮博物院展出

世界聞名瑰寶：大英博物館 250 年收藏展

2007.03（382）李鳳鳴〈國立故宮博物院「世界聞名瑰寶：大英博物館兩百五十年收藏展」〉

「華麗巴洛克」大展

2007.11（390）徐升潔〈歐洲宮廷名畫在台現身／國立故宮博物院「華麗巴洛克」大展〉

印象／畢沙羅；明、清時期輿圖

2008.06（397）「印象／畢沙羅：英國牛津大學美術館珍藏展」於國立故宮博物院舉行

2008.09（400）徐升潔〈故宮首次展出院藏明、清時期輿圖〉

華麗彩瓷／乾隆洋彩及晉唐法書名蹟特展

2008.11（402）故宮 83 周年慶盛大展開／華麗彩瓷／乾隆洋彩及晉唐法書名蹟特展、何傳馨，侯怡利〈彩毫飛舞／故宮「晉唐法書名蹟」特展簡介〉

法象風規／彭楷棟先生遺贈文物特展

2009.02（405）故宮舉辦「法象風規／彭楷棟先生遺贈文物特展」

生命之渺／方力鈞創作 25 年展

2009.05（408）〈入世而冷靜的時代觀察者／「生命之渺／方力鈞創作 25 年展」在北美館舉行〉、許玉鈴〈中國後八九藝術家玩世態度背後的心情／方力鈞來台展出前一席談〉、謝小韞〈標誌當代人叛逆躁動的內心／生命之渺／方力鈞創作 25 年展〉、張晴文〈藝術是描繪自身的存在狀況／展前 72 小時專訪方力鈞〉、Thomas Kellein 文；崔延蕙譯〈方力鈞／碧海與藍天〉、建畠哲〈虛無與救贖／方力鈞的世界〉、胡永芬〈從方力鈞的原型語彙看他的性格〉、盧迎華〈像野狗一樣生活／ 1963-2008 方力鈞文獻展序〉

陳其寬 90 紀念展

2009.07（410）故宮博物院「意／陳其寬 90 紀念展」、故宮展出「捲起千堆雪／赤壁文物」

千字文書法展

2009.08（411）故宮「千字文書法展」「明代項元汴家族的書畫藝術與收藏」特展

雍正／清世宗文物大展

2009.10（413）雍正皇帝的一生與雍正朝的文化藝術／雍正／清世宗文物大展在台北舉行

黃金旺族；南宋藝術與文化」特展

2010.02（417）張晴文〈國立故宮博物院／ 3 月「黃金旺族」展出契丹文物〉

2010.10（425）文藝紹興／國立故宮博物院「南宋藝術與文化」特展、

古希臘人體之美／大英博物館珍藏展

2010.10（425）潘襎〈從理想美到自然美／古希臘人體美的變遷／國立故宮博物院「古希臘人體之美／大英博物館珍藏展」〉

夏卡爾的愛與美

2011.02（429）「生日快樂／夏卡爾的愛與美」特展於國立故宮博物院登場

黃公望富春山居圖特展

2011.06（433）「山水合璧／黃公望富春山居圖特展」、潘文宗〈火殉〈剩山圖〉／探看六百年離散〉、王耀庭〈黃公望〈富春山居圖〉的漣漪〉、張光賓〈黃公望年譜〉

2011.07（434）莊偉慈〈「黃公望與富春山居圖特展」於故宮盛大開展〉

康熙大帝與太陽王路易十四；羅浮宮珍藏展

2011.10（437）「康熙大帝與太陽王路易十四」特展

2012.02（441）西方神話與傳説／羅浮宮珍藏展：「西方神話與傳説／羅浮宮珍藏展」1月20日登場、張羽芃〈專訪「羅浮宮珍藏展」策展人伊莎貝拉．勒梅斯塔〉、陳芳玲〈羅浮宮珍藏展／國立故宮博物院2012年新春首展〉、席爾文．凱斯貝〈遍在的神話／17至19世紀的西方藝術和寓言〉

2012.02（441）國立故宮博物院推出呂紀、丁觀鵬書畫展

皇家風尚／清代宮廷與西方貴族珠寶

2012.07（446）「皇家風尚／清代宮廷與西方貴族珠寶」特展

赫赫宗周

2012.11（450）陳芳玲〈故宮「赫赫宗周」特展再現西周輝煌歷史〉

雍正琺瑯彩瓷特展

2013.01（452）故宮舉辦清雍正琺瑯彩瓷特展

神鬼傳奇特展

2013.09（460）曾令愉〈神出鬼墨／國立故宮博物院「神鬼傳奇」特展〉

清高宗的藝術品味特展；「明四大家特展」與「定州花瓷」特展

2013.11（462）曾令愉：「十全乾隆／清高宗的藝術品味」特展

2014.02（465）故宮「明四大家特展」與「定州花瓷」特展

「明四大家特展／文徵明」特展

2014.05（468）莊偉慈〈「明四大家特展／文徵明」特展〉

林明哲收藏展「收藏有藝事」

2014.06（469）莊偉慈〈找回收藏的初心／林明哲收藏展「收藏有藝事」〉、

2014.07（470）胡永芬〈看林明哲的收藏路有感〉

「藏鋒／陳澄波」特展

2015.01（468）陳琬尹〈東亞巡迴最終站／國立故宮博物院「藏鋒／陳澄波特展」〉

「另眼看世界／大英博物館百品」特展

2015.02（477）鄭治桂撰文攝影；時藝多媒體圖版提供〈穿越時空的物質文明／大英百品展的視野〉

列支敦士登秘藏瑰寶展

2015.04（479）賴瑞鎣〈阿爾卑斯皇冠／列支敦士登秘藏瑰寶在台北展出〉

台北市立美術館

北美館雙年展

1996.09（256）關於「北美館96雙年展的討論」：〈建立一塊討論的基石／專訪蕭瓊瑞談台北市立美術館「系譜與檔案」的製作〉、陸先銘〈從雙年展看昂揚的主體〉、陳英偉〈從「1996雙年展」中檢視台灣的當代文化情感與現實策略之社會屬性〉、韓湘寧〈韓湘寧的「北美館96雙年展」〉

1998.05（276）慾望場域／1998臺北雙年展6月登場

1998.06（277）南條史生〈欲望的世紀／1998臺北雙年展總策畫人自述〉、江淑玲〈世紀末的欲望場域／1998臺北雙年展6月登場〉、簡扶育〈「女史無國界」之欲望場域／「1998臺北雙年展」參展作品創作手記〉、草間彌生來臺參加臺北雙年展／無限增殖的女性意象

1998.07（278）1998臺北雙年展專輯：林曼麗〈1998臺北

雙年展突顯亞洲觀點〉、劉俐〈臺北雙年展策展體驗／《藝術家》雜誌專訪南條史生〉、張芳薇〈世紀的欲望／記「1998 臺北雙年展」〉、陸蓉之〈欲望的生與滅／看 1998 臺北雙年展：欲望場域〉

2000.10（305）徐文瑞〈以「小而精」策展理念展現國際展的「無邊無界」／台北雙年展「無法無天」〉、林志明〈2000 台北雙年展與關係美學〉、翁基峰〈不只是名稱的國際〉、陳泰松〈從「驅動城市 2000」談策展時代的「再現」體制〉

2000.12（307）林貞吟〈娛樂化？本土化？國際化？／ 2000 台北雙年展「無法無天」論談〉、鄭惠美〈台北雙年展／一個多元智慧的觀點〉

2006.11（378）衝突變動又融合的狀態／「2006 台北雙年展「（限制級）瑜珈」登場

2006.12（379）李鳳鳴〈無關限制級．無關瑜珈／ 2006 台北雙年展〉、李美璁，李鳳鳴〈台北（雙年展）非常客／ 2006 台北雙年展參展藝術家訪談〉、樊婉貞策畫；何舒曦記錄〈思前走後／與 2006 台北雙年展策展團隊對話〉

2008.10（401）陳書俞〈2008 台北雙年展現場／全球化所帶來的種種狀態〉、陳書俞〈專訪策展人徐文瑞與瓦西夫．寇東／培養國際策展人制度與策展準備時間的不足〉、許瀞月〈做為社會文化行動的藝術／評 2008 台北雙年展〉

2010.07（422）雙年展報導：蘇風銘〈文本如何做為藝術的產物？／做為批判在先的展覽：2010 台北雙年展〉、蘇風銘〈全球化以及藝術與商業的關係／參展 2010 台北雙年展英國藝術家卡瑞．揚〉、蘇風銘〈從雙年展外圍發射的一顆衛星／藝評家陳泰松談「衛星計畫」〉、蘇風銘〈透顯雙年展與城市之間的關係／藝評家黃建宏談「衛星計畫」〉

2010.09（424）雙年展報導：吳毅平〈雙年展在地生根的可能性／全球化雙年展現象下的在地回歸〉、蘇風銘〈展覽做為教育的可能／雙年展的可能出路〉、呂岱如〈2010 台北雙年展的「兩年計畫」／專訪台北雙年展策展人提爾達．佐赫德〉

2010.10（425）〈2010 台北雙年展開幕〉

2011.04（431）陳芳玲〈莫內的神祕光影與色彩世界／台北市立美術館「莫內花園」特展開幕綜合報導〉、方美晶〈焠煉花園裡的瞬間之美／台北市立美術館「莫內花園」特展概述〉

2011.12（439）安瑟姆．法蘭克任「2012 台北雙年展」策展人

2012.10（449）陳芳玲〈現代怪獸／想像的死而復生／ 2012 年台北雙年展 9 月底登場〉

2014.02（465）布西歐訪台談台北雙年展策展概念

2014.11（474）黃可萱〈台灣當代藝術歷史的重要逗點／ 2014 台灣美術雙年展〉、江淩青〈從後媒體到人類世／ 2014 年台北雙年展「劇烈加速度」的藝術難題〉

北美館「25 年典藏精粹」展

2009.03（406）陳書俞〈北美館「25 年典藏精粹」展精銳盡出、北美館展出「叛離異象：後台北畫派」〉

兩岸三城雙年展

2002.12（331）兩岸三城雙年展專輯／台北．上海．廣州：朱紀蓉〈2002 台北雙年展視窗〉、張晴文〈本片開始，觀眾請入席／訪王嘉驥談「世界劇場」及展出作品略影〉、江梅〈都市營造／ 2002 上海雙年展隆重登場〉、樊婉貞〈華福樓．2002 ／韓國藝術家鄭然斗眼中的香港家庭肖像〉、劉新〈從廣州出發看十年前衛風雲／我看「首屆廣州藝術三年展」的史學意義〉

2006.10（377）李鳳鳴〈台北市立美術館「兩岸城市藝術節／城市文化互訪」系列〉

龐畢度中心收藏展

2009.05（408）陳書俞〈20 世紀現代藝術名作在台現身／北美館「世外桃源／龐畢度中心收藏展」〉、陳書俞〈以「阿卡迪亞」與當代對話／專訪「世外桃源／龐畢度中心收藏展」策展人迪迪耶．歐登傑〉

皮克斯動畫

2009.08（411）蕭淑文〈皮克斯的動畫世界／在北美館展出、皮克斯動畫 20 年〉

蔡國強泡美術館

2009.12（415）本刊訊〈「蔡國強泡美術館」在北美館〉、張晴文〈〈海峽〉渡海，台北港開箱現場〉、張晴文〈現代藝術真難，不如就讓它好玩起來／《藝術家》雜誌專訪蔡國強〉

永遠的他鄉：高更展

2010.12（427）高更／在北美館首展、琳達．果達；張羽芃編譯〈追隨月亮—高更的寫作與「原始」的傳説〉、馬丁．蓋弗；張羽芃編譯〈漁夫、預言家及時髦公子／高更〉

莫內花園特展

2011.03（430）北美館推出「莫內花園」特展

2011.04（431）陳芳玲〈台北市立美術館「莫內花園」特展開幕綜合報導〉、方美晶台北市立美術館「莫內花園」特展概述〉、朱燕翔編譯〈莫內在吉維尼花園畫室的創作與生活〉

艾未未．缺席

2011.11（438）劉永仁〈善變的調侃／艾未未．缺席／臺北市立美術館舉行艾未未首次大型個展、交錯〈艾未未攝影與錄像作品展〉

2011.12（439）「艾未未．缺席」於台北市立美術館的展出

台灣超寫實繪畫

2014.02（465）「見微知萌→台灣超寫實繪畫」開幕

台北歷史博物館

畢卡索畫展

1975.07（2）歷史博物館辦畢卡索畫展

奧塞美術館名作特展

1997.01（260）奧塞美術館名作特展專輯：黃光男〈迎接黃金印象／奧塞美術館名作特展、〈圓愛藝人士的夢／「奧塞美術館名作特展」盛會〉、陳英德〈黃金印象／巴黎奧塞美術館名作在台特展賞析〉、陳龍廷、林晏如〈從火車站變成美術館的故事／巴黎奧塞美術館〉、帶兒童走進黃金印象世界／兒童美術館「奧塞篇」套書出版

李可染藝術世紀展

2000.11（306）黃光男〈李可染藝術世紀展〉、蔡耀慶〈橫眉冷對千夫指，俯首甘為孺子牛／李可染的繪畫世界〉、蔣勳〈可貴者膽，所要者魂／走進李可染的藝術世界〉、黃天才〈李可染筆下的灕江山水〉

世界四大文明展

2000.09（304）世界四大文明展專輯：方振寧〈世紀末回首世界四大文明／埃及、美索不達米亞、中國、印度文明展綜述〉、方振寧〈金字塔．尼羅河畔永遠的謎／「埃及文明展」概述〉、方振寧〈從一粒麥種開始的文明／「美索不達米亞文明展」概述〉、方振寧〈中國文明．亞洲的曙光／「中國文明展」概述〉、方振寧〈大地與城市文明的興亡／「印度文明展」概述〉

兵馬俑秦文化特展

2000.12（307）兵馬俑秦文化特展專輯：兵馬俑秦文化特展展品選輯、黃士強〈秦始皇陵與兵馬俑、沈以正〈中國古代文明史的巨大事蹟：兵馬俑／秦文化特展〉、郎紹君〈秦始皇的御林軍／真實形象後面的幻夢〉、林淑心〈略述秦國的玉器文化〉

美索不達米亞／羅浮宮兩河流域珍藏展

2001.04（311）文明曙光：美索不達米亞／羅浮宮兩河流域珍藏展專輯：潘襎〈民族的戰場，古文明的迴廊／索不達米亞的歷史〉、潘襎〈美的變貌／美索不達米亞的藝術形成〉、潘襎〈彼岸世界／美索不達米亞的宗教與藝術〉、潘襎〈編織在方寸裡的夢幻神話／美索不達米亞的圓筒印章〉、黃銘崇〈美索不達米亞的文字書寫系統〉

楚文化特展

2001.12（319）胡懿勳〈楚文化特展主題簡介〉、林淑心〈楚楚動人，美人綺羅〉、楊式昭〈楚系青銅器〉、「屈原的故鄉／楚文化特展」展品選輯、熊傳薪〈楚國．楚人．楚文化〉、李建毛〈楚宮建築〉、袁建平〈楚人的審美觀〉、陳國安〈楚國的服飾〉、傅聚良〈楚國的青銅禮器〉、傅聚良〈楚國的黃金業、傅聚良〈楚國的銅鏡〉、游振群楚國的帛畫、丁送來〈楚國的製陶業〉、《楚國．楚人，楚文化》出版

馬雅文明展

2002.05（324）馬雅．MAYA ／叢林之謎：〈馬雅的古代都市／奇阡伊薩與帕連克〉、國立歷史博物

館〈馬雅文明展、艾多〉·艾斯哥貝多〈馬雅的象形文字、林享能神祕之馬雅文明〉

印度／古文明·藝術特展

2003.05（336）印度／古文明·藝術特展專輯：李玉珉〈神佛的世界／印度文明特展〉、印度·古文明藝術特展展品選輯、晁華山〈印度密教·佛教的寺院與造像〉、奚淞〈大樹之歌／無憂·菩提·沙羅〉、《圖說印度藝術》出版、《神祕的印度唐卡藝術》出版、蔡東照《神祕的印度唐卡藝術》序、蔡東照〈和諸佛菩薩約會2萬次的攝影家加藤敬〉

金字塔探祕／羅浮宮埃及文物展

2003.12（343）克莉絲提安·齊格勒，律克·勃佛，陳宏星〈金字塔探祕／羅浮宮埃及文物展〉、邱建一〈古埃及藝術〉

米勒、柯洛與巴比松畫派特展

2004.07（350）米勒、柯洛與巴比松畫派特展在台北舉行、米勒、柯洛與巴比松畫派特展重要參展藝術家、掘澤光榮〈巴比松畫派收藏大王／日本姬路是企業家中村收藏的形成〉、潘襎〈巴比松畫派前史〉、荒屋鋪透〈風景畫的抬頭／巴比松與楓丹白露的森林〉、潘襎〈楓丹白露森林與巴比松村散步〉

絲路傳奇／新疆文物大展

2008.12（403）樓蘭木乃伊首度登台／絲路傳奇／新疆文物大展於史博館盛大展出、魏可欣〈揭開絲路的神秘面紗／絲路傳奇／新疆文物大展〉

微笑彩俑／漢景帝的地下王國特展

2009.07（410）「微笑彩俑／漢景帝的地下王國特展」於史博館盛大展出、賴素鈴漢景帝的地下王國／遇見中國最初的微笑

燃燒的靈魂·梵谷特展

2009.12（415）「燃燒的靈魂·梵谷」特展／於國立歷史博物館登場、梵谷／現代藝術的開拓者／庫拉·穆勒美術館館長伊維特·凡·史崔登談「燃燒的靈魂·梵谷」特展、〈「燃燒的靈魂·梵谷」展品選介之／善良的撒瑪利亞人〉、賴貞儀〈從「燃燒的靈魂·梵谷特展」看梵谷生涯歷程〉、〈展品選介之二／普羅旺斯夜間的鄉村路（有絲柏與星星的道路）〉、丘彥明〈梵谷的書簡／藝術家的聲音／看荷蘭梵谷美術館的梵谷書簡特展〉、高階秀爾文；朱燕翎譯〈梵谷與法國文學〉、鄭治桂〈梵谷，阿爾的那一年夏天〉、曾長生〈點燃靈魂深處的狂野／梵谷與高更的靈魂對決〉、方秀雲〈梵谷的人道精神〉、吳靖雯〈「梵谷之耳」流行文化效應〉、A.Nemeczek 文；林貞吟譯〈梵谷在阿爾／大膽的想法〉

大三國志展

2010.06（421）張晴文〈國立歷史博物館／「大三國志展」
2010.10（425）〈「法門寺與大唐文化特展」〉

瀋陽故宮文物展

2011.01（428）盛京宮廷遺珍／國立歷史博物館「大清盛世：瀋陽故宮文物展」
2011.02（429）張譽騰〈瀋陽故宮文物來台展出〉、武斌〈大清盛世／瀋陽故宮文物展〉

米開朗基羅特展

2013.02（453）文藝復興巨匠米開朗基羅專輯：張譽騰〈再現米開朗基羅的藝術活力〉、賴貞儀〈文藝復興時期的全人型藝術家／細數米開朗基羅的藝術成就〉、林瑞堂〈再現文藝復興巨匠風采／米開朗基羅特展〉、陳嘉翎〈從佛倫羅斯到羅馬／循跡米開朗基羅〉、朱燕翔編譯〈聖殤／米開朗基羅25歲雕刻名作〉、朱燕翔編譯〈大衛像／米開朗基羅讓人像從禁錮的大理石中解放出來〉、湯瑪士·柯斯特；吳虹霏編譯〈米開朗基羅的西斯汀禮拜堂大壁畫〉

國立台灣美術館

不破不立／引爆臺灣省立美術館

1998.10（281）倪再沁〈解構而後建構／策展「不破不立／引爆臺灣省立美術館」紀事〉、倪再沁〈引爆美術館·引爆我們的想像〉

C02／台灣前衛文件展

2002.12（331）〈六年級出列·犀／鷗／兔起跑／「C02／

台灣前衛文件展」奇花／異草盛開〉、陳瑞文〈「C02／台灣前衛文件展」的初步觀察〉

女人香／東西女性形象交流展

2005.12（367）〈跨越時空的女性風華／女人香／東西女性形象交流展〉、張晴文〈專訪國立台灣美術館館長林正儀談「女人香」展〉、陸蓉之〈女人·女味·女人香／看「女人香／東西女性形象交流展」〉、高千惠〈女人香／東西女性形象交流展展品鑑賞〉、李鳳鳴〈女藝論／女性創作 vs. 世代〉

後解嚴與後八九／兩岸當代美術對照

2007.05（384）李鳳鳴〈國立台灣美術館「後解嚴與後八九／兩岸當代美術對照」開幕〉、張晴文〈政治與藝術的交互作用／記「後解嚴與後八九／兩岸當代藝術家座談會」〉、張正霖〈尋覓對話／讀「後解嚴與後八九／兩岸當代美術對照」一展〉

國際數位藝術大展

2004.08（351）國美館「漫游者／ 2004 國際數位藝術大展」

台灣美術雙年展

2006.07（374）Co6 台灣前衛文件展暖身／速度的政治經濟學：亞洲當代藝術論壇

2007.02（381）李鳳鳴〈競速時代下濃縮前衛藝術／ Co6 台灣前衛文件展於台中展開〉、縫繡綴補、林平〈冒險挑動的多層次策畫能量／ Co6 的一個工作簡報〉、謝佩霓〈以弱恃強的「Co6 台灣前衛文件展」〉、李樂〈台北需要國際展覽還是雙年展？／觀察 2006 台北雙年展「（限制級）瑜珈」〉

2008.12（403）許瑜庭〈跨世代的家族情結／國立台灣美術館「家／ 2008 台灣美術雙年展」〉、黃海鳴〈社會介入型藝術的能量集結的示範／觀察 2008 年台北雙年展的架構及社會影響力〉、許瀞月〈一個展覽如何成為一個論壇／評「台灣美術雙年展」與「福興國際雙年展」〉

2011.07（434）莊偉慈〈「海峽兩岸當代藝術展」於國美館展出〉

席德進逝世 30 週年精品展

2011.09（436）國美館舉辦席德進逝世 30 週年精品展

其他

苗栗國際假面藝術節

1999.04（287）苗栗國際假面藝術節專輯：劉其偉〈自然民族面具的起源及其對現代藝術創作的影響〉、劉志群〈藏戲面具的淵源、品類和特色〉、趣訪春雄；葉渼鰲譯〈日本能面具／中日韓的假面劇〉、戴維·卜道；武珊珊譯〈揭開斯里蘭卡的面具〉、苗栗國際假面藝術節作品精選

國際書法文獻展／文字與書寫

2000.12（307）李思賢〈當代書法的新面向／與現代漢字書寫藝術之對談〉、溫淑姿〈「國際書法文獻展／文字與書寫」展前的話〉

拿破崙大展

2001.09（316）王者之王：拿破崙大展：陳希林〈謙卑面對歷史的開端／王者之王：拿破崙大展〉、〈「王者之王：拿破崙大展」展品選輯、潘潘〈拿破崙帝國的光輝與美術〉、潘潘〈法國美術之新古典主義〉、劉昌漢〈傳統水墨畫進入現代美術館／蔡國強的「中國水墨畫表演」〉

新藝術慕夏特展

2002.09（328）新藝術慕夏特展：彼德·魏特理赫；謝佩霓譯〈完整的視野／慕夏的新藝術創作〉、潘潘〈新藝術的美神／慕夏的生涯與新藝術〉

2011.07（434）「慕夏大展／新藝術·烏托邦」特展

晉唐宋元書畫國寶展

2003.01（332）張鵬〈「晉唐宋元書畫國寶展」及「千年遺珍國際學術研討會」在滬舉行〉、劉奇俊〈晉唐宋元書畫國寶展／集北京故宮、遼寧、上海博物館精品盛大展出〉

乾隆皇帝文化生活藝術展

2003.02（333）乾隆皇帝文化生活藝術展：郭福祥〈典章文治〉、楊丹霞〈御筆書畫〉、呂成龍〈鑑古

藏珍〉、吳春燕〈文玩清賞〉、羅文華〈吉祥法物〉、李湜〈巡狩遊樂〉

北京故宮盛代康雍乾菁華展暨蘇州博物館皇清帝后狀元文物展

2003.02（333）2003 大清王朝菁華文物大展首度來台／北京故宮盛代康雍乾菁華展暨蘇州博物館皇清帝后狀元文物展登場

2003.03（334）北京故宮「康雍乾盛代菁華展」暨蘇州博物館「皇清帝后狀元墨寶文物展」：朱誠如〈祝辭〉、蕭宗煌〈七寶樓台巧手作／大清王朝北京故宮盛代精華展序〉、張建富〈2003 大清王朝北京故宮盛代菁華展〉、北京故宮博物院／付東光〈「盛代菁華」故宮藏康雍乾盛代帝后畫像精品賞析〉、錢公麟〈風雲流樣變看墨寶／ 2003 大清王朝「帝后狀元墨寶展」〉、張建富〈墨皇儒商雅官文士，追尋古今台灣雅富族／ 2003 大清王朝帝后狀元展〉

「夜視．台北」國際錄影藝術展

2003.05（336）陳永賢〈倫敦．台北 Random ／ Ize 國際錄影藝術賞析〉、胡朝聖〈發現一個用影像構築的藝文夜地圖／「夜視．台北」國際錄影藝術展〉、姚瑞中〈台灣錄影藝術的發展與反思〉、Marco Daniel；吳介禎譯〈當代美學的科技與空虛〉

高雄國際貨櫃藝術節

2004.01（344）管碧玲〈2003 年高雄國際貨櫃藝術節「國際貨櫃創意論壇」〉、曾芳玲〈請聽海上破冰，幻臆海洋意象〉、李俊賢〈延續與前瞻／多面向的海洋城市藝術〉、黃海鳴〈「後文明」游牧藝術／第 2 屆高雄國際貨櫃藝術節的轉變〉、張新丕〈文化藝術的全球物流／ 2003 高雄國際貨櫃藝術節〉

高雄鋼雕藝術節

2008.11（402）陳愷璜〈當「藝術計畫」成為現實的驅動媒介／ 2008 高雄鋼雕藝術節〉

金門碉堡藝術館／十八個個展

2004.07（350）「金門碉堡藝術館／十八個個展」參展藝術家簡介、張素雯〈專訪「金門碉堡藝術館／十八個個展」策展人蔡國強〉

2004.10（353）張素雯〈金門碉堡美術館十八個個展現場目擊〉

澎湖國際地景藝術節

2004.10（353）黃淑媚〈藝術．地景．天人菊／ 2004 年澎湖國際地景藝術節隆重登場〉

敦煌藝術大展

2005.05（360）「荒漠傳奇．璀璨再現／敦煌藝術大展」在台北揭幕、馬世長敦煌與敦煌學概述

動漫藝術展

2008.01（392）吳垠慧〈市場、文創兩相宜．動漫藝術再掀熱潮？／ 2007 年末的動漫藝術展回顧〉、張賜福〈期待新媒體藝術的狂熱者／ 2007 年台灣新媒體藝術展覽回顧〉

敦煌藝術大展

2008.03（394）然卒盛大敦煌／盛世和光／敦煌藝術大展、周文翰〈敦煌藝術大展〉

安迪．沃荷世界巡迴展

2009.01（404）「普普教父／安迪．沃荷世界巡迴展」於台北中正紀念堂隆重展出、西村智宏〈安迪沃荷的1960年代／空虛的美學與同一性批評〉

2009.02（405）陳書俞〈「安迪．沃荷世界巡迴展」於中正紀念堂展出〉

2010.01（416）2009 十大公辦好展覽、吳毅平〈景氣未回溫下的經濟奇蹟／ 2009 年的「票房大展」現象〉、蘇風銘〈期待串接台灣當代藝術的發展空間／思考2009年的「票房大展」現象〉、吳景宜，楊家翔，江致潔〈策展人看 2009 年的「超級大展」現象〉

亞伯斯個展

2010.4（419） 極簡．大用：包浩斯巨匠亞伯斯／高雄市立美術館舉行亞伯斯個展

2010.10（425）李俊賢〈國際大師原作／國王的新衣？／台灣的國際大師展回顧〉

2012.01（440）〈2011 年十大公辦好展覽〉、〈2011 年視覺藝術展覽回顧與展望〉、徐升潔、江凌青、鄭元智、洪韵婷、鄭涵云〈2011 年國際重要展覽〉

劍舞楚天／越王勾踐劍暨楚國出土文物特展

2010.11（426）「劍舞楚天／越王勾踐劍暨楚國出土文物特展」於國立台灣博物館舉行

瘋狂達利／超現實主義大師特展

2012.06（445）達利：超現實主義的戰士／「瘋狂達利／超現實主義大師特展」在台北舉行

大地藝術祭

2012.09（448）當藝術與土地對話專輯：吳慧貞〈人間土地的光輝越後妻有／2012第5屆大地藝術祭身體力行的實踐者／專訪大地藝術祭策展人北川富朗〉、吳慧貞、黃瑞茂〈「2012第5屆大地藝術祭」的參與〉、楊雅苓〈尋找與社會共振的節奏／花蓮港口部落「土地與浪花」藝術策展計畫〉

「黃虎旗再現」特展

2013.01（452）「黃虎旗再現」特展臺灣民主國藍地黃虎旗／國立臺灣博物館推出修護成果「黃虎旗再現」特展

陳澄波百二誕辰東亞巡迴大展

2014.02（465）賴清德〈陳澄波百二紀念活動：從古都出發／陳澄波百二誕辰東亞巡迴大展宣告啟動〉、陳重光〈深沉的感謝・無上的榮光、林曼麗〈寫在「青春群像」聯展之前〉、蕭瓊瑞〈澄海波瀾／陳澄波百二誕辰東亞巡迴大展的歷史意義〉、陳芳玲〈追尋藝術家在本質上的成就／「陳澄波百二誕辰東亞巡迴大展」的策展脈絡與意義〉、陳芳玲〈讓孩子拉著父母逛美術館看展覽／台南市文化局局長葉澤山介紹教育推廣校園巡迴展〉、張羽芃〈重現陳澄波與他的年代／光影旅行者／陳澄波百二互動展〉、張羽芃〈北回歸線下的油彩／陳澄波畫作與音樂的對話〉、陳黎、張默、林宗源、林梵、辛鬱〈波光瀲灩：文學與美術的對話／五位詩人寫陳澄波作品〉、蕭瓊瑞〈《陳澄波全集》出版／還原陳澄波的藝術成就與生命際遇〉、連雅琦〈陳澄波，你在哪兒？／從陳澄波繪本〉、青少年小說出版專案說起、整理何冠儀〈陳澄波百二紀念活動一覽〉

FORMASA 雕塑雙年展

2014.02（465）FORMASA 雕塑雙年展於駁二開幕

唯美・巴黎／羅蘭珊畫展

2014.07（470）巴黎畫派最美麗的牝鹿／「唯美・巴黎／羅蘭珊畫展」在台北展出、朱燕翔編譯〈瑪莉・羅蘭珊早期代表作〈狩獵女神〉〉、富安玲子；朱燕翔編譯〈巴黎的畫家／瑪莉・羅蘭珊〉

6

台灣美術發展

《藝術家》近四十年來見證了台灣美術的發展，針對與台灣美術相關的時代潮流、展覽動態、畫家動向、學術研究教學、硬體建設、公共政策、對外關係、交流及相關資訊等，都站在專業、關懷的角度，並以獨立的策略運作，進行訊息資料的篩選、研判，最後確定報導呈現。台灣美術發展的漫長歲月裡，《藝術家》作為一個隨行者，在觀察中記錄了許多重要的活動，人物足跡與創作風華構成歷史面貌；無以計數的專論則深刻地剖析事件的核心，使得雜誌在報導之餘尚有充足的能量，提供讀者更寬廣的延伸閱讀空間。以下所標列的是本刊物歷年來有關台灣美術發展的主要目錄：

1975.06 — 1985.05

1975.06（1）　台灣美術運動史、埋在沙漠裏的青春

1981.06（73）　〈東方與五月畫會活動記錄〉、程榕寧記錄〈從東方與五月畫會 25 週年／談台灣現代繪畫的啟蒙與發展專題座談〉、〈東方與五月畫會 25 週年聯展作品選〉

1982.12（91）　文建會舉辦年代美展

1985.06 — 1995.05

1985.06（121）文建會提供；程延華攝影台灣美術家百人作品欣賞、
黃才郎〈借鏡過去．策勵將來／談台灣地區美術發展回顧展〉

1986.01（128）蘇南成〈中華民國 75 年美術名鑑序〉

1989.01（164）林惺嶽〈台灣美術 1988〉

1989.04（167）黃樹人〈我為何要寫台灣美術史／謝里法從返鄉之旅談起〉

1989.05（168）顏娟英〈台灣早期西洋美術的發展〉

1990.01（176）楊智富〈1980-89 台灣地區現代繪畫團體十年活動表〉、陸蓉之〈台灣藝壇走過 80 年代〉、陸蓉之〈探詢台灣 80 年代藝術風格〉

1990.02（177）賴香伶〈台灣早期西洋美術展〉

1990.06（181）林惺嶽〈第二次世界大戰對台灣美術發展的影響〉

1990.07（182）林惺嶽〈台灣美術邁進 21 世紀的關鍵性挑戰〉

1991.01（188）1990 年台灣美術大事記、陸蓉之〈台灣牌 1990〉

1991.10（197）立花義彰〈台灣早期美術運動的啟蒙者石川欽一郎〉

1991.12（199）王秀雄〈日據時代台灣官展的發展與風格探釋〉、柳悅孝〈台灣早期美術發展的契機／台展〉、林玉山口述；柳悅孝筆記〈參加第 1 屆台展的回憶〉

1992.01（200）李鑄晉〈發現台灣美術／臺灣美術全集序〉、王秀雄〈劃時代的美術研究資源／臺灣美術全集序〉、「台灣美術全集」編輯報告、本刊採訪〈台灣美術田野調查蒐集站〉、謝里法〈2000 年台灣美術的展望〉、林惺嶽〈評 1991 年台灣美術現象〉、林惺嶽口述；柳悅孝筆錄〈日據時期官展對台灣美術之影響〉、柳悅孝〈日據時期台灣美術運動尾聲／府展〉

1992.02（201）臺灣美術全集首冊隆重出版、陳奇祿〈「台灣美術全集」序〉、顏娟英〈《台灣美術全集 1 陳澄波》出版序言〉、顏娟英〈勇者的畫像／陳澄波〉、陳澄波〈將更多的鄉土氣氛表現出來〉、陳澄波〈製作隨感〉、陳重光口述；王貞文撰文〈打破美感的禁忌／懷念父親陳澄波〉

1992.10（209）西洋畫的動亂 1935 年專輯：劉奇俊〈看西

洋畫的動亂 1935 年展〉、岡部昌幸；袁因譯〈台灣與日本畫家〉、白雪蘭〈台灣 20 年代留日求藝風潮與 30 年代的藝術概況〉

1992.11（210）顏娟英〈完成日據時期台灣美術史大事年表〉

1993.08（219）陸蓉之〈台灣美術新潮／蛻變的年代：1983-1993〉

1993.10（221）「台灣的泥土」捧起還要緊握：本土化≠台獨／訪陳芳明、90 年代本土化前衛藝術／訪林惺嶽、美術界與社會疏離／訪倪再沁、會議本身即是問題／訪陸先銘、「捧起台灣的泥土」文化會議美術組報告摘要、高千惠〈從補破網到三叉路／台灣文化論述與美術史觀的省思〉

1994.07（230）謝里法〈台灣美術的生態分析／ 1994 年 4 月 8 日威斯康新大學文化講座演講稿〉、陳昭明〈談談當年東京美術學校的學生身分／追記黃土水的學生歲月〉

1994.09（232）林惺嶽〈台灣美術自主意識的崛起及其未來〉

1995.03（238）「台灣當代藝術展」／走出中澳文化交流第一步、周思〈金銀島：台灣傳奇〉、羊文漪〈他者的超越／台灣當代藝術的轉折與再造〉、黃海鳴〈本土意識、文化認同及台灣當代藝術之脈動〉

1995.06 — 2005.05

1995.06（241）林惺嶽〈百年來的台灣美術〉：劃時代的美術大展、政治、經濟及社會的背景、殖民地化教育及美術近代化啟蒙、「台展」的創辦及「文協」之分裂、巴黎．東京．台北、日本．中國．台灣、台陽美術協會與台灣文藝聯盟

1995.07（242）台灣藝術「本土」論述思考：蕭瓊瑞〈台灣新美術運動中的「本土認知」〉、邱宗成〈台灣本土建築概念的發展〉、郭繼生〈台灣藝術「本土」論述的再思考〉

1995.10（245）李振明〈傳統．現代／台灣當代藝術：台灣現代水墨的反思與期待〉、陳瑞文〈台灣當代藝術社會意識的新歷史觀〉

1995.11（246）方林摘譯〈台展西洋畫評論選集 1927-1936／第 1 屆台展（1927）〉

1996.01（248）方林摘譯〈台展西洋畫評論選集／第 5 屆台展（1931）〉、陳英偉〈台灣．藝術．後現代：從文化現象到「意識型態」／略探後現代藝術的創作異因〉

1996.03（250）《台灣歷史影像》隆重出版：林衡道〈1895 年日軍記錄下的台灣〉、楊孟哲《台灣歷史影像》自序、郭繼生〈1895-1983 的美術與文化政治／台灣的「日本畫」／「東洋畫」／「膠彩畫」〉

1996.04（251）路況〈「主」「客」之道／台灣藝術主體性問題〉、方林〈帝展時期的台灣意象〉、林皎碧譯〈石川欽一郎美術評論選集〉

1996.05（252）梅丁衍〈客隨主便／再議台灣美術之主體〉、賴明珠〈重現日治時期台灣美術史料／第 2 單元「石川欽一郎美術散論選輯」序〉、石川欽一郎著；林皎碧譯〈台灣風景之鑑賞〉、白雪蘭〈由倪蔣懷與葉火城學生時代作品淺談國語學校與台北師範之圖畫教育〉、謝里法〈論 228 事件在台灣美術史上的地位〉

1996.06（253）廖瑾瑗〈木下靜涯與台灣近代畫壇／以台展、府展的東洋畫部為中心、白雪蘭〈過海？渡洋？／探索留學生為主體的民初美術〉、石川欽一郎著；林皎碧譯〈台展概觀〉、柳五杪〈一位被遺忘的台灣畫家／柳德裕〉、賴瑛瑛採訪；林優秀記錄〈從思想的紮根做起／訪李長俊談 1970 年前後的台灣美術〉、陳英偉〈台灣．藝術．後現代：遊牧慾望／藝術的「善解」創作〉

1996.07（254）台灣藝術的主體性／台北市立美術館 96 雙年展：蔡宏明〈記憶的補綴．斷裂的修復〉、李俊賢〈建構台灣藝術的主體性〉、謝東山〈台灣藝術的本土化與主體性〉、張芳薇〈「台灣：今日藝術」德國巡展記實〉、黃義雄整理〈座談會／千呼萬喚「本土」妳在那裡〉、蕭瓊瑞〈台灣美術「本土化」現象〉、薛保瑕〈本土藝術的反思〉、柯應平〈台灣的美學特質在哪裡？〉

1996.08（255）謝里法〈我所看到的上一代〉、賴瑛瑛〈複向開放的空間及力場／訪蘇新田談台灣 60 年代的前衛美術運動〉、白雪蘭〈台灣早期畫會的形成與官辦美術之外的畫會團體〉

1996.10（257）立石鐵臣的台灣民俗風情、賴瑛瑛〈生命詩歌的詠唱／訪秦松談 60 年代的時代氛圍及複合藝術〉

1996.11（258）謝里法〈從歷史的沿革談「省展」評審之心得〉、賴瑛瑛複合藝術家群像：〈本土人文

關懷／訪劉文三談 60 年代的普普複合藝術〉

1997.05（264）印象派在臺灣特展專輯：張艾茹整理〈印象派在臺灣發展的軌跡／「西潮東風／印象派在臺灣」展覽緣起〉、王秀雄〈戰前臺灣西洋畫的風格探釋〉、蕭瓊瑞〈西潮東風／印象主義在臺灣〉

1997.06（265）黃才郎〈西潮拍岸東風回眸／文化折衷：臺灣畫壇對印象派概念的整合〉

1997.08（267）《渡越驚濤駭浪的臺灣美術》出版、陳芳明怒河之石／《渡越驚濤駭浪的臺灣美術》序、林惺嶽《渡越驚濤駭浪的臺灣美術》自序

1997.10（269）劉國松〈本土繪畫的現代水墨畫〉、蕭瓊瑞〈臺灣現代繪畫運動中的兩種風格〉、曾媚珍、魏鎮中、盧妙芳記錄整理〈西潮東風／印象派在臺灣研討會〉

1998.01（272）崛部一三男記；邱彩虹譯〈日治時期台灣美術史料：鹽月畫伯畫論抄〉

1998.03（274）陸蓉之〈戰後臺灣女性藝術家創作風格簡析〉

1998.05（276）陳慧坤著；邱彩虹譯〈日治時期台灣美術史料：美術家和圖畫教育者〉

1998.09（280）南條史生；呂明穎譯〈臺灣現代美術展的省思〉

1998.10（281）石瑞仁〈臺灣藝術的「後替代」時期來臨了／給你更另類的藝術空間，送我超前衛的政治形象〉、石瑞仁主持；黃寶萍記錄〈當藝術遇見政治座談會〉

1998.11（282）黃圻文〈論藝談美千秋筆／記首位臺灣藝文記者兼畫家林錦鴻〉、蕭瓊瑞〈世紀黎明／臺灣雕塑藝術的世紀檢驗〉

1998.12（283）謝里法〈形而上的吸引力／黃土水的發現與研究〉

1999.01（284）美術新聞票選活動、1998 年台灣十大美術新聞、1998 年台灣美術大事紀、高千惠〈人間邂逅江湖／ 1998 看戰後當代水墨的瓶頸與出路〉、陸蓉之〈台灣 1998：權力、策略與文化包工〉

1999.09（292）陸蓉之〈迎向新世紀：複數元的視野／台灣當代藝術的新向度〉、廖瑾瑗〈日治時期台灣美術人物誌畫家鄉原古統〉

1999.10（293）賴明珠〈日治時期台展、府展評論選輯序〉

1999.11（294）謝里法〈新台中人的使命／從編寫「20 世紀台灣中部美術年表」談台灣中部美術界當前面臨的問題〉、謝里法〈藝術是實驗，也是冒險／台中美術的新里程今後將從文英館出發〉

1999.12（295）藝術走過 20 世紀台灣篇專輯：林惺嶽〈從歷史悲情走向自主與自信的大道／百年的回顧與前瞻〉、高千惠〈百年獄卒的草根美學／看台灣美術百年的單元性與多元性〉、蕭瓊瑞〈從舊世代走入新卻不完全的時代／ 20 世紀台灣美術〉、陸蓉之〈世紀回眸／台灣當代藝術百年的變臉〉、謝里法〈20 世紀台灣中部地區美術年表〉

2000.01（296）1999 美術大事紀、回顧 1999 十大美術新聞、1999 十大公辦好展覽、陳瑞文〈20 世紀的台灣美術及其風格演變／高美館的「台灣美術與社會脈動」專題展〉、李維菁〈新世代藝術家群像：劉世芬／作品是我的一種自言自語〉、方林〈台灣人的意象／從日本萬國總圖與人物圖說起〉

2000.02（297）李維菁〈新世代藝術家群像：徐瑞憲／冰冷的金屬透出溫暖的情〉石黑英彥；林皎碧譯〈台灣美術展覽會〉

2000.03（298）欽一廬；邱彩虹譯〈台展漫語〉

2000.05（300）何肇衢主持；黃寶萍策畫．記錄台灣中堅輩畫家的處境座談會、李維菁：新世代藝術家群像：彭弘智／置身於自由的國度

2000.07（302）林育淳〈台灣東洋畫探源展／台灣美術研究的再出發〉

2000.08（303）李維菁：新世代藝術家：李明維／與不同的人生進行對話

2000.11（306）從超現實主義看台灣當代美術創作：曾長生〈超現實主義在台灣的生存空間與侷限性〉、曾長生〈台灣類超現實主義的起源與論述〉、曾長生〈台灣超現實主義的演化類型與變異性〉、曾長生〈超現實與台灣現代藝術發展的省思與展望〉

2001.01（308）台灣美術百年回顧研討會：溫淑姿〈為台灣美術的未來而努力、陳英德〈台灣美術百年：尋追自我身分所面對的困境〉、吳步乃〈光復初期大陸到台美術家的活動及影響、謝里法〈從台灣美術之道聽塗說中建立的故事性小檔案探索畫家個別關係所串聯起來的時代脈絡〉、「台灣美術百年回顧」座談會紀實（記錄整理：周文、胡梅娟、溫淑姿）

2001.01（308）美術新聞票選活動、2000 年台灣十大美術新聞、2000 年台灣美術大事紀、蘇振明〈零

距離的美／「台灣樸素藝術薪傳展」策展理念〉、翁基峰〈精神恍惚的玩樂主義／移動中的青年樂園〉

2001.02（309）廖瑾瑗〈情熱．愛．詩情／鹽月桃甫展在日隆重揭幕〉、顏娟英〈台灣畫壇上的個性派畫家／鹽月桃甫〉、舜吉；邱彩虹譯〈以藝術眼光看台展〉、林皎碧譯〈雜觀〉

2001.03（310）千濤拍岸／台灣美術100年展：胡永芬〈潮浪之島的本土演化〉、熊宜敬〈台灣地區的中國書畫百年〉、陳英德〈台灣美術的本土與他者／自體性與被影響〉

2001.04（311）邱坤良〈台灣的孤寂與榮耀〉、百年台灣美術璀璨動人／關渡美術館首展開幕

2001.05（312）賴明珠〈近代日本關西畫壇與台灣美術／1910-1940〉、《千濤拍岸／台灣美術100年圖錄》出版

2001.06（313）佐藤農塊；邱彩虹譯〈東洋畫印象記〉、澤村專太郎；邱彩虹譯〈觀台展所感〉、賴明珠〈近代日本關西畫壇與台灣美術家（2）／1910至40年代〉

2001.09（316）書寫台灣女性藝術史：陳香君〈打開台灣「女性藝術」之窗〉、黃海鳴〈所謂女性藝術史〉、汪雅玲〈女性藝術論述的意義及必要性〉、謝鴻均〈何不嘗試「陰性書寫」？〉、謝東山〈新學院主義的興起／古典風油畫在台灣〉、高千惠〈舍利子與骨灰／台灣本土美術運動十年書劍回顧〉

2001.11（318）蕭瓊瑞〈李錫奇與台灣美術的畫廊時代／80年代台灣現代藝術發展切面〉、《百年台灣美術圖象》出版、林保堯《百年台灣美術圖象》序文

2002.01（320）李戊崑〈台灣美術網站／資料庫共享的第一步〉、溫淑姿〈台灣美術網站與知識庫之建置〉、2001台灣十大美術新聞、2001台灣美術大事紀、2001台灣十大公辦好展覽、郭繼生〈真實性的問題／日治時期台灣日本畫／東洋畫的地方色〉

2002.02（321）賴傳鑑著《埋在沙漠裡的青春》出版、賴傳鑑〈不凋的沙漠之花／《埋在沙漠裡的青春》序〉、楊永智〈黃榮燦與《星期雜誌》

2002.03（322）鷗亭生；林皎碧譯〈百花齊放，美之殿堂大門敞開／台展將成日常話題，無法搭腔者將感到臉上無光的時代已到來！〉、林皎碧譯〈台灣美術展成立經緯〉、石黑英彥（文教局長）；林皎碧譯〈好的開始／出色的台展，至今太過被藐視〉、欽一廬生（石川欽一郎）；林皎碧譯〈樺山町七星郡官署樓上的台展參考館／日本畫與西畫參考作品一瞥〉

2002.04（323）蕭瓊瑞〈圖說台灣美術史連載／撞擊迸發的文明火花〉、鹽月桃甫；林皎碧譯〈台展鑑查後之希望〉、歐亭生；邱彩虹譯〈評台展（1-4）〉、欽一廬；邱彩虹譯〈台展後記〉、周郁齡、高子衿、游崴記錄整理〈「回顧與展望／裝置藝術在台灣」座談／台灣裝置藝術發展的歷史探勘〉

2002.05（324）重回台灣60年代／《60年代台灣攝影圖像》出版、林皎碧譯〈上山總督賀辭／昭和2年10月27日於第1屆台灣美術展覽會〉、林皎碧譯〈後藤會長致辭／昭和2年10月27日於第1屆台灣美術展覽會〉、木下靜涯；林皎碧譯〈東洋畫審查雜感〉、石黑英彥；林皎碧譯〈第1屆台灣美術展覽會作品審查報告〉

2002.06（325）李俊賢〈新時代、新社會的藝術光華／後解嚴時代的高雄美術〉

2002.09（328）《台灣當代藝術1980-2000》出版、謝東山《台灣當代藝術1980-2000》序／當代人寫當代史

2002.10（329）洪劭涵〈秩序消解的關鍵時刻／台灣當代藝術全集 I 關鍵報告〉、徐小虎；劉智遠譯〈尋根與求新／台灣藝術文化之危機〉

2002.11（330）謝東山〈台灣寫實繪畫的起源〉、周郁齡〈戀愛新世代／台灣當代藝術全集 II：LIS偷偷愛上你〉、黃海鳴〈Co2台灣前衛文件展策展理念〉

2002.12（331）鄭俊德〈因緣際會的台灣美術記事〉、許遠達、蔡佩玲記錄：「台灣新寫實繪畫卅年」座談會

2003.01（332）2002台灣十大美術新聞、2002台灣十大公辦好展覽、2002台灣美術大事紀

2003.02（333）謝里法〈台灣省展的催生者／蔡繼琨〉

2003.04（335）李欽賢〈論「紀元」50年創會前輩畫家〉、袁金塔〈時間刻度．台灣美術戰後五十年作品展／策展論述〉、黃海鳴〈台灣當代美術體系之發展與擴張／80年以來台灣藝術生態變動與建構過程初探〉、曹筱玥〈認同與回歸／70年代本土意識下繪畫的產製與通

路〉

2003.08（339）葉謹睿〈當我們同在一起／探討網路藝術〉、王雅玲記錄整理〈探索○與 1 之間的無限可能／「數位藝術」在台灣座談會〉、蕭佳倩記錄整理〈進入聲音藝術創作／「異響 bias 聲音藝術展」座談〉

2003.09（340）《台灣色》出版、李蕭錕台灣文化色彩多元匯集的立體觀察／《台灣色》前言

2003.10（341）「前衛：60 年代台灣美術發展」在北美館展出

2004.01（344）2003 台灣美術回顧、張晴文，王孝媺〈美術新秀與台灣希望／當代藝術年輕藝術家〉

2004.02（345）陳郁秀台灣發聲．當代藝術版圖浮現／「台灣當代美術大系」序、文建會與藝術家出版社合作推出台灣當代美術鉅著／台灣當代美術大系

2004.03（346）林保堯〈70 年代／台灣美術發展的關鍵時刻〉、劉永仁〈返照本土與突破學院神話／回顧 70 年代台灣美術〉、楊（土犀）〈家園的記憶圖騰／ 70 年代台灣美術或鄉土美術畫語的稀釋擴展〉、張晴文〈粗造年代裡的細緻描繪／台北市立美術館展出「反思：70 年代台灣美術」〉、70 年代台灣美術大事記

2004.05（348）「台灣現代美術大系」出版

2004.07（350）第 4 屆台北雙年展策展人出爐、台灣當代繪畫的迴旋曲式／台灣年輕藝術家於韓國光州美術館展出

2005.01（356）2004 台灣十大美術新聞票選、蕭瓊瑞〈在低迷中前進／ 2004 年台灣視覺藝術回顧〉、2004 台灣時大公辦好展覽、林平〈小兵立大功的戰略出擊／綜觀 2004 台灣非公辦展覽生態〉

2005.02（357）《台灣現代美術大系》隆重推出

2005.03（358）《圖說台灣美術史 II》出版

2005.06 － 2015.04

2005.06（361）潘襎〈近百年台灣美術樣貌首次再加拿大呈現／原鄉與流轉——台灣三代美術展〉、《台灣當代美術通鑑》出版

2006.01（368）李思賢〈強本．西進．三岔口／ 2005 台灣美術年度回顧〉、王呈瑞〈尋回數位時代的藝術價值／ 2005 年台灣新媒體藝術回顧〉、2005 年度美術大事紀

2006.08（375）大航海時代的台灣與西班牙／「艾爾摩莎」特展在國立台灣博物館舉行／日治時期台灣美術「地域色彩」展在福岡舉行

2006.09（376）施翠峰〈台灣美術奠基功臣尾崎秀真〉

2006.11（378）王雅玲記錄整理〈全省美展歷史任務與未來〉

2007.01（380）邱坤良〈反芻變動中的視覺藝術文化主體／《2005 年台灣視覺藝術年鑑》序〉、台灣視覺藝術 2006 回顧、台灣十大視覺藝術新聞、台灣視覺藝術大事紀

2007.07（386）崔詠雪〈1945 年以前的台灣書法〉

2007.08（387）邱琳婷〈官展之外的藝術蹤跡／從《現代台灣書畫大觀》看日治時期傳統書畫發展概況〉

2007.09（388）邱琳婷〈書畫的匯流／從《東寧墨蹟》看日治時期台日視野下的東西古今名作〉

2007.10（389）《2006 年台灣視覺藝術年鑑》新書發表

2008.01（392）吳介祥等 2007 年視覺藝術回顧、2007 年台灣十大視覺藝術新聞、陳豪毅，蔡佩珊，鄭林佳 2007 台灣視覺藝術大事紀、蕭瓊瑞〈靈光再現／台灣美展八十年〉

2008.01（392）巴東〈師大水彩畫的黃金十年／記師大美術系水彩畫發展之興盛始末（上）〉

2008.12（403）袁金塔〈科技水墨．縱橫東西／第 2 屆 2008 台北當代水墨雙年展策展理念〉、曹筱玥〈水墨策展的跨界經驗／記「第 2 屆 2008 台北當代水墨雙年展：科技水墨．縱橫東西」〉

2009.01（404）2008 台灣十大視覺藝術新聞、2008 台灣視覺藝術大事紀

2009.6（409） 賴明珠著《流轉的符號女性／戰前台灣女性圖象藝術》出版、蕭瓊瑞〈漫長的構史歷程／《台灣美術史綱》正式出版〉

2009.11（414）黃碧端〈《2008 年台灣視覺藝術年鑑》序言〉、《2008 年台灣視覺藝術年鑑》出版

2010.01（416）2009 年視覺藝術回顧、2009 年十大視覺藝術新聞、2009 視覺藝術大事紀、扭轉地方想像／ 2009 年南台灣藝術實踐的回顧與前瞻

2010.04（419）〈台灣當代行為藝術實踐模式〉專輯：陳寬育〈行動的意義／台灣行為藝術模式的典範轉移〉、陳譽仁〈藝術在哪裡？ 1980 年代的台灣行為藝術〉、王聖閎〈當「日常生活」成為課題／藝術行動中的文化反省〉、陳寬育〈「定裝照」／當代行為藝術的鏡頭

意識〉、鄭文琦〈身體是神祕經驗的媒介／鄭詩雋的〈鬼娃悄悄說〉〉、張晴文〈空白扛棒掛到哪，就展到哪／萬德男孩的外掛人生〉、張晴文〈讓藝術行動成為一個有效的事件／江洋輝和「環保的氣氛戰爭2061」〉、陳璽安〈抑鬱以及憂鬱的藝術問題／復興漢工作室的系譜學〉

2010.05（420）台灣紀實攝影的傳承與變貌專輯：張美陵〈台灣「紀實攝影」考、李昱宏紀實攝影到底說了什麼？、簡永彬〈「攝影三劍客」攝影意象的投向及其射程〉、王聖閎記錄整理〈張照堂的攝影美學／許綺玲、郭力昕、沈昭良座談〉、季惠民〈紀實攝影中的人道關懷〉、吳靖雯〈堅持在很純粹的攝影裡去完成某些事情／鍾順龍的修行之路〉、陳寬育〈廢墟之外的無聊風景／陳敬寶的攝影創作歷程〉、陳寬育〈保留通往現實世界的路徑／陳伯義的記憶之窗〉

2010.06（421）越界想像：媒體藝術專輯：邱誌勇〈在混沌與眾聲喧譁下的台灣新媒體藝術發展、曾鈺涓〈台灣數位藝術發展與困境〉、蔡宏賢〈科技與藝術的媒合者／從「微型樂園」到「dimensionpls」的數位藝術工作歷程〉、林其蔚〈台灣聲音藝術考／ 1990 年代地下噪音備忘錄〉、王柏偉〈媒體藝術前傳／錄像之前的媒體與藝術〉、王柏偉〈錄像以來的媒體藝術／兼談德語區媒體藝術發展現況〉、江凌青〈正要開始交鋒／英國媒體藝術今日概況〉、王琳〈法國當代媒體藝術現況／「過去不過去」的時代精神〉

2010.07（422）島嶼顯影專輯：陳寬育〈島嶼的鏡像／從〈複製島〉到主體連繫〉、陳譽仁〈舊主體與新邊緣／回眸台灣美術發展中的島嶼意象〉、林宜寬〈你就是一座島／陳順築創作與澎湖的臍帶關係以及島嶼性格〉、簡麗庭〈書寫文字與影像：李若玫的〈石垣島〉〉、簡麗庭〈白盒子中的傳說：許家維的〈和平島故事〉〉、陳璽安〈海、島嶼、航行與台灣／未竟的台灣藝術主體性

2010.08（423）〈感官界限：當代藝術中的臉〉專輯

2010.09（424）「台灣美術全集」第 29 卷推出《許武勇》

2010.10（425）《2009 年台灣視覺藝術年鑑》出版

2010.11（426）當代藝術的流移與認同、施翠峰〈謙虛淳樸的林克恭／藝壇交誼錄之五〉

2011.01（428）2010 年視覺藝術回顧、2010 年十大美術新聞、李俊賢〈2010 南台灣視覺藝術回顧〉、陳永賢〈2010 年台灣新媒體藝術現象觀察〉、鄭林佳〈2010 視覺藝術大事紀〉

2011.03（430）寫實繪畫新觀察專輯：李足新〈寫實繪畫新世代／耙梳台灣寫實繪畫發展〉

2011.04（431）快門與景觀：台灣當代攝影初探專輯

2011.05（432）當代藝術中的混種與形變專輯、張羽芃〈台灣百年之影像史詩／訪「時代之眼／台灣百年身影」策展人張蒼松〉

2011.06（433）「家庭美術館／美術家傳記叢書」新書發表會

2011.08（435）邊緣與稀釋：台灣當代雕塑新探專輯：莊偉慈〈邊緣化？／廖仁義談台灣當代雕刻概況〉、楊雅苓〈台灣雕刻教育／從何謂雕塑談起〉、莊偉慈雕刻概念的稀釋與變貌／圍塑台灣當代雕塑概念〉、〈近五年雕塑展覽與國藝會補助概況〉、編輯部、李依容〈關於雕塑品的市場，他們怎麼看？／來自畫廊經營者的聲音〉

2011.10（437）李仲生百年紀念展、台灣人類學與民族學學會〈人類學家的足跡／台灣人類學百年特展〉

2011.11（438）數位藝術進行式專輯：邱誌勇〈搖擺在「高」與「低」科技之間／新媒體藝術創作中的科技性〉、曾鈺涓〈藝術與科技．對話與學習〉、莊偉慈專訪台北數位藝術中心執行長黃文浩〉、張羽芃〈當科技與表演藝術相遇／滲透／ 2011 數位表演藝術節〉、王咏琳〈我認為我是藝術家／帶著一百萬伏特電力的明和電機〉、史惟筑〈人人可藝術，數位新浪潮〉、唐能理〈那時候這座島嶼和它的文化／《照像台灣／台灣早年相簿》出版自序〉

2011.12（439）想像素描的下一步專輯：蘇俞安〈台灣現當代素描初探〉、潘聘玉當代素描複合性發展的軌跡〉、張晴文〈做為繪畫的素描／鳳甲美術館「DrawingNow ／台灣當代素描展」〉、王璽安〈輕薄卻厚重的創造路徑／關於 2011 年的台灣當代素描展的思考〉

2012.01（440）2011 年視覺藝術回顧、2011 年十大美術新聞、2011 年藝術環境與文化政策回顧、陳永賢〈2011 年台灣新媒體藝術觀察〉、2011 年視覺藝術大事紀、林惺嶽〈雙源匯集下的時代巨流／中華民國百年美術發展概略〉、

蕭瓊瑞〈戰後台灣美術史連載／社會寫實風格的乍興〉

2012.02（441）林惺嶽〈落實斯土，建立文化主體！／中華民國百年美術發展概略〉

2012.03（442）蕭瓊瑞〈戰後台灣美術史連載／畫會時代的現代藝術風潮（1957-1965）〉、羊文漪〈觀摩、巨集、互文圖象下的對位式閱讀／黃土水《甘露水》石雕做為二戰前一則有關台灣崛起的寓言〉

2012.05（444）探看當代：台灣新世代策展人與替代空間專輯：林宏璋〈表演性與策展機制／思考當代台灣策展行為〉、莊偉慈〈宏觀與史觀／沈揆一教授看策展人必備特質〉、張晴文〈蘇育賢／我有把握這是一個好的展覽，但我沒有信心説得出來為什麼〉、莊偉慈〈蘇俞安／將觀察透過論述實踐〉、陳芳玲〈蔡家榛／一個關於歷史書寫的研究與展覽計畫〉、楊雅苓〈陳璽安／從問題意識催化藝術生產的演變〉、張羽芃〈奧賽德工廠／不斷尋找新的可能〉、陳芳玲〈賴駿杰／「有問題的」展覽才是我想要的〉、劉星佑〈赤誠計畫團隊／創造可交流的對話平台〉、楊雅苓〈方彥翔／策展人要有創造性的見解〉、楊雅苓〈葉家銘／以展覽創造對話的機會〉、楊雅苓〈「keyman」與藝術試驗計畫／乒乓藝術工作站〉、劉星佑〈從一抹痕跡到一個空間／K'sArt 體制外的實驗性展地／齁空間〉、陳湘汶〈在地深耕．像鳳凰花一樣落地發芽然後盛開／鳳凰特區藝術空間〉、劉星佑〈尋找藝術與地方的可能性／五七藝術工作〉、賴清德〈美術家傳記叢書／歷史．榮光．名作系列〉十二位美術家名作見證臺南市文化榮光／「歷史．榮光．名作」系列／美術家傳記叢書序

2012.08（447）張晴文 00 年代畫家點選〈蔡士弘：繪畫是攻擊的行為！〉

2012.10（449）台灣數位藝術十年記／《台灣數位藝術 e 檔案》新書出版

2012.12（451）台灣 1980：藝術、空間與事件專輯：王品驊〈當空間成為事件／台灣，1980 年代現代性部署〉、張美陵〈介於「文化現代性」與烏托邦／回顧 1980 年代台灣攝影〉、楊雅苓、王品驊整理「〈當空間成為事件／台灣，1980 年代現代性部署」座談會紀錄〉、王嘉琳〈難以置身事外的時代性阻塞／吳天章再會 1980〉、王品驊採訪；高愷珮整理〈藝痡之壞的活水／侯王淑昭、李錦季與春之藝廊〉、莊偉慈〈重省台灣現代藝術精神／莊普與「異度空間」、「超度空間」〉、高愷珮〈燃燒青春與革命熱情的實踐精神／賴純純和 SOCA 現代藝術工作室〉、莊偉慈〈獨立才是一切／陳慧嶠談伊通公園的硬頸精神〉、陳琬尹〈從 1980 與新電影談起／映像觀念工作室與高重黎的「家庭電影」〉、陳湘汶〈侯俊明衝撞體制的慾望圖象〉、陳湘〈汶經營空間就是創造藝術市場／訪阿普畫廊許自貴〉

2013.01（452）2012 年視覺藝術年度回顧、2012 年十大美術新聞、2012 年視覺藝術大事紀、陳永賢〈新媒體的拓撲／ 2012 年新媒體藝術之年度回看〉、王柏偉〈2012 年台灣數位藝術觀察〉、胡永芬〈烽煙四起，以運動向前推進的一年〉、張美陵〈2012 年台灣攝影概況〉、王璽安〈歷史遺跡圖繪的轉向與多向映射的思維／ 2012年台灣當代繪畫觀察〉、101 年度「家庭美術館／美術家傳記叢書」：美術台灣．傳記傳承／「家庭美術館／美術家傳記叢書」新書發表會、蕭瓊瑞〈從寫真到造像／圖説台灣美術史 III：深耕戀曲（連載一）〉

2013.02（453）〈黃海鳴作品檔案材料與啟動器的角色／有關 2012 年台北雙年展中的台灣文化動能測量〉、蕭瓊瑞〈從雕塑到景觀／圖説台灣美術史 III：深耕戀曲（連載二）〉

2013.03（454）國美館推出「刺客列傳」系列展覽、蕭瓊瑞〈「西洋畫」的介入／圖説台灣美術史 III：深耕戀曲（連載三）〉

2013.04（455）以圖象召喚戰後台灣美術發展的鮮明記憶／《戰後台灣美術史》出版、蕭瓊瑞〈「東洋畫」的曲折／圖説台灣美術史 III：深耕戀曲（連載四）〉

2013.05（456）張晴文〈拼合當代台灣繪畫圖象／《00 年代畫家點選》出版、蕭瓊瑞〈建築與景觀／圖説台灣美術史 III：深耕戀曲（連載五）〉

2013.06（459）蕭瓊瑞〈版圖擴張／圖説台灣美術史 III：深耕戀曲（連載六）〉

2013.07（459）蕭瓊瑞〈設計的延伸／圖説台灣美術史 III：深耕戀曲（連載七）〉

2013.08（459）蕭瓊瑞〈漫畫的魅力／圖說台灣美術史 III：深耕戀曲（連載八）〉、雷逸婷〈台灣現當代女性藝術五部曲，1930-1983〉
2013.09（460）蕭瓊瑞〈從民藝到文創／圖說台灣美術史 III：深耕戀曲（連載九）〉
2013.10（461）區域即中心：台灣的獨立空間現況專輯：立方計劃空間、竹圍工作 室、台北當代藝術中心、葉育君與蘆洲 Instant42 藝文空間、非常廟藝文空間、有為空間、文賢油漆工程行＋齁空間、1988 到 2013 年的替代空間與都市治理、蕭瓊瑞〈裝置、音像與數位／圖說台灣美術史 III：深耕戀曲（連載十）〉
2013.11（462）從明清時期至今日的台灣水墨畫／《臺灣美術發展史：臺灣水墨畫》出版、蕭瓊瑞〈身體、行為與錄像／圖說台灣美術史 III：深耕戀曲（連載十一）〉
2013.12（463）蕭瓊瑞〈科技、藝術及其他／圖說台灣美術史 III：深耕戀曲（連載十二）〉
2014.01（464）2013 年視覺藝術回顧：2013 年十大美術新聞、2013 年十大公辦好展覽、邱誌勇〈回光返照，或鋒芒畢露的前衛美學／ 2013 年台灣數位藝術發展觀察〉、2013 年視覺藝術大事紀、追尋典範身影．推動美術傳承／記 102 年度「家庭美術館／美術家傳記叢書」新書發表會、黃光男〈水彩畫在台灣〉、蕭瓊瑞〈巨匠圍爐／李錫奇藝文交友錄〉
2014.03（466）台灣前輩畫作在日「官展」展出
2014.06（469）蕭瓊瑞〈矗立在黎明時刻的甘露水／《台灣近代雕塑史》第 1 章〉
2014.07（470）「文化記憶與聲音圖景」專輯：游崴〈地下與主流文化場域的交鋒／吳中煒與 90 年代破爛視聽〉、黃孫權〈複島計畫與歷史中的聲音／高雄點唱機裡的社會圖景〉、陳韋臻〈造音翻土／身體記憶與經驗的反饋〉、王柏偉〈史料、文化與展示機制／「造音翻土」與台灣聲響文化的結構考察〉、「歷史．榮光．名作」系列／美術家傳記叢書 II」問世、蕭瓊瑞〈在戰火困頓中前行／《台灣近代雕塑史》第 2 章〉
2014.08（471）蕭瓊瑞〈唐山渡台的雕塑家／《台灣近代雕塑史》第 3 章〉
2014.09（472）王聖閎〈學運之後的美術館空間〉、蕭瓊瑞〈省展初期自修有成的雕塑家／《台灣近代雕塑史》第 4 章〉
2014.10（473）蕭瓊瑞〈從土地到宇宙的雕塑巨峰／《台灣近代雕塑史》第 5 章〉
2014.11（474）蕭瓊瑞〈「五行小集」開啟的現代雕塑風潮／《台灣近代雕塑史》第 6 章〉、黃海鳴〈不同的劫後餘生態度／旅居國外或居留過內的台灣藝術家〉、曾長生〈李氏三家：二奇二茂／東方精神的奇形變貌與老練脫俗〉、〈霍剛的詩意空間／東方幾何抽象的另類發展〉
2014.12（475）高森信男〈邊緣都會的實現與夢想／桃園的地方社區藝術發展〉、林正尉〈新屋．藝術．家鄉．全人的永續關係之辨思／關於「新屋藝家人：水巷慢步．藝術行動」的幾個思考〉、蕭瓊瑞〈學院前世代的雕塑表現／《台灣近代雕塑史》第 7 章〉
2015.01（476）2014 視覺藝術年度回顧：龔卓軍〈嶄新的時皺摺與交換模式／ 2014 年度觀察報告〉、王聖閎〈政治、影像與土地／ 2014 台灣當代藝術的三個觀察切面〉、吳介祥、蔡淳任〈「文化權利」覺醒的一年／ 2014 年度文化政策評論〉、王冠婷〈擴增或抵銷？在數位與類比的拉扯間／ 2014 年台灣數位藝術觀察〉、2014 年十大公辦好展覽、2014 年十大美術新聞、編輯部、劉子嘉、柯妙婷、黃可萱、姚舜元〈2014 年視覺藝術大事紀〉。〈每一步珍貴的腳印，替臺灣美術發展寫下歷史／記 103 年度「家庭美術館／美術家傳記叢書」〉、蕭瓊瑞〈第一代本土學院養成的雕塑家（一）／《台灣近代雕塑史》第 8 章〉、陳欽賢〈不同時代的淡水美學〉
2015.02（477）蕭瓊瑞〈第一代本土學院養成的雕塑家（二）／《台灣近代雕塑史》第 9 章〉、〈心燈傳承．活泉不絕／「傳燈」系列展的文化造史工程〉
2015.03（478）蕭瓊瑞〈多元跨域的雕塑家／《台灣近代雕塑史》第 10 章〉
2015.04（479）蕭瓊瑞〈傳統木雕的復興與素人雕塑／《台灣近代雕塑史》第 11 章〉

7

☑ 亞洲
☑ 歐洲
☑ 美洲

博物館、美術館巡禮

《藝術家》從創刊的70年代即開始介紹世界各地的博物館、美術館，提供讀者相關的歷史、建築特色、經營策略、收藏及活動等。以下是雜誌近四十年所報導，在亞洲和歐美所在地區博物館、美術館。

亞洲

日本

1977.01（20） 王潛〈東京新美術館與新畫〉
1979.09（52） 何肇衢〈日本東鄉青兒美術館〉
1979.10（53） 何肇衢〈群馬縣立近代美術館〉
1983.12（103）東京都庭園美術館開幕
1991.09（196）何肇衢〈日本美術館導覽／中川一政美術館〉
1995.05（240）劉俐〈放眼21世紀的東京都現代美術館〉
1996.01（248）劉俐〈企業的圖騰／日本本尼斯企業社長專訪及直島美術館「超國度文化歸國展」建築家安藤忠雄別館開幕報導〉
1996.12（259）劉俐〈神戶20世紀博物館群構想〉
1997.07（266）方振寧〈未來型美術館開館〉
1998.02（273）方振寧〈20世紀最後的桃源鄉／貝聿銘新作「美秀美術館」巡禮〉
1999.10（293）鄭乃銘撰文攝影〈日本岡山劉生容美術紀念館及直島現代美術館〉
2000.02（297）方振寧撰文攝影〈谷口吉生與豐田市美術館／靜謐與沈默之呈現〉、方振寧〈豐田市美術館館長寺光彥訪談／服務產業和文化之都的豐田市美術館〉、〈豐田市美術館館長訪談後記／人的本能需求導致藝術的生活化〉
2000.11（306）方振寧〈池畔讓人流連的「白色之箱」／坂倉准三的神奈川縣立近代美術館〉
2003.09（340）岩切澪著；劉子倩譯〈邊緣與現代交會的地方／金澤21世紀美術館的座標軸〉
2003.11（342）徐星子〈一個討論世界的美術館／東京富士美術館〉
2004.05（348）方振寧〈黑川紀章重彩南京／藝蘭齋美術館〉、賴思儒〈光與綠的美術館／隱藏在森林中的寶靄美術館〉
2004.11（354）岩切澪〈金澤21世紀美術館開館〉、陳郁秀〈創意與歡樂的動畫園地／日本三鷹市吉卜力動畫美術館〉
2007.03（382）吳曉芳〈日本國立新美術館開幕〉
2007.11（390）方振寧〈西澤立衛：一滴水的宇宙／日本N美術館設計構想〉

台灣

1977.10（29） 劉良佑〈中華文物集藏第一寶庫／國立故宮博物院〉、〈中央研究院民族學研究所〉、〈中央研究院歷史語言研究所〉、林美容〈國立台灣大學文學院考古人類學系標本陳列室〉、秦景卿〈國立歷史博物館的創建與發展〉、劉衍〈台灣省立博物館對國家的責任〉、周洪本〈非洲文物陳列所／從中非技術合作到文化交流〉、程其恆〈國立台灣藝術館簡介〉、〈私立鹿港民俗文物館〉、劉曉東〈富有活力的台北市文獻委員會〉、劉其偉〈未來的台北現代美術館〉
1984.10（113）台灣省立美術館破土興建
1985.10（125）省立美術館開館舉行三項大展
1988.06（157）台灣省立美術館6月26日開館
1991.02（189）鴻禧美術館開幕
1991.11（198）楊三郎美術館正式開放
1994.07（230）本刊採訪；李銘盛攝影〈高雄市立美術館開

館〉、劉敏敏〈辛苦耕耘與歡呼收割／記李澤藩美術館開館〉、順益台灣原住民博物館開幕

1994.11（234）吳瑪悧、楊佩玲、侯權珍〈北美館實驗空間要關閉？〉、〈前衛與實驗申請展記事〉、〈讓藝術歸於藝術／實驗空間展出者的經驗與想法〉、〈肯定前衛藝術人才／專訪北美館館長黃光男〉、〈經費是主要的瓶頸所在／專訪實驗空間現任策畫潘台芳〉、〈訂定客觀補助辦法／專訪文建會第三處處長曾茂川〉、〈積極的自我開拓／藝術獎助資源的認識〉

1997.12（271）省美館整建計畫出爐

2001.09（316）「美」的解構與再生／國立台灣美術館的改造和宏觀願景：林貞吟〈面向亮麗的轉折／李戊崑談國立台灣美術館未來發展〉、〈「水牛」計畫／國立台灣美術館整建先期軟體規畫〉、〈「串串希望」凝聚希望之塔／紀念921災後重建〉、〈國立台灣美術館整建工程建築師徵選結果〉、林貞吟〈人與自然交織／張哲夫建築師團隊提出嶄新的空間經驗〉、謝里法〈一的告白／國立台灣美術館「10＋10＝21台北 ⟷ 台中」策展人的話〉

2008.03（394）鄭夙恩〈台灣官方博物館100年／1895年至今的博物館發展〉、陳書俞〈北美館、國美館、高美館三館行腳〉、林勝賢〈揭開月形石柱之謎／國立台東史前文化博物館〉、賴瑛瑛〈大學博物館的實踐智慧〉、徐升潔〈走訪台灣的藝術知識寶庫／特色博物館巡禮〉

2008.05（396）張晴文〈台灣現代知識的啟蒙地／國立臺灣博物館館長蕭宗煌談臺博館百年〉、李子寧〈百年物語／國立臺灣博物館一世紀典藏的故事〉、賴婉婷〈以一百年的時光，回味雋永歷史／國立臺灣博物館百年館慶活動〉

2013.12（463）許武勇美術館開幕

韓國

1986.12（139）俞麗珊〈韓國新建國立現代美術館〉

中國

1988.05（156）〈大陸的博物館〉蔡元培倡建的博物館／南京博物院

1988.06（157）〈大陸的博物館〉上海博物館

1988.07（158）〈大陸的博物館〉天津市藝術博物館

1988.10（161）〈大陸的博物館〉湖南省博物館

1988.11（162）〈大陸的博物館〉遼寧省博物館

1992.03（202）北京炎黃藝術館開館

1993.12（220）上海博物館專輯、馬承源〈上海博物館展致詞〉、林英澤〈中國美術本質和精髓的體現／記上海博物館展作品〉、上海博物館小檔案

1994.08（231）徐海玲〈上海博物館建新館〉

1996.01（248）何傳坤〈新建上海博物館開館〉

1999.03（286）王受之〈天圓地方展現藝術新空間／觀看上海博物館設計與館藏〉

2001.02（309）多角度詮釋香港文化遺產／四合院式香港文化博物館開館、張得水〈走進藝術殿堂／河南博物院的鎮院之寶〉

2001.03（310）張勇〈河南博物院／河南出土漢代建築明器〉

2003.04（335）張鵬〈中國歷史博物館與革命博物館合併組建中國國家博物館〉

2003.05（336）《博物館能量》出版、中國古村落／七百歲的明清古建築露天博物館《新葉村》出版

2003.07（338）貝聿銘設計重建德國歷史博物館開幕

2003.09（340）張鵬〈北京中國美術館新落成〉

2003.10（341）張晴文〈震旦藝術博物館開幕〉

2006.10（377）黃茜芳〈搭建當代藝術的斜張橋／深圳地鐵美術館VS.台灣游移美術館〉

2007.01（380）方振寧〈貝之園／貝聿銘之蘇州博物館新館〉、〈最後一位儒者／貝聿銘〉

2007.03（382）方振寧〈今日北京藝術／今日美術館的啟程〉

2008.11（402）教瑩〈法國王宮現身石油王國／從「阿布達比．羅浮宮」看博物館的國際化趨勢〉

2009.01（404）陳書俞〈貝聿銘設計伊斯蘭美術館於多哈開幕〉

2009.10（413）方振寧〈潘公凱精心打造藝術的洞窟／中央美術學院美術館建造經緯〉

2012.11（450）山東李奇茂美術館開館

2013.12（463）亞洲現代美術館開館

2014.05（468）胡月〈上海龍美術館（西岸館）開館大展〉

歐洲

1978.02（33）何政廣〈環球藝術之旅／倫敦美術館參觀記〉

1978.03（34）何政廣〈環球藝術之旅／巴黎初旅：看龐畢

度藝術中心〉
1978.04（35） 何政廣〈西歐美術的寶庫羅浮宮〉
1978.06（37） 何政廣〈環球藝術之旅／巴黎的美術館〉
1984.02（105）林貴榮〈1986 現代化的巴黎羅浮宮〉
1984.05（108）楊雪梅〈巴黎市立的美術館〉
1985.05（120）何台銀〈比利時皇家美術館新建落成〉
1986.12（139）俞麗珊〈科隆的羅浮宮／新落成的科隆現代博物館〉
1987.02（141）小路〈堡壘、監獄、藝術新都／巴士底〉
1988.01（152）王哲雄〈總統與藝術收藏家／龐畢度夫婦與巴黎波布中心現代美術館的創立〉
1988.03（154）趙曼〈版畫博物館／法國國立圖書館版畫部〉
1988.08（159）郁斐斐譯〈貝聿銘的「金字塔」〉
1989.07（170）陳英德〈法國藝術建設大事記／世界美術館之最：大羅浮宮今昔〉
1990.03（178）俞麗珊〈亂世桃源／馬爾克博物館〉
1991.12（199）梵谷美術館擴建新館
1992.10（209）巴黎美國印象派美術館開幕
1992.12（211）陳建北〈「藝術的金三角」之一／泰森美術館開幕〉
1994.01（224）陳英德〈羅浮宮慶祝開館 200 年／新館黎塞留翼整建完成同時啟幕〉
1994.06（229）劉永仁〈義大利新建的佩奇現代藝術中心〉
1994.12（235）陳建北〈西班牙 19 世紀繪畫重鎮／普拉洛·布恩雷蒂羅分館〉
1995.10（245）黃中宇、鄭治桂攝影；廖瓊芳〈小羅浮／賈克瑪·安德烈美術館〉
1996.01（248）巴塞隆納現代美術館開館：陳建北〈一個期待已久的藝術堡壘〉、〈巴塞隆納現代美術館的設計與誕生〉
1996.02（249）唐忠珊〈拿坡里考古館最美麗的收藏／維蘇威火山的陰霾〉
1997.01（260）許碧城〈吱吱喳喳作響雕塑群／丁凱力美術館在巴塞爾創設〉
1997.04（263）北歐美術閱讀專輯：克里斯丁·萊達著；陳玉珍譯〈斯堪地那維亞的繪畫／自然主義、印象主義與 20 世紀初期北歐畫壇〉、北歐近代藝術家檔案、K.W. 詹森文著；崔薏萍譯〈現代美術發現之旅／丹麥的路易斯安娜美術館收藏與建築〉、新卡斯堡美術館、斯德哥爾摩東亞美術館、挪威孟克美術館、威吉蘭雕刻公園與美術館、王庭玫〈威吉蘭與星座雕刻〉、挪威的國際兒童美術館
1997.12（271）廖瓊芳〈迎接 2000 年龐畢度中心封館整修〉、陳建北〈畢爾包古根漢美術館／本世紀末最偉大的美術館〉與〈跨世紀的藝術鉅構／畢爾包古根漢美術館館長維達帖專訪〉
1998.01（272）徐芬蘭〈古根漢美術館進駐畢爾包〉與〈畢爾包古根漢美術館建館全史〉。劉奇俊〈科隆東方美術館的寶藏〉
1998.08（279）廖瓊芳〈文化大工程造就新的里昂美術館〉
1998.11（282）〈統合視角，建構 20 世紀藝術史／專訪畢卡索美術館長傑哈·雷尼耶〉、陳英德〈巴黎畢卡索美術館／畢卡索一生鉅量創作的精華寶庫〉
1998.12（283）賴素鈴〈斯德哥爾摩國立現代美術館／為未來建立偉大收藏〉、廖瓊芳〈夢與希望的所在／尼斯夏卡爾美術館〉
1999.02（285）徐芬蘭〈馬約卡米羅美術館〉、〈馬約卡米羅美術館館長奧雷利歐·杜雷德專訪〉
1999.03（286）徐芬蘭〈聖·費南度皇家美術學院美術館〉、王怡文訪談；徐芬蘭記錄〈專訪聖·費南度皇家美術學院美術館博內茲·科雷亞館長〉
1999.04（287）余青勳〈世界新美術館／瑞士拜耳勒基金會美術館〉、徐芬蘭〈加泰隆尼亞國家美術館〉與〈加泰隆尼亞國家美術館總館長愛德華多·卡孟內〉
1999.06（289）徐芬蘭西班牙報導〈冠卡西班牙人抽象美術館〉
1999.08（291）梵谷新館特展專輯：丘彥明〈一顆閃亮的鑽石／梵谷美術館重新開館紀實〉、〈黑川紀章與梵谷美術館新館／兼記黑川紀章回顧展〉、〈梵谷作品與光線更敞亮的空間／梵谷美術館舊館修建後巡禮〉
1999.11（294）徐芬蘭〈索羅亞美術館〉、徐芬蘭、周芳蓮專訪〈索羅亞美術館館長／弗洛倫西奧·德·聖安娜〉
2000.01（296）徐芬蘭〈薩拉戈薩博物館、專訪薩拉戈薩博物館館長／米格爾·貝爾特蘭〉
2000.02（297）王玉齡〈法國藝術文化再出發象徵／巴黎龐畢度藝術文化中心 2000 年元旦重新開館〉、〈嶄新面貌迎向 21 世紀／專訪龐畢度中心修館幕後功臣〉、廖瓊芳撰文攝影〈夢想旅行家／羅勃·塔丹的奇異美術館〉
2000.03（298）徐芬蘭〈專訪加泰隆尼亞玩具館館長羅沙〉、〈加泰隆尼亞玩具館〉
2000.04（299）徐芬蘭〈保羅·塞拉諾美術館〉

2000.05（300）徐芬蘭〈哥雅之家及哥雅版畫美術館〉
2000.06（301）朱紀蓉〈泰德現代美術館啟用〉與〈泰德美術館利物浦分館〉。徐芬蘭〈勒雷素描美術館〉
2000.07（302）徐芬蘭〈西班牙新藝術與裝飾藝術美術館／佩得羅．貝雷斯館長專訪〉、新藝術與裝飾藝術美術館
2000.10（305）朱紀蓉〈英國設計博物館 Design Msem／工業設計與建築的一頁輝煌〉
2000.11（306）徐芬蘭〈西班牙瓦倫西亞 IVAM 當代館、莫內特館長專訪〉
2000.12（307）徐芬蘭〈西班牙艾爾達鞋子美術館〉
2001.02（309）周芳蓮〈探訪巴黎施努斯基東方美術館〉
2001.03（310）廖瓊芳〈法國格倫諾柏美術館、法國著名藝術史學者勒穆瓦納訪談〉、徐芬蘭〈西班牙塞維亞美術館〉
2001.04（311）徐芬蘭〈西班牙那瓦拉美術館〉
2001.05（312）吳安蘭〈羅浮宮的古代東方文物館〉、廖瓊芳〈巴黎達沛非洲藝術館重新開幕〉、徐芬蘭〈畢爾包美術館／一座象徵城市立志現代化的美術館〉
2001.07（314）徐芬蘭〈巴塞隆納畢卡索美術館〉、陳英德〈巴黎畫派寶庫與發現新秀的 ARC 空間／巴黎市立現代美術館〉
2001.08（315）維也納美術館綜合區開幕、徐芬蘭〈巴塞隆納裝飾美術館與陶瓷館〉
2001.09（316）徐芬蘭〈巴塞隆納達比埃斯美術館〉
2001.11（318）徐芬蘭〈巴塞隆納市米羅美術館〉
2001.12（319）廖瓊芳〈法國塞特國際樸實藝術館〉、廖瓊芳〈樸實藝術收藏者與創作者／訪問創作中的貝律克〉、廖瓊芳〈訪塞特樸實藝術館館長〉與〈樸實藝術館的推手／藝術家迪．羅薩訪談錄〉
2002.01（320）徐芬蘭〈巴塞隆納當代美術館〉、廖瓊芳〈教堂兼美術館／聖．于格．德．查爾特勒教堂〉
2002.03（322）周昕〈巴黎新開幕的東京宮當代藝術創作中心〉、徐芬蘭〈葛利哥之家美術館〉
2002.04（323）徐芬蘭〈巴塞隆納合作金庫基金會美術館〉
2003.03（334）丘彥明〈世界上第一個機場美術館〉
2003.07（338）蘇美玉〈再生計畫／談位於法國卡多／坎培吉市馬諦斯美術館的再現及愛麗絲．蝶喜雅德女士的捐贈〉、施淑萍〈藝術的載入與載出／淺談網路美術館〉
2003.08（339）洪藝真〈沙奇美術館泰晤士河新館開幕〉
2003.12（343）徐芬蘭〈馬拉加畢卡索美術館開館〉
2004.05（348）黃淑媚〈丹麥阿洛斯美術館正式啟用〉、崔延蕙〈名可名，非常名／貝聿銘德國歷史博物館新展廳〉
2004.07（350）徐芬蘭〈達利的金三角之一／達利戲劇／美術館〉
2005.09（364）法國梅茲的新龐畢度中心
2006.07（374）丘彥明〈米飛兔的傳奇／荷蘭兒童繪本畫家「迪克．布魯納之家」〉、李鳳鳴〈捍衛原始藝術．從非西方著手／法國巴黎布利碼頭博物館誕生〉、劉家蓁〈城市的高原／漢諾威史賓格美術館〉、方振寧〈企鵝游泳池．人情的原點／布萊德．萊伯金的倫敦「新企鵝館」〉
2006.11（378）許遠達〈捷克美術館之旅〉
2006.12（379）《法國國立自然史博物館導覽》出版
2007.07（386）徐升潔〈傳統與現代建築並置的泰德現代美術館及皇家安大略博物館〉
2007.08（387）徐升潔〈維多利亞與艾伯特童年博物館〉
2007.10（389）《博物館就是劇場》出版
2008.06（397）王受之〈一個貌不驚人的方盒子／新近落成皮亞諾設計的布洛得當代美術館〉
2010.02（417）鄭元智〈龐畢度中心／法國現代藝術美術館／梅茲分館完工，5 月正式開放〉、王柏偉〈柏林新國家藝廊／典範的生成〉、〈偉馬丁／葛羅畢斯／建築美術館／大師與文化大展交雜的一年〉、與〈藝術與媒體科技中心（ZKM）／迎向下一個媒體藝術的 20 年〉
2010.09（424）徐升潔〈穿梭於古希臘文物之間／雅典新衛城博物館〉
2011.05（432）徐芬蘭〈典藏西班牙現代主義作品／加泰隆尼亞國家美術館現代主義藝術展廳〉
2011.11（438）徐芬蘭〈巴塞隆納「創作與發明博物館」開館／全世界第一座以創作與發明為主題的博物館〉
2012.04（443）廖瓊芳〈迪蒂耶爾和馬修黑爾舅甥倆捐贈藝術品／里爾現代美術館更名 LaM 收藏現當代藝術與原生藝術〉
2012.05（444）張羽芃〈巴黎東京宮盛大開幕〉
2012.10（449）潘襎〈文明的隱士／塞納河畔布朗理碼頭博物館〉
2013.07（458）吳礽喻編譯〈荷蘭國立美術館重新盛大開幕〉
2013.10（461）徐升潔〈希拉克里翁考古博物館／了解克里

特島古文明的最佳去處〉、廖瓊芳〈南法蒙佩利耶當代文化中心〉

2014.02（465）江凌青〈在歷史之間找到安身位置／英國博物館中的當代藝術與思維〉、鄭元智〈跨越傳統和當代的藩籬／法國古蹟的活化和運用〉與〈擴充場館的可能性／歷史博物館與當代藝術的合作案例〉

2014.03（466）楊詩涵〈從羅浮宮朗斯分館反思故宮南院〉

2014.10（473）廖瓊芳〈蘇拉崎個人美術館於南法故鄉羅德滋開幕〉

2015.01（476）陳長華〈在里爾邂逅游泳池博物館〉

俄羅斯

1998.08（279）陳玉珍〈莫斯科藝術典藏之鑰／普希金美術館 & 特列查柯夫畫廊〉

2003.02（333）馬曉瑛〈專訪艾米塔吉美術館館長彼德羅夫〉、〈聖彼得堡艾米塔吉美術館（冬宮）〉、〈俄羅斯將歸還戰時掠奪德國彩色玻璃畫〉

2003.06（337）聖彼得堡 300 週年琥珀廳風華重現

2004.04（347）馬曉瑛〈俄羅斯西伯利亞：大荒野自然與人文／阿爾泰山脈探險〉、〈緬都索孔少數民族人文博物館／館長尼古拉緬都索孔專訪〉

2004.06（349）馬曉瑛〈歐卡河邊的園丁／風景畫家伯連諾夫、〈歐卡河邊的天堂／專訪伯連諾夫博物館館長 娜塔莎．尼古拉夫娜女士〉

2005.08（363）馬曉瑛〈古俄羅斯文化中心／聖像畫家安德烈．盧布列夫修道院、〈莫斯科的棋藝博物館／那場紳士風度的桌上競賽〉

2005.09（364）馬曉瑛〈就是不前衛／莫斯科當代藝術館〉

2010.03（418）馬曉瑛〈俄羅斯國家歷史博物館〉

2012.12（451）楊東榮〈伏爾加河畔的列維坦故居博物館〉

美洲

1977.12（31） 訪美日記（2）〈參觀赫希宏美術館與雕刻花園〉

1981.03（70） 陳洪業〈世界美術館巡禮／紐約大都會擴建各館〉

1981.08（75） 陳洪業〈菲立約翰遜 60 年代的四座美術博物館〉

1981.09（76） 陳洪業〈赫希宏美術館和雕刻展覽公園〉

1982.01（80） 何政廣〈鼓舞前衛藝術家的原美術館〉

1982.03（82） 陳洪業〈世界美術館巡禮／古今漢美術館〉

1982.05（84） 巴沙丹那美術博物館、陳洪業〈佛羅里達洲博物館〉

1983.10（101）劉麗〈「為促進並擴散人類的知識」／華盛頓史密生博物院〉

1983.12（103）劉晞儀譯〈迎向世界之窗／史密生博物院增建亞非藝術館〉

1987.02（141）陸蓉之〈當代藝術新殿堂／洛市當代美術館〉

1987.03（142）紐約大都會博物館新闢 20 世紀美術館、法國 19 世紀美術的大本營／奧賽美術館

1987.11（150）華府新設沙可樂美術館陳列中國玉器文物珍品

1988.12（163）陸蓉之〈陽光從太平洋岸昇起／加洲洛郡美術館日本館及夏威夷美術館開幕〉

1990.02（177）李誠彥〈當代攝影藝術的再推進／亞當斯美術館開幕〉

1995.04（239）舊金山現代美術館提供、本刊摘譯〈具現一座嶄新的美術館／舊金山現代美術館新貌

1995.10（245）黃麗絹〈美國工藝美術館／過去、現在與未來〉

1998.02（273）劉裘蒂〈莫妮卡山脈上的白鯨／洛杉磯蓋提美術館向世界開幕〉

1998.08（279）崔薏萍譯〈聖塔菲新建歐姬芙美術館〉

1999.01（284）劉俐〈與海灘爭豔的現代美術館／專訪資深策展人兼副館長傑．簡森〉

1999.02（285）周東曉〈舊金山現代美術館／大衛．羅斯出任館長大批經典現代畫入藏〉

1999.05（288）周東曉〈紐約現代美術館「美術館如繆思：藝術家之回應〉」

1999.10（293）劉俐〈火奴魯魯市立美術館／東西文化交點的焦點〉

2003.01（332）周東曉〈紐約現代美術館皇后區分館／為長島市注入藝術新活力〉

2003.03（334）陸蓉之〈極簡主義的風華／美國聖路易士普立茲基金會展覽館〉

2003.07（338）周東曉〈當代藝術與建築的結合／紐約迪亞藝術基金會畢肯美術館新開幕〉

2003.09（340）周東曉〈紐約蘇活區「藝術家空間」薩哈．哈蒂建築設計回顧展〉

2004.02（345）周東曉〈美國南加州藝術文化版圖重要據點／帕薩迪納加州美術館〉

2004.04（347）一場爭取空間的塞局／紐約大都會美術館鉅資整修館內展場

2004.05（348）胡永炎〈波士頓美術館之東方藝術收藏〉

2004.07（350）周文翰〈福斯特設計整修華盛頓美國藝術博物館〉

2005.01（356）周東曉〈紐約藝術文化新地標／紐約現代美術館曼哈頓擴建大樓開幕〉

2005.10（365）謝汝萱〈放逐的歷史，重述的故事：佩科特博物館〉

2005.11（366）一欣〈舊金山德提美術館新館開幕〉

2006.04（371）賴思儒〈110歲高齡美術館的毀滅與新生／美國舊金山的德揚美術館

2008.08（399）劉昌漢〈展翅的大鳥建築／密西根湖畔的密瓦基美術館〉

2008.10（401）劉昌漢〈聖徒或流氓／蓋提博物館的奉獻與爭擾〉

2008.11（402）〈為古根漢而作／紐約古根漢美術館整建完工，珍妮．侯澤新作發表〉、〈古根漢的靈魂：萊特與康丁斯基／迎接2009年50周年館慶特展〉、劉昌漢〈大捐贈家的作用／休士頓美術館〉。紐約博物館動態。吳曉芳〈紐約藝術與設計美術館，搬家了！〉、劉明惠〈消費時尚新面觀／藝術與設計美術館開幕特展「第二生命」〉

2009.01（404）劉昌漢〈大即是美／紐約大都會美術館印象〉

2009.03（406）劉昌漢〈荒漠造像／喬琪亞．歐姬芙美術館〉

2009.04（407）劉昌漢〈東西今古／華盛頓的美國國家藝廊〉

2009.05（408）劉昌漢〈是美術館外殼或是美術館／辛辛那提當代藝術中心〉

2009.07（410）劉昌漢〈時間與記憶的堅持／佛羅里達州的薩爾瓦多．達利博物館〉

2009.08（411）劉昌漢〈渥太華的加拿大國家藝廊〉

2009.09（412）劉昌漢〈「聳動」之後／談紐約布魯克林博物館〉

2009.10（413）劉昌漢〈籠統、包羅、多功能與老少咸宜的異形／北卡羅萊納美術館〉

2010.03（418）劉昌漢〈成敗威而鋼／平心看拉斯維加斯古根漢博物館事件〉

2010.04（419）劉昌漢〈加拿大最重要藝術機構／魁北克的蒙特婁美術館〉

2010.05（420）劉昌漢〈美麗之湖的藝術重心／加拿大安大略藝廊〉、黃麗絹《舊金山博物館之旅》出版、《舊金山博物館之旅》前言

2010.07（422）劉昌漢〈洛磯山的岩晶體／科羅拉多的丹佛藝術博物館〉

2010.08（423）徐升潔〈紐約大都會美術館與紐約現代美術館參觀人次創紀錄〉。詹雅安編譯〈當代美術館建築新貌／北卡羅萊納美術館全新開幕〉。劉昌漢〈創造奇蹟的女人／伊莎貝拉．史都華．嘉德納美術館〉

2010.09（424）劉昌漢〈經典薈萃／費城藝術博物館〉、《建築問答集：國際建築名家訪談錄》出版

2010.10（425）劉昌漢〈現代藝術重鎮／舊金山現代美術館〉

2010.11（426）劉昌漢〈曼哈頓下城的香蕉共和國／紐約新當代美術館〉

2011.02（429）〈新達利美術館在美國佛羅里達州開幕〉、劉昌漢〈二流收藏，一流行銷／洛杉磯郡立藝術博物館〉

2011.03（430）劉昌漢〈光環與罪業／波士頓美術館〉

2011.04（431）劉昌漢〈地震後的重生／舊金山德揚博物館〉

2011.05（432）劉昌漢〈生活的文化史／史密森尼美國美術館〉

2011.07（434）劉昌漢〈伊利湖畔的藝術寶庫／克里夫蘭藝術博物館〉

2011.08（435）劉昌漢〈財閥的文化行銷／紐約現代美術館〉

2011.09（436）劉昌漢〈與藝術無聲的親密對話／休士頓的曼尼爾典藏館〉、林智偉〈非歐原住民藝術的文化方舟／法國巴黎布利碼頭博物館5週年館慶〉

2011.10（437）劉昌漢〈美國內陸明珠／堪薩斯城的納爾遜／阿特金斯藝術博物館〉

2011.11（438）劉昌漢〈自然、土地、人與藝術／西雅圖藝術博物館觀察〉、徐芬蘭〈巴塞隆納「創作與發明博物館」開館／全世界第一座以創作與發明為主題的博物館〉

2011.12（439）劉昌漢〈邊城的人文風情／聖安東尼奧藝術博物館探訪〉

2012.01（440）劉明惠〈設計之城出格新地標／為蒙特婁包爾基展館慶生〉

2012.02（441）劉昌漢〈綠野藝蹤／紐約州強森藝術博物館與康寧玻璃博物館〉

2012.03（442）劉昌漢〈一將功成萬骨枯／卡內基藝術博物館淺介與雜感〉、徐升潔〈大都會美術館新美國展廳盛大開幕〉

2012.04（443）劉昌漢〈時尚名牌專賣／美國匹茲堡市安迪．沃荷博物館印象〉

2012.06（445）徐升潔〈大都會美術館推出八國語音導覽〉
2012.08（447）劉昌漢〈雙館記／德州福和市金貝爾藝術博物館與福和市現代藝術博物館概述〉
2012.09（448）劉昌漢〈美國本土前衛藝術搖籃／惠特尼美術館〉
2012.10（449）劉昌漢〈美國國立亞洲藝術博物館／華盛頓特區佛利爾和沙可樂藝廊〉
2012.11（450）林志鴻〈綠意延存永生樹／全球首座樹博物館〉、劉昌漢〈踏雪尋藝／綜觀明尼阿波里斯幾所藝術博物館〉
2012.12（451）劉昌漢〈從政治的對抗到藝術的和解／由布倫達治淺介舊金山亞洲藝術博物館〉、劉俐〈太平洋南島語族文化的守護者／夏威夷畢士普博物館
2013.01（452）劉昌漢〈文化產業包裝下的全球套餐／紐約所羅門．古根漢博物館縱橫談〉
2013.02（453）劉昌漢〈處身在巨人身影下／巴爾的摩藝術博物館〉
2013.03（454）劉昌漢〈舊金山市頭冠上的明珠／以收藏法國藝術著稱的榮耀宮
2013.04（455）劉昌漢〈成功的本土守護者／加拿大魁北克國立美術館〉
2013.05（456）劉昌漢〈藝術、朱門、文化環保／美國德州達拉斯藝術博物館與納什雕塑中心淺介〉
2013.07（458）劉昌漢〈Getting to the high ／銷售喧囂、複製、俗文化的 High 藝術博物館〉
2013.08（459）劉昌漢〈接觸新視覺藝術的場域／芝加哥當代藝術博物館〉
2013.09（460）劉昌漢〈不確定因素的未來考驗／華府赫希宏美術館與雕塑公園〉
2014.02（465）安娜．凱茲；張羽芃編譯〈當代美術館建築設計／從蓋瑞、皮亞諾、薩夫迪看美術館建築趨勢〉
2014.07（470）徐升潔〈如何呈現與經營一間災難博物館／圍繞於九一一季年博物館的議題〉
2015.01（476）賴思儒〈Inhotim 當代藝術中心／一座實現夢想的美麗伊甸園〉

8

☑ 1980年代
☑ 1990年代
☑ 2000年代
☑ 2010年代

中國當代美術面貌

在 1987 年台灣宣布解嚴之前，有關中國的當代美術資訊往往要輾轉取得。《藝術家》雜誌為了滿足讀者，在 1980 年代初期即透過旅居海外的藝術家取得一手的資料或親自訪談報導。中國對外政策開放後，許多在地的藝術工作者和學者專家也成為《藝術家》的作者，從 1980 年代所累積下來的作者群至今已到第三代。以下是 1980、1990、2000、2010 四個年代所報導的中國當代美術面貌之重要目錄：

1980年代

1982.08（87） 陳英德〈海外看大陸藝術／反映現實情境的三位大陸寫實畫家〉

1982.11（90） 陳英德〈海外看大陸藝術／評文革初期前的大型泥塑群像〉

1983.04（95） 陳英德〈海外看大陸藝術／ 1978 年／ 1980 年大陸在野畫展運動始末〉、〈大陸畫家作品選輯〉

1983.11（102）陳英德〈記袁運生新壁畫「兩個中國神話：女媧與共工」／由痛苦到歡愉？〉

1984.10（113）陳英德〈海外看大陸藝術／ 1949 年以來的大陸中國畫／困擾．掙扎．狂熱．徬徨．奮鬥的痛苦歷程（1）〉

1985.05（120）陳英德〈從政治農民畫到拒斥政治影響的農民畫〉、施叔青〈農民畫〉

1986.03（130）陳英德〈海外看大陸藝術／薄雲的現代水墨畫〉

1986.04（131）陳英德〈爭取藝術表現自由的抽象水墨畫家馬德升〉、王克平〈祭馬德升〉

1986.06（133）陳英德〈遷根者／海外的星星〉、〈自由是創造的條件／大陸留外藝術家組成海外藝術家聯盟〉

1987.05（144）龐均〈大陸步向現代美術／北平舉行 2 月 9 人美展〉

1987.07（146）陳英德〈藝評家栗憲庭與大陸現代美術〉

1987.08（147）黎朗〈高原大地所賜予的力量／西藏畫家韓書力〉

1987.11（150）韓國金黃輯〈大陸資訊 1：中國大陸的美術學院〉

1987.12（151）陳英德《海外看大陸藝術》前言

1988.07（158）郁斐斐譯〈進兩步退一步的大陸藝術〉

1988.08（159）〈創大陸美展史新記錄的大陸油畫展〉、劉麗〈海外的大陸畫家．從蘇州到紐約／談楊明義的畫〉

1988.09（160）黎朗〈大陸新壁畫的興起〉

1988.11（162）袁林〈古典風韻的人體油畫／大陸當代畫壇趨向之一〉

1988.12（163）王林〈從寫實到新寫實繪畫／大陸當代畫壇趨向之二〉

1989.01（164）兩岸交換編輯．十年來大陸美術動向專輯：《美術雜誌》、大陸的美術期刊（1）、邵大箴〈理論爭鳴和大陸水墨畫的發展〉、王琦〈版畫新作與新人〉、李松〈論李家山水、嘉木〈連環畫出身〉、楊悅浦〈花鳥畫十年變異〉、磬年〈為民族精神祈禱／談三位青年畫家作品〉、夏碩琦〈對當代中國水墨畫走向的思考〉、李超〈當代中國形式探索畫風我見〉、杭間〈大陸現代漆畫一瞥〉、薛永年〈十年來大陸的美術史研究〉

1989.02（165）邵大箴〈裸體藝術引起的風波與思考〉、北京「油畫人體藝術大展」作品選輯

1989.03（166）陳英德〈大陸第一個現代畫群星星美展運動始末〉、龐均〈評估大陸油畫教育的核心學府／中央美術學院〉、大陸美術學院版畫選、洪淑娟〈專訪浙江美院蕭峰院長〉、洪淑

娟〈中國的藝術搖籃／浙江美術學院〉
1989.04（167）大陸《美術》雜誌刊出《藝術家》雜誌主編專輯、邵大箴〈大陸前衛藝術展前前後後〉
1989.05（168）邵大箴〈《藝術與文化》「五四」運動和中國美術〉、王蓮曄〈訪賓卡斯談兩岸美術教育〉
1989.06（169）北平《美術》雜誌供稿〈北平舉辦「新文人畫展」〉、「新文人畫」籌委會〈關於「新文人畫」〉、鄧福星〈新文人畫略説〉、郁風〈中國大陸當代水彩畫〉、鄭宗鋈〈水彩畫在中國的發展沿革〉
1989.10（173）邵大箴〈魯訊和30年代新興木刻運動〉、邵大箴〈大陸第7屆全國美展評述〉、大陸第7屆美展得獎作品選刊
1989.12（175）聞立鵬〈大陸油畫十年〉、艾中信〈50和60年代前期的大陸油畫〉、水天中〈從7屆美展看大陸油畫發展的腳步〉、黎朗〈匠心施新藝·泥草亦動情／收租院泥塑產生前後〉

1990年代

1990.02（177）陳英德〈「牢記6月4日天安門」畫展紀事〉
1990.03（178）邵大箴〈當代西藏美術一瞥〉
1990.07（182）陳英德〈中國大陸與台灣現代藝術發展情況比較〉
1990.08（183）邵大箴〈新潮和學院派悄悄結合／大陸畫壇評述〉
1990.09（184）曉雨〈「中國明天」展覽在法國南方舉辦〉、費大為整理〈「中國明天」的藝術〉／費大為VS.侯瀚如
1990.10（185）邵大箴〈漫説中央美術學院的油畫〉
1990.12（187）藝術家編輯部〈大陸批判「自由化」和「新潮」美術〉
1991.01（188）邵大箴〈大陸「雕塑娘子軍」與楊淑卿〉、李婷婷〈雕塑家楊淑卿訪問記〉
1991.05（192）藝術家編輯部〈評述近年來的大陸美術〉
1991.06（193）邵大箴〈哀傷而抒情的／讀何多苓的畫〉
1991.11（198）范曾訪問台北開畫展
1992.02（201）邵大箴〈評「中國油畫年展」／寫實主義在變化發展〉、殷雙喜〈在古典與現代之間／中國油畫年展及學術討論會簡述〉、韓書力〈清沏，但望不到底／《藏女與山水》創作追記〉
1992.03（202）王林〈記住歷史·記住真實／羅中立其人其畫〉、邵大箴〈西藏青年畫家的近作〉
1992.06（205）邵大箴〈齊魯美術掃描〉、林明哲《大陸美術選集第一卷羅中立出版序》、李朝進〈現實人生如實的觀照／看羅中立的繪畫藝術〉
1992.07（206）王受之、磐年〈中國大陸現代美術史〉
1992.08（207）中國大陸首屆90年代藝術雙年展、王受之〈中國大陸現代美術史〉
1992.09（208）中國大陸首屆當代名家字畫拍賣會、李婷婷〈中國大陸當代繪畫首次在英展覽〉
1992.10（209）邵大箴〈玩世現實主義新潮／大陸美術新生代劉小東和他約為賞油畫〉、費新碑〈中國社會與歷史的鏡子／論羅中立的藝術〉
1993.03（214）邵大箴〈大陸油畫發展中的幾個問題〉、張頌仁〈後八九中國新藝術〉
1993.05（216）孔長安〈入人之地深·水土隨身帶／中國海外藝術家訪談〉、魯其雲〈尋古問今／對中國造型藝術精神的探源兼問五四的藝術去向〉
1993.11（222）圓明園藝術村專輯：嚴正學〈野性狂情掙扎／圓明園藝術村「村長」日記片斷〉
1993.12（223）郭少宗〈大陸城市雕塑的蛻變〉、邵亦揚評〈「'93中國油畫雙年展」〉
1994.01（224）王受之〈片斷的回憶／流亡中的中國前衛藝術展〉
1994.07（230）邵大箴〈力和美的交響／讀聞立鵬的油畫〉、水天中〈紅燭和白石／論聞立鵬〉、盧杰〈「主義」的窘境／從岳敏君、楊文斌看中國的新繪畫〉
1994.09（232）王林、張曉剛、俸正杰整理〈中國經驗展〉、范迪安〈個體經驗與當代文化批判／「中國經驗展」研討紀要〉、黃野〈經驗的價值與後殖民文化中的中國經驗〉、盧杰〈中國經驗展記事本末〉、費大為〈人民幣·肋骨·血·玻璃／趙半狄「月光號」裝置藝術訪談〉
1995.03（238）丹尼斯懷伯曼；潘一禾譯〈李自健超凡的現實主義藝術〉、胡東放寄自倫敦〈站在當代中國油畫大潮頭的李自健〉
1995.05（240）侯瀚如〈走向一種「非非官方藝術」／1993-1995中國大陸當代藝術的某種傾向〉
1996.02（249）展望21世紀中國當代藝術學術會議、楊明布魯塞爾報導〈從現實主義到後現代主義中國油畫在西歐展覽〉
1997.07（266）陳孝信〈大陸轉型期水墨藝術生態報告〉、

楊勁松〈位置：關於中國當代藝術的思考〉
1997.12（271）芭芭拉．波拉克文〈以買養學〉、芭芭拉．馬克阿丹文〈出版長征〉、瓊安．柯漢文〈中國繁盛的新興畫廊〉、卡蘿．路特菲文；任春美譯〈低科技的魔術師〉
1998.03（274）廖雯〈男女同裝／中國大陸無產階級「婦女解放」時代的女性藝術〉
1998.04（275）中國大陸藝術現況專輯：王受之〈中國大陸藝術現況觀察〉、島子〈新影像／90年代大陸藝術攝影的觀念化顯徵〉、陸蓉之〈性別視角／看中國大陸「世紀．女性」藝術展〉
1998.05（276）王受之〈中國大陸藝術現況觀察〉
1998.11（282）栗憲庭〈近期中國大陸當代藝術的攝影媒介熱〉
1999.03（286）展望兩千年華人藝術何去何從：高名潞〈大師．共性．「出家」、倪再沁〈華人藝術新世紀動向〉、費大為〈我對「華人藝術」的一點思考〉、張元茜〈在展覽中與藝術家對話〉、陸蓉之〈迎接複數元的視野〉、栗憲庭〈第二手現實的文化身分〉、黃海鳴〈台灣在華人藝術圈的空間〉、石瑞仁〈21世紀的華人藝術〉
1999.04（287）侯瀚如VS.高名潞〈在「第三空間」中的生存策略／關於90年代的海外中國藝術家處境的對話〉
1999.09（292）梁光澤〈中國早期油畫分期和發展脈絡〉

2000年代

2000.01（296）百年中國美術特輯：水天中〈中國油畫百年／中國畫家的西畫嘗試〉、郎紹君〈20世紀中國畫面對的情境和問題〉、邵大箴〈百年中國美術思潮鳥瞰〉、譚權書〈中國版畫百年變異〉、李松〈百年雕塑散記〉、黃遠林〈20世紀中國漫畫〉、劉曦林〈新學傳藝亦波瀾／20世紀中國美術教育概説〉、奚靜之特別報導〈中國的寫實主義與俄蘇美術〉
2000.03（298）南方朔主持；黃寶萍策畫．記錄〈難以超越的障礙／看兩岸當代藝術文化交流現況座談會〉、高千惠〈謀略文化．痞子文化，買辦文化／另類觀點：看當代中國前衛藝術的歷史新胸花〉
2000.04（299）中國影像藝術：方振寧〈位於亞洲影像藝術黎明期的中國藝術家／東京所見中國影像藝術概述〉、張離〈影像形態／中國當代攝影和錄影藝術舉例〉、方振寧〈"Biz Art活動在上海〉、高千惠〈廢墟上的傲慢與憂傷／看當代中國藝術裡的紀念性留影〉
2000.05（300）廖瓊芳巴黎報導〈蔡國強法國首次個展／巴黎卡地亞當代藝術基金會展出〉
2000.06（301）邵大箴〈25年來的中國大陸美術趨勢〉、邵大箴主持；黃寶萍策畫〈記錄中國大陸美術25年（北京篇）〉、栗憲庭〈25年我關注的中國大陸當代藝術焦點〉
2000.07（302）方振寧東京報導〈做為歷史一頁的「星星」／「星星」廿年回顧展在東京〉、黃寶萍策畫；江淑玲記錄〈中國當代藝術25年座談會（北京篇）／尋找中國藝術臨界點〉、李旭〈上海現代藝術25年〉、〈上海藝術25年座談會／從封閉到開放〉、江淑玲〈上海美術館執行館長李向陽專訪〉、李向陽〈邁進新世紀的上海美術館〉
2000.08（303）20世紀中國油畫展、邵大箴〈從碰撞到融合／20世紀中國油畫淺論〉、聞立鵬〈中國油畫的百年悲壯歷程〉
2001.05（312）《世紀烏托邦／大陸前衛藝術》出版
2001.06（313）劉新〈揮不去的大師情結／到底誰是20世紀中國的美術大師〉
2001.11（318）方振寧〈解析蔡國強的藝術〉、方振寧〈蔡國強上海APEC大型景觀煙火晚會計畫全貌〉、方振寧〈高科技操作上海APEC景觀煙火晚會／紐約訪談蔡國強〉
2002.01（320）陸蓉之〈從上海藝術博覽會看中國的當代藝術市場〉
2002.02（321）胡永芬〈第1屆成都雙年展〉、胡永芬專訪〈學術很重要，但更重要的是社會意義／第1屆成都雙年展主席鄧鴻〉、胡永芬〈用鄧小平「改革開放」的精神做展覽／專訪第1屆成都雙年展策展人劉驍純〉、胡永芬〈在交會前，瞬間凝結的身姿〉
2002.04（323）江梅〈上海專訪蔡國強／我總是在東方與西方、全球化和本土化兩極之間跳來跳去〉
2002.06（325）黃淑媚記錄整理〈「大陸當代藝術的另類發展」座談會記錄〉
2002.08（327）百年中國油畫圖象專輯：劉新〈從意識型態下的新空間到遼闊的地平線／《百年中國油畫圖象》總論〉、〈百年中國油畫圖象賞析／吳法鼎、衛天霖、林風眠、秦宣夫、李瑞年、

趙無極、詹建俊、倪貽德、吳冠中、靳尚誼、程叢林、鐘涵〉、《百年中國油畫圖象》出版

2002.10（329）呂佩怡〈「時空穿越／蟲洞」／北京孔廟內的新媒體藝術展〉

2003.01（332）陸蓉之〈重新解讀還是刻畫歷史？／從首屆廣州當代藝術三年展看中國前衛藝術的發展〉、劉新〈重新解讀的願望與無奈誤讀的結果／在「首屆廣州藝術三年展」中看到的一些問題〉

2003.03（334）陳永賢〈蔡國強以煙火飛龍照亮英倫〉

2003.04（335）方振寧〈北京城記憶／數位影像展〉、方振寧〈北京城記憶／數位影像展」座談紀要〉、梁思成〈關於北京城牆存廢問題的討論〉

2003.08（339）王鏞〈2003 年首屆中國北京國際美術雙年展〉

2003.11（342）栗憲庭〈生活中偶然片段的意義／劉小東訪談錄〉

2004.03（346）劉新〈90 年代中國當代繪畫的青春世像〉、韓書力〈殘缺並不都是美的／觀文革遺物金銅雕塑有思〉

2004.09（352）韓書力〈大陸文革時期大型泥塑〈農奴憤〉創作始末秘錄〉

2005.01（356）周文翰〈疾馳中尋找全球定位／ 2004 年中國美術回顧〉

2005.02（357）張鵬〈參行以觀中國當代美術／「邵大箴水墨畫展」及「時代與學術」研討會在北京召開〉、劉新〈在集體性藝境中跌落的藝術性格／ 20 世紀 40 年代以降中國政治環境對油畫創作影響的一個側面、李旭〈形式與觀念：中國大陸抽象藝術概述〉

2005.04（359）周文翰〈都市中國的褶皺／第 2 屆廣州三年展實驗室啟動報告〉

2005.05（360）張鵬〈刷新現實主義的價值／「靳尚誼藝術回顧展」於中國美術館展出〉

2005.06（361）張晴文〈另類真實的逼視／「明日，不回眸／中國當代藝術展」在關渡美術館展出〉

2005.08（363）彭弘智〈兩巴掌之後／專訪第 2 屆中國藝術三年展「未來考古學」策展人邱志杰、左靖、朱彤〉

2005.09（364）方振寧〈做為一種文化的牆／訪「牆：中國當代藝術 20 年展」總策展高名潞〉、〈從歷史、社會、文化身分到螢幕的牆／牆：中國當代藝術 20 年展〉

2005.11（366）〈搖曳北京／ 798 雙年展〉、周文翰〈798 的姿態〉、張鵬〈「東經 116 度與北緯 40 度的聚落」國際當代藝術展〉、周文翰〈中國下一個雙年展在哪？〉

2006.01（368）方振寧〈珠三角虛擬實驗室／第 2 屆廣州三年展〉、周文翰〈多重場域中的廣州三年展〉、馬文〈蔡國強訪談錄／沒有發生過多好，一切好像是假的〉、莉莉安．同尼〈一年幻化成十五秒／蔡國強的〈移動的彩虹〉〉、鄭惠美〈冶劇場藝術與現代藝術於一爐／火．爆．浪子蔡國強的煉金術〉

2006.06（373）蔡國強在紐約大都會博物館舉行個展、方振寧〈寫實的荒誕／當代藝術市場明星張曉剛繪畫的過去和現在〉、周文翰〈張曉剛、岳敏君、劉小東的中年變法／中國當代藝術市場標誌性人物〉

2006.08（375）馮博一〈存在便是一種荒誕／關於岳敏君的藝術〉、胡永芬〈非實用性的藝術的實用意義／論方力鈞作品〉

2006.09（376）〈入境：中國無章美學／ 2006 第 1 屆 MoCA 雙年展〉

2006.10（377）方振寧〈移動的藝術／北京 Mocart 現代藝術展〉、江梅〈玩轉藝術．超越設計／記 2006 上海雙年展「超設計」〉、陳建北採訪；張晴文記錄〈擺脫西方文化認知的控制／專訪上海雙年展策展人黃篤〉、陳建北採訪；張晴文整理〈創造共構的藝術環境／專訪上海雙年展策展人林書民談策展〉、李樂〈2006 上海雙年展的肉體眼光〉、陸蓉之〈生活需要審美的實踐／第 1 屆上海當代藝術館文獻展「入境：中國美學」〉、陳建北採訪；張晴文記錄〈只有藝術家知道答案／專訪上海當代藝術館文獻展策展人陸蓉之、烏利．希克〉、胡永芬〈畫出一代人的臉孔／論張曉剛作品〉、馮博一〈處理與被處理／關於岳敏君的繪畫圖像「處理」策略〉

2006.11（378）中國美術的「思」「情」「化」「異」：「展開的現實主義／ 1978 年以來中國大陸油畫」在北美館展出〉、張晴文〈以文化的後發優勢創造平等對話的可能／專訪中國美術館館長范迪安〉、都嶠（Elva White），李鳳鳴〈穿越光頭的明晃晃／今日美術館方力鈞個展〉、江梅〈當代藝術風采紛呈：跨越／當代藝術與設計展／城市進行式．現場

張江／首屆「新動力・中國」當代藝術雙年展〉、周文翰〈藝術與金錢的反思／劉小東新作品：多米諾〉
2007.01（380）徐虹〈北京中國美術館的「農民・農民／藏品暨邀請展」〉
2007.02（381）張鵬〈寫實油畫的精神與品格／中國美術館「中國當代寫實油畫研究展」〉、沈揆一、安雅蘭〈丘堤・決瀾社・中國早期現代藝術運動〉
2007.04（383）劉新〈從主流到邊緣的農民主題／對現當代中國美術作品中農民形象的文化考察〉
2007.05（384）胡永芬〈生活像桃花一樣美／周春芽作品〉
2007.06（385）周文翰〈北京798藝術節2007合法化轉型策展〉、李鳳鳴〈何香凝專題展與中國當代藝術生態考察／深圳河香凝美術館建管十周年系列活動報導〉
2007.07（386）李鳳鳴〈方力鈞的台灣初體驗／專訪中國藝術家方力鈞〉、周文翰〈重新發現中國當代攝影史／2007廣州國際攝影雙年展〉、馮博一〈即景的再生／從「無邊的現實」看中國當代攝影藝術〉、河桂彥〈1976-2006鄉土現代性到都市烏托邦：「四川畫派」學術回顧展〉、方秀雲〈新世紀的適應／真得一回事：中國當代藝術展〉、胡永芬〈焦慮的靈魂，真率的假面／曾梵志作品〉
2007.08（387）Ming Art Gallery「七座高原／北京798藝術區開幕首展」、一本研究中國當代藝術不可忽視的書／《星星藝術家：中國當代藝術的先鋒（1979-2000）》出版、馮博一〈品頭論足艾未未〉
2007.09（388）胡永芬〈本質的現實主義畫家／劉小東作品〉、易明〈張曉剛「大家庭」的後現代傾向〉
2007.11（390）周文翰〈把水和墨裝進當代藝術的框？／記第3屆成都雙年展〉、周文翰〈開館和開幕展提前看／尤倫斯當代藝術中心全揭祕〉、周文翰〈回看85新潮：矛盾的時代、矛盾的藝術／費大為談尤倫斯當代藝術中心開幕展〉
2007.12（391）周文翰、李鳳鳴〈回顧80年代中國當代藝術〉、周文翰〈回顧「85」重在歷史發展線索／訪談藝評家栗憲庭〉、李鳳鳴〈重現85歷史的另一種假想／訪談藝評家高名潞、周彥〉、李鳳鳴〈回顧85新潮／在尤倫斯當代藝術中心〉、周文翰〈多元視角中的「85新潮」／從有關80年代的展覽説起〉、李鳳鳴〈關於80・各自表述〉、高千惠〈瞧，這個人／地下室人到聚光者：閱讀艾未未〉、周文翰〈第3屆宋莊藝術節〉、上山〈藝術大鎮／宋莊記事〉
2008.01（392）李鳳鳴〈高燒不退的中國藝術熱／關於2007年中國藝壇風雲〉
2008.02（393）樊婉貞〈深粵港澳的藝術資源與權力分配／珠三角藝術現狀分析〉、陳侗珠〈三角的當代藝術體制〉、樊婉貞〈珠三角藝術特區展演機構／珠三角藝術現狀分析〉
2008.03（394）馮博一〈「豔俗藝術」及其他／關於常徐功作品豔俗性〉、張晴文〈果凍時代／中國當代藝術新勢力〉、周文翰〈中國當代藝術生態議論趨勢〉
2008.04（395）李麗芬〈中國當代藝術先鋒／星星畫會之李爽〉、賴思儒〈「蔡國強：我想要相信」回顧展／紐約古根漢美術館現場〉、賴思儒〈專訪記錄現代藝術的無限可能，就在於芸芸大眾都可以感到很好玩／專訪蔡國強談創作與回顧展〉、江梅〈深度呼吸／探尋中國當代藝術中的女性力量〉
2008.07（398）黃芸源〈第1屆月亮河雕塑藝術節〉、邱慧君〈北京雕塑藝術之「源」／第1屆月亮河雕塑藝術節〉
2008.11（402）李鳳鳴〈20年的一次完整交代／記「視覺政治學：另一個王廣義」〉、黃専〈藝術是一種工作／關於「靜音」張培力個展〉、馮博一〈怎麼弄都行／關於中國當代藝術中的後現代方式〉
2008.12（403）許玉鈴〈十年里程／尤倫斯當代藝術中心「中國當代藝術獎2008作品展」〉
2009.01（404）許玉鈴〈變動中的六十年／今日美術館「中國，一個國家的肖像攝影展」〉
2009.03（406）周文翰〈「中國現代藝術展」20周年紀念／僅於牆美術館的文獻展正常開幕〉
2009.04（407）張曉剛〈靈魂上的影子〉、岳敏君〈西元3009之考古發現〉
2009.05（408）生命之渺／方力鈞創作25年展（藝術家雜誌編輯部）：〈入世而冷靜的時代觀察者／「生命之渺／方力鈞創作25年展」在北美館舉行〉、許玉鈴〈中國後八九藝術家玩世態度背後的心情／方力鈞來台展出前一席談〉、謝小韞〈標誌當代人叛逆躁動的內心／生命之渺／方力鈞創作25年展〉、張晴文〈藝術是描繪自身的存在狀況／展前72小時專訪方力鈞〉、Thomas Kellein文；崔延蕙譯〈方力鈞／碧海與藍天〉、建畠哲〈虛無與救贖／方力鈞的世界〉、胡永芬〈從方力鈞的原型語彙看他的性格〉、盧迎華〈像野狗一樣生活／1963-2008方力鈞文獻展序〉

2009.06（409）方振寧〈畢爾包「沉舟」／於畢爾包專訪蔡國強〉

2009.07（410）炯一〈中國美術館「靳尚誼藝術六十年」〉

2009.08（411）孫杰〈第5屆上海美術大展〉、黃怡珮〈艾未未個展「因為什麼？」在森美術館展出〉、張晴文〈周春芽成立「五彩基金」．上海工作室明年落成〉、許玉鈴〈妙筆刻繪，擬真且傳神／張文新個展於中國美術館登場〉、黃海鳴〈方力鈞專輯中沒有說完的話〉

2009.09（412）許玉鈴〈當代藝術語境下的版畫發展／北京「第1屆中國當代版畫學術展」〉

2009.10（413）許玉鈴〈白棉布堆疊的「世界地圖」／艾未未個展於林冠畫廊登場〉

2009.11（414）許玉鈴〈專訪中國當代藝術家曾梵志〉、許玉鈴〈曾梵志藝術創作心路歷程／感性與理性的交融突顯〉、許玉鈴〈事件性、故事性與曲折性／佩斯北京「張曉剛新作個展：史記」〉、許玉鈴〈60世代與80世代／林大藝術中心「時差」十七人聯展〉

2010年代

2010.01（416）許玉鈴〈風暴過後，騷動依舊／2009北京藝術圈〉、許玉鈴〈從時代背景反觀藝術之生／廣東美術館跨年大展「方力鈞：時間線索」〉、徐升潔〈蔡國強首次費城個展、徐升潔蔡國強談費城特展〉

2010.03（418）2009中國當代藝術權力榜頒獎、中央美院「素描六十年」特展

2010.04（419）《新中國 新藝術：中國當代藝術家訪問錄》出版

2010.06（421）胡永芬〈花朵般的生活．彩虹般的生命／周春芽的藝術〉、周文翰〈當「裸猿」進入藝術展覽之中／蔡國強「農民達芬奇」展和上海世博會上的農民〉

2010.07（422）陳英德〈森林的肉身／巴黎市立柴特克美術館王克平雕刻個展〉、席爾凡．勒康柏〈造形的溫柔／王克平雕刻展〉、柏特蘭．洛爾坎〈王克平復興雕刻〉

2010.09（424）朱煜宇〈上海外灘美術館「2010．曾梵志」個展〉、許玉鈴〈策展人做為藝術的共同創造者／專訪中國當代藝術策展人費大為〉

2010.10（425）北京當代藝術館「中國表現」邀請展、許玉鈴〈專訪中國當代藝術策展人黃篤〉、倪再沁〈栗憲庭與他的時代／栗憲庭著作《藝見的鳴放：從國家意識形態中出走》序言〉、栗憲庭〈我做為「中國現代藝術展」籌展人的自供狀／《藝見的鳴放：從國家意識形態中出走》文選〉

2010.11（426）何懷碩〈林風眠與其成為名畫家的學生／中國美術今日與明日的思考〉、張晴文〈博弈的智慧：如果不能盡情發揮，就盡力而為罷專訪中國當代藝術策展人王林〉

2011.07（434）艾未未獲頒英國皇家藝術學院榮譽院士

2011.09（436）2011年成都雙年展溪山清遠／當代藝術於傳統的反思：許玉鈴〈傳統如新／從文化思想的線索延續〉、崔燦燦〈路歧：在意義的叢林中／寫給「溪山清遠」的幾段話〉、包茜〈路歧：交流與出入、「路歧」代表藝術家／那危、「路歧」代表藝術家／澤拓〉

2011.10（437）張羽芃〈蔡國強「地下1040公尺」於烏克蘭展出〉

2011.11（438）許玉鈴〈今日美術館推出「關係：中國當代藝術」〉、聶小聞〈中國影像藝術1988-2011〉

2011.12（439）王林〈在國際交流中重新認識中國當代藝術／2011年首屆宋莊國際論壇綜述〉、貝亞特．萊芬夏〈關於與國際藝術行為比較下的中國當代藝術發展之感想〉、許玉鈴〈從精神的壓抑到靈魂出殼／中國當代藝術家趙能智〉、許玉鈴〈變異時代裡的拖拉機與芭比／中國當代藝術家周向林〉、魯虹《中國先鋒藝術1978-2008》自序

2012.01（440）許玉鈴〈加深視覺感知的圖像飛蚊症／中國當代藝術家郭偉〉與〈事實背後還有真相／中國當代藝術家黎薇〉

2012.02（441）中國書畫家黃苗子辭世、四川博物館「行雲／中國當代新藝術展」、許玉鈴〈圖象為載體，壓印為記／中國當代藝術家朱逸清與

薛永軍〉與〈就用最簡單的方法説一件事／中國當代藝術家王光樂〉

2012.03（442）陳沛岑〈華夏之美／論中國寫實主義發展〉、許玉鈴〈在日常的真實當中尋找超現實／中國當代藝術家程亞杰〉與〈我可能有點反符號／中國當代藝術家臧坤坤〉

2012.04（443）許玉鈴〈「表達」是我在過程中企圖過濾掉的／中國當代藝術家李松松〉與〈亦平亦奇，亦質亦綺／中國當代藝術家徐累〉

2012.05（444）許玉鈴〈逾30年宣紙油畫的藝術心路／中國新時期美術元老孔柏基〉與〈我想先把一種語言做透／中國當代藝術家陶娜〉、〈視覺系表象背後的沈靜／中國當代藝術家李博〉

2012.06（445）許玉鈴〈畫畫的日子永遠幸福／中國當代藝術家夏俊娜〉與〈藝術是強大的鎮定劑／中國當代藝術家陳蔚〉

2012.07（446）許玉鈴〈水墨的「後雅興」／中國當代藝術家王璜生〉與〈在水墨與觀念的接界／中國當代藝術家李綱〉

2012.08（447）許玉鈴〈我走的是一條「和」的道路／中國當代藝術家劉永剛〉與〈一面是悲觀，一面是夢想／中國當代藝術家李繼開〉

2012.09（448）許玉鈴〈藝術不需要避談美的東西／中國當代藝術家茹小凡〉與〈告別童年，進入下一個創作階段／中國當代藝術家陳可〉

2012.10（449）許玉鈴〈其實藝術家畫的都是自己／中國當代藝術家歐陽春〉與〈做藝術就是要製造幻想／中國當代藝術家吳笛〉

2012.11（450）楊心一〈與毛栗子有約〉、彭鋒〈真與幻／讀毛栗子的油畫新作有感〉、許玉鈴〈最日常的，也是最值得思索的／中國當代藝術家陳曦〉與〈簡單而愉悦的創作原點／中國當代藝術家馬丹〉

2012.12（451）許玉鈴〈烏托邦、波普與個人神學〉、〈今日美術館成立10周年重要學術展覽：王廣義藝術回顧展〉、〈我要的就是一種疏離感／中國當代藝術家尹齊〉與〈以問題的思考做為創作的起點／中國當代藝術家盧征遠〉

2013.01（452）岳敏君歐洲首次大型個展「狂笑的影子」、曾梵志個展於倫敦高古軒登場、許玉鈴〈藝術的表達需要提煉／中國當代藝術家蔡志松〉與〈我苦心思索的或許正是他人無視的／中國當代藝術家胡曉媛〉

2013.02（453）周文翰〈從王廣義展覽看中國當代藝術和國家體制的關係〉、許玉鈴〈從定式的偏離到任意的變形／中國當代藝術家夏小萬〉與〈水墨畫裡的鮮活人生／中國當代藝術家李津〉

2013.03（454）許玉鈴〈透著叛逆與搖滾精神的墨彩／中國當代藝術家朱偉〉與〈畫畫是一項樸實的工作／中國當代藝術家王音〉

2013.04（455）許玉鈴〈我希望我的創作表達一種純度／中國當代藝術家丘挺〉與〈當繪畫與心理活動對應／中國當代藝術家仇曉飛〉

2013.05（456）許玉鈴〈創作的理性／中國當代藝術家王魯炎〉與〈重要的是自己的感受力／中國當代藝術家劉慶和〉

2013.06（457）陳芳玲〈一支流動的藝術軍團／「蔡國強：農民達文西」巴西巡迴展覽〉、許玉鈴〈線的自在與能量／中國當代藝術家譚平〉與〈火燒做為一種創作手段／中國當代藝術家薛松〉

2013.07（458）許玉鈴〈繪畫中的人性／中國當代藝術家毛焰〉與〈摺疊之間，反映人生歷練／中國當代藝術家郭劍〉

2013.08（459）亞洲協會香港中心舉行「黎明曙光：1974-1985年中國的前衛藝術」展覽、許玉鈴〈我追求的是情感的真實／中國當代藝術家陳淑霞〉與〈藝術可以從一個好玩的想法開始／中國當代藝術家彭薇〉

2013.09（460）許玉鈴〈雕塑是創作者心相的物化／中國當代藝術家于凡〉與〈意志的潛在性與超常化／中國當代藝術家孫原＆彭禹〉

2013.10（461）朱煜宇〈中國當代藝術的30年時代肖像〉、〈從亞洲線索看中國當代藝術〉、〈蔡國強的昆士蘭景觀新詮釋〉、許玉鈴〈因為快活，所以筆墨淋漓／中國當代藝術家朱新建〉與〈現實、觀覽物與真相／中國當代藝術家蔣志〉

2013.11（462）曾梵志〈巴黎大型回顧展10月開幕〉、謝汝萱編譯〈紐約大都會美術館羅伯·艾斯華斯中國現代繪畫收藏〉安雅蘭、沈揆一〈帝國末年的中國美術／鴉片戰爭至馬關條約（1842-1895）／《現代中國藝術》第1章〉、許玉鈴〈以風景題材為切入點／中國當代藝術家張新權〉與〈藝術的探索根植於傳統／中國當代藝術家郝量〉

2013.12（463）張羽芃〈艾未未個展「憑什麼？」於美加巡迴〉、安雅蘭、沈揆一〈新國家創立期的藝術／清朝覆滅至民國早期（1895-1920）／《現代中國藝術》第2章〉、許玉鈴〈以傳統美學體現時代氣息／中國當代藝術家肖旭〉與〈「中西調和」中追求的自由感／中國當代藝術家陸春濤〉

2014.01（464）安雅蘭、沈揆一〈1920年代新文化氛圍中的藝術／《現代中國藝術》第3章（上）〉、許玉鈴〈理性之中仍保留情感的溫度／中國當代藝術家陳琦〉與〈影像是觀者與所觀之境的對應／中國當代藝術家董文勝〉

2014.02（465）安雅蘭、沈揆一〈1920年代新文化氛圍中的藝術／《現代中國藝術》第3章（下）〉、許玉鈴〈我在藝術上比較叛逆／中國當代藝術家尚揚〉與〈我在尋找事物背後的「力」／中國當代藝術家蕭昱〉理查．奧斯本；吳礽喻譯〈英國哲學家看中國當代藝術〉

2014.03（466）徐升潔〈在中國當代藝術看見傳統水墨美學／本刊專訪紐約大都會美術館策展人何慕文談特展「水墨」Ink Art〉、周東曉〈「水墨」藝術傳統在當代的延伸／紐約大都會美術館首見中國當代藝術大型特展〉、安雅蘭、沈揆一《現代美術史》〈戰時的中國美術1930年代的現代主義藝術／《現代中國藝術》第4章（上）〉、許玉鈴〈藝術是一個不斷試探的過程／中國當代藝術家梁碩〉與〈物的自在與觀看的意識／中國當代藝術家楊心廣〉

2014.04（467）許玉鈴〈創作是一個因為而所以的過程／中國當代藝術家張慧〉與〈1公分厚度裡的世界／中國當代藝術家蔡磊〉

2014.05（468）安雅蘭、沈揆一《現代美術史》〈戰時的中國美術1930年代國畫的黃金時期／《現代中國藝術》第5章（上）〉、許玉鈴〈本色與純粹／中國當代藝術家邵帆〉與〈日常視覺與經驗的反撥／中國當代藝術家徐渠〉

2014.06（469）安雅蘭、沈揆一《現代美術史》〈戰時的中國美術1930年代國畫的黃金時期／《現代中國藝術》第5章（下）〉、許玉鈴〈以美學眼光看待恐懼及死亡／中國當代藝術家孫良〉與〈執著而感性／中國當代藝術家蔡錦〉

2014.07（470）安雅蘭、沈揆一《現代美術史》〈戰時的中國美術1937-1949／《現代中國藝術》第6章（上）〉、許玉鈴藝術家專訪〈以藝術介入現實／中國當代藝術家邱志杰〉與〈與日常經驗擦邊的折向思考／中國當代藝術家白雙全〉

2014.08（471）安雅蘭、沈揆一《現代美術史》〈戰時的中國美術1937-1949／《現代中國藝術》第6章（下）〉、北京艾米李藝廊〈可折疊的假象／中國當代藝術家郭劍〉

2014.9（472）許玉鈴〈重現的鏡子／宋陵1985-2013〉、安雅蘭、沈揆一《現代美術史》〈毛澤東時代的西畫1949-1966／《現代中國藝術》第7章（上）〉

2014.10（473）胡月〈蔡國強「九級浪」個展〉、朱煜宇〈中國當代攝影2009-2014〉、安雅蘭、沈揆一《現代美術史》〈毛澤東時代的西畫1949-1966／《現代中國藝術》第7章（下）〉

2014.11（474）安雅蘭、沈揆一《現代美術史》〈毛澤東時代的國畫、連環畫和版畫1949-1966／《現代中國藝術》第8章（上）〉、朱朱〈形式的再發生〉、柯孟德；鄧聿檠編譯〈水墨的創新者／中國藝術家楊佴旻〉

2014.12（475）安雅蘭、沈揆一《現代美術史》〈毛澤東時代的國畫、連環畫和版畫1949-1966／《現代中國藝術》第8章（下）〉

2015.01（476）安雅蘭、沈揆一《現代美術史》〈無產階級文化大革命時期的美術1966-1976／《現代中國藝術》第9章（上）〉

2015.02（477）安雅蘭、沈揆一《現代美術史》〈無產階級文化大革命時期的美術1966-1976／《現代中國藝術》第9章（下）〉

2015.03（478）安雅蘭、沈揆一《現代美術史》〈毛澤東時代之後的美術1976-1989／《現代中國藝術》第10章（上）〉

2015.04（479）安雅蘭、沈揆一《現代美術史》〈毛澤東時代之後的美術1976-1989／《現代中國藝術》第10章（下）〉

9

☑ 建築景觀
☑ 公共藝術

建築景觀和公共藝術

《藝術家》雜誌從創刊的隔年便將建築景觀列入重要內容單元。隨著時代更迭，從近四十年的報導，可窺見世界建築之潮流及演變軌跡，而從 1990 年代政府重視公共藝術並推動相關政策後，雜誌從 1993年開始更加關注公共藝術議題、藝術家的參予和作品，以及相關成果。本章是以十年為一階段，分成四個階段來呈現近四十年《藝術家》有關建築景觀和公共藝術主要文章之目錄。

建築景觀

1975.06 － 1985.05

1976.04（11）《藝術家》編輯部〈1950-1975 二十座全球建築物的代表作〉、〈世界現代建築的趨向〉、陳洪業〈貝聿銘／享譽國際的現代建築家〉、〈山崎實／發揚了日本建築的優美傳統〉

1978.05（36） 席德進〈台灣古建築體驗／消失了的古蹟〉

1979.07（50） 蕭勤〈五十年來的義大利建築〉

1979.08（51） 王之一攝〈八德園景物〉、羊汝德〈張大千的生活與畫室．八德園風光〉、陳長華〈張大千的畫外風景／從八德園到摩耶精舍〉、于還素〈訪八德園．談張大千〉

1981.01（68） 建築與藝術專題討論／陳其寬、王立、馬以工、蔣勳、夏鑄九、王鎮華

1983.08（99） 世界建築簡介之一

1984.06（109）林貴榮〈一代大師的重生／介紹柯比意的費米尼教堂〉

1985.06 － 1995.05

1987.01（140）台灣地區第二級古蹟林家花園專輯：王維仁〈板橋林園的空間佈局與遊園韻律〉、何兆青〈林家花園修復後新貌〉、石雅園〈園林建築與木雕圖案〉、劉奇俊〈中國古代的民居〉

1987.10（149）張隆盛《中國古建築序》

1988.02（153）漢寶德《傳統建築手冊》序

1992.08（207）巴塞隆納藝術．景觀專輯：巴塞隆納奧運設施的建築、道方〈馬瑞斯卡設計的奧運吉祥物柯比〉、田麗〈巴塞隆納都市景觀〉、袁因〈巴塞隆納現代美術館〉、袁因〈米羅美術館亮麗的幻想世界〉、百真〈畢卡索與巴塞隆納〉、城市現代景觀雕刻

1994.05（228）高燦榮〈三峽與大溪老街中西合璧建築〉

1995.05（240）黃健敏企畫採訪〈貝聿銘台灣情〉：〈建築大師貝聿銘與台灣〉、黃健敏採訪；侯權珍整理〈東海路思義教堂興建始末／專訪陳其寬建築師談當年台灣建築地標〉、〈雕塑家與建築師〉、〈貝聿銘研究中文索引〉、《貝聿銘的世界》出版、黃健敏《貝聿銘的世界》作者序

1995.06 － 2005.05

1996.01（248）陳板〈土地之歌／台灣傳統客家建材素描〉

1996.07（254）顧家鈞〈第一位文藝復興建築師布魯內列斯基〉

1996.08（255）顧家鈞〈文藝復興人文主義的完人／阿爾卑提〉

1996.09（256）顧家鈞〈佛羅倫斯梅迪奇利卡爾迪宮設計／米開婁佐〉

1996.10（257）顧家鈞〈第一座文藝復興理想城的建造者／婁塞利諾〉

1997.02（261）高燦榮〈羅丹故居庭園之美〉、顧家鈞〈義大利文藝復興時期宮殿的建造〉
1997.03（262）顧家鈞〈文藝復興傑出建築師家族散加婁〉
1997.06（265）方振寧〈煉丹師的貝歇爾．極限建築現貌〉
1997.08（267）顧家均〈文藝復興畫家建築師拉斐爾〉
1998.08（279）洪德青〈高第與聖家族教堂〉
1998.10（281）賴素鈴〈阿爾托的世紀／北歐現代建築藝術的傳奇〉、賴素鈴〈阿爾托盛讚芬蘭大地的建築藝術〉
1998.11（282）賴素鈴〈芬蘭當代美術館／ Kiasma 雙曲線交會出空間氛圍〉
1999.01（284）顧家鈞〈米開朗基羅／一位非專業的傑出建築師〉
1999.06（289）方振寧〈世紀之交的非建築宣言／法國建築家多米尼庫．貝羅的超建築〉
1999.11（294）《中國風水與建築選址》出版
2000.02（297）百年中國建築專輯：蕭默〈五十年之路／當代中國建築藝術回眸〉、呂舟〈後現代主義建築思潮與中國大陸當代建築〉、張復合〈多元文化下的歷史見證／ 20 世紀上半葉之中國近代建築〉、吳煥加〈我看當代中國建築〉、賀從容〈走進現代的沈思／評當代中國建築師程泰寧的建築創作〉、吳煥加〈學貫中西的建築學家梁思成〉
2000.03（298）《中國建築與門的文化》出版、樓慶西〈領略「門」後涵藏的文化意義／《中國建築與門的文化》前言〉
2000.04（299）王受之：博物館建造的新熱潮
2000.05（300）王受之〈從楚米的哥倫比亞大學學生中心設計／看新世紀建築發展趨勢〉
2000.06（301）（藝術家 25 週年專輯）圓明園風華專輯：哲夫文〈第二次鴉片戰爭和火燒圓明園〉、閻崇年〈借山環水．佳勝萬千／三山五園中的圓明園〉、哲夫文〈圓明園十二生肖噴泉〉、曾慧燕〈中國大陸加強索還走私國家保護文物〉、〈麥田心圓明園遺珍拍賣風波未息〉、梁思成、林徽音〈達文西／具有偉大遠見的建築工程師〉、任戎〈人類．自然．技術／一個新世界的誕生／德國漢諾威 Expo 2000 國際博覽會建築現場快報〉、方振寧〈虛擬生命建築／ Xzhome 工作室偉大的空想〉、威尼斯國際建築雙年展 2000 虛擬展線上、朱紀蓉〈造訪英國藝術小鎮／聖戴芙斯〉、《林徽音建築文集》出版
2000.07（302）林本源園邸的封園修護．開啟藝視窗、方振寧〈數位時代壯大的都市構想／科學家．建築家．時裝設計家．策展人跨領域對話〉
2000.09（304）廖瓊芳〈巴黎人類美術館建築競圖展〉、劉俐〈從一市到全人類的紀念園／奧克拉荷馬市大難癒合的經過〉
2000.11（306）方振寧〈DOCOMOMO 與日本近代建築保存／做為文化遺產的近代主義建築展〉
2000.12（307）丘彥明〈浪漫美麗新藝術之都／葡萄牙古城波多〉、丘彥明〈現代觀念建築／塞拉菲斯現代美術館〉、丘彥明〈憂鬱與孤獨／葡萄牙畫家尼奇亞士．史卡匹那奇士〉
2001.01（308）丁福利〈中原之氣／河南博物院的建築藝術〉、連俐俐〈扭轉乾坤的文化力量／畢爾包城市改造的奇蹟〉、周東曉〈古根漢美術館紐約新館提案展〉、〈古根漢紐約新館興建在望〉、方振寧〈數位化設計．亞洲城市的未來／專訪數位化建築設計家渡邊誠〉、方振寧〈生活在高處／交遊渡邊誠〉
2001.05（312）梁思成百年誕辰紀念：林洙〈《中國建築史》要由中國人來寫〉、樓慶西〈嚴謹學風．精品意識〉、陳志華〈中國文物建築和歷史地段保護的先驅〉、劉奇俊〈一代建築藝術家梁思成〉、王遠邁：《中國風水與建築選址》、鄧才德〈泰德現代美術館的建築〉、方振寧〈「泰德現代」跨世紀—賀佐和德莫宏泰晤士河畔的傑作〉、方振寧〈泰德現代美術收藏越百年〉、周芳蓮〈想飛的建築／卡地亞當代藝術基金會〉、陳英德〈巴黎龐畢度藝術文化中心的過去和現在〉
2001.06（313）于希賢〈神祕的魯班尺〉
2001.07（314）方振寧〈來自柏林的最新報告〉、方振寧〈黑色的沉默／密斯．凡德羅的柏林新國家美術館〉、周東曉〈開創古根漢美術館建築新象／建築大師法蘭克．蓋瑞回顧展〉、方振寧〈資訊時代建築設計形而上／札哈．哈迪特的數位化「Wolfsbrg 科學中心」〉
2001.08（315）漢寶德著作《為建築看相》出版、漢寶德〈傳統、現代、後現代〉、方振寧〈哲學家精密的思考／維特根斯坦之家〉、方振寧〈數位建築設計新集團／ Périphériqes 巴黎出發〉、方振寧〈追尋巨匠思考的軌跡／勒．柯比意全住宅／ Gallery MA 住宅的勒．柯比意展〉
2001.09（316）《中國園林藝術》出版

2001.10（317）劉致平著《中國居住建築簡史：城市·住宅·園林》出版、方振寧〈沒有貝聿銘的貝氏美學／中歐國際工商學院巡禮〉

2001.12（319）《瞭解高第》出版

2002.01（320）周芳蓮〈為現代建築創造新語彙的大師／米耶士的建築與家具設計展〉、方振寧、鐘文凱〈有什麼能比水更豐富／亨利·柯伯及伊安·貝德紐約訪談錄〉

2002.03（322）方振寧〈當代實驗建築片段／荷蘭和日本青年建築家越后妻有最新建築〉

2002.06（325）中國新建築系列：方振寧〈中國建築之另類·建築師走廊／聞長城「建築師走廊」前往威尼斯〉、方振寧〈博鼇藍色海岸·在美麗的景點功能表上名列前茅／來自藝術家的讚歌〉、方振寧〈重複和差異·不是昨天的崔愷／長城「建築師走廊」三號別墅〉、方振寧〈上海偶遇三千院／台灣建築家登琨艷上海新作〉、「建築新紀元／加州當代建築作品展」：徐純一〈抗拒完美、邁向真實的南加州建築〉、黃健敏〈蓋瑞的加州洛杉磯建築〉、李清志〈加州建築風暴與蓋瑞先生的戀物癖／加州文化風格對法蘭克·蓋瑞早期作品的影響〉

2002.07（326）曾芳玲〈P.S.1 當代藝術中心及國際藝術家工作室〉、方振寧〈北京接受白色品味／建外SOHO·新生活樣式的樣板間〉、方振寧採訪〈艾未未：建築需要直覺／訪談北京藝術家艾未未〉、方振寧〈海歸派藝術家艾未未的都市和村莊〉、張欣〈SOHO 現代城藝術館〉、方振寧〈SOHO 現代城藝術館／北京最新公共藝術報告〉、徐芬蘭〈柯比意的琺瑯繪畫〉、王受之〈城市的形成與發展〉

2002.09（328）數字化建築設計最前線：方振寧〈馬岩松／挑戰思考的極限〉、扎哈·哈迪德；馬岩松譯〈超越摩天樓的大都市〉、馬岩松〈浮游之島／超越摩天樓的大都市／重建紐約世貿中心〉、方振寧〈外太空紐約降臨的生物／訪談紐約新世貿中心超建築構想方案「浮游之島」作者馬岩松〉、馬岩松〈極端抽象〉

2002.11（330）劉奇俊〈阿富汗悠久歷史的文化遺產〉、《透視建築》出版

2002.12（331）方振寧〈構造技術和藝術的完璧／美秀美術館吊橋獲 2002 年優秀構造獎〉、方振寧〈貝聿銘理想中的桃源鄉／美秀美術館開館五周年〉、黃健敏〈開放的藝術／威尼斯第 5 屆雕塑暨裝置展〉、王素峰〈張開手的柯比意〉

2003.01（332）方振寧〈建築先鋒城市上海的陣痛與起飛〉、方振寧〈瘋狂上海的先鋒話題〉、方振寧〈從邊緣走向主流〉、探訪消失中的活文化謎團／中國古村落系列《張壁村》、《石橋村》出版、陳志華《中國古村落系列》總序、王受之〈新都市主義〈Neo rbanism〉／有機城市的新發展方向〉

2003.02（333）荷蘭建築大師庫哈斯專題研究：方振寧〈庫哈斯與中國：當建築成為事件〉、CCTV 新台址及建設工程方案（資料來源：北京中央電視台官方網站）、方振寧〈建築與雕刻認同／雷姆·庫哈斯和野口勇之比較〉、劉珩〈想像虛無：反建築的建築／解讀荷蘭建築師雷姆·庫哈斯〉、Katrina Heron；南蕭亭譯〈從包浩斯到庫哈斯〉、趙仲貴〈庫哈斯·OMA·紐約 SOHO 普拉達店〉、故宮博物院分院·嘉義縣太保市雀屏中選、《高第聖家堂導覽》出版、翁基峰〈畢爾包都市發展與規畫／專訪畢爾包都市發展公司研究部門主管克莉絲丁娜〉、翁基峰〈「畢爾包河岸 2002」技術部門專訪〉、臧麗娜〈近代江南民居建築藝術的啟示〉

2003.03（334）樊婉貞〈香港藝術家城寨／三城藝術特區：牛棚、柴灣、火炭藝術村〉、樊婉貞〈與香港經濟發展共同起落的「藝術村」／「牛棚藝術村」〉、樊婉貞〈藝術社區的尋找／火炭及柴灣明報工業藝術村〉、樊婉貞〈再探創意空間／訪譚偉平與何兆基〉、方振寧〈人生最後的 16 平方公尺／柯比意的休閒小屋〉、陳世良〈吹氣泡泡變建築／英國千禧年企劃案「伊甸園計畫」〉、余熙〈安德魯設計的北京國家大劇院「水晶蛋殼」〉、〈劉明惠國際建築界的女強人／莎哈·海蒂〉

2003.04（335）林貞吟〈品味德州，體現安藤忠雄之空間抽象／美國德州福和市現代美術館的再生〉、黃健敏〈鹿特丹的樹屋／龐派特的建築奇想〉、《城市史第一部／有機城市》出版

2003.05（336）方振寧〈赫爾佐格和德穆隆在中國：「鳥巢」容器與體育精神的完璧結合／北京奧運會主體育場建築設計競賽方案綜述〉、方振寧〈「鳥巢」與人間容器／北京奧運會主體育場建築設計概念〉、方振寧〈赫爾佐

格和德穆隆：建築的創造性至高無上／訪談中國建築師李興鋼〉、方振寧〈競技建築中見體育精神／訪談中國建築設計研究院院長崔凱〉、方振寧〈赫爾佐格和德穆隆，天衣無縫的結構／藝術家艾未未説〉、方振寧〈赫爾佐格和德穆隆背景資料〉、Jeffrey Kipnis；南蕭亭譯〈比起建築我們更喜歡藝術／與赫爾佐格對話〉、美索不達米亞文明古物慘遭洗劫／伊拉克國立博物館戰爭毀損無以彌補

2003.07（338）《西方園林藝術》出版、馬曉瑛〈2003 俄羅斯焦點／聖彼得堡 300 週年慶〉

2003.08（339）漢學儒董仲舒後裔村落／中國古村落套書推出《流坑村》出版、方振寧〈崇高建築論／密斯．凡德羅與德國浪漫主義邂逅〉、方振寧〈現代建築的鬥士／安藤忠雄建築展「2003 再生．環境和建築」綜述〉

2003.09（340）洪藝真〈巴西現代建築大師尼梅爾建築展於倫敦舉行〉、合併．進化．成長／今日城市：方振寧〈日本琦玉市誕生及城市合併〉、雷姆．庫哈斯；張燕譯〈不再發狂〉、方振寧〈東京高度感知〉

2003.10（341）水立方：方振寧〈動到極致便是靜／北京奧運會「國家游泳中心」勝出案〉、方振寧〈互動藝術和建築的系譜／「水立方」與非傳統材料方式〉、方振寧〈走向巨大都市的上海 - 安亭新鎮與「一城九鎮」〉

2003.11（342）陳世良〈數位時代的變形蟲建築〉、方振寧〈赫爾佐格及德穆隆設計中國江南新城／浙江金華金東新區商業文化中心〉、方振寧〈薩哈．哈蒂／超速城市的推手〉、方振寧〈城市就像一塊布／北京訪談薩哈．哈蒂〉

2003.12（343）王受之〈關於蓋利／洛杉磯的迪士尼音樂廳〉、王受之〈蓋利與史特拉文斯基〉、方振寧〈一架放諸四海而皆準的飛機／解構主義建築家屈米在北京〉、方振寧〈有關解構主義的精神對話／八問解構主義建築家屈米〉、方振寧〈屈米的概念與建築〉、方振寧〈藍天組夢想居住在雲中／八問超前衛解構派藍天組建築家普瑞克斯〉、方振寧〈藍天組：用前衛解構派建築家普瑞克斯〉、方振寧〈北京建外 SOHO：極限主義建築的明星〉

2004.01（344）陳世良：建築五線譜／西班牙萊昂音樂廳〉、方振寧〈海上海：延續的模數場景／周偉的建築設計〉、克麗絲提安．齊格勒，律克．伯佛〈埃及之神祇、千年之謎／古埃及之生與死〉、周文翰〈走進金字塔／古埃及國寶展〉

2004.02（345）方振寧〈MVRDV：建築設計需要烏托邦／北京訪談 MVRDV 主將建築師威尼．馬斯〉、方振寧〈世界頂級建築家論戰中國／北京物流港新專案建築規劃者選定薩哈．哈蒂〉、方振寧〈建築的輝煌／中國當代建築回顧〉、黃健敏〈2003 年台灣建築記事〉、姚瑞中〈鐵道藝術網路系統與閒置空間再利用的實踐與反思〉、吳介祥〈閒置空間再利用實例／漢堡 Kampnagel 採訪〉、曾崢〈看不見的展覽／記第五系統：後規劃時代的公共藝術〉

2004.03（346）方振寧〈全球化時代之建築〉、黃淑媚〈流轉中看見在地／文建會 2004 台灣建築展〉、方振寧〈庫哈斯／視覺媒介中的自律繁衍戰略〉、方振寧〈CONTENT ／包羅萬象的展覽〉、朱濤〈計算推進建築革命〉、格雷格．霍海塞爾〈展望建築業的 2004〉、王受之〈世界現代建築史／前言〉

2004.04（347）周文翰〈北京「789 藝術新區」在程式規劃中的爭議〉、王雅玲記錄整理〈從傳統到當代／台灣建築的發展〉

2004.06（349）吳介祥〈德國尼德薩克森幫古蹟保存政策與案例〉

2004.07（350）周文翰〈「狀態／中國當代青年建築師作品八人展」紀錄〉、方振寧：〈狀態／中國當代青年建築師作品八人展〉、王受之〈現代建築思想的形成／英國以浪漫主義為中心的建築復古運動〉

2004.08（351）黃淑媚〈安藤忠雄打造交大建築學院與美術館〉、鄭夙恩〈對於「世界遺產」的檢視與期待〉、周文翰〈蘇州地 28 屆世界遺產大會／遺產保存的危機與轉機〉、周文翰〈經濟發展和遺產保護可以共同推進／訪談世界遺產中心主任佛朗西斯．巴達蘭〉、周文翰〈磯崎新設計北京中央美術學院新美術館〉、方振寧〈光網人流交織的新空間／庫哈斯設計西雅圖公共圖書館〉、保羅．高博格〈高技術書庫〉、馬修．斯達多〈人造核心／庫哈斯和拉莫斯的合作專案〉、王受之〈現代建築思想的形成／美國以折衷主義

為主的建築復古運動的發展〉

2004.09（352）王受之〈現代建築思想的形成／歐洲其他國家的新古典主義風格〉、周文翰〈首屆北京建築雙年展：無止境衝刺〉

2004.10（353）黃健敏〈台灣與中國新建築作品／在 2004 年建築雙年展〉、周文翰〈米蘭城市大變革／利貝斯金德設計米蘭新會展中心建築〉、王受之〈現代建築思想的形成／現代建築思想的萌芽〉、方振寧〈彼得・戴維森：建築和自然連結／ SOHO・尚都新風景〉

2004.12（355）方振寧〈錯位：中國建築雙年展〉、方振寧〈掃描中國國際建築雙年展〉、王受之〈現代建築思想的形成／世界博覽會對於建築科技的促進〉

2005.01（356）方振寧〈建築走過 2004〉、周文翰〈建築設計可以從任何一點開始／建築師史蒂文・霍爾訪談〉、王明蘅〈根基的兩個面貌／評「城市謠言：華人建築 2004」〉、王受之〈世紀之交的激動／ 19 世紀末的建築潮流〉、方振寧〈傳統建築價值再生／印度著名建築家拉茲・列瓦爾〉、周文翰〈聖殿重光／布達拉宮保護維修工程〉

2005.03（358）方振寧〈激變北京〉、周文翰〈城市文化之戰／ 2012 年奧運之都市戰略〉

2005.04（359）方振寧〈建築從未有過之輕／妹島和世和西澤立衛的金澤 21 世紀美術館〉、方振寧〈辦公建築走進新時代／「都市實踐」的深圳規劃局辦公大樓設計〉

2005.06 － 2015.04

2005.06（361）王受之〈以建築破除魔咒／畢爾包的起飛〉、周文翰〈加拿大人的故事之家／安東尼・普雷達克獲加拿大人權博物館設計權〉、方振寧〈北京建築紀事〉

2005.07（362）周文翰〈2005 年普立茲建築獎／湯姆・緬恩的新構成主義設計〉、王受之〈美術館／保羅・蓋提美術館與福和市現代美術館〉、黃淑媚〈用科技鋼骨翱翔藝術之路／建築大師蓋利新作德國黑爾福「瑪塔美術館」〉、周文翰〈歐洲建築桂冠／庫哈斯「籃吧」獲 2005 年歐盟當代建築大獎〉

2005.08（363）方振寧〈MVRDV KM ／中國城市建築提案〉、方振寧〈MVRDV：怎樣的城市？〉、方振寧〈MVRDV 在中國〉、〈MVRDV 再藝術的平台／訪談滬申畫廊總監翁菱〉

2005.09（364）周文翰〈世界遺產保護路上新征途／第 29 屆世界遺產大會〉、周文翰〈新世界遺產面面觀／ 24 個新增世界遺產〉

2005.11（366）張鵬〈CBD 與世界的對話／北京「介入：CBD 的藝術空間」國際學術研討會探討城市建築與景觀〉、王受之〈橋的歌者／西班牙建築師桑地亞哥・卡拉特拉瓦〉、方振寧〈倡導一種生活質量的建築／英國建築師諾曼・福斯特訪談〉、薛佩玉〈建築台灣獎／如何建立台灣建築觀點〉、〈李乾朗開講的台灣古建築鑑賞／《台灣古建築鑑賞 20 講》出版〉

2005.12（367）方振寧〈中國建築・大浪淘沙〉、方振寧〈西山下的現代聚落——王昀北京盧師山莊新作〉、方振寧〈建築氣質為上／來自李興剛工作室的設計、方振寧什麼是 CA-DESIGN ？〉、方振寧〈朱鍇／尋找城市的 DNA〉、方振寧〈業餘建築師丁乙〉、王受之〈法國建築師努維勒的純粹與複雜〉、王受之〈溫哥華中央圖書館新建築〉

2006.01（368）王受之〈初探新現代／巴黎拉德芳斯區〉、黃茜芳〈揮灑凝凍音樂的詩意／解讀張永和策展的「2005 深圳建築雙年展」〉、賴素鈴〈城市是當代文化的平台／記第 1 屆深圳城市／建築雙年展〉、方振寧〈連接知覺的紐帶／建築家渡邊誠的最新展覽設計〉

2006.02（369）江梅〈建築與環境和諧共生／安藤忠雄建築展〉、方振寧〈發現安藤忠雄的建築世界／遍及國際的生態概念建築〉、周文翰〈生活在城市：現實世界／建築／理想境界／第 6 屆巴西聖保羅國際建築與設計雙年展〉、周文翰〈聖保羅國際建築與設計雙年展中國館〉

2006.03（370）黃茜芳〈烏托邦！烏托邦？／北京通縣宋莊藝術村壁畫藍圖〉、鄭意萱〈走訪莫干山藝術園區〉、方振寧〈很視覺的城市藝術社區／北京・上海・紐約・東京・巴黎〉、陳怡潔〈東遊記／日本阿庫斯藝術村駐村行〉、王受之〈城市現代化的紀錄／巴塞隆納的蒙特吉克塔・巴黎的亞特蘭提克公園〉

2006.05（372）周文翰〈馬德里的夢幻彩虹新建築／ 19 位建築設計師打造的「美國門」酒店〉

2006.06（373）謝汝萱《全球在地化／台灣新建築 2001-2005》新書發表、周文翰〈新科普立茲克建築獎得主／巴西建築師達·羅查：現代主義的擴展〉、高千惠〈風笛·高地·紫薊花／從假結構到真結構的文化觀光之旅〉、高千惠〈工藝·建築·麥金塔／從新藝術運動到城市傳統的世紀風格〉、高千惠〈極限·物質·社會化／從自力態度到龐克精神的城市美學〉

2006.07（374）李鳳鳴〈2006 第四屆牯嶺街書香創意市集盛況〉、黃海鳴〈南海藝廊與牯嶺街的再生運動／ 2006 牯嶺街書香創意市集談起〉、王受之〈小城鎮價值／美國城市規畫師與小城鎮的實踐〉

2006.08（375）周東曉〈薩哈·哈蒂創新建築繪圖／紐約古根漢美術館「薩哈·哈蒂卅年回顧展〉、周文翰〈都市變革：中國經驗的可能性／荷蘭鹿特丹中國當代建築設計、視覺藝術展〉、周文翰〈馬岩松的路，全球化的路〉、方振寧〈南新倉：稀有的糧倉建築之現狀〉

2006.09（376）李鳳鳴〈庫哈斯的白色大泡泡／庫哈斯之蛇形畫廊 2006 展示館〉、周文翰〈世界遺產的新增與全球化隱憂／第 30 屆世界遺產大會紀實〉、周文翰〈世界的文化與自然珍寶／ 18 處新的世界遺產揭曉〉、周文翰〈貝聿銘封筆之作／蘇州博物館新館 10 月落成〉、方振寧〈史帝芬·霍爾的建築：幻想成真／東京「史帝芬·霍爾／光度／多孔姓」建築展〉、周文翰〈除了莫札特，奧地利還有建築師／中國美術館奧地利建築藝術展〉

2006.10（377）建築繁殖場赴德參加「城市絮語」國際建築展、邱坤良〈歷史·行動：建構中部文化圈〉、「中部文化圈」的推動策略與願景、中部文化圈七座館舍、中部文化圈：展演內容

2006.12（379）李鳳鳴〈九九峰生態藝術園區正式開放〉、方振寧〈蒼白的城市靈魂／建築師的威尼斯城市高峰會〉、方振寧〈好別墅必人文／採訪龍灣別墅群〉、方振寧〈城市觀察／北京中心商務區的建築之秋〉

2007.01（380）阮慶岳〈2006 年建築回顧〉、周文翰〈墨索里尼的建築師／羅馬世界博覽會舊址振興計畫的新建築〉

2007.02（381）林志鴻〈柏林新中央車站／玻璃聖殿的運輸工藝〉、《輝煌的俄羅斯公共藝術與建築》出版

2007.03（382）方振寧〈建築的時刻：王昀新作石景山財政大廈〉、王受之〈朝氣·樸素·新品味／探年輕建築師的家居〉、李永萍〈將台北的古蹟故事，傳向遠方、《台北市古蹟巡覽》出版〉

2006.08（375）徐芬蘭〈再現高第的驚異世界／「高第建築藝術展」在國父紀念館展出〉、西班牙皇家高第館館長解碼高第建築藝術之作／顛覆結構的自然想像：《解讀高第建築的奧秘》出版、約翰·巴賽戈達·諾內爾《解讀高第建築的奧秘》序、徐芬蘭〈精緻插畫家瑪德·拉蒙絲彩筆下的高第建築〉

2007.04（383）方振寧〈和諧在小空間的大環境／艾未未設計的北京草場地 105 號新建築〉

2007.05（384）周文翰〈理查·羅傑獲 2007 普立茲克建築獎〉、方振寧〈移動建築概念／空想建築師費德曼的思想、理念、上海計畫〉、方振寧〈黑與白：永恆的流行／ SAKO 建築設計工社設計鑫豐大廈〉

2007.07（386）王受之〈對話九樹／與英國現代主義建築大師戴維·齊平菲爾得對談〉、馬丁·費勒〈去中心，藝術中心／赫爾佐格和德穆隆設計的沃克藝術中心新建築〉、劉明惠〈以設計兼負起社會責任／紐約古柏／修依國立設計博物館「為其他 90％的人口設計」露天展覽〉

2007.08（387）徐升潔〈記錄整理論台灣古蹟的保存與認定〉、周文翰〈當旅行者的腳步愈來愈多／第 31 屆世界遺產大會於紐西蘭舉行〉、李勝先〈從文化遺產到當代文化身分／美國總統藝術人文委員會代表團訪問中國片段〉、方振寧〈繪畫的運河與建築的睿智／柯比意的繪畫和建築〉

2007.09（388）準備起飛：當代德國建築輸出／德國前往第 7 屆聖保羅國際建築雙年展、方振寧〈薩哈·哈蒂的沙丘〉、方振寧〈明媚的時光／漫步柯比意薩瓦別墅〉、方振寧〈變革中的新北京〉、《認識建築》出版、漢寶德建築是藝術嗎？／《認識建築》序言、蕭瓊瑞〈台灣公共藝術的先驅者／《楊英風全集》第 6 卷「景觀規劃 I」出版〉

2007.10（389）鄭元智〈戰後重生，世界的焦點／柏林新建築風貌〉、方振寧〈西薩的建築·思緒的奔

流〉

2007.12（391）李鳳鳴〈雕塑、建築、生命的同步性／隋建國為上海新浦江城藝術計畫「點穴」〉

2008.02（393）張晴文〈台北的城市創意品牌／閒置再生的華山創意文化園區〉、許瑜庭〈從酒廠到藝術的實驗室／台灣建築．設計與藝術展演中心〉、劉士楷〈與鐵道平行的藝術據點／話說 20 號倉庫〉、蘇明如〈搬演城市歷史的新舞台／古蹟空間再造文化館的高雄實驗〉、許郁青〈老建築的第二個春天／閒置空間的再利用〉、徐升潔記錄整理〈空間解嚴 VS. 裝置藝術／閒置空間再利用〉、邱啟新〈紐約市皇后區的塗鴉特區／從廠房到畫廊〉、吳介禎〈言論自由、公共空間、塗鴉與收編／街頭文化的創造與衝突〉、周文翰〈中國當代藝術的速度與激情／四川青城山計畫興建中國當代美術館群〉

2008.04（395）陳一凡〈以當代藝術探掘歷史古城／內部景觀：福興穀倉藝術介入計畫〉、張晴文〈戰備換裝，搭載文化夢想起飛／思源社區居民創造機堡公園〉、張晴文〈當老家變成空屋／眷村開門：三重市眷村文化園區公共藝術行動〉、陳書俞〈用身體感受伊東豐雄的建築思維／伊東豐雄訪台談「衍生的秩序」建築展〉、徐升潔，陳書俞〈不斷衍生的建築／專訪伊東豐雄〉、鄭元智〈蓋分館是當今美術館營運的潮流嗎？／龐畢度中心未來營運策略〉、吳介禎〈王子鬥爵士／查爾斯重砲轟羅傑斯與諾曼．福斯特〉、方振寧〈當巨龍甦醒時／建築家諾曼．福斯特的北京首都機場新航站樓啟用〉

2008.5（396）周文翰〈中國實驗建築再出發〉、周文翰〈中國實驗建築再出發從喧囂走向終結／專訪「因地制宜：中國本土建築展」策展人史建〉

2009.01（404）周文翰〈新高棉建築的未竟之夢／柬埔寨現代建築巡禮〉、吳介禎〈後殖民文化國族主義與空間母語建築〉、陳書俞〈歐洲文化首都／從文化多樣性與文化觀光看都市發展記錄整理〉

2009.02（405）方振寧〈數位和建構相合諧／從「第 3 屆中國建築藝術雙年展」談起〉、方振寧〈朱鍇＋吳桐：非建築，進行中〉

2009.03（406）陳書俞〈2009 MoMA/P.S.1 年輕建築師計畫得主：MOS〉、周文翰〈齋浦爾：印度建築的分界線〉

2009.07（410）李乾朗〈花蓮勝安宮的建築藝術〉

2009.09（412）沈奕伶〈前衛藝術的終身探索／建築大師柯比意的繪畫與雕塑世界〉

2010.01（416）方振寧〈建造的本質是「心造」／布魯塞爾「心造：中國當代建築前沿展」報告〉

2010.03（418）方振寧〈世界生態建築之父保羅．索萊禮的太陽城／阿科桑蒂〉

2010.04（419）rban Core 城中藝術街區重生計畫、方振寧〈中性的包容／妹島和世與薩哈．哈蒂〉

2010.07（422）方振寧〈2010 上海世界博覽會現場直擊〉

2010.09（424）《建築問答集：國際建築名家訪談錄》出版、哈諾．羅特堡〈數位現代主義：為何建築受到空前的歡迎／《建築問答集：國際建築名家訪談錄》前言〉

2010.10（425）鄭元智〈建築更勝藝術品的羅馬 21 世紀美術館 MAXXI 新建築〉

2011.04（431）林智偉〈法國建築學會策畫「巴黎 1860 年／2010 年市景對照攝影展」〉

2011.09（436）方振寧〈複雜的前衛性和豐富的元／羅馬 MAXXI「向東方／中國當代建築景觀」展策展手記〉

2011.12（439）林智偉〈跨越雲海的精靈：世界最高的橋梁／巴黎建築與建築遺產博物館新館藏計畫「米佑大橋」〉、方振寧〈北京熱議中國當代建築〉

2012.04（443）中國建築師王澍榮獲普立茲克建築獎、聶小聞〈藝術與建築的跨界合作／上海外灘美術館展出「樣板屋：2012 林明弘」〉

2012.07（446）方振寧〈閱讀王澍〉、《漢寶德建築行》出版

2012.09（448）林智偉〈義大利建築 1965-1985／「LA TENDENZA」於龐畢度中心展出〉

2013.03（454）方振寧〈策展的歡喜與悲涼／「建築中國 100」展在德國〉

2013.05（456）徐升潔〈聖提多大教堂／克里特島上最具意義的宗教建築〉

2013.08（459）周東曉〈深源大自然的現代地景規畫／國際風格建築大師柯比意〉

2014.01（464）鄭安齊〈從古蹟到藝術特區／十字山區的伯大尼 40 年〉

2014.02（465）博物館、古蹟與當代藝術的交會專輯：江凌青〈在歷史之間找到安身位置／英國博物館

中的當代藝術與思維〉、鄭元智〈跨越傳統與當代的藩籬／法國古蹟的活化和運用〉、鄭元智〈擴充場館的可能性／歷史博物館與當代藝術的合作案例〉、安娜．凱茲；張羽芃編譯〈當代美術館建築設計／從蓋瑞、皮亞諾、薩夫迪看美術館建築趨勢〉

2014.05（468）張羽芃〈坂茂獲 2014 普立茲克建築獎〉

2015.01（475）邱馨慧〈裝飾藝術建築風華／東京都庭園美術館〉

公共藝術

1985.06 － 1995.05

1993.01（212）專輯郭為藩〈「環境與藝術叢書」序〉、王庭玫〈讓藝術與環境牽手／「環境與藝術叢書」問世〉、桶口正一郎文；袁因譯〈水和環境藝術〉、黃健敏〈推廣公眾藝術／寫在美國公眾藝術出版後〉

1993.02（213）黃健敏〈芝加哥的「四季」／夏卡爾鑲嵌壁畫〉、郭少宗〈聚念成塔．化意為標／「從景觀雕塑到雕塑公園」出版感言〉

1993.03（214）黃健敏〈狄莫伊的「巨傘」〉、林俊成〈鑲嵌藝術／馬賽克簡介〉、傅維新〈地鐵藝術／活的美術館〉、郭瓊瑩〈藝術欣賞的教室／大自然〉

1993.07（218）高燦榮〈牛津學堂屋頂的瓦鎮〉

1993.10（221）93 韓國大田世界博覽會專輯：郭少宗〈新的起飛之路／大田博覽會總覽〉、〈藝術可再生．造形得新意／大田 Expo 的藝術盛宴〉、〈建築大競賽／ 29 棟建築．29 種語彙〉、 '93 韓國畫廊美術祭掃瞄

1994.01（224）高燦榮〈巴黎地鐵站入口與「新藝術」〉

1994.02（225）劉敏敏〈公眾藝術忘了兒童？／介紹兒童遊戲空間雕塑家波西．安得生〉

1994.05（228）郭少宗攝影撰文〈橫濱藝術新座標／開放空間與公眾藝術的遇合〉

1994.07（230）公共藝術叢書專輯：申學庸〈公共藝術叢書序〉、黃才郎〈公共藝術的時潮與變革〉、夏鑄九〈另類公共空間計畫〉、后德仟〈漫步巴塞隆納〉、吳光庭〈城市風格與建築形式〉、張世儫〈新世紀風格〉、〈《官政能公共戶外家具》前言〉、黃長美〈城市閱讀〉、王庭玫〈全方位探討公共藝術理念〉

1994.12（235）傅維新〈地鐵藝術新景觀〉、郭少宗〈朝花園藝術之都邁進的新加坡景觀雕塑大觀〉

1995.04（239）劉俐寄自東京〈日本也將是公共藝術的王國〉、南條史生文；劉俐譯〈現代人「工作環境裡的藝術」〉、黃健敏〈孩童的趣味壁畫〉

1995.06 － 2005.05

1995.09（244）藝術造街的他國經驗：陳龍廷、林晏如〈巴黎老街之美／木芙塔街的人文、藝術與再生〉、陳英偉〈一種後現代理念的體現／從後現代精神中探古建構物可能的生命維續〉、許碧城〈水的傳奇／淺談伯恩市 16 世紀的噴水池雕塑〉、劉俐〈日本獨一無二的雕刻城／立川市〉、高燦榮〈山牆的審美〉

1996.01（248）徐芬蘭〈大衛．那許的景觀藝術〉

1996.02（249）郭少宗〈東歐教堂彩色之夢／布拉格與布達佩斯的鑲嵌玻璃藝術〉

1996.10（257）劉俐〈美國公共藝術的新動向〉

1997.03（262）黃健敏〈1997 ／臺北市公共藝術元年〉

1997.06（265）公共藝術時代趨勢與熱潮專輯：創造文化內涵的生活環境／「公共藝術圖書」新書發表會、林澄枝《公共藝術圖書》序、公共空間美學藝術全面總檢討／《公共藝術圖書》12 冊隆重出版發行、〈文建會公共藝術政策面面觀專訪〉、彭明輝〈公共藝術案的新竹經驗〉、高千惠〈前衛性的行動與生活的親和〉、倪再沁〈臺北捷運的公共藝術〉、黃位政〈日月星雲／紅黃藍綠：談新板橋車站緊急出口及通風口公共藝術設計〉、陳惠婷〈公共藝術在臺灣發展的前瞻〉、劉俐〈都市更新十公共藝術／上大岡火車站商店區再生之前後〉、楊子葆〈權力美學之極致／莫斯科捷運藝術〉、黃健敏〈臺灣公共藝術紀事〉

1997.07（266）劉永仁〈超越正負面的探索者／海茲的地景藝術〉

1998.08（279）公共藝術國際研討會專輯：黃才郎〈台灣地區戶外藝術普查現況〉、瑪希安娜．史卓姆〈歷史古城中的當代雕塑：巴黎個案〉、鈴木朋幸〈藝術家取向的公共藝術〉

1998.12（283）黃才郎主持；黃寶萍整理：公共藝術在臺灣的發展座談會、劉俐火奴魯魯市報導〈夏威

夷／公共藝術的起點／專訪夏威夷州政府公共藝術部主任山川〉

2001.03（310）微觀公共藝術：黃健敏〈法制化的公共藝術／健診台灣公共藝術相關法條〉、何春寰〈紐約市公立學校公共藝術的推手〉、陳惠婷〈紐約市華埠地鐵站公共藝術案簡介〉、朱惠芬〈網際網路的藝術天空／公共藝術的全球索引網站推薦〉、黃健敏〈2000 年台灣環境公共藝術紀事〉、林宏維〈整理《藝術家》公共藝術文章索引／ 1991-2000 年《藝術家》雜誌〉

2001.04（311）張鵬〈公共藝術與文化社區／何香凝美術館第 3 屆當代雕塑年展〉

2001.09（316）劉昌漢〈從「群牛遊行」到「家具組件」／芝加哥公共藝術行銷觀念引導流行〉、胡朝聖〈從全球各地城市美學的發展狀態看台北與「粉樂町」展覽〉

2002.12（331）楊智富〈親水宣言／城市文明與公共空間藝術新體驗〉

2003.02（333）倪再沁〈台灣公共藝術的荊棘之路〉、黃健敏〈2002年台灣公共藝術紀事〉、孫立銓〈從 2002 台北公共藝術節出發／體驗反思「類公共藝術」〉

2003.05（336）馬曉瑛〈專制政權下的宏觀遠見／俄羅斯的公共藝術〉

2003.07（338）方振寧〈泛在社會黎明期的實驗／東京六本木文化社區〉、方振寧〈21 世紀世界都市的時代／世界都市展〉、方振寧〈東京普拉達：一座孤傲的冰山／赫爾佐格與德穆隆的普拉達青山店〉

2003.09（340）藝術介入公共空間／台灣公共藝術作品：朱惠芬〈對台灣優質公共藝術的我思我見〉、顏名宏〈女武神的飛行到諸神的黃昏／看國內公共藝術〉、林珮淳〈不可能空間的再造〉、陳惠婷〈鳥籠外的花園和鳥籠裡的小樹〉、陳碧琳〈遇見友善的公共藝術／穿越〈時間斑馬線〉的市民體驗〉、胡朝聖〈更乾淨的空間〉、黃承令〈作品自明性／議題．基地．場域的公共藝術〉、黃海鳴〈藝術介入社會的一種模式〉、吳介祥〈台灣公共藝術的移除問題〉、林書民〈實擬虛境／南港軟體工業園區第 2 期工程公共藝術設置策展理念〉

2003.10（341）林書民〈融入地方文化的「特定場域」公共藝術模式／日本越後妻有「大地之藝術祭三年展」〉

2003.11（342）劉永仁〈赫爾辛基藝術行旅素描／從公共環境空間到藝術家工作室〉

2004.07（350）賴思儒〈城市的變容／六本木之丘的公共藝術與街道家具〉

2004.10（353）張晴文〈整理華山創意文化園區總體檢〉、黃海鳴〈閱讀「新台灣藝文之星」的空間思維〉

2004.11（354）賴思儒〈交通脈動中的藝術／東京都營大江戶線的公共藝術〉

2004.12（355）金洪熙〈替代空間／韓國及其他亞洲國家的一個新現象〉、陳淩豪〈上海替代空間探秘／莫干山路 50 號〉

2005.01（356）馬小英〈傷痕歷史與公共藝術／西伯利亞荒野之旅 2〉、林志鴻〈紐約時尚的地景雕塑巨匠／唐娜．凱倫女性身體意識的文藝復興〉

2005.02（357）馬小英〈地上文化與地下宮殿／蘇聯時期的公共空間〉、馬小英〈地下宮殿／莫斯科環線地鐵〉

2005.03（358）路是由市民開出的／海安路藝術造街街慶日

2005.04（359）賴素玲〈兩億五千多萬美元的魅力／克里斯多與珍．克勞蒂的〈門〉吸引觀眾〉、吳介祥〈克里斯多與珍．克勞蒂在紐約中央公園的〈門〉〉、劉明惠〈數大就是美／從安大略美術館的特展管窺克里斯多和珍．克勞蒂的藝術創作事業〉

2005.06 — 2015.04

2005.07（362）馬小英〈俄羅斯邊疆地的公共藝術〉

2005.08（363）周文翰〈地景藝術建築／倫佐．皮亞諾設計瑞士伯恩「保羅．克利中心」〉

2005.09（364）船與海洋的聯想／ 2005 年太陽祭戶外裝置

2005.10（365）王受之〈優雅的城市呼吸空間／東京市民廣場與坎培拉聯邦廣場〉

2006.06（373）吳介禎〈喬登．胡瑟的醫院公共藝術〉

2006.08（375）班哲明．華那〈東京原宿「冰山」／呼應街道的建築雕塑〉

2007.09（388）吳曉芳〈東京中城／頂尖潮流和高格調品味的新場域〉、吳曉芳〈呈現日本價值的混合庭園／東京中城的公共藝術計畫案〉、吳曉芳〈集多種身分的藝術工作者／專訪公共藝

術計畫案藝術總監清水敏男〉、吳曉芳〈都市的客廳／嶄新的三得利美術館〉、吳曉芳〈嶄新的視點與創意／21_21創域〉

2008.08（399）地鐵內的藝術：賈桂琳·歐登伯格（Jacqeline Oldenbrg）文；徐升潔譯〈地下拿波里〉、提姆·史克爾登文；陳書俞譯〈歷史遺跡下的藝術成就／雅典的地鐵〉、黃姝妍〈世界最長的藝廊／斯德哥爾摩地鐵站〉、李昱宏〈屬於大眾的交通美學／雪梨公車與貨車博物館〉、陳惠婷〈什麼是公共藝術？公共藝術的跨越與轉化〉、〈平凡生活裡的驚喜／台灣公共藝術作品導覽〉、王靜靈〈前進與保守的兩極／納粹國家社會主義統治期間同志受難者紀念碑〉、劉明惠〈摩天瀑布／伊拉森的紐約巨型公共藝術裝置〉、〈彰顯智慧與武德的軍校公共藝術〉

2008.09（400）周文翰〈超大景觀，微小細節／走訪北京奧運會公共藝術〉

2008.10（401）陳書俞〈專訪國美館館長薛保瑕／台灣的城市特質，在威尼斯發光〉、張晴文〈超越住宅，不只前衛／「下代基因20」在軍火庫塔娜展館展出〉、創意轉型：廢地、佔屋與藝術村、梅樂底·托蘭〈藝術之屋／巴黎佔屋藝術的興起〉、鄭元智〈觀念優先，不確定性就是它的特色／巴黎的臨時工廠協會〉、鄭元智〈實驗與創作的交會／巴黎藝術村綜覽〉、陳瀅如〈當代藝術的前衛代言／柏林現代藝術中心〉、陳瀅如〈從廢百貨公司到藝術村／柏林的塔合勒斯藝術中心〉、王鼎曄〈在警棍與催淚瓦斯下誕生／柏林的貝塔尼恩藝術村〉

2008.11（402）黃麗絹〈公共參與的藝術：1950年代至今〉、高千惠〈在左翼的右岸／從乞丐歌劇到多娜·葛西亞的新類公共藝術〉

2009.03（406）夏均〈創意產業讓老上海變身／上海的創意產業集聚區〉、田潔菁〈文化產業與都市更新／英國雪菲爾CIQ的經驗〉

2009.08（411）方秀雲〈朱庇特藝術雕塑公園的地景藝術〉、方振寧〈王澍：象山問題／中國美術學院象山校園設計〉

2009.09（412）黃建宏〈藝術行動中的「後-地方」與認同〉、鄭林佳〈藝術與土地的十年對話／2009越後妻有「大地藝術祭」〉、鄭林佳〈大地藝術祭作品導覽〉、鄭林佳〈大地藝術祭花絮〉、顏忠賢〈迷路／關於大地藝術祭的一些「添加物」式的筆記、北川富朗〈在地球環境時代中，美術之可能性／「大地藝術祭」策展概念〉、吳慧貞〈深靜遠古的力量／第1屆土與水藝術祭〉

2009.10（413）陳思涵〈走看紐約新公共藝術〉

2010.04（419）方振寧〈中性的包容／妹島和世與薩哈·哈蒂〉

2010.05（420）田田〈領先嘗試·表達時代／揭開2010年上海世界博覽會各國家館神秘面紗〉

2010.08（423）方振寧〈生活讓城市更美好／2010上海世界博覽會現場直擊〉

2010.09（424）黃健敏〈台北公共藝術博物館之願景〉

2011.07（434）徐升潔〈繁忙城市中藝術的點綴／春夏走覽紐約大型雕塑公共藝術〉

2011.10（437）藝術介入空間的效力測量專輯：黃海鳴〈藝術介入空間啟動複雜關係與改變／近年藝術介入空間的觀念轉變及操作模式與規模的改變〉、張晴文〈不做虛假需求的回應／從「公路計畫」看「藝術介入空間」〉、莊偉慈〈以藝術介入改變環境／樹梅坑溪環境藝術行動〉、賴麗惠〈造雨魔法師／葉蕾蕾之「社會雕塑」行動藝術〉、江凌青〈景觀的再生／英國小鎮如何以藝術再造沒落城區〉、湯凱鈞〈藝術作品的角色變革／對粉樂町展的其它觀點〉

2011.11（438）黃健敏〈雕刻造市／日本宇部市「現代日本雕刻展」〉、黃健敏〈第24屆宇部現代日本雕刻展〉、歷屆現代日本雕刻展大獎獲獎作品精選圖版／宇部市公園整備局綠花雕刻博物館

2012.06（445）露薏莎·巴克；謝汝萱編譯〈知識樹／藝術家雙人組艾克蘿依與哈維以大自然與工程的融合，種植裝有奧林匹克之環的十棵大樹，突顯2012年的倫敦遺產與奧運公園掩埋的歷史〉、黃健敏〈洛杉磯的長城壁畫描繪少數族裔故事〉

2013.03（454）陳佳音〈崔西·艾敏推出首次公共藝術計畫〉

2013.09（460）江凌青〈當岩石被沖刷為記憶的細沙／特拉法加廣場「第四基座」公共藝術新作〈公雞〉〉

2014.06（469）藝術做為動員的力量：卡蘿·貝克；謝汝萱翻譯〈微型烏托邦：公共場域中的公共實踐〉、陳永賢〈來自街頭的當代藝術／當藝

術介入公共空間〉、吳礽喻〈藝術的社會實踐／參與式藝術創作的幾個案例〉、張羽芃、莊偉慈編譯〈從空間介入到社會實踐／12個案例簡介〉、龔卓軍〈從絕對不純粹中提取純粹／從新電影視角再論318學運中的藝術形式〉、鄭安齊〈藝術的行動？行動的藝術？〉、黃建宏〈行動：站在自由貿易協定前發生的藝術〉

2014.08（471）徐婉禎〈意義的翻轉／評析董振平公共藝術作品〉、李俊賢〈藝術不敵風水·藝術家不敵風水師／台灣公共藝術當前課題〉

10. 日、韓、東南亞、印度、中東藝術

☑日本
☑韓國
☑東南亞
☑印度
☑中東

《藝術家》從創刊後，對於國際美術重要的動態即保持密切的關注，並透過各種管道蒐集資訊、連結作者群，以期滿足讀者的需求。除了歐美地區之外，雜誌報導的區域並擴及日本、韓國、東南亞及中東等國家地區。

日本

1979.12（55） 賴傳鑑譯〈日本現代美術現況〉
1980.12（67） 江上龍〈日本當代畫家採訪錄／求道的畫家平山郁夫〉
1981.06（73） 久保貞次郎文；吳密察譯〈靉嘔的彩虹版畫〉、〈日本現代版畫家靉嘔作品選〉
1983.07（98） 劉奇俊〈日本最富盛名的當代畫家東山魁夷的藝術道路〉、劉奇俊〈從青色世界到水墨天地／東山魁夷訪問記〉
1983.10（101） 劉奇俊〈現代日本美人畫的先驅／上村松園的藝術生涯〉
1983.11（102） 賴純純〈放眼世界（1）日本／東京藝術導遊〉、〈東京畫廊展出的日本前衛藝術〉、賴純純〈東京的美術館〉、劉奇俊〈浮世繪美人畫的復興者伊東深水〉
1983.12（103） 劉奇俊〈日本現代美人畫的創新者／鏑木清方〉
1984.01（104） 劉奇俊〈竹久夢二／熱情奔放的美人畫〉
1984.02（105） 劉奇俊〈揉和西洋與日本畫風的川端龍子〉
1984.08（111） 劉奇俊〈修成正果的木刻家棟方志功〉
1986.03（130） 何肇衢〈日本首席畫家梅原龍三郎的藝術〉、〈梅原龍三郎年譜〉
1986.06（133） 賴純純譯〈關於空間／日本前衛畫家齋藤義重訪問記〉、〈加強美術作品交流／日本原美術館副館長金澤毅訪問錄〉
1987.05（144） 洛華笙〈日本藝壇千面巨匠加山又造會見記〉
1987.06（145） 陳炎鋒〈日本浮世繪簡史（1）：菱川師萱和木刻浮世繪之興起〉
1989.11（174） 陳英德〈1910 ／ 1970 年日本前衛美術發展概貌〉
1989.12（175） 蔡國強〈亞洲的年輕藝術／日本牛窗國際藝術祭隨感〉
1990.04（179） 劉奇俊在法國的〈浮世繪回鄉展〉、陳炎鋒〈浮世繪＋巴黎＋我／簡介《日本浮世繪簡史》〉
1990.12（187） 劉奇俊〈從近代日本畫壇巨匠畫展看日本畫的現代化〉
1991.04（191） 劉奇俊〈日本相國寺創建 600 年金銀閣名寶展〉
1993.05（216） 劉奇俊〈棟方志功百年誕辰紀念展〉
1993.10（221） 林保堯〈四十年的春秋／奈良國立文化財研究所 40 周年公布出土文物〉
1994.02（225） 陳德文〈和風景對話／訪東山魁夷〉
1994.03（226） 孔長安〈藝術的中心和外圍／兼談亞太地區藝術的可能性〉、劉奇俊〈日本新古典主義巨星／小林古徑〉
1994.12（235） 亞洲熱和亞洲展、費大為〈日本的「亞洲熱」和「亞洲展」〉
1995.01（236） 曾四遊、高見浩圖版提供：東京國立近代美術館、朝倉文夫雕塑館日本美術 100 年專輯：高見浩譯〈100 年來的日本美術〉、曾四遊〈日本現代美術概論〉、日本當代藝壇巨匠、近代日本美術年表
1995.11（246） 本刊專訪：建立亞太當代藝術對話網路／與亞太當代藝術三年展籌畫人威廉斯暨卡羅一席談
1996.09（256） 日本西洋畫壇巨匠／梅原龍三郎專輯：劉奇

俊〈梅原龍三郎一生的追求〉、李欽賢〈梅原龍三郎旋風捲過台灣〉、徐素珍〈梅原龍三郎與他的藝術〉

1996.12（259）劉怡芳〈亞裔新興藝術家在紐約〉

1997.01（260）林康普特；任春美譯〈不貶不卑的亞洲〉

1997.02（261）石川欽一郎著；林皎碧譯〈日本的裸體畫〉

1998.11（282）當代亞洲藝術何去何從：陸蓉之〈新世紀當代亞洲藝術哪裡去？〉、阿賓那．坡西安那達；陸蓉之譯〈國際展覽中的當代亞洲藝術〉、高名潞〈全球化、區域性與個人感受／「蛻變‧突破：華人新藝術」策展自述〉、謝慧青〈裡裡外外／inside-ot／紐約亞洲協會「蛻變．突破：華人新藝術」展覽與迴響〉

1998.12（283）廖瑞芬〈日本美術院走過百年〉

1999.03（286）福岡亞洲美術館開館／舉辦首屆福岡三年展、幻影的彼岸／草間彌生將在日本MOMA畫廊個展

1999.07（290）方振寧〈日本畫壇巨匠東山魁夷逝世〉、〈東亞近代繪畫的黎明／油畫的誕生及其發展〉

1999.09（292）吳曉芳〈新世紀亞洲藝術家森萬里子〉、〈森萬里子藝術創作根源紀行〉

1999.10（293）方振寧〈泛愛者荒木經惟的寫真人生／東京都現代美術館「荒木經惟／感傷的寫真人生」展〉、荒木經惟眼中的亞洲城市／北美館展出荒木經惟攝影個展

2000.07（302）日本繪畫百年特輯：劉奇俊〈日本繪畫百年〉、〈日本繪畫百年作品選刊〉

2001.10（317）虛構的真實停格在多重時間點上／當代日本攝影家杉本博司紐約古根漢美術館特展

2002.06（325）劉奇俊〈橫山大觀的心與藝術〉

2002.09（328）周芳蓮〈野口勇歐洲首次個展在馬德里〉

2003.06（337）方振寧〈日本動畫藝術的崛起〉、〈宮崎駿「神隱少女」與世界動畫大事紀〉與〈新海誠帶來靜靜的動畫革命〉

2004.03（346）美國亞洲協會展出太平洋當代藝術、張雅晴〈挑戰日本當代藝術最高峰／森美術館「草間彌生KSAMATRIX展」與「六本木CROSSING展」〉

2004.04（347）南雄介〈村上隆的逆襲〉、陸蓉之〈日本當代藝術的天后：草間彌生〉與〈六本木交叉口／日本當代藝術的新展望〉、劉奇俊〈日本20世紀「木板畫」大家／棟方志功藝術歡喜頌〉

2004.06（349）潘襎〈現代日本大畫家東山魁夷回顧展〉與〈直道而行／東山魁夷的藝術與審美〉、東山魁夷〈自然與色彩〉和〈自然與我〉、賴思儒〈一起做個迷路的小孩吧／三鷹之森吉卜力美術館／宮崎駿的動畫王國〉

2004.10（353）日本最當紅人氣藝術家／村上隆專訪

2004.11（354）吳曉芳〈來自我抽屜的深處／奈良美智在日本東京原美術館個展〉

2005.01（356）劉明惠〈雕塑大師／野口勇百歲誕辰雕塑特展在美國巡迴展出〉、曾長生〈亞洲當代藝術發展綜覽／第19屆亞洲國際美展〉

2005.11（366）吳曉芳〈亞洲的立體派：無疆界的對話／東京國立近代美術館舉行亞洲立體派大展〉

2006.05（372）林千琪〈杉本博司首次回顧展於紐約赫希宏美術館展出〉

2006.07（374）吳曉芳〈風靡巴黎的異邦人／藤田嗣治誕生120年特展〉

2006.08（375）李美璁〈日本風吹過炎炎的歐洲夏日／梵谷美術館的日本藝術特展〉

2006.10（377）周文翰〈開創亞洲美術新紀元首屆／亞洲美術館館長論壇〉

2007.03（382）吳曉芳〈日本當代藝術畫廊東京大集合「Art@Agnes Art Fair 2007」〉

2007.06（385）王受之〈日本漫畫轉向動畫《動漫設計》之日本篇〉

2007.08（387）林志鴻〈虛實迷幻的情感迷宮／奈良美智海牙最新創作展〉

2007.11（390）方振寧〈視覺文化的全球性話語／當代日本視覺文化展「美麗新世界〉」

2007.12（391）潘襎、張晴文〈生活的一瞬間，生活上的寫實／專訪奈良美智〉。〈奇幻遊戲的操控者／村上隆在洛杉磯當代藝術館展出〉、方振寧〈在冰島想像世界和平／小野洋子的〈想像和平之塔〉〉、張雅晴〈天下人的畫師／京都國立博物館「狩野永德展」〉

2008.09（400）王受之〈開創自己的文化產業／日本動畫的軌跡之一〉

2008.10（401）王受之〈日本動畫的開創者們（上）／日本動畫的軌跡之二〉

2008.11（402）王受之〈日本動畫的開創者們（下）／日本動畫的軌跡之二〉

2008.12（403）王受之〈1980年代的日本動漫畫全盛期／日本動畫的軌跡之三〉

2009.04（407）陳書俞〈以糖衣包裹著現實百態／畢爾

包古根漢美術館展出村上隆回顧展「© MRAKAMI」〉

2010.02（417）黃怡珮〈森美術館／「六本木 CROSSING 2010：藝術可能嗎？」探察當代藝術趨勢〉、〈國立新美術館／「第 13 屆文化廳多媒體藝術祭」〉、「藝術家檔案 2010」呈現當代藝術風貌〉與〈國立國際美術館／從 00 年代日本的地平線開始〉

2010.03（418）劉明惠〈五百年來的日本屏風珍藏〉、潘襎〈日本繪畫的春夏秋冬系列／色彩與造形遊戲的大和繪畫家俵屋宗達〉

2010.04（419）黃怡珮編譯〈藝術的佈道者／日本國民畫家平山郁夫的藝術生涯與絲路禮讚〉、潘襎〈圓山應舉／近代日本寫生的先河〉、

2010.05（420）李鳳鳴〈繪畫世界裡一位純真的孩童／巴黎卡地亞基金會推出北野武藝術展〉、潘襎〈江戶武家審美精神的開創者／天下畫師狩野永德〉

2010.06（421）吳靖雯〈野口勇／融合東西文化的雕刻大師〉、潘襎〈中世紀水墨境界的開拓者／畫聖雪舟的禪境〉

2010.07（422）潘襎〈江戶的前衛畫家／伊藤若沖的有情世界〉

2010.08（423）潘襎〈日本江戶時代的變形主義畫家／怪奇的曾我蕭白〉、黃怡珮〈極富詩情的繪畫世界／風景浮世繪的第一人歌川廣重〉

2010.09（424）潘襎〈桃山時代的畫壇孤峰／超邁與詩情的長谷川等伯〉

2010.10（425）賴思儒〈邪惡大眼娃娃現身紐約上東城／奈良美智「我不是傻子」個展〉、潘襎〈京都狩獵派的開祖／狩野山樂的知性世界〉

2010.11（426）潘襎〈燦爛裝飾美感的巔峰／琳派開祖形光琳〉

2010.12（427）潘襎〈漢和一體的俳句文人畫家與謝蕪村〉

2011.01（428）潘襎〈江戶時代文人畫壇的明星／瀟灑風流的池大雅〉

2011.02（429）潘襎〈流放的文人風俗畫家／浪蕩的英一蝶〉

2011.03（430）潘襎〈詩書畫琴的理想的文人畫家／浦上玉堂的隱逸世界〉

2011.04（431）潘襎〈萬卷詩書的旅人／江戶晚期的文人畫家田能村竹田〉

2011.05（432）潘襎〈連接東西繪畫的江戶奇才／時代啟蒙者司馬江漢〉

2011.06（433）潘襎〈幕府晚期偉大的風景畫家／歌川廣重的旅途美感〉

2011.07（434）潘襎〈藝人海報的先聲／東洲齋寫樂的歌舞伎演員的世界〉

2011.08（435）潘襎〈日本造形美感的近代性畫家／畫狂人葛飾北齋〉

2011.09（436）潘襎〈開創明治維新日本繪畫新風格的奠基人物／狩野芳涯的明治新樣式〉、蔡宜倩〈展現戰後逆輸日本的浮世繪價值／基特／葉蘭日本藝術收藏江戶繪畫歸國展〉

2011.10（437）潘襎〈日本繪畫史的典型文人畫家／大義凜然的渡邊崋山〉

2011.11（438）黃健敏〈雕刻造市／日本宇部市「現代日本雕刻展」〉、第 24 屆宇部現代日本雕刻展、潘襎〈江戶琳派的大和風雅／顯赫家世的出家僧畫家酒井抱一〉

2011.12（439）潘襎〈日本西洋繪畫的完成者／浪漫的藤島武二〉

2012.01（440）潘襎〈明治畫壇的慧星／日本神話世界的青木繁〉

2012.02（441）鄭涵云〈脫除的繪畫／日本的裸體畫 1880-1945〉、潘襎〈通往新時代的新門扉／融會東西畫風的淺井忠〉

2012.03（442）潘襎〈形神兼備的近代漫畫家／君臨京都畫壇的竹內栖鳳〉

2012.04（443）潘襎〈靜謐充實的美人畫／前後無雙的上村松園的精神世界〉

2012.05（444）潘襎〈東洋美感的後印象派／土田麥僊的東西繪畫融合〉

2012.06（445）鄭涵云〈日本 18 世紀的畫壇奇才／「曾我蕭白與京都畫家」在千葉市美術館展出〉、潘襎〈大正浪漫主義潮流的寫實主義代表畫家／岸田劉生的內觀世界〉

2012.07（446）鄭涵云〈江戶的媚藥／千葉市美術館舉辦浮世繪師溪齋英泉展〉

2012.08（447）潘襎〈日本主觀主義的寫實繪畫／昭和美術界的砥柱安井曾太郎〉

2012.09（448）潘襎〈近代日本人文畫的冠冕／沉鬱厚重的富岡鐵齋〉、徐升潔〈對於無限的癡迷／惠特尼美術館「草間彌生」回顧展〉

2012.10（449）潘襎〈庶民審美精髓的美人畫／鏑木清方的江戶餘音〉

2012.11（450）潘襎〈古典寫實主義的美人畫絕響／伊東深水的美人畫〉、鄭涵云〈近代日本京都畫壇的推手／山種美術館「竹內栖鳳／京都畫壇

的畫家們」展〉

2012.12（451）張羽芃編譯〈從日常生活尋找存在的意義／日本當代藝術家奈良美智〉、潘襎〈新古典主義的歷史畫家／安田 彥的高古畫風〉、

2013.01（452）鄭涵云〈歌川國芳與近代日本畫／橫濱美術館「始於國芳／江戶精神的歸結」展〉、潘襎〈高古潔淨的新古典主義／小林古徑的線條世界〉

2013.02（453）潘襎〈明治維新美術的革新柱石／橋本雅邦的新日本畫〉

2013.03（454）潘襎〈浪漫版畫的國際大師／日本近代美術的異類棟方志功〉

2013.04（455）潘襎〈東方的主觀寫實主義／表現日本美感的坂本繁二郎〉

2013.05（456）潘襎〈近代日本學院主義的總結／小磯良平的寫實主義〉、鄭涵云〈金碧濃彩的京狩野派／京都國立博物館的「狩野山樂．山雪」展〉

2013.06（457）潘襎〈俳句詩人的簡素世界／小野竹喬的東洋美感〉

2013.07（458）潘襎〈日本戰後美術的雙重性格／橫山操的冰冷的北國美感〉

2013.08（459）陸蓉之〈草間彌生亞洲巡迴展韓國大邱第一站〉、潘襎〈日本近代美術的宏偉劇場／展場藝術的川端龍子〉、鄭涵云〈江戶繪畫的美感與生命力／普萊斯收藏展「若沖來了！」於日本東北展出〉

2013.09（460）潘襎〈幽冥界的綿綿長夜／哀恨、淒絕東洋幽靈〉、鄭涵云〈日本美術中的魑魅魍魎〉、鄭涵云〈近代日本畫巨匠竹內栖鳳回顧展〉、陳佳音〈首屆亞洲新媒體藝術節「微型城市」〉、潘襎〈戰後日本西洋美人畫的時代寵兒／甜美簡約的東鄉青兒〉

2013.10（461）潘襎〈日本繪畫的野獸派／自然主義的福田平八郎〉

2013.11（462）朱煜宇〈荒木經惟：感傷之旅／墮樂園1971-2012〉、潘襎〈近代東洋美感的一大高峰／橫山大觀的近代朦朧體〉

2013.12（463）潘襎〈大正浪漫的哀愁表徵／竹久夢二的感傷女性〉

2014.01（464）朱煜宇〈草間彌生／我的一個夢〉、潘襎〈萬國津梁的大陸遺風／琉球繪畫的漢民族傳統〉

2014.02（465）鄭涵云〈「大浮世繪展」即日起巡迴日本〉

2014.04（467）鄭涵云〈縱覽江戶庶民藝術的歷史長河／「大浮世繪展」巡迴日本〉

2014.06（469）鄭涵云〈當代日本的肖像／石田徹也的繪畫世界〉

2014.10（473）木本文平；朱燕翔編譯〈日本近代雕刻最重要藝術家／高村光太郎〉

2014.12（475）邱馨慧〈足利將軍家至寶「東山御物」／金閣寺到銀閣寺時代的武家收藏〉

2015.02（477）草間彌生的藝術世界：時藝多媒體〈夢我所夢／草間彌生亞洲巡迴展〉、南條史生〈草間母體與彼方／草間彌生的藝術創作與特質〉、利斯；吳虹霏編譯〈種下一刻種子〉、阿莉．史密斯；陳珮藝編譯〈單張畫布上的無限性／草間彌生的生活與創作〉

2015.03（478）邱馨慧〈時代的悲傷畫像／石田徹也的「變形記」〉

2015.04（479）邱馨慧〈捕捉光影的浮世繪師／幕末明治的小林清親〉

韓國

1977.03（22）李基白〈朝鮮半島美術專輯／韓國的文化與藝術〉、劉其偉〈中韓歷史文化淵源〉、金元龍〈朝鮮半島的史前藝術〉、秦弘燮〈韓國的古墳美術〉、韓國國際文化協會〈木浦發現宋代古物〉、黃壽永〈韓國的佛教藝術〉、高登河〈韓國的面具劇〉、劉其偉〈朝鮮半島的古文化〉、〈韓國的圖案菱花板〉

1982.04（83）吳宗煥著；陳明華譯〈韓國的人形像藝術〉

1982.10（89）陳明華〈韓國近代水墨畫巨匠李象範的實景山水畫〉

1983.12（103）崔炳植〈靜寂．虛無之意境／金昌烈的水滴〉

1984.05（108）金福榮〈自然物性結構／韓國現代美術70年代的潮流〉

1985.02（117）崔炳植〈點與線的自由運用／李禹煥的理性世界〉、〈雅逸精緻的生命色彩／李斗植的水彩畫〉

1985.07（122）韓國美術現況專輯：崔炳植〈韓國美術界的話〉、〈漢城新闢藝術街〉、〈新韓國畫運動的展開〉。郭少宗採訪〈韓國美術館與畫廊巡禮〉、〈代表性美術家專訪／趙平彙、李昃洙、金洋東、崔大燮、朴庄年、李健鏞、李斗植、金水鉉、朱泰石、吳世烈、高榮勳、丁美卿〉、韓國水墨畫家專題座談會

1995.10（245）郭少宗圖片：漢城公平藝術中心提供〈「現代東洋畫」的韓國式歷程／韓國水墨畫今昔〉
1997.05（264）卡蘿．路特菲文〈在他的手掌心／韓國現代畫家姜益重〉
1998.12（283）曾肅良〈東方的盛宴／從美國大都會美術館的韓國古代文物藝術展談起〉
2000.04（299）劉美玲〈白南準的世界／綠葉．蠟燭．魚〉
2000.08（303）方振寧〈剎那的空與永遠的空／韓國藝術家金守子觀念影像作品〉
2002.03（322）林書民〈震耳後的啞寂／韓國光州市立美術館城市無語展〉
2002.07（326）周東曉〈流行文化中的感官與記憶之旅／韓國女性藝術家李布特展〉
2002.08（327）劉奇俊〈韓國美術的成長〉
2002.11（330）韓國大眾文化展在福岡亞洲美術館舉行
2006.03（370）李鳳鳴〈錄影藝術之父／白南準辭世〉
2006.10（377）曹筱玥〈驚見韓國文化策略的一片藍海／韓國光州雙年展、釜山雙年展〉
2006.11（378）陸蓉之〈風水人生、活出家具／ 2006 年釜山雙年展海洋藝術節〉、曹筱玥〈滄桑歷史的閹割情結／窺視韓國 1980 年代以降的當代藝術奧妙〉
2009.11（414）卞吉鉉〈精神拓樸／ 2009 韓國的截面〉、吳靖雯〈後現代懷舊／韓國藝術家鄭然斗〉、胡忻儀〈我想保持一顆活水般的腦袋／韓國新生代媒體藝術家陳起鐘〉、吳靖雯，張晴文〈十五位韓國當代藝術家評述〉、鄭莉貞〈首爾美術館巡禮〉、吳靖雯編譯〈韓國當代藝術的實驗場／ Alternative Space Loop〉、吳達坤〈錄像藝術的新殿堂／韓國白南準藝術中心〉、鄭莉貞〈爭奪亞洲藝術的發言權／首爾五大畫廊圈探索〉
2013.05（456）徐升潔〈從傳播媒體到創作媒材／史密森美國藝術館「白南準：全球夢想家」〉

東南亞

1979.11（54） 東南亞的藝壇專輯：陳宗瑞〈新加坡畫壇五十年回顧〉、〈新加坡畫家作品選輯〉、〈新加坡水彩畫會聯展〉。劉其偉〈馬來亞原始藝術〉、〈星馬畫壇人物：劉抗／新加坡美術發展的導師〉、〈馬來亞原始藝術〉
1979.12（55） 劉抗〈最後的天堂／峇里行〉、〈峇里風土集錦〉、劉其偉〈峇里島的藝術〉、瑪戈〈談峇里繪畫與風格〉、黃玉珊譯〈峇里島的農人畫家〉。〈馬來西亞的美術教育家／鍾正山〉
1980.01（56） 劉其偉〈東南亞卓越畫家陳文希〉
1980.02（57） 王禮溥〈菲律賓畫家黎嘉斯備〉
1980.04（59） 王禮溥〈菲律賓畫家歐拉素〉、松齡〈旅菲華僑畫家王禮溥〉、劉抗〈星馬畫壇人物／現代畫壇開拓者何和應〉
1980.06（61） 創刊五週年專輯：何政廣〈享譽東南亞的畫家／鍾泗濱〉、〈鍾泗濱畫展作品選集〉、王禮溥〈菲律賓畫家馬藍〉
1980.07（62） 李亦園〈東南亞的民族與文化／寫在東南亞土著藝術特展之前〉、施翠峰〈世界文化的十字路口／東南亞〉、阮昌鋭〈東南亞的土著藝術及其發展〉、胡登峰攝影〈東南亞原始藝術展作品選輯〉、宋念慈譯〈東南亞原始文化與藝術〉、宋念慈譯〈台灣的原始藝術〉、〈瑪戈馬來亞原始紋飾藝術〉、〈瑪戈馬來亞的土著藝術〉、宋念慈譯〈印度尼西亞的原始藝術〉、陳正雄〈原始藝術對現代藝術的影響〉
1980.09（64） 王禮溥〈透明的立體派馬蘭薩拉〉
1980.10（65） 江洋飛〈蓬勃發展的新加坡陶藝〉
1981.09（76） 王禮溥〈最菲律賓的菲律賓抽象畫家歐甘布〉
1982.03（82） 王禮溥〈菲律賓鄉土畫家奧斯特里亞〉
1982.07（86） 梅創基〈馬來西亞畫家黎農生〉
1982.12（91） 陳世集〈南洋美術的搖籃〉、劉其偉〈南洋美術專科學院的成長〉、呂啟基〈荊途棘路話美專／訪南洋美專校長吳從幹〉、林學大〈戰後南洋美術的我見〉、陳世集〈南洋美術專科學院校史〉、劉其偉〈南洋藝壇〉、劉抗〈二十年來新加坡藝術動態〉
1984.05（108）鍾正山〈多元化文化中尋求拓展／馬來西亞畫家何溪鳴〉
1984.11（114）陳炳元〈星馬畫家謝玉謙其人其畫〉
1995.02（237）唐忠珊〈越南王國時期文化藝術巴黎展出〉
1995.08（243）苛文素〈峇里島報導彩虹故鄉／峇里島藝術之美〉、〈峇里島民間繪畫藝術演變與發展趨勢、再活一次夢想成真／一個峇里島民的藝術殿堂尼卡美術館〉
1997.04（263）唐忠珊〈吳哥窟與 10 世紀的高棉藝術〉

2006.10（377）樊婉貞〈文化是外交的舞孃／計 2006 年新加坡雙年展「信念」〉、樊婉貞〈預見南亞和東南亞藝術市場的崛起／專訪第 1 屆新加坡雙年展策展人南條史生〉、周文翰〈傳統和現代之間的東南亞藝術〉
2008.12（403）周文翰〈泰國當代藝術在前進／泰國第一家當代藝術中心開幕〉
2012.04（443）高森信男〈混亂中的新動能／菲律賓當代藝術觀察〉
2012.08（447）高森信男〈藝術做為歷史的交匯點／馬來西亞當代藝術觀察〉
2013.02（453）楊東榮〈V64 Art Stdio ／東南亞最大的藝術工作室〉
2013.05（456）亞洲熱：亞際藝術再聚焦專輯：莊偉慈採訪；張羽芃編譯。吳礽喻〈立足新加坡，建立亞際藝術平台／專訪新加坡國立美術館館長陳文輝〉、高森信男〈重新定位島嶼／向南望去的亞洲交流〉、鄭文琦〈重新理解：曼谷到台北的五個交流場景〉、吳達坤〈從亞洲藝術跨國脈動看台灣〉、周東曉〈亞洲藝術新動向／紐約古根漢美術館「無國界：南亞和東南亞當代藝術」典藏特展〉
2014.01（464）林智偉〈法國吉美亞洲藝術博物館「吳哥窟文化特展」〉
2014.02（465）潘潘〈萬島之國的佛教光輝／印尼佛教美術〉
2014.03（466）潘潘〈印尼動靜合一的印度教美術〉
2014.04（467）潘潘〈高棉帝國美術的萌芽〉
2014.05（468）潘潘〈柬埔寨吳哥美術的燦爛時代〉
2014.06（469）潘潘〈越南美術的中國與印度風格造像〉
2014.07（470）潘潘〈越南千年古國占婆的美術〉
2014.08（471）潘潘〈自由土地的泰國歷史與美術〉
2014.09（472）潘潘〈前泰國時期的佛教美術的混雜風格〉
2014.11（474）潘潘〈泰族美術的奠基與興盛〉
2015.02（477）潘潘〈佛塔之國的緬甸建築藝術〉

印度

1977.09（28）劉其偉〈印度／喜馬拉雅藝術〉、蘇達〈佛教聖蹟與藝術巡禮〉、陳國寧〈西藏木刻版畫〉、包惠夫〈尼泊爾印象記〉、林尚信〈印度天吐拉禮拜〉、劉其偉〈印度的繪畫〉、李啟範〈阿尖陀石窟壁畫〉、范忠相〈印度金銅佛〉、鷗閣〈印度的佛教美術〉
1983.10（101）〈印度古文化遺寶〉（吳哥窟、波羅浮屠塔、加德滿都谷地、斯里蘭卡文化三角地帶）
1998.04（275）桑塔潤．達哥文；吳南薰譯〈蓄勢待發的印度現代藝術〉
2007.05（384）方秀雲〈印度第一位現代女畫家愛瑪麗塔．雪吉爾回顧展〉
2007.11（390）劉明惠從孟買城門管窺印度當代藝術／反思理解後的折衷創新
2008.12（403）森美術館 5 周年紀念展／印度美術新時代
2009.10（413）張晴文〈備受矚目的印度當代藝術〉、斐丹娜〈製造身分／觀看印度當代藝術的眼光〉、鄭元智〈從巴黎到印度／龐畢度中心籌備「巴黎／德里／孟買」印度當代藝術大展〉、張晴文〈15 位印度當代藝術家〉、〈亞洲當代藝術新寵／從夏可喜經驗看台灣的印度當代藝術收藏〉、周文翰〈印度畫廊的黃金時代〉
2012.05（444）周芳蓮〈印度繪畫面面觀／西班牙展出聖地亞哥美術館典藏的南亞繪畫〉

中東

1978.06（37）阿拉拍藝術專輯：楊乃藩〈沙烏地阿拉伯的片段回憶〉、劉丹〈阿拉伯的回教藝術〉、黃玉珊〈沙烏地阿拉伯的古蹟保護工作〉、〈沙烏地阿拉伯〉、〈阿拉伯的陶器藝術〉、〈有關阿拉伯故事的插畫〉
2006.08（375）曾長生〈超越流行與不流行／阿拉伯當代藝術發展 1980-2005〉
2009.10（413）陳奇相〈自我解放中的伊朗當代藝術〉、迦堃〈阿富汗國寶現紐約／紐約大都會美術館「阿富汗：喀布爾國家博物館珍藏品」〉
2013.07（458）方秀雲〈黎巴嫩與阿拉伯世界第一位抽象藝術家／倫敦泰德現代美術館舉行薩洛娃．勞烏達．仇卡大展〉、陳佳音〈北非、中東、阿拉伯的影像歷史／紐約現代美術館 Project 系列之 100：阿克朗．札塔利〉
2015.03（478）史惟筑〈從查理時期的共存與理解／從伊斯蘭女性藝術家「尋找錯誤」一展為例〉
2015.04（479）徐升潔〈考古研究的危機／從伊斯蘭國控制區的古文物談起〉

11

☑ 藝術評論
☑ 創作自述

藝術評論與論壇

《藝術家》雜誌 2001 年 3 月號始設立「開放論壇」，邀約相關領域專家針對當月當代藝術特定議題。

藝術評論

1975.06 — 1985.05

1976.03（10） 鄭世璠〈正視洪通的藝術創作〉
1977.11（30） 何政廣〈藝評家布魯斯金一席談〉
1981.07（74） 藝術批評專輯：郭繼生〈淺評藝術批評〉、鄭碧英譯〈批評的批評 / 分析藝術評論的要點〉、蕭勇強譯〈藝術史家的藝術批評〉、賴瑛瑛譯〈藝術品好壞的判斷〉、倪伯群譯〈藝術評論的要義〉、蕭惠卿譯〈如何建立藝術評價的標準〉、羅青〈塑造中國藝術批評的新形象〉

1985.06 — 1995.05

1985.09（124） 每月藝評專欄
1986.04（131） 美學家朱光潛紀念集、朱光潛〈我是怎樣學起美學來的〉、朱光潛〈談美〉
1986.06（133） 藝評要讓作品成為獨立個體 / 日本藝評家峰村敏明訪問錄、透過資訊增進瞭解 / 日本美術手帖前總編輯木村要一訪問錄
1986.08（135） 紙上座談：何懷碩〈我們真的要「批評」嗎〉、林惺嶽〈短論國內藝壇的藝術評論〉、黃潮湖〈樹立藝評權威三帖〉
1989.11（174） 鮑幼玉『藝術評論』發刊詞、姚一葦『藝術評論』編後語
1989.12（175） 郭繼生〈藝術與文化．當代藝術發展與藝術批評的實踐〉
1990.04（179） 林惺嶽〈眾目睽睽 / 剖析我們的藝評環境〉
1991.02（189） 撰寫現代藝術史特輯：陳泰松〈現代性在藝術史中的現身說法〉記、卡特琳．米勒〈反思現代藝術史〉、陳泰松譯〈藝術史與現代藝術同齡 / 郁班訪問記〉、陳泰松譯〈現代藝術史尚待撰寫 / 羅漢斯訪問記〉、庫特曼著；陳泰松譯〈夏畢俟與 20 世紀藝術史〉、卡羅斯著；陳泰松譯〈形式主義永存〉、阿蘭布著；陳泰松譯〈形式主義永存（續篇）〉
1993.07（218） 范姜明道〈評藝廣場前言與緣起〉
1994.03（226） 水墨的延續與變革：李鑄晉〈「水墨畫」與「現代水墨畫」〉、蔣勳〈中國近代水墨畫的發展初探〉、薛永年〈變古為今．引西潤中 / 20 世紀現代中國水墨畫的回顧與前瞻〉、管執中〈「現代水墨畫」的迷思〉
1994.04（227） 藝術是什麼？普及化？通俗化？：石瑞仁〈「精英藝術」〉、高千惠〈金山．銀山．垃圾山 / 文化差異下的藝術前衛性格〉、奇文堅堡著；翟宗浩譯〈審判式咀咒 / 藝術由始至終都是喜歡與不喜歡的問題〉
1994.06（229） 林惺嶽〈大戰陰影下的美術 / 一個畫家對諾曼地登陸 50 週年的歷史反省〉、從文藝復興到納粹德國的崛起、太平洋國家的挑戰
1994.07（230） 傅嘉琿譯〈藝術史中女性主義之評論〉
1994.08（243） 第 29 屆國際美術評論家年會、台灣藝評現象：石瑞仁〈著眼於大眾．寄心於珍藝 / 談藝評〉、楊智富〈藝評的觀察與實踐〉、江衍疇〈台灣的收藏家與藝術評論〉

1995.06 — 2005.05

1997.03（262） 與藝評對話專輯：南方朔〈從文化結構觀察

台灣藝評的文化關懷〉、謝東山〈從想像的地理到真實的土地〉、〈從藝評獎談台灣藝術活動專案的推動處境／專訪帝門藝術教育基金會執行長賴香伶〉、〈從「主動蒐集」到「公開推薦」／一份關於「第2屆藝術評論獎」推薦文章的篇目索引〉（帝門藝術教育基金會藝評專案小組）

1997.07（266）安蘭迪文；崔蕙萍譯〈「女性與藝術」專題探討／美術館級的女性〉、林珮淳〈女性、藝術與社會／解構父權文化和女性藝術語彙〉

1999.01（284）方振寧〈科技發展對美術的變化／第32屆國際美術評論家聯盟大會在日召開〉、方振寧〈當代藝術潮流中的中國「文化身分」／在東京訪中國藝術評論家栗憲庭〉

1999.06（289）台灣美術評論全集出版專輯：王白淵卷（羅秀芝）、吳天賞、陳春德卷（黃琪惠）、何鐵華卷（梅丁衍）、劉國松卷（蕭瓊瑞、林伯欣）、林惺嶽卷（葉玉靜）等。

1999.07（290）謝東山〈媒體時代藝評家的社會角色〉

2000.05（300）《藝術在美國》雜誌獨家授權艾倫諾．何特尼；侯權珍譯〈藝術評論的展示櫃〉

2000.09（304）《藝術在美國》雜誌授權本刊譯載；林貞吟譯〈歷史的荒朽沈積〉、藝術論壇：高千惠〈有關第四空間的表述／從達利與杜象的空間隱喻看當代網路天國〉、陳宏星〈西方藝術運動的第三波／歷史的終結與非西方藝術的抬頭〉、陸玉芙〈從西方美術館的第三波看文化產業新世紀〉、劉新興〈奮與沈重的巡禮／觀「20世紀中國油畫展」札記〉、吳介禎〈文化政策與文化政治〉

2000.09（304）高千惠〈《發現中國繪畫》／書中的再發現／閱讀中國繪畫史專家們的權威背後〉

2000.10（305）高千惠〈文化與美學的經緯下有關當代亞洲油畫的論述空間〉

2000.12（307）陸玉芙〈資本主義物化過程中／中國「後物質」的藝術〉

2001.01（308）劉昌漢〈墨西哥能，中國為什麼不能？／從里維拉、徐悲鴻和他們同代的藝術家比較墨西哥與中國近代美術之發展〉

2001.06（313）袁金塔〈我看博物館積極引進海外大型展覽〉、鄭惠美〈大展，在擁抱觀眾之後〉、黃海鳴〈「社區互動」或「藝術社群」的建立／從「台北當代藝術館開館展」談起〉

2001.08（315）謝里法〈關於台中美術：為美術界提出台中觀點〉、李俊賢〈台北對巴黎，或高雄對福克蘭：非中心都會地區藝術困境及其出路〉、瓊．呂克．夏呂姆著；陳英德、張彌彌譯《西方當代藝術史批評》／20世紀中四位不入主流畫家的瓜熟

2001.10（317）多領域藝術的「展」「演」：林其蔚〈有關於「跨領域」藝術之原始放射狀模型想像〉、郭冠英〈穿流在視覺、互動中的聲音之美〉、林志明〈多領域藝術的「展」「演」／由無限到複多〉、袁廣鳴〈多領域藝術的「展」「演」／新媒體藝術，新藝術環境？〉

2001.11（318）何懷碩〈百年「中國畫」的省思〉

2002.02（321）傾城之宴：以城市為平台的藝術活動：蕭宗煌〈建構城市的文化意象及藝術地圖〉、張元茜〈非凡本領與覺悟之心〉、林平〈這樣一個好地方〉、鄭明全〈「有點黏又不太黏」的附著策略〉、解讀當代藝術的50個提問／《西方當代藝術史批評》出版、陳英德探知當代藝術豐富的層面／《西方當代藝術史批評》譯者序

2002.04（323）誰詮釋誰／藝評．藝評人：謝東山〈我們這個時代的藝評〉、孫立銓〈從符號學到社會學／淺談藝術評論〉、王嘉驥〈藝評人VS.藝評家〉、胡永芬〈藝評與創作．創作型藝評〉、劉世芬〈在間與間的縫隙，我們彼此取暖〉、楊墀〈「前衛」的大門／從文化生產領域看台灣美術的結構變遷〉

2002.05（324）亞洲藝術新視界：徐文瑞〈亞洲迷思〉、林宏璋〈未竟之前衛〉、陳慧嶠〈變動中的樹狀脈絡〉

2002.06（325）〈政治歸政治，藝術歸藝術？〉：張芳薇〈當然，政治歸政治，藝術歸藝術〉、梅丁衍〈政策不等於政治，技術不等於藝術〉、陳泰松〈藝術場域的政治學〉、姚瑞中〈反政治或反藝術〉

2002.07（326）翁基峰西班牙報導〈製造夢想的老頑童／訪西班牙資深藝評家荷西．路易斯．馬利諾〉、翁基峰〈專訪西班牙地球報總主筆迦威黑．烏基弗〉

2002.10（329）呂理煌〈「建築」不死，只是在現實中逐漸凋零？〉、張基義〈建築的文化創意產業〉、褚瑞基〈微小的視野〉、龔書章〈台灣城鄉

的多彩光譜與慾望想像〉

2002.12（331）資訊時代藝術的藝術性：陳泰松〈探訪「技藝」裡的禁區〉、陳建北〈數位時代作品中的藝術本質〉、林志明〈資訊時代與藝術世界〉、2002 國際華人藝評會議／異化和演替中的華人當代藝術

2003.01（332）影像在當代藝術的使用：陳贊雲攝影的真實性、姚瑞中從「膜」到「模組化」、陳永賢當代藝術對「影像就是力量」的再詮釋

2003.02（333）藝術空間再生：李俊賢〈四級古蹟再利用的藝術展演空間〉、簡丹〈一個充滿各種可能的空間〉、陳浚豪〈替代空間真正在尋找什麼？〉

2003.04（335）企業贊助藝術基金會專輯：張晴文〈A＋B＝？／企業贊助藝術基金會〉、張晴文〈藝術，為什麼不？／訪富邦藝術基金會執行長翁美慧〉、王雅玲〈科技與人文藝術的新座標／訪智邦藝術基金會執行長羅淑宜〉、張晴文〈以累積換取深度探索的可能／訪帝門藝術教育基金會執行長熊鵬翥〉、張晴文〈將華人當代藝術推向國際／訪國巨基金會執行長黃嘉若〉、張晴文〈我們在國際上的位置在哪裡？／訪台新銀行文化藝術基金會執行長黃韻瑾〉、張晴文〈第 1 屆台新藝術獎特展〉、謝東山〈民間基金會在國內藝術體制中的角色與前景、呂佩怡〈企業與藝術攜手共進的新時代〉、張晴文〈藝評區域化可能性與全球定位／ 2004 國際藝評人協會世界年會在台舉行〉、波特．皮歐托斯基〈藝術評論反對全球化及國家主義／後 1989 東歐地方主義的防衛〉、布蘭登．泰勒〈全球定位／藝評作家的兩難困境〉、埃羅納．盧拜特〈歷史的終結，藝術評論的終結？／東歐及中歐在藝術領域的蛻變〉、〈菲拉尼．艾曼紐．歐盧庫奴當代非洲藝術及藝術評論的身分認同問題／全球化與地域傳統的折衷〉、拉爾斯．薩利〈誰的藝術？〉、蘇菲．阿嘉德，克莉斯汀．錢柏〈游牧的藝評家／新的藝術及人文思想的仲介〉、保羅．古魯特〈藝術評論需要文化震撼／拒絕舊規範的主張〉、尼洛夫．法儒克〈後殖民民主時代及全球化世紀的藝評家〉、黃淑媚整理〈藝術評論的現況與探索〉、陸蓉之〈拒絕自限／提昇藝術評論的競爭力〉、吳介祥〈藝評人不必退場，但也不必越過藝術上陣前線／ 2004 國際藝評人年會議提初探〉、伊連納．A．金〈破後現代主義後的藝評／一視同仁的全球泥沼困境〉、蓋爾．吉爾伯〈藝術評論的跨領域合作／讓觀者打該心胸接觸藝術〉

2005.06 － 2015.04

2006.01（368）王秀雄〈藝術批評與藝術史〉

2006.03（370）《藝術批評的視野》出版

2006.11（378）閱讀／建構藝術的紛紜層次／《藝術批評學》出版

2009.04（407）《移動的地平線：藝文烏托邦簡史》出版、高千惠〈烏托邦簡史裡的藝術思潮／《移動的地平線：藝文烏托邦簡史》作者序〉

2012.05（444）湯姆．魯布克；劉力葭編譯〈藝術史就像是一場細節研究的大遊行／英國《獨立報》藝術評論主編湯姆．魯布克藝評選讀〉

2012.10（449）「藝術與電影的互動」專輯：林志明〈到美術館看電影／美術館中，場展中，作品中及觀眾心中的電影〉、黃建宏〈進行歸還的電影化〉、江凌青〈以影迷的身分，邁向一種新的電影／英國各大美術館的影像策展實例〉、周郁齡〈地下狀態／泰德現代美術館的潛意識空間，儲油槽與實驗電影〉、王琳〈電影如何與藝術互動／淺談電影對藝術文本的介入〉、王柏偉〈改造與挪用、音樂錄影帶與台灣錄像藝術中的 MV 脈絡〉、鄭文琦〈鏡頭消失以前的早餐時刻／舞蹈電影與影像舞蹈〉

2013.07（458）吳介祥〈繪畫裡的裸眼世界觀〉

2013.08（459）吳礽喻《藝術理論入門》中譯本出書／理察．奧斯本名著，介紹古今各家藝術理論

2013.11（462）何政廣〈美術史學家蘇立文辭世〉

2014.01（464）邱誌勇〈回光返照，或鋒芒畢露的前衛美學／ 2013 年台灣數位藝術發展觀察〉

2014.08（471）亨利．哥爾德札勒；陳琬尹、張羽芃編譯〈職業生涯與藝術家〉

2014.09（472）何政廣〈藝術家的人生體會與創作表現〉

2014.11（474）格雷罕．比爾；張羽芃編譯〈從意見的分歧到相互的理解／底特律美術館收藏美國繪畫評論選讀〉

2014.12（475）蕭瓊瑞〈我不告訴你我告訴你／莊普的詩意

本質與隱性批判〉
2015.01（476）徐升潔〈光鮮亮麗之外／邁阿密海灘巴塞爾藝術博覽會場外抗議〉、史惟筑〈當代藝術影像考古學／馬克．路易斯「創造」展〉
2015.02（477）胡永芬〈以視盟「藝術物流」對比文化部「藝術銀行」的謬誤〉、鄭安齊〈藝術工作者的薪事〉、龔卓軍〈考現．挪移．交換模式／當代藝術展覽的邊際反思〉、蕭瓊瑞〈刑天之歌／黃華安自傳式的人體攝影〉、鄭安齊〈你們這些人把牆築得高些，你們其他人演奏並跳舞／論政治美學中心「第一個歐洲圍牆倒塌」計畫〉、黃慧瑜〈誰需要藝術生產？／從「與社會交往的藝術」談起〉
2015.03（478）龔卓軍〈加速度中的組織變形力／論雙年展展覽與機構之間的知識生產難題〉、王聖閎〈展覽的跨地理流動，與「非關地方」的情感困境〉、鄭元智〈從保羅．麥卡錫作品思考創作、言論與信仰自由〉
2015.04（479）吳介祥〈藝術的代言性與轉喻力／轉型正義與藝術表達〉

創作自述

1975.06 — 1985.05

1975.06（1）席德進〈培養創作的原動力〉、李德〈畫之軸線〉、吳承硯〈畫畫的三步曲〉
1975.07（2）謝孝德〈開闢新的寫實路向〉、郭博修〈畫水彩如同説謊〉、林惺嶽〈畫家與畫派〉、田曼詩〈藝術教育家的責任〉、陳和雄〈無象藝術的可行性〉、顏水龍〈舊地重遊〉
1975.08（3）劉國松〈藝術家與教師〉、潘元石〈決心與有恒〉
1975.11（6）謝春德〈一個攝影者的自白〉
1975.12（7）李石樵〈畫個可以擁抱的維納斯〉、楊三郎〈捉「蝨子」與騎單車〉、廖繼春〈畫／一無聲的話〉
1976.03（10）劉其偉〈怎樣成為一個畫家〉、趙雅博〈李爾克談藝術創作〉、嚴以敬〈速寫是一句雋語〉
1976.05（12）鄭世璠〈三夾板文化〉
1976.06（13）齊白石〈胸中山水天奇天下〉、李建中〈推廣現代繪畫觀念〉
1976.08（15）林玉山〈寫生一得〉
1976.09（16）陳慧坤〈畫條有聲音的河流〉、李焜培〈飛機和仙人掌〉
1976.10（17）吳昊〈風格的誕生〉、聶光炎〈設計如同把脈〉、繆樂民〈現代畫家的困惑〉、席德進〈我畫．我想．我説：觸及那永恆的春天〉
1976.11（18）陳主明〈藝術家是苦行僧〉
1977.02（21）朱銘〈木頭與我〉
1977.05（24）陳其寬〈取法自然．順乎自然〉
1977.07（26）趙明〈畫畫如吃花生米〉、陳景容〈談油畫的製作〉
1977.08（27）陳銀輝〈繪畫的基本認識與技法〉、郭軔〈論油畫技法的基本認識〉、李德〈從技術的含義談素描學習〉
1978.09（40）文霽〈人像雕塑的技巧〉
1978.11（42）陳若海〈篆刻與我／創新的意念〉、陶山人〈徒手造形舉隅之一．一片葉子的造型〉
1979.02（45）陳輝東〈從畫船到人體美的追求〉
1980.09（64）潘天壽〈傳統繪畫技法講座／中國畫的布局〉
1980.10（65）賀天健〈中國山水畫的皴法美〉
1981.02（69）陳慧坤〈我的幼年時代〉、趙無極（楊雪梅譯）〈和法郎絲娃對談錄〉
1982.03（82）關良〈簡談我的彩墨戲劇人物畫〉
1982.12（91）李梅樹〈朝著寫實的道路邁進／80回顧展自序〉
1983.02（93）林風眠〈藝術是人間和平的給與者〉
1983.03（94）林風眠〈東西藝術之前途〉
1983.04（95）林風眠〈原始人類的藝術〉
1984.08（111）楊熾宏口述；劉晞儀記錄〈繪畫的新表現與我〉

1985.06 — 1995.05

1985.06（121）我只是個實踐的人／彭萬墀答問錄
1985.10（125）馬諦斯著；趙韻如譯〈馬諦斯對剪紙藝術的獨白〉
1986.08（135）陳慧坤〈我對藝術的一些看法〉
1987.11（150）《徐悲鴻藝術文集》之一／中國今日急需提倡之美術（連載）
1988.04（155）伊山〈陸儼少談創作〉
1988.11（162）保羅克利〈一種形式和色彩的語言〉
1989.01（164）吳冠中〈旅程與歸程／自己從藝歷程中的心態〉
1989.03（166）派粹克譯〈一點一點找出真實來／傑克梅第

書簡〉

1989.05（168）沈耀初〈我的藝術創作觀〉

1990.05（180）李可染〈欲師造化必重寫生〉

1991.09（196）陳英德〈畫出自然隨想〉

1992.03（202）葉淺予〈我的創作生活〉、陸先銘〈意識空間的告白〉

1992.05（204）張光賓〈追求卓越．自我挑戰〉

1992.06（205）秦松〈文化空間與文化語言〉

1993.01（212）趙無極／梵思娃．馬凱〈趙無極自畫像〉

1994.06（229）洪惠鎮：余承堯廈門談藝錄

1995.03（238）李葉霜〈我亦生來有書癖〉

1995.06 — 2005.05

1995.12（247）廖德政〈甘於苦苦的感性〉

1996.01（248）高行健〈對繪畫的思考〉

1996.04（251）林玉山口述；侯權珍整理〈大師的成長〉、陳瑞福口述；侯權珍整理〈海王子的歷程〉、陳銀輝口述；侯權珍整理〈一生的抉擇〉、梁丹丰〈偏偏不肯停〉

1997.01（260）凌春玉整理〈蕭如松手札／論繪畫的種類〉

1997.10（269）鄭惠美〈40-50 年代席德進的日記詩選〉

1997.12（271）鄭惠美〈60年代席德進的日記〉、江漢東〈我的繪畫歷程〉

1998.05（276）鄭惠美整理〈70 年代席德進的日記／同性之愛〉

2005.06 — 2015.04

2010.11（426）蔣勳〈可以記憶和可以遺忘的／ 2010 蔣勳個展〉、楊識宏〈歲月．流光／楊識宏創作歷程四十年〉、趙陸〈藝術．觀念／觀念．藝術／葉育男、趙陸創作手記〉、徐秀美〈藝術的「空．間．謎．變」〉

2011.01（428）達文西；黃怡珮譯〈關於美／達文西手札〉

2012.07（446）蕭學民〈肖像畫就是要畫得像〉、〈我的肖像畫家生涯〉

2014.03（466）龐茂琨〈在現實中尋找藝術〉

2015.01（476）王惠民〈日出．日入／千年一瞬〉

12.

原始藝術

1975.06 — 1985.05

1976.11（18） 台灣土著藝術專輯：〈礁勞加物社舊事／屏東縣來義廢址查踏記〉、〈五年祭前夕掠影〉、〈初訪山胞生活略談〉、劉三豪〈民俗藝術形成〉、何廷瑞〈泰雅族獵頭的守護袋〉、李哲洋〈山胞音樂提示〉、孫家驥〈台灣山胞傳說插畫〉、高業榮〈魯凱族的刺繡〉、劉千綸〈烏來山地民俗文物館簡介〉、〈台灣土著與固有文化〉、施叔青〈把山地頭目的家搬到原始藝術館／徐瀛洲訪問記〉

1978.10（41） 世界原始藝術專輯：陳奇祿〈原始藝術與現代藝術〉、方舟譯〈原始美術〉、〈世界原始藝術傑作・風格別具的美洲群〉、〈神祕的非洲原始藝術〉、黃玉珊譯〈質樸渾厚的大洋洲藝術〉

1979.05（48） 劉其偉〈人類原始生活的最後一幕／非洲紐巴族人的畫身與臉譜藝術〉、劉其偉〈非洲紐巴族人的畫家與臉譜藝術〉

1979.07（50） 何金蘭譯〈杜布菲寫給本刊發行人的一封信〉、何政廣〈洪通・杜布菲與洛桑的原始美術收藏館〉、〈原始藝術與杜布菲〉、光中〈簡介杜布菲〉、文眉節譯〈杜布菲的繪畫生涯〉、杜布菲著；靜枚譯〈雕琢的圍籬〉

1979.11（54） 何政廣〈美國印地安畫家版畫展／兼介美國印地安藝術研究所〉、〈美國印第安畫家版畫展作品選輯〉、劉文三〈特異的印地安文化／聖塔非〉、〈印地安的現代藝術家史蕭德〉、〈聖塔非的畫廊區〉

1979.12（55） 方叔〈加者膀眼社最後的巡禮〉、高業榮〈得道黛灣之謎／談好茶部落和靈地〉

1980.12（67） 蘭嶼：楊恩生〈蘭嶼寫生記趣〉、劉其偉〈蘭嶼與雅美文化〉、宋文薰〈蘭嶼雅美族的製陶方法〉、宋龍飛〈雅美族雕刻漁船與陶偶〉、陳長華〈蘭嶼何去何從？／訪陳奇祿、劉斌雄談蘭嶼〉、陳長華文；朱立熙攝影〈今天的蘭嶼〉

1980.04（59） 筏灣的婚禮專輯：劉其偉〈筏灣的婚禮／隨著時代在蛻變中的排灣婚俗〉、宋龍飛〈關關雎鳩、在河之洲、窈窕淑女、君子好逑／記禱高德團主長嗣的婚禮大典〉、〈筏灣的婚禮過程〉、高業榮〈記排灣族的額冠裝飾〉、陳奇祿〈排灣族的煙斗〉

1980.08（63） 高業榮〈台灣山地的手藝人〉

1984.12（115） 非洲原始藝術文化專輯：劉其偉〈非洲行〉、劉其偉〈非洲黑人文化與藝術〉、〈非洲黑人木雕圖案造型〉、劉其偉，賴明珠譯〈非洲藝術的鑑賞〉、劉其偉〈野生動物與南非原野保育〉

1985.06 — 1995.05

1985.11（126） 劉其偉〈原始部落文化採訪記／沙巴腹地行腳〉、劉其偉〈馬來西亞原始武器和編織藝術〉

1986.08（135） 高業榮〈魯凱族的部落和藝術〉

1986.10（137） 劉其偉〈圖騰與圖騰崇拜〉、劉其偉〈印第安美術／美國西北岸原始美術〉、程觀儉〈神秘而有趣的圖騰柱〉、高業榮〈西魯凱族群的部落和藝術〉

1988.04（155） 高業榮〈霧台村的雕刻師和木彫〉

1989.12（175） 沈揆一、戴定九〈原始・神秘・奇特的魅力／貴州儺面具〉

1991.07（194）高業榮〈萬山岩雕／台灣首次發現摩崖藝術之研究摘要〉

1995.06 － 2005.05

1995.06（241）劉其偉〈原始藝術與藝術人類學〉
1996.11（258）簡扶育〈百步蛇北上，越過濁水溪／排灣藝術家撒古流〉
1996.12（259）簡扶育〈巴卡羅勇士之子／排灣藝術家撒可努〉
1997.10（269）移民與藝術專輯：王受之〈隔膜與同化／中國藝術家移居海外潮的起落〉、里亞．歐爾曼文；侯權珍譯〈放逐與移民／逃離希特勒的歐洲藝術家〉、黃渭漁〈真誠樸實的早期華人藝術家／余本〉、陳英德〈藤田嗣治／第一位享譽巴黎藝壇的亞洲藝術家〉
1997.12（271）樸素藝術：羅宏．董向文；洪米貞譯〈臺灣樸素藝術家在西方範疇的界分〉、〈臺灣樸素藝術展在歐洲〉、李家祺〈憶祖母畫家摩西／訪班靈頓博物館〉、加藤恭子文；呂明穎譯〈回歸自然田園之美的聲音／摩西祖母田園生活百年畫記〉
1998.02（273）陳奇祿〈臺灣研究與臺灣原住民藝術／高業榮原住民專題巡迴展〉、陸蓉之〈生靈之頌／高業榮的原住民印象〉、華加志〈臺灣原住民傳統藝術的再發揚／高業榮原住民專題巡迴展〉
1998.06（277）《搖滾祖靈》出版：孫大川〈原住民不再是歷史的缺席者／《搖滾祖靈》序〉、王雅各〈在異文化的精神中相逢／《搖滾祖靈》序〉、簡扶育〈曲終人未散／《搖滾祖靈》後記〉、簡扶育〈在銀色月光下，祭起畫筆和雕刻刀／南排灣族藝術家賈瑪拉．古流（周錦松）〉
1999.09（292）周芳蓮〈希臘希克拉達島原始藝術〉
2000.09（304）巴清良〈謎樣的台灣原住民古甕／魯凱族、排灣族篇〉
2002.05（324）《台灣原住民藝術田野筆記》出版
2002.09（328）劉明惠〈北極光裡的傳奇／伊奴人的原住民藝術〉
2003.02（333）簡扶育〈在福爾摩沙，祭起畫筆和雕刻刀／從若干台灣原住民藝術工作者及其作品探索台灣當代原住民藝術〉
2003.03（334）吳鼎武．瓦歷斯〈記澳洲當代原住民藝術展／「圖騰大地」（The Native Born）之多元文化觀察有感〉
2003.05（336）劉明惠〈北美印地安原住民藝術／哈達族的神話圖騰〉
2003.10（341）賴明珠〈王碧珠的織物創作／當代復興鄉泰雅族織物的傳承與繁衍〉
2003.11（342）高業榮〈祖靈的象徵／試論屏東縣七佳舊社排灣族的石質祖靈柱〉
2004.01（344）高業榮〈祖靈的象徵／試論屏東縣七佳舊社排灣族的石質祖靈柱（下）〉
2004.04（347）賴明珠〈復興鄉泰雅族編器物體系文化風華的再現〉
2004.12（355）劉明惠〈來自極光傳奇裡的藝術家／我們的家園／當代伊奴原住民藝術特展〉

2005.06 － 2015.04

2007.06（385）高業榮〈隱遁東瀛的台灣原住民石雕版考據〉
2008.02（393）以藝評為基礎關懷的原住民藝術論著／盧梅芬著《天還未亮／台灣當代原住民藝術發展》出版
2009.05（408）林建成著《民族的美感／台灣原住民與西洋藝術的對話》出版
2009.10（413）吳百祿〈記「采田福地：臺博館藏平埔傳奇」特展〉、黃怡珮〈重視文化的多樣性／專訪國立臺灣博物館館長蕭宗煌談臺博館藏平埔傳奇〉
2010.09（424）廖瓊芳〈原始生命力之美／中非剛果河流域之藝術與文化〉
2011.01（428）廖瓊芳〈尼泊爾原始面具／巴黎人類博物館首度露臉〉
2011.09（436）劉明惠〈套穿一襲高原風情／紐約展出橫跨兩千多年的安地斯山突尼克外衣〉、廖瓊芳〈承載不同象徵的迷樣雕像／巴黎卡地亞當代藝術基金會展出非洲巫毒藝術特展〉
2011.10（437）廖瓊芳〈從黎明到黃昏／來自瓜地馬拉的馬雅文物大展〉
2011.12（439）劉明惠〈錯拍的抽象幾何／中非庫巴王國菲亞編織藝術〉
2013.05（456）方秀雲〈現代心智的來臨／大英博物館的冰河時代藝術展覽〉

13.

☑ 設計
☑ 生活工藝

設計與生活工藝

設計

1975.06 — 1985.05

1979.05（48）王建柱〈真源與妄跡／從設計教育觀點剖視台灣室內設計〉、侯平治等〈室內設計作品彩色頁〉、〈室內設計家群像／王大閎、侯平治、郭叔雄、易宏翰、吳天嫄、凌明聲、黃永洪、譚國良、姚仁祿〉、李再鈴〈室內「瑣語」〉、郭叔雄〈設計與藝術創造〉、黃玉珊、史文楣專訪〈我們的室內設計與生活文化〉

1979.10（53）黃玉珊記錄〈台灣工業設計的過去．現在．未來〉、蕭汝淮〈台灣的工業設計發展史〉、郭叔雄〈從造形意識談工業設計觀念〉、袁國泉〈廿年未酬工設夢〉、侯平治〈從一具電話看設計在工業產品扮演的角色〉、梁又照〈工業產品設計與消費者〉、高長漢〈從事工業設計經驗談〉、賴一輝〈美國的工業設計〉、侯平治〈歐洲產品設計中心巡禮〉、侯平治〈工業設計在西德〉

1985.02（117）藝術家與尖端科技的結合／ 1985 年世界科學博覽會的展覽設計：蔡友〈世界科學博覽會設計報導前言〉、筑波大學藝研所向象研究院〈世界科學博覽會的展覽設計〉、鐘有輝〈人類．住居．環境與科學技術／世界科學博覽會設計理念〉

1985.03（118）林振陽、黃裕庭〈世界科學博覽會會場的交通設計〉

1985.06 — 1995.05

1985.06（121）設計教育家朝倉直巳的風格、朝倉直巳文；蘇守政、林品章譯〈作為基礎造形的構成〉

1986.05（132）林品章〈商業設計〉連載

1988.01（152）三井秀樹著；蘇守政譯〈電腦繪圖入門／獻給電腦繪圖初學者的設計學〉、朝倉直巳文；林品章譯〈光的構成：平面鏡的三次元構成〉

1988.02（153）林尚義〈融合音樂與戲劇的色彩／米蘭舞台製作師約瑟利貢的水彩〉

1988.06（157）『新藝術』運動展、李明明〈新藝術／一個懷古的前現代風格〉、王行恭〈新藝術運動後的台灣早期美術設計〉

1989.05（168）何耀宗〈世界設計博覽會紀念海報〉

1989.07（170）王受之〈包浩斯展／現代設計運動的開端〉

1992.06（205）曾啟雄〈美學與工學巧妙結合／麥金賓修的家具設計〉、林品章〈家紋／日本的重要文化之一〉

1992.07（206）約翰沙卡拉著；袁因譯〈歐洲的設計新動向〉

1992.08（207）青木弘行；曾啟雄譯〈包裝設計和環境資源保護問題／設計的社會責任〉

1993.03（214）曾啟雄〈包浩斯的造形觀〉

1994.09（232）湯永成〈廣告設計的思考〉、劉永仁〈米蘭之對話／ 1994 年米蘭國際家具展演系列〉、擷取最亮麗的光華／珠寶藝術面面觀：現代珠寶設計趨勢、勃拉克珠寶、侯權珍〈看台灣當今珠寶設計／與珠寶設計師黏碧華一席談〉

1995.04（239）《世界珠寶設計名店》新書出版

1995.05（240）陳光大〈設計與現代藝術之間／「構成」的意義及特徵〉、王明嘉〈研機於視覺初動之時／點線面〉、許碧城〈與時間建築師的約

會／從拉秀得豐市的國際鐘錶博物館收藏談瑞士的鐘錶設計藝術〉

1995.06 — 2005.05

1996.06（253）侯權珍〈從室內設計到生活設計／專訪室內設計師葉裕清〉、何步芳〈家的表情／家具風華面面觀〉

1996.09（256）賴瑛瑛〈美學信仰的生活實踐／訪王鍊登談國內設計大躍進的 60 年代〉

1997.05（264）第一本論述世界現代設計百年史的中文專書《世界現代設計》出版、王受之《世界現代設計》前言、璀燦光華的世界鐘錶新趨勢／ 97 巴塞爾世界鐘錶、珠寶展

1998.04（275）《義大利家具風情》出版、官政能〈《義大利家具風情》序／設計和產業的文化觀〉

1998.07（278）劉永仁〈藝術與設計共生援引／米蘭布朗可設計企畫工作室〉

1998.12（283）王受之〈從香港「設計九八」大展看遠東地區的現代設計〉

1999.02（285）方振寧東京報導〈柳宗理／日本戰後工業設計的良心〉

1999.08（291）吳南薰〈椅的百變曲／一百經典座椅展〉、曾長生〈腳底下的光輝／談傳奇的土耳其地毯收藏〉

2000.05（300）《世界現代平面設計》出版、王受之〈綜論世界平面設計兩世紀發展脈絡〉

2000.11（306）藤田治彥〈奧林匹克海報藝術／ 20 世紀的美與感動的軌跡〉

2001.01（308）林品章〈日治時期大型展覽活動報導〉、周東曉〈20 世紀時裝設計大師亞曼尼 25 年回顧展〉

2001.02（309）方振寧〈一個一個的品質／ DROOG DESIGN 與荷蘭現代設計〉、方振寧〈現代主義王國荷蘭的設計家們〉、鄭凱元〈造形藝術與造形設計思考模式的關係〉、廖瓊芳〈法國土魯斯市立海報中心／「世紀的海報設計家」展〉

2001.04（311）周東曉〈21 世紀工作場域之新思考／紐約現代美術館設計特展〉、林品章〈日治時期大型展覽活動報導／中部台灣共進會〉、王受之〈流行．時裝．設計師〉

2001.06（313）方振寧〈美之圖書─完璧的讀書機械／「德國最美之圖書」展在東京〉

2001.07（314）廖瓊芳〈義大利設計之父／布加迪〉

2002.03（322）周東曉〈極致之美感：轉型的身體／紐約大都會美術館服裝簡史特展〉、林品章〈日治時期大型展覽活動報導／始政 40 週年紀念台灣博覽會〉

2002.08（327）林志鴻〈葉錦添的時尚美學敘事〉、方振寧〈創造都市未來商環境空間／日本商環境設計家協會〉、方振寧〈不利狀況是最佳設計良機／日本室內設計協會〉、劉明惠〈藝術服飾／絞纈染的現代詩情〉

2003.03（334）陸蓉之〈印度蒙兀兒王朝時期的珠寶藝術／美國聖路易士美術館「世界的瑰寶展」〉、方振寧〈中西元男：日本企業形象設計開拓者〉、方振寧〈黑川雅之：窮極美的到達〉

2003.04（335）方振寧〈現代設計位於藝術、商業和生活的三角關係中／「東京設計中心」側寫〉、方振寧〈赫爾曼米勒日本公司〉、方振寧〈世界家具名牌在這裡連結／ inter office〉、方振寧〈創造一個完整的人性空間／弗里茲．漢斯〉、方振寧〈省空間組合高手／秀光 ONE〉、方振寧〈和美麗的窗帘日日為伴／ Creation Baumann〉、方振寧〈生活設計中心．立體的生活雜誌／ OZONE〉、黃郁惠〈莊喬伊以珠寶打造最美麗的風景〉

2003.05（336）王受之〈美國工業設計師德爾．科茨的新著作《鐘錶不僅僅告訴我們時間》〉

2003.06（337）劉明惠〈數位印圖與藝術服飾的最佳拍檔／賈桂琳．蕊絲和渥西斯．裘德瓦齊斯〉、林志鴻〈流光幻境衣飾修飾／「女神：古典風尚」〉

2003.08（339）林志鴻〈時空延異．東方豔異／流行時尚的表面美學與意識皺褶〉

2003.10（341）以「紅」染映法國的東方情懷／葉錦添「The Art of Tim Yip」創作藝術展於法國波席文化中心、林志鴻〈時尚介面的藝術張力〉、胡朝聖〈藝術與時尚結盟的新世代〉、林志鴻〈亞曼尼的衣飾傳奇〉、余熙〈我就是國際品牌／皮爾．卡登訪問記〉、劉永仁〈藝術與設計之生活器物〉、林志鴻〈超現實普普官能介面／ ABSOLUT VODKA 的絕對創意〉

2004.01（344）洪藝真〈品味時尚設計大師／亞曼尼回顧展〉

2004.02（345）方振寧〈山本耀司：神密的守望者／東京原

美術館「山本耀司／May I help you？」展〉

2004.03（346）王雅玲、黃淑媚整理〈台灣的顏色／「台灣紅」的意義與推廣〉、林志鴻〈台灣紅．文化虹膜豔豔綻放〉

2004.05（348）劉永仁〈藝術的生產／義大利設計與工業文化〉

2004.08（351）可頌．酥皮．麵包衣／高提耶麵包服裝巴黎登場

2004.09（352）周文翰〈雅典奧運會的設計與建築〉、吳曉芳〈世紀的祭典／萬國博覽會的美術〉、周文翰〈全球化背景下的城市戰略和文化圖景／巴塞隆納第一屆全球文化論壇〉、洪藝真〈薇薇安．葳斯伍德：流行是我曾經的選擇，也是永遠不會放棄的寶貝〉

2004.12（355）范迪安〈理解法國設計的文化內涵和創造品質〉、張鵬〈世紀之鏡／法國文年之「法國時尚100年」展覽〉

2005.02（357）陳郁秀〈台灣時尚的文藝復興／「台灣衣Party」再造服飾風華〉、陸蓉之〈時尚與藝術結合的儀典：風華再現／向大師致敬系列〉、林志鴻〈流行越界．創意進化／2004國際時尚展覽藝象〉

2005.03（358）見證時代，在兩次大戰之間／倫敦舉辦「前衛平面設計1918-1934」展

2005.05（360）黃淑媚〈流轉百年，希望之珠等經世珍寶齊會面／美國史密森尼博物館「珍珠魅力」展覽〉

2005.06 — 2015.04

2005.06（361）吳曉芳〈閃耀著現代之夢／東京都美術館舉行裝飾藝術特展〉、林志鴻〈奢華時尚與大眾文化的交融／Louis Vuitton路易威登的經典傳奇〉、王受之〈設計的故事〉、劉粹倫〈當代設計的新認同第3屆「設計五月」國際設計節〉

2005.08（363）林志鴻〈克莉斯汀．迪奧百年特展、亞曼尼的時尚旅程〉、王受之〈設計邁進激情的超市／義大利設計師史帝凡諾．喬凡諾尼〉、陸蓉之〈維薇安．衛斯特伍德；龐克的女王．時尚的暴走族／高舉歷史旗幟的革命先鋒〉

2005.09（364）〈薇薇安．魏斯伍德的時尚生涯／北美館展出龐克女王的30年風采〉、葉穎〈2005年倫敦設計博物歐洲設計展〉

2005.11（366）方振寧〈反設計：並非設計的反義詞／卡伊．法蘭克與芬蘭〉今日設計〉、方振寧〈芬蘭設計／訪談「芬蘭設計論壇」策展人勞拉〉、王受之〈德國人與德國設計〉、林志鴻〈虛擬實物的精品創意／伊托的世界〉

2005.12（367）林千琪〈台灣設計的國際化之路／從「第3屆台灣設計博覽會」談起〉

2006.01（368）林志鴻〈時尚定格藝世界／2005時尚展覽回顧〉

2006.03（370）林志鴻〈前瞻未來居室藝術風向球／2006科隆家具展、林志鴻：奢華加冕．凡迪的皮草時尚創意〉

2006.04（371）葉穎〈在房子裡，在設計的生活裡／蘇誠修談室內空間設計〉、李鳳鳴〈坐臥百態都是設計／陸希傑談當代家具設計〉、張晴文〈不是只有八卦可以賣／包益民談《PPAPER》和創意的事業〉、小果農〈上市的創意／南海藝廊創意市集〉、林千琪〈藝術．時尚．設計／「交媾藝術＝時尚」展〉、觀看北歐設計與建築新趨勢王受之新書／《白夜北歐／行走斯堪地那維亞設計》出版、劉永仁〈光感知的語境／義大利燈飾設計展〉、林書民〈迷上海ShangHig／2006上海雙年展「超設計」〉、方振寧〈深澤直人／憑直覺去使用〉、李鳳鳴〈記錄整理「台灣青」／來自好山好水的台灣新意象〉、劉明惠〈顛覆與變異：當代設計界裡的審美反彈力／庫伯爾．海威特國立設計美術館和舊金山當代美術館年度設計系列展〉

2006.06（373）林志鴻〈寫真居家聲色主題／2006米蘭家具展概覽〉

2006.07（374）李鳳鳴〈故宮博物院「Old is New時尚故宮／摩登T恤設計賽」〉、張晴文〈明天的達人／2006新一代設計展〉、王受之〈從世界杯足球設計看德國設計文化〉、國立歷史博物館展出「西班牙玩具特展」、徐芬蘭：工業化之前的西班牙玩具歷史

2006.08（375）李美璁記錄整理〈生活時尚／台灣設計的現在與未來〉、劉明惠〈傳統與叛離／大都會美術館「醉心英國」服飾展〉

2006.10（377）劉明惠〈設計是推動進化的力量／蘿拉．布希榮譽贊助的第7屆美國國家設計獎〉

2006.11（378）時裝史／記錄百年流行時裝品牌與設計師、王受之：流行．時尚．設計師／《時裝史》

編著者序

2006.12（379）張鵬〈杉浦康平設計展暨中國當代書籍設計家邀請展〉

2007.01（380）劉明惠〈創意生活的現代未來式／美國設計三年展「當代設計新生機」〉

2007.02（381）林志鴻〈精品設計旅店的創意樂活學〉、林志鴻〈靈光詩意的舞影之歌／輕量微型建築的視覺錯幻〉、林志鴻〈啟動有機行動藝術實驗／爾溫．烏爾文的另類雕塑〉、方振寧〈妹島．西澤：巍然與輕盈並存／解讀德國設計與管理學院之設計〉

2007.05（384）2007布拉格劇場設計四年展／台灣藝術家參展作品首展、徐升潔〈新古典到普普／歐洲紡織設計1790-1970〉、唐忠珊〈凝聚美好年代的首飾設計／法國珠寶設計師雷內．拉利克〉、徐升潔〈好戲．好景／劇場設計的現況與發展〉、〈劇場設計家羅伯．威爾森的台灣驚豔行〉

2007.07（386）林志鴻〈保羅．波赫的奢富衣宴／紐約大都會美術館展出波赫：時尚帝王特展〉

2007.08（387）李鳳鳴〈設計創意．意創設計／2007台灣設計師週 VS. 台灣新創意〉、王受之〈傳統與現代兼備的設計語言／中國新銳設計師吳勇〉、林志鴻〈法國珠寶工藝復興巨匠／玻璃詩人萊儷工藝特展〉

2007.10（389）劉明惠〈啟發自中式傳統家具的當代作品／皮巴迪．艾薩斯美術館主辦「受中國啟發」巡迴展〉、劉明惠〈袖珍座椅，宏觀設計／貝勒瑞恩的收藏於藝術與設計美術館展出〉

2008.03（394）然然〈世紀奧運．百年海報／凝聚世界的藝術──百年奧運海報展〉

2008.10（401）劉明惠〈永不混淆優雅與俗麗／時尚革命家聖羅蘭回顧展〉

2008.12（403）羅苑韶〈日本民藝與設計精神／從民藝精神展到日本今日設計展〉

2009.07（410）設計博物館「馬利斯卡爾 - 繪畫生活」、廖瓊芳〈馬格利特美術館開幕〉

2010.07（422）幻羽舞影／「時尚頑童高堤耶與編舞家蕭畢諾舞台服裝展」於北美館登場、奧利維．塞亞時尚的舞蹈／尚 - 保羅．高堤耶「時尚」和瑞琴．蕭畢諾「舞蹈」的結合

2010.08（423）劉明惠〈縱覽全球視野的國際設計展覽／古柏修依國立設計博物館國家設計三年展〉

2012.09（448）林志鴻著作《顯微時尚》出版

生活工藝

1975.06 – 1985.05

1977.05（24）劉萬航藝術創作展專輯：李霖燦〈思想和技術．工藝和美術／評介劉萬航的藝術創作〉、楚戈〈介紹劉萬航的銅版畫〉、方叔〈劉萬航的金銀銅鐵首飾藝術〉、何明績〈強勁的生命力／論劉萬航的藝術〉、黃敏惠譯〈從首飾到青銅灌鑄〉

1978.02（33）工藝的開拓專輯：顏水龍〈我與台灣／從事工藝40年的回顧與前瞻〉、〈台灣手工業推廣中心簡介〉、賴傳鑑〈喜愛台灣鄉土的不破章〉、劉其偉〈美術與工藝〉、張長傑〈中國工藝的特性〉、宋福民〈從生活與工藝談到現代工藝的發展趨向〉、劉三豪〈逐漸式微的民間手工藝〉、何耀宗〈新藝術．20世紀初葉歐洲流行的工藝樣式〉、何政廣〈美國現代工藝新趨勢／訪問美國工藝協會〉、劉其偉〈工藝之美〉、陳愛誠〈世界工藝選粹〉（現代工藝家的奇想、古老的阿茲特克工藝品、黎芙的金屬工藝品、美國原始土著的工藝、中國和日本的動物木雕傑作）

1978.03（34）藝術．海洋．魚族專輯：劉其偉〈與青年朋友談海洋生態系〉、〈南方澳漁港〉、何政廣〈從荷馬的海洋繪畫／談海洋畫家〉、陳宏〈攝影實技．一樣的海．多樣的表現〉、劉三豪〈悠游於民藝中的魚龜蝦蟹〉、〈台灣畫家筆下的海景〉

1983.07（98）傅樂治〈中國的近代銀器工藝〉

1985.06 – 1995.05

1989.01（164）張隆盛《中國古木雕藝術》序

1990.01（176）劉鎮洲〈玻璃的藝術／欣見「琉璃工房」的成立及首次玻璃藝術創作展〉

1992.03（202）劉其偉〈印度與中國的古代琉璃珠〉

1993.06（217）胡仄佳〈清水江流域苗族刺繡文化中的生殖崇拜和藝術特點〉

1994.05（228）兩岸工藝交流研討會

1994.12（235）許碧城〈從國際珐瑯雙年展看珐瑯藝術創新〉

1995.03（238）凱倫・錢波詩〈蛻化自古工藝的當代藝術／玻璃工作坊運動的發軔〉

1995.06 － 2005.05

1995.07（242）黃麗絹〈解讀五十年來的編織／美國工藝美術館收藏〉

1995.12（247）生活藝術・藝術生活：陸蓉之〈現代藝術設計與生活〉、侯權珍〈活出生命的韻味／看于彭的生活心思〉、侯權珍〈時間恆河汰瀝出的古典／訪洪光明談中國古董家具〉、楊世傑〈東西古今的迴盪／楊世傑家具設計觀〉、曾文玲〈一種與身體最親密的造形藝術／首飾〉、侯權珍〈1880 年後的西洋應用美術〉

1996.01（248）何步芳〈竹的文化／竹・竹畫・竹雕〉、葉義、譚志成〈中國竹刻研究〉、管雲之〈五花八「門」的藝術〉、高敬彥〈未來派的意象〉、北辰〈花木雕塑充滿生活創意〉

1997.07（266）現代工藝的新境界／專訪美國工藝美術館館長荷莉・哈奇納

1998.06（277）劉俐〈從史密松尼本年度工藝美術競賽展看未來工藝走向〉

2000.06（301）美國《藝術與拍賣》雜誌授權本刊專用；林貞吟譯〈仿製珠寶成為新寵〉

2000.08（303）賴作明〈台灣工藝美術發展史〉

2000.09（304）郭嬰《20 世紀台灣住民生活竹器》出版

2001.04（311）劉俐〈大題小作，小材大用／姬芙・斯勒門的前衛首飾〉

2001.08（315）周芳蓮〈西班牙彩繪玻璃／從哥德到 21 世紀〉

2002.07（326）劉明惠〈縫綴一襲花團錦簇的新傳／美國現代夾棉拼布藝術〉

2004.03（346）吳曉芳〈歐洲玻璃工藝的誕生、世界玻璃名品綜覽〉

2004.10（353）陳其南〈「工藝」，生活美學的實踐〉、〈發現工藝之美／第 4 屆國家工藝獎〉、洪慶峰〈台灣文化特色之工藝新面貌〉、劉萬航〈工藝的生命動力〉

2005.01（356）威廉・莫理斯與工藝美術特展、潘襎〈近代工藝美術的推動者——威廉・莫里斯〉、潘襎〈莫里斯商會與工藝美術運動〉

2005.03（358）王受之〈19 世紀末的建築潮流／工藝美術運動與建築的發展〉、黃世輝，李宜欣〈工業時代的反動・生活工藝的先驅／從莫里斯與顏水龍談生活工藝的振興〉、江淑玲〈時代的茶顏／談百年台灣茶具〉

2005.06 － 2015.04

2006.03（370）潘襎〈東方的美術工藝運動／柳宗悦的日本民藝運動與其思想〉

2007.02（381）徐升潔記錄整理〈金工藝術的現狀與發展〉、吳曉芳〈荷蘭的玻璃工藝發展〉、廖瓊芳〈法國第 4 屆工藝與創作沙龍〉

2007.09（388）劉明惠〈濃縮的知性美感／波士頓美術館展出精湛工坊飾品

2008.08（399）北京故宮藏品《你應該知道的 200 件紫檀家具》出版、譚蓬竹著《舞動流蘇／創意穗子系列》出版

2009.12（415）品飲與投資兼具的藝術／《飲茶生金》問世、池宗憲溫柔的回報／《飲茶生金》序

2010.02（417）于清華《品味荷蘭・設計物語》新書出版

2011.01（428）蘇世雄獲 2010 國家工藝成就獎

2013.01（452）吳曉芳《西洋玻璃藝術鑑賞》新書出版

2013.05（456）唐忠珊〈脆弱的慕拉諾玻璃／威尼斯輝煌玻璃藝術發展史〉

2015.02（477）賴素鈴〈物外設計／設計存在的價值，真正過日子的況味〉

14. 美術行政與教育

☑ 美術行政
☑ 美術教育

美術行政

以下條目可與「七、博物館、美術館巡禮」互為參考。

1975.06 — 1985.05

1976.12（19） 何政廣〈創設一座倡導現代美術的殿堂／寄望即將誕生的台北現代美術館〉
1978.03（34） 陳景容〈對台北市興建美術館的建議／歐美美術館觀感〉
1982.02（81） 劉萬航將出任台北市立美術館館長
1982.06（85） 國立藝術學院專輯：鮑幼玉〈任重道遠〉、郁斐斐〈藝業修練與人格陶冶的均衡發展／訪鮑幼玉先生談國立藝術學院的籌備與成立〉、沈蕙萱〈現代的，中國的／與李祖原先生談國立藝術學院的建築〉、郁斐斐〈我們需要時間／訪馬水龍先生談音樂系〉、郁斐斐〈探尋現代中國音樂的新路／與賴德和先生談音樂系的教學〉、尚德敏〈新學院、新氣象／訪何明績先生談美術系〉、沈蕙萱〈讓天才發光／訪何懷碩先生談美術系的教學、積極、開明、嚴肅的學風〉／桂文亞〈訪林惺嶽先生談美術系的教學〉、桂文亞〈培育專才，拓展劇運／訪姚一葦先生談戲劇系〉
1983.04（95） 蘇瑞屏出任台北市立美術館長
1984.06（109） 紐約現代美術館擴建完成、奧白〈紐約的美術館簡介〉
1985.05（120） 何政廣〈日本國立筑波大學藝術學院前院長林良一教授訪問記〉

1985.06 — 1995.05

1985.11（126） 黃才郎〈建築費用 1% 藝術品購置基金〉
1985.12（127） 黃才郎〈博物館專業人員訓練〉
1986.01（128） 黃才郎〈美國聯邦藝術促進計劃〉
1986.04（131） 黃才郎〈美國國家藝術基金會行政作業簡介〉
1986.05（132） 黃才郎〈從紐約州藝術委員會看美國州級政府的藝術行政運作〉
1986.06（133） 黃才郎〈美國市級基層單位的藝術行政／芝加哥市文化部門簡介〉
1986.07（134） 黃才郎〈創造社區文化形象的藝術特區〉
1986.08（135） 黃才郎〈巡迴展覽的構成與作業〉
1986.09（136） 黃才郎〈美國博物館事務輔導機構簡介〉
1986.10（137） 黃才郎〈服務的藝術行政／簡介西部州藝術基金會〉
1986.12（139） 黃才郎〈突出獨特風格的美國美術館〉
1988.02（153） 龐靜平整理〈紐約現代美術館版畫及插畫部主任瑞娃．卡斯特雷曼一席談〉
1988.05（156） 賴建誠〈難以定位的多面英雄／安德列．馬勒侯〉、賴建誠〈藝術與政治／馬勒侯訪談錄〉、馬勒侯年表
1988.08（159） 吳瑪悧〈美術館的冷感症〉
1988.10（161） 龐靜平〈安提布畢卡索美術館長居哈蒂訪華〉
1988.11（162） 莊素娥〈保羅蓋提和他的博物館〉
1989.06（169） 陳英德〈法國文化部如何補助藝術家活動〉
1991.07（194） 陸蓉之〈90 年代的美國藝壇／紐約惠特尼美術館新任館長專訪〉
1991.10（197） 謝淑妮；翟宗浩〈藝術與法律／紐約現代美術館法律顧問丹斯格訪問記〉
1991.11（198） 美國國會通過藝術捐贈免稅新法、加拿大藝

術銀行首度出售藏品

1992.03（202）李婷婷專訪〈黃才郎談高雄市立美術館的未來走向〉

1992.05（204）佩雷拉文；陳建北譯〈西班牙給予年輕藝術家的獎助〉

1992.06（205）李婷婷〈德國路德維美術館長貝克訪問記〉

1992.07（206）文化藝術獎助條例完成立法

1992.09（208）翟宗浩、謝淑妮〈從紐約大都會博物館到現代中國畫／大都會博物館東方藝術展覽主任屈志仁訪問記〉

1993.08（219）吳毓奇〈美國 VS. 亞洲／佛利爾美術館重整旗鼓〉、陳英德〈秉承國家藝術重任的法國文化部／其在造型藝術的組織概況〉、李元春譯〈美術館為什麼不可以賣畫？〉、高千惠〈台前幕後的藝壇影武者／美國當代藝評空間的轉化〉、費大為〈靜穆的力量／訪英國牛津現代藝術館館長戴維・艾略特〉

1994.03（226）高雄市立美術館專輯：楊佩玲〈新生的美術文化活水／專訪高雄市立美術館館長黃才郎〉、〈立足高雄放眼世界／高雄市立美術館開館展綜觀〉、〈藝術的先驅者／布爾代勒〉、布爾代勒生平與創作編年表、黃健敏〈港都藝術殿堂／高雄市立美術館建築設計〉

1995.06 — 2005.05

1995.11（246）鄭治桂〈甘尼客棧／巴比松畫派美術館重新開幕／專訪館長嘉儀女士〉

1996.05（252）楊佩玲〈兩極交火／北美館「色」變／藝文界的控訴 VS. 張振宇〉

1996.07（254）徐文琴〈建立美術館研究人員制度〉

1996.08（255）達尼艾・傑洛迪著〈美術館是什麼／美術館與美術館學〉連載、麥考懷茲著；侯權珍譯〈德國首都的兩難抉擇〉、劉俐〈一間有個性的美術館／向傳統空間形式挑戰的豐田市美術館〉、高千惠〈從箭頭到犁頭之路／芝加哥當代藝術館的啟幕與啟示〉

1996.09（256）達尼艾・傑洛迪著〈美術館是什麼？／封閉的美術館〉

1996.10（257）黃海雲〈藝術行政如何謀殺創作／寫在省立美術館個展前夕〉

1996.11（258）政府資助與藝術的發展：夏鑄九〈新文化摸索時代／國家文化藝術基金會的第一步〉、王受之〈文化政策與國家文藝基金會〉、〈美國當代藝術面臨的困境〉

1997.01（260）達尼艾・傑洛迪〈藏品的展覽與美術導覽／常設展與企畫展〉

1997.02（261）美術館的典藏大計專輯：賴瑛瑛〈台北市立美術館的典藏原則及管理作業〉、柯應平〈北美館典藏的成果與期許〉、林平口述；軻應平記錄〈省美館的典藏計畫與管理作業〉、陳秀薇〈高美館典藏以「美術史美術館」為宗旨〉、倪再沁〈談美術館的典藏之道〉、劉俐東京報導〈來，聽館長一席談／原俊夫館長回首前瞻〉

1997.03（262）安・蘭迪著；侯權珍譯〈藝術世界最具影響力的五十名人物〉

1997.04（263）徐文琴〈民主的謬斯／與潮流結合的現代美術館〉

1997.07（266）曾長生〈藝術家的救命恩人／重探美國聯邦藝術方案〉

1998.03（274）劉俐〈博物館建立會員制的必需性〉

1998.05（276）陸蓉之〈展覽策畫人的定位和臺灣環境的互動關係〉

1998.07（278）周東曉〈紐約現代美術館擴建與更新計畫／定位未來新世紀發展趨向〉

1999.01（284）江淑玲〈國家藝術村籌備現況／專訪國家藝術村籌備處主任楊宣勤〉、康添旺〈21 世紀台灣當代藝術的新基地／參加雷斯國際藝術村聯盟印度年會及考察日本藝術村後之省思〉、劉永仁〈藝術進駐創作移防／國際藝術村年會及美國藝術村參訪記〉、楊綠茵〈20 號倉庫／鐵道藝術網路台中站〉

1999.08（291）邱坤良主持；國立藝術學院傳統藝術研究所暨傳研中心策畫・記錄〈藝術行政管理與當前藝文生態的互動座談會〉

2000.08（303）連俐俐〈西方美術館的第三波／美術館經營方式的轉向〉

2000.09（304）林貞吟〈心靈辯證的藝術文化思維／專訪林曼麗談藝術行政〉、林貞吟〈展覽成形前的幕後集體創作／劉宏恩談佈展與卸展經驗〉

2000.10（305）郭冠英〈務實理念，展現文化厚度／專訪北美館館長黃才郎〉

2001.02（309）郭冠英〈細緻而前衛的藝術視野／和多利美術館館長和多利惠津子來台訪談紀實〉

2001.08（315）兩所藝術大學八月誕生／台北藝術大學、台灣藝術大學成立

2001.09（316）吳介禎〈拼經濟更要拼文化／美國大蕭條時期的文化政策〉

2001.12（319）里昂．帕羅西安正式出任台北當代館館長、蕭宗煌接任高美館館長

2002.07（326）打造一座無牆的美術館／專訪美國「加州國際藝術基金會」主席琳．金霍茲

2002.09（328）美術館新趨勢：黃光男〈博物館新趨勢〉、李戊崑〈繭居生活的鬆脫和接著〉、蕭宗煌〈因應新世紀的挑戰〉、黃才郎〈美術館的新趨勢〉、里昂．巴洛希恩〈與世界接軌〉

2003.12（343）潘襎〈日本的藝術評鑑與博物館獨立行政法人制度／專訪《藝術學手冊》著者神林恆道教授〉

2004.02（345）馬曉瑛〈俄羅斯藝術教育導師／契斯恰柯夫、馬曉瑛契斯恰柯夫博物館館長依蓮娜．包麗索夫娜．朱李洛娃女士專訪〉

2004.06（349）黃郁惠〈法國吉美博物館館長賈希日應邀來台〉

2004.09（352）黃淑媚整理〈藝術下鄉與公民美學／策展人看公民美學的推行〉、林平〈台灣策展人的「光環」的漫漫長路〉、呂佩怡〈策展學？怎麼來的？〉王嘉驥〈獨立策展路迢迢！〉、張芳薇〈策展拼貼．拼貼策展〉、張晴文〈非凡的尺度〉、陸蓉之〈台灣「策展人」的昨天、今天與明天〉、王雅玲〈緩．沉．思．精的策展期許〉、藝術家看策展人、張晴文〈策展的戰國時代來臨／從策展公司看策展〉

2004.12（355）周文翰〈北京中國美術館斥資十億徵集作品〉

2005.03（358）裴在美〈當前美術館的角色／專訪西雅圖美術館館長蓋茲〉

2005.06 — 2015.04

2005.11（366）陳謝文〈藝術家或者政治家／從歐美策展人看當代展覽策畫趨勢〉、陳謝文〈艾蘭娜．索若奇那：經濟與社會的人文觀照〉

2006.02（369）台北市文化局〈當代藝術館公辦民營五年有成／專業運作承擔輕且重的挑戰〉

2006.04（371）《展覽複合體／博物館展覽的理論與實務》中譯本出版

2006.05（372）潘欣欣〈明信片外的天空／英國博物館商品店發展〉

2006.11（378）國際博物館管理委員會／2006台北年會暨研討會、吳淑英〈博物館管理與管理博物館〉、〈談國際博物館管理委員會之運作〉、〈國際博物館管理委員會2006台北年會暨研討會子題與內容〉

2007.09（388）李鳳鳴〈謝小韞出任台北市立美術館館長〉

2009.03（406）張晴文〈美術館帶動都市再開發的魅力／專訪東京國立新美術館館長林田英樹〉

2009.04（407）新世代藝術職人生存戰：張晴文〈藝術行政算不算是一行？林平談策展與藝術行政的學院教育〉、蔣伯欣〈動盪年代下藝評養成的關鍵〉、湯凱鈞〈藝術的價值與信仰至上／廖仁義談學院教育與藝術職人的準備〉、陳書俞等〈藝術職人經驗與觀點〉

2009.06（409）劉昌漢〈滄桑的見證者／底特律藝術學會〉

2010.03（418）進入《文創法》時代專輯：陳寬育〈從「宅男經濟」到「型男經濟」／專訪文建會副主委李仁芳談《文化創意產業發展法》〉、漢寶德〈我看《文化創意產業法》〉、黃海鳴〈對文創產業發展的一些建議／面對《文化創意產業法》〉、劉維公〈從立法精神看《文化創意產業法》上〉、張淑華〈五力推進，期待文化創意產業展新力〉、張晴文〈發展文創，應保護核心的創作領域／專訪視盟理事長駱麗真〉

2010.05（420）周彥璋〈「經濟卡翠納」下美國博物館的營運轉型／美國博物館現況與前瞻〉

2011.08（435）張晴文〈博物館館長不是在做官，是服務／黃光男談博物館行政的內涵〉

2011.12（439）曾志朗接任文建會主委

2012.01（440）莊偉慈〈故宮學的先驅者／《藝術家》雜誌專訪北京故宮博物院院長鄭欣淼〉

2012.02（441）單霽翔出任北京故宮博物院院長

2012.03（442）龍應台出任文建會主委、劉維公接任台北市文化局長

2012.07（446）黃海鳴出任北美館館長

2012.09（448）周功鑫請辭故宮院長一職

2012.10（449）馮明珠出任故宮博物院院長

2012.11（450）〈Bienven a Msée ！觀迎光臨美術館／當代藝術基金會／巴黎龐畢度中心實習經驗談〉

2013.06（457）英國獎助趨勢觀察：江凌青〈英國藝術新秀展覽與獎項之趨勢觀察〉、展覽篇〈重整視覺文化，寫出下一頁歷史〉、獎項篇〈由獎項建構多點藝術連結的可能〉、張羽芃〈大

型特展熱潮橫掃全球〉
2013.10（461）鄭安齊〈德國國會大選與文化政策政見觀察〉
2013.11（462）徐升潔〈底特律美術館於經濟危機中面臨的困境〉
2014.01（464）張羽芃〈「藝術銀行」上路〉、楊舜雯〈21世紀的博物館樣貌／第1屆藝術與博物館高峰會〉、陳佳音〈藝術駐村指南／國際藝術村交流年會觀察〉
2014.04（467）從藝術銀行到視覺藝術政策的檢視／《藝術家》雜誌專訪文化部長龍應台
2014.05（468）「藝術銀行」總部開幕
2014.07（470）徐升潔〈如何呈現與經營一間災難博物館？／圍繞於911紀念博物館的議題〉
2014.09（472）鄭元智〈政府機構與美術行政之間的權力關係／從法國畢卡索國立美術館法人機構主席被免職事件談起〉
2014.10（473）徐升潔〈保存、更新或拆除／紐約美國民俗藝術館與現代美術館的擴建計畫〉
2014.11（474）亞當．林德曼；張羽芃編譯〈紐約現代美術館館長羅瑞談藝術品的收藏〉
2015.04（479）劉俐撰文〈文化行政攸關經濟／美國國家藝術基金會「10年大眾參與藝術調查報告」〉

美術教育

1975.06 — 1985.05

1977.02（21）劉國松〈第4屆亞洲美術教育會議報告〉、〈王秀雄報告台灣省美術現況〉、〈第四屆亞洲區美術教育會議宣言〉、何政廣〈第4屆亞洲美術教育會議記實〉、約翰．史寇博士〈美術教育與第23屆國際美術教育會議〉
1984.01（104）布爾克哈特著；海月山譯〈現代德國兒童畫教學〉
1985.04（119）郭少宗整理〈兒童美育教室巡禮〉、陳處世〈當小孩子的大朋友〉、陳輝東〈先建立兒童的信心〉、黃才郎〈藝術欣賞是活的教材〉、許輝煌〈提倡兒童水墨畫創作〉、張進傳〈綜合各科的「螞蟻」教案〉、鄭明進〈從名畫欣賞入手〉、蕭芙蓉〈加強觀察的訓練〉、鐘有輝〈兒童廣場的造形設計〉、劉宗銘〈由漫畫到圖畫書〉

1985.06 — 1995.05

1986.03（130）黃才郎〈全民美育從兒童生活中滋長〉
1995.02（237）展望21世紀的藝術教育／'94亞洲藝術教育國際學術研討會專輯（'94亞洲藝術教育國際學術研討會籌備會提供資料）：王貞閔〈亞洲藝術教育國際學術研討會記實、黃壬來〈邁向21世紀的美勞教育發展途徑〉、吳長鵬、陳秋瑾、高震峰〈美勞知識的表徵／探討美勞教育系與數理教育系國小職前教師的省察運作〉、盧安來〈國小美勞教育與環境教育結合的構想與實施〉、陳朝平〈鄉土教材在美勞新課程上的地位及其研究發展方向〉、張恬君〈電腦輔助藝術教學之研究〉

1995.06 — 2005.05

1996.01（248）專訪北京中央美院院長靳尚誼
1996.04（251）藝術的全民教育專輯：陸蓉之〈台灣公眾的藝術教育推廣與期望〉、劉惠媛〈為誰而藝術？（Art for whom？）〉、羅美蘭〈美術館鑑賞教育分級制〉、徐安琪〈新藝術教育時代／電腦多媒體的運用〉、汪亞塵〈繪畫的鑑賞與批評〉、楊佩玲〈來，大家一起來看美展〉
1996.10（257）當代最軟性的藝術通識專書《藝術學手冊》中文譯本出版
1996.09（256）《兒童畫教材教法》出版、劉振源《兒童畫教材教法》自序
1996.12（259）袁汝儀〈台灣美術與美術教育史的縮影／記國北師100周年台灣美術與美術教育史學術研討會〉、林曼麗〈戰前北師50年／北師美術教育與台灣美術近代化之研究〉、蕭瓊瑞〈戰後北師50年／現代美術與美術教育發展的一個斷代切面〉、黃海鳴〈國北師改制後創作類教師特質初探〉
1997.02（261）蘇春敏〈認識我們的社區／美術與語文、社會、音樂、舞蹈的綜合教學〉
1997.07（266）賴明珠〈「日治時期圖畫教育散論選輯」序〉、江間常吉文；邱彩虹譯〈圖畫教育新思潮之批判及最新圖畫教授法〉
1997.11（270）未來的藝術教育專輯：王受之〈未來的藝術教育〉、何耀宗〈一所令人難以想像的美國西海岸大學／洛杉磯「藝術中心設計學

院」〉、許瀞月〈藝術與文化認同／97 藝術教育國際研討會開鑼〉、本刊採訪〈藝術教育在台灣的現況與未來〉

1998.12（283）板倉贊治口述；花塘生速記；林皎碧譯〈圖畫教育縱橫談／從編纂「初等圖畫帖」談起〉

1999.02（285）史蒂芬．羅倫；黃淑玲譯〈法國應用藝術教學簡史〉

1999.06（289）第 1 屆美衍館教育國際學術研討會：林曼麗〈北美館美術館教育的現況〉、黃才郎〈高雄市立美術館資源教室案例探討〉、雷娜特．狄特薛德．巴特婁胥〈史賓格勒美術館的藝術教育與交流／「藝術嬉遊記」／一個有關思考空間、遊玩與互動的計畫〉、黛安．布萊格翰〈美術館教育人員的專業素養〉、大島清次〈美術館教育的角色與功能〉、凱芮．芙麗曼〈李察．享弗瑞美術館：公眾範疇與精英文化〉、上野浩道〈意義重構：美術館教育及社會責任、社區形成與美術館、學校的角色〉、長田謙一〈「美術」形成的現場〉、廖瓊芳文；劉安琪攝影〈21 世紀的藝術學校／法國弗雷諾當代藝術工作室〉

1999.08（291）相澤鐵五郎；林皎碧譯〈皇民化與圖畫教育〉、現代美術的素材與技法：江淑玲〈日本藝評家鷹見明彥一席談〉、鷹見明彥文；方振寧譯〈在結晶和安全別針之間／唯物性的素材論手記〉、鷹見明彥文；方振寧譯〈現代藝術和媒體的百科〉

2003.06（337）畢業潮．藝術新生代出線專輯：張晴文〈下車前，別忘了您隨身攜帶的行李〉、朱惠芬〈2003 華山新秀月大展〉、張晴文〈國立台北藝術大學美術系畢業展〉、高子衿〈國立台南藝術學院造形藝術研究所第 6 屆創作發表〉、姚瑞中〈從台灣藝術科系畢業展反思新生代創作趨勢與藝術教育〉、許遠達〈擴張或被稀釋的領域、陳永賢〈台灣新生代錄影藝術觀察〉、簡子傑〈留待重寫的身體〉、黃海鳴〈台灣的美術系與美教系的創作／大學院校美術〉、〈美教系藝術創作狀況之初探〉、王嘉驥〈台灣學院裡的當代藝術狀態〉、劉士楷〈如何畢業？怎樣展覽？／淺談新型態策畫性的畢業展〉

2003.11（342）馬曉瑛〈俄羅斯列賓美術學院〉

2004.01（344）台灣創價學會〈海峽兩岸美術教育演進與展望〉

2005.06 — 2015.04

2007.02（381）何政廣〈耶魯大學藝術學院長羅伯．史陀〉

2013.05（456）范峻銘〈「莫名其妙！超現實主義在台灣／藝術教育展」屏東美術館策畫美術教育展〉

2014.01（464）張羽芃〈「藝術銀行」上路〉、楊舜文〈21 世紀的博物館／第 1 屆藝術與博物館高峰會〉、陳佳音〈藝術駐村指南／國際藝術村交流年會觀察〉

2014.02（465）陳芳玲〈讓孩子拉著父母逛美術館看展覽／台南市文化局局長葉澤山介紹教育推廣校園巡迴展〉、〈創價行動美術館／文化平權與藝術扎根〉

2014.06（469）莊偉慈採訪整理〈開拓當代藝術的可能性／國藝會「視覺藝術策展專案」的現在與未來〉

2014.07（470）〈國際博物館年會探討博物館社會影響力〉

2014.10（473）潘播〈美感教育的翻轉／教育部第一階段「整合型視覺形式美感教育實驗計畫」〉

15

☑ 宗教

☑ 鄉土藝術

宗教與鄉土藝術

《藝術家》歷年來在佛教美術報導方面，在專家學者鼎力支援下，累積了可觀的成果並結集出版，在鄉土藝術的單元也有精闢的專文呈現。以下所列乃是歷年來重要文章目錄：

宗教

1975.06 – 1985.05

1982.04（83） 林良一著；林保堯譯〈佛教美術的裝飾文様〉連載

1982.08（87） 可拉譯〈麥積山石窟〉、郭忠生譯〈雕塑佛像的出現〉

1982.11（90） 林保堯〈雲岡龍門圖像學／吉村怜氏蓮華化生及其天人誕生衍變研究試析〉

1983.02（93） 林保堯〈中國佛像雕塑（連載）／六朝篇〉、郭忠生譯〈佛教與佛教藝術〉

1984.07（110） 林保堯〈東方藝術文化的大金字塔／犍陀羅的佛像世界〉、通口隆康〈犍陀羅的地理與歷史〉、宮治昭〈犍陀羅的雕刻〉

1984.10（113） 林保堯〈秣菟羅的佛像世界〉、高田修〈秣菟羅的地理與歷史〉、林保堯譯〈秣菟羅雕刻〉

1985.01（116） 我國石窟美術大系之一／鞏縣石窟專輯：安金槐〈鞏縣石窟的歷史與環境〉、鞏縣石窟雕刻選輯、鞏縣石窟造作風格和技法

1986.05（132） 劉奇俊〈中國石窟寺的藝術風格〉

1985.06 – 1995.05

1989.11（174） 常任俠〈《中國古佛雕》序〉

1990.07（182） 顏娟英〈古絲路上的中國佛教石窟藝術〉

1991.04（191） 中土文化寶庫「敦煌藝術圖典」問世：金維諾〈敦煌藝術在美術史研究上的地位〉、岡崎敬文；林保堯譯〈4-5世紀的絲綢之路與敦煌莫高窟〉、程榕寧〈尋訪海上絲綢之路〉、《敦煌藝術圖典》彩色圖版選輯

1994.01（224） 林保堯〈布達拉宮達賴喇嘛六世家中釋迦如來坐像〉

1994.04（227） 仁增多吉、歐朝貴、益西旺久〈西藏唐卡藝術專輯〉、〈西藏唐卡／宗教色彩濃郁・藏族文化珍寶〉、唐卡圖版簡介

1994.08（231） 林保堯〈阿梅陀第一窟瑪哈加納卡本生圖〉

1995.05（240） 佛教美術研究的「另一」方向／訪日本筑波大學學位博士論文得主林保堯

1995.06 – 2005.05

1995.10（245） 《西藏藝術集萃》在拉薩舉行發行式

1996.01（248） 韓書力〈後藏夏魯寺的元代瓦當〉

1996.03（250） 唐忠珊〈越南佛教藝術與占城神社〉

1996.07（254） 世紀絲路佛教藝術大展專輯：賈克・傑斯著；呂明穎譯〈塞蘭佛教圖像學試析〉、劉奇俊〈我佛慈悲／絲路美術大展紀實〉、劉俐撰文、讀賣新聞、富士通供圖〈世紀絲路佛教藝術大展〉

1996.10（257） 絢麗多彩唐宋佛像寶庫安岳石窟藝術專輯：胡文和撰文攝影〈唐宋佛像造像寶庫／安岳石窟〉、〈安岳石窟遺址的分布概況〉、〈安岳石窟造像的藝術特徵〉

1997.09（268） 佛教雕刻造像專輯：陳奕愷〈鐫石法相之美／國立歷史博物館「北朝佛教石雕藝術展」記述〉、李大蕙〈中國佛教中的佛、菩薩與羅漢〉、〈中國古代佛教造像〉、馬承源〈上海博物館雕刻造像〉、吳梓林〈雕塑的鑒別〉

1997.10（269）《中國金銅佛像》出版、林保堯《中國金銅佛像》序
1997.11（270）佛教美術全集壹／《佛像大觀》出版、林保堯《佛像大觀》自序
1998.01（272）平遙雙林寺列入世界文化財、《佛教美術講座》出版、林保堯《佛教美術講座》自序
1998.02（273）藏傳佛教藝術大展專輯：徐盼蘋〈慈悲．智慧／藏傳佛教藝術大展〉、徐盼蘋〈藏傳佛教文物在西方收藏緣起及台灣收藏近況〉、麥伊蓮 .M. 麗艾著；葛婉章譯〈美學、年代與風格〉
1998.03（274）佛教美術全集伍／《郭煌佛影》出版、樊錦詩〈敦煌石窟佛教造像藝術攝影「敦煌佛影」序〉
1998.05（276）田中公明文；曾長生譯〈十一面觀音〉、韓書力〈無所不在的尊者密勒日巴〉
1999.02（285）李永平文、趙廣田攝影〈甘肅佛教文物攬勝〉
1999.04（287）《陝西佛教藝術》出版、李淞開創陝西佛教藝術研究新局面／《陝西佛教藝術》序
1999.10（293）胡永炎〈力士天王護法神祇／驚心動魄的異類肢體語言〉、胡明琪〈山東青州龍興寺出土佛教石刻造像〉
1999.12（295）胡永炎〈領先群倫的山口謙四郎／大阪市立美術館石佛藏品〉、揭開東乃佛國淨土中的藝術寶藏「佛教美術全集」拾壹《韓國佛教美術》出版
2000.01（296）胡永炎〈佛像樣式與考古交流／大英博物館的中國佛像藝術收藏〉
2000.05（300）胡永炎〈長達 45 公里的長卷佛畫／開啟心靈視窗的莫高窟北朝壁畫〉
2000.09（304）賴素鈴〈敦煌藏經洞發現暨敦煌學百年／大陸推出系列展覽學術會議〉
2001.01（308）透視《西藏非常視窗》出版、韓書力〈寫在言猶未盡時／《西藏非常視窗》序〉
2001.04（311）胡永炎〈敦煌法華經變壁畫／解讀神奇的二像動畫空間〉、北辰〈巴米揚石窟巨佛／歷史上多次被損．3 月遭受損毀震驚國際〉
2001.06（313）胡永炎〈敦煌唐代彩塑菩薩／香奈兒女神〉、劉鳳君〈台灣所藏青州佛像〉
2001.07（314）劉鳳君著作《山東佛像藝術》出版
2002.06（325）巴中石窟藝術考察專輯：胡文和〈中國石窟寺藝術成熟期轉型體／巴中唐代石窟佛教造像考察研究〉
2002.08（327）唐代 8 世紀中期左右至末期〈報恩經變圖〉
2003.01（332）印度中亞佛教美術專輯：劉奇俊〈佛教美術兩大主流匯集／巴基斯坦．犍陀羅、印度．秣菟羅雕刻大展〉、晁華山中亞佛教建築、晁華山中亞犍陀羅佛寺與造像、晁華山印度佛教建築與造像、涂維政〈舉世聞名的青州旋風／記「出世神韻／青州佛教造像藝術展」〉
2003.02（333）林保堯〈2002 年法鼓山捐贈山東四門塔古石雕復歸佛身護送團記實錄〉
2004.07（350）古天竺的宗教珍寶／西印度威爾斯親王博物館的雕像珍藏
2004.11（354）林保堯〈法象威儀．大放光明／國立故宮博物院彭楷棟捐贈文物特展記〉
2005.02（357）李逸之〈藏西彩繪榮光／古格托林寺遺址壁畫〉
2005.03（358）李逸之〈西藏西部晚期擦擦造像／ 15-17 世紀古格遺址模塑佛像〉
2005.4（359） 潘潘〈唐代佛教文化與藝術的擺渡人／鑑真大師唐招提寺大展〉

2005.06 － 2015.04

2005.06（361）林保堯〈雷峰塔出土重要文物〉
2006.07（374）唐能理著《台灣的神像：一名美國文物收藏家研究紀事》出版、保羅 ・ 麥克 ・ 泰勒《台灣的神像：一名美國文物收藏家研究紀事》序
2006.09（376）胡文和〈融合異域的民族化佛像藝術／四川廣元千佛崖石窟藝術考察研究〉、〈千佛崖各時代龕窟造像〉、〈千佛崖龕窟造像的分期〉、〈千佛崖造像的藝術價值〉、為「藏傳佛教」開釋解惑／金申撰寫《西藏佛教美術講座》問世
2008.11（402）陳清香著作《台灣佛教美術「供像篇」問世》出版
2009.01（404）陳清香著作《台灣佛教美術「建築篇」、「繪畫篇」》出版
2009.04（407）施翠峰〈佛教藝術之美／印度佛蹟藝術之賞析〉
2009.06（409）劉俐〈夏威夷美術館展出不丹的佛教美術〉
2009.09（412）劉明惠〈「犍陀羅／巴基斯坦佛教遺產，傳奇、寺院和樂土」巡迴展〉
2010.07（422）李玉珉〈西藏佛教藝術的源流與發展〉
2010.08（423）潘潘〈東洋密宗的美術發展與其思想內涵〉
2012.07（446）林保堯〈印度聖蹟巴呼特大塔〉
2012.08（447）林保堯〈巴呼特大塔／東門／印度聖蹟巴呼

特大塔〉

2012.09（448）林保堯〈巴呼特大塔／東門（三）〉

2012.10（449）《從印度到中國：石窟藝術的產生與東傳》出版、林保堯〈巴呼特大塔／東門（四）〉

2012.11（450）林保堯〈巴呼特大塔／東門（五）〉

2012.12（451）林保堯〈巴呼特大塔／東門（六）〉

2013.01（452）林保堯〈巴呼特大塔／東門（七）〉、〈「和平與共生的啟示／法華經」展／普世價值、人類文明、世界遺產〉

2013.02（453）林保堯〈巴呼特大塔／東門（八）〉

2013.03（454）林保堯〈巴呼特大塔／東門（九）〉

2013.04（455）林保堯〈巴呼特大塔／東門（十）〉

2013.06（457）羅德瑞克．韋陀；林保堯編譯〈唐代9世紀後半期兩幅〈觀世音菩薩像〉〉

2013.07（458）羅德瑞克．韋陀；林保堯編譯〈唐代9世紀後半期的〈觀世音菩薩像〉〉

2013.08（459）羅德瑞克．韋陀；林保堯編譯〈唐代的〈如意輪觀音菩薩像〉與〈千手千眼觀世音菩薩像〉〉

2013.09（460）朱仕甄〈悟道／新加坡亞洲文明博物館舉行泰國佛教藝術展〉、林保堯〈光照大千／絲綢之路的佛教藝術特展〉、羅德瑞克．韋陀；林保堯編譯〈唐代的〈觀世音菩薩像〉與〈地藏菩薩像〉〉

2013.10（461）羅德瑞克．韋陀；林保堯編譯〈唐代9世紀末與五代10世紀初的〈引路菩薩圖〉〉

2013.11（462）羅德瑞克．韋陀；林保堯編譯〈唐代7至8世紀〈釋迦瑞像圖〉〉

2013.12（463）羅德瑞克．韋陀；林保堯編譯〈唐代末期至五代初期〈彌勒下生經變相圖〉〉

2014.01（464）羅德瑞克．韋陀；林保堯編譯〈唐代末期至五代初期〈普賢菩薩圖〉與〈文殊菩薩圖〉〉

2014.02（465）潘襎〈萬島之國的佛教光輝／印尼佛教美術〉、羅德瑞克．韋陀；林保堯編譯〈西域佛畫／五代（10世紀中葉）與唐代（9世紀）〈行道天王圖〉〉

2014.03（466）羅德瑞克．韋陀；林保堯編譯〈五代至北宋（彌勒佛．文殊普賢菩薩圖）與（法華經普門品變相圖）〉

2014.04（467）羅德瑞克．韋陀；林保堯編譯〈五代至北宋（水月觀音圖）與（佛倚坐圖像）〉

2014.05（468）鄭涵云〈京都展出南山城佛教文物〉、潘襎〈柬埔寨吳哥美術的燦爛時代〉

2014.06（469）羅德瑞克．韋陀；林保堯編譯〈北宋（法華經普門品變相圖）與（觀世音菩薩像）〉

2014.07（470）羅德瑞克．韋陀；林保堯編譯〈五代（地藏十王圖）與（地藏十王圖）〉

2014.08（471）羅德瑞克．韋陀；林保堯編譯〈北宋〈觀世音菩薩像〉與〈父母恩重經變相圖〉〉

2014.10（473）羅德瑞克．韋陀；林保堯編譯〈唐代〈花鳥紋幡〉〈菩薩像長幡〉與五代〈菩薩像長幡〉〉

2014.11（474）羅德瑞克．韋陀；林保堯編譯〈五代〈菩薩像長幡〉與〈菩薩像長幡〉〉

2014.12（475）羅德瑞克．韋陀；林保堯編譯〈五代〈佛坐像長幡〉與觀音曼陀羅殘片〉

2015.01（476）潘襎〈緬甸初期的小乘佛教藝術〉、羅德瑞克．韋陀；林保堯編譯〈唐末至五代〈觀世音菩薩像〉與〈千手觀世音菩薩圖〉〉

2015.02（477）羅德瑞克．韋陀；林保堯編譯〈唐末至五代〈觀世音菩薩像幡〉與〈觀世音菩薩像幡碎片〉〉

2015.03（478）羅德瑞克．韋陀；林保堯編譯〈唐末至五代〈觀世音菩薩像幡〉與〈迦理迦尊者像〉〉

2015.04（479）羅德瑞克．韋陀；林保堯編譯〈唐代〈淨土圖殘片〉〉

鄉土藝術

1975.06 － 1985.05

1975.12（7）鹿港民俗文物館專輯，作者俞大綱、漢寶德、黃天横等。

1976.12（19）〈重新認識民間畫工的作品〉專輯、村夫〈向歷代民間畫工致敬〉、劉其偉〈畫壇中藉藉無名一位不尋常的神像畫家何信嚴〉、〈民間畫工的畫稿〉、宋龍飛〈十殿閻王圖像〉、〈西方畫家筆下的地獄〉、〈喜愛台灣民間神像的唐能理〉

1978.09（40）劉三豪〈台灣神像／關帝爺關羽〉

1978.10（41）劉三豪〈台灣神像／風神、雷公、電母〉

1978.11（42）劉三豪〈台灣神像／五穀之王神農大帝〉

1979.01（44）劉三豪〈台灣神像／齊天大聖爺〉

1979.02（45）劉三豪〈台灣神像／哪叱太子〉

1980.05（60）林衡道〈台灣的民間藝術〉、郭立誠〈保存本省民俗史料的千金譜〉、宋龍飛〈從民俗中探尋龜祭文化的根〉、郭振昌〈民間錫器／從家裡到廟宇〉、邱忠均〈客家昔時的嫁飾〉、曾培堯〈皮影戲／訪東華皮影戲團〉、沈平山〈中國民間偶戲〉、劉文三〈台灣神像的彫造〉、鄭善禧〈文人畫與民俗藝術之

結合〉
1980.08（63）宋龍飛文；胡登峰攝〈伶仃之洋、婆娑之船／從台灣瘟神的信仰看王船祭〉
1981.02（69）宋龍飛〈中國的泥偶藝術展覽專輯／三千年來一脈相傳的中國泥偶藝術〉、〈中國泥偶展覽作品選輯〉
1982.02（81）宋龍飛〈樸實無華、濃摯奔放／中國的鄉土藝術泥偶〉、宋念慈〈舊臘憶大陸鄉土玩具〉、〈中國鄉土藝術作品選刊〉
1983.02（93）曾幼荷著；劉晞儀譯〈中國民間藝術〉（實用器具、竹器、籃子與其他編織物、印染棉織品、木製器具、塗漆皮件、葫蘆、白鑞製器、銀器）、曾幼荷著；劉晞儀譯〈有象徵特質的民藝品〉（木刻神像、版畫、門神、老虎與鍾馗）

1985.06 — 1995.05

1988.02（153）簡榮聰〈台灣民間石臼探賞〉
1988.04（155）孟昌明〈渾濛中的星光／簡介西藏民間石刻〉
1988.09（160）《從文物看生活》簡榮聰〈台灣農村的石礱〉
1988.10（161）潘元石〈風獅爺／記一件風格樸實的民間藝術〉
1988.12（163）劉還月〈送瘟祈福王船祭／別開生面的小琉球王船祭記實〉
1989.02（165）黎朗〈大陸的民間年畫／近 40 年的變革和發展〉、〈村婦的巧藝／王繼汝的剪紙〉
1989.04（167）姚鍾華、曾曉峰〈雲南民間原始藝術〉
1990.03（178）陳傳席〈陝北民間藝術考察記〉
1990.12（187）華府通訊：台灣地獄卷軸首次在美展出
1991.08（195）苗族服飾專輯：婁經緯〈苗族服飾的探索與省思〉、陳景林〈貴州苗族服飾分析〉、楊美惠〈貴州苗族銀飾的設計與製作〉
1992.01（200）莊伯和〈民間藝術的研究與省思〉、王朝聞〈一個期待／「中國民間藝術」出版前言〉、張仃〈尋根〉、顧森〈現代藝術中的民間美術風〉
1992.07（206）吳青龍〈漫談玩偶與陶俑〉
1993.11（222）鄉土藝術：李奕興〈台灣傳統彩繪藝術的類型式樣〉
1993.12（223）李奕興〈傳統彩繪塗料〉
1995.01（236）焦炎鋒撰文、趙存忠攝影〈高密撲灰年畫〉
1995.01（236）柯孟德、趙曼〈《黔苗圖説》的藝術畫題／富有文化、宗教、生活情調的貴州民間藝術〉
1995.02（237）賞民藝・賀新春、冬宮的年畫、馬正榮〈威寧回族挑花〉、貴州施洞苗繡的原始思惟

1995.06 — 2005.05

1995.08（243）《台灣傳統彩繪》出版問世
1996.03（250）張燕〈民間美術之花／剪紙藝術〉
1998.01（272）民間版畫 VS. 現代版畫探討專輯：三山陵〈記日本民藝館所藏／中國民間版畫的調查整理工作〉、三山陵〈柳宗悦與日本民藝館〉、戚建民〈武強年畫博物館／武強年畫的風格〉、張道〈中國民間木版畫／淺析其概念與分類〉、徐陽〈虎年趣談民藝虎〉
1999.06（289）兩岸民俗文化學術研討會論文選輯：宋兆麟〈世紀之交的民族文物〉、郭子昇〈老北京的民俗與民俗文物〉、楊德鋆〈雲南少數民族藝術文物〉、黃炳元〈閩南民俗文物的保護與利用〉、李露露〈海南的黎族文物〉、徐斌豐〈富多彩的藏族文物／試論藏族文物的特點〉、王樹村〈紙馬藝術的發展及其他〉、徐藝乙〈吉祥圖藝術研究〉
1999.11（294）邊域明珠：黔東南苗族服飾專輯：何兆華〈三千里苗疆／黔東南苗族之時空背景〉、〈斑斕苗服／傳統織品服飾特色〉與〈閱讀服裝／苗族衣裝的符碼〉、王偉光撰文攝影〈《苗漢刺繡／老虎變龍》新書圖片欣賞〉
2001.02（309）徐陽〈蛇吐瑞氣賀新春／蛇年談民間剪紙裡的蛇〉、黃可淳〈風之美／中國民間藍印花布〉
2002.01（320）韓書力〈西藏崗措卡墊文化探祕／來自雪域藏胞奇思秒想的佳構〉
2002.02（321）徐陽〈馬年漫談民間剪紙裡的馬〉
2002.04（323）川野明正圖文；鄭明進譯〈雲南的小小神祇〉
2003.02（333）徐陽〈羊年談以羊造形的民間藝術〉
2004.04（347）陳清香〈回歸學甲慈濟宮的葉王交趾陶〉、李乾朗〈1920 年代台灣寺廟與居民的交趾陶裝飾藝術〉

2005.06 — 2015.04

2011.08（435）韓書力〈西藏唐卡的繪製與創新〉
2012.05（444）韓書力〈「昨天今日／西藏當代藝術展」亮相獅城〉
2012.08（447）韓書力〈一戶農家與一座殘塔〉

16. 陶瓷藝術

《藝術家》自創刊號開始持續載有陶瓷藝術相關文章。陶藝家邱煥堂自 1976 年 6 月創刊號（第 1 期）至第 19 期陸續撰寫「陶藝講座」專欄，內容包括陶工／陶藝最基本材料、作陶的工具和方法、土調成形法、素燒與施釉、窯、陶畫、陶雕與現代陶藝等基本知識。1979 年結集成《陶藝講座》一書出版，為當時台灣第一本有關陶藝入門的專書。

1980 年初期，台灣陶藝開始走向蓬勃發展之路。1980 年 11 月（66）以楊文霓為封面，並配合她的個展，內文製作 25 頁的「楊文霓陶藝」專輯，在當時受到藝術界的矚目。陶藝評論家宋龍飛也在這個年代成為《藝術家》的作者，以本名或筆名「方叔」發表相關文章並主持「誌上陶藝展」專欄，和《藝術家》一起帶動台灣陶藝風氣不遺餘力。

黎翠玉與莊秀玲分別於 2008 年 1 月（392）與 2010 年 6 月（421）開始在《藝術家》連載「誌上話陶」及「創意陶藝」專欄。「誌上話陶」主要透過觀察與評析陶藝作品，寫出陶藝家的風格與創作形式，以及不同時代背景下陶藝家們的際遇與陶瓷藝術演變；而「創意陶藝」則介紹陶藝家的學陶歷程，帶領讀者走進陶藝家的工作室，樸實勾勒出陶藝家與陶瓷藝術間的情感與故事。兩者皆深入撰寫陶藝家與陶藝作品背後的故事，讓讀者體會陶瓷世界的奧妙多變。

近四十年來，《藝術家》除了報導現代陶藝的發展與活動，也關注傳統陶瓷，以及出土或海上發現的物件等，都藉由專家學者的研究作深入淺出的披露。以下為要目摘選：

1975.06 — 1985.05

1975.06（1） 邱煥堂〈陶藝與我〉

1978.12（43） 譚旦冏〈古陶瓷素描／五千年來為人生而藝術的純中國文化特性〉、陳信雄〈被遺忘的文明／中國陶瓷〉、童依華〈韓國沉船上發現的中國瓷器〉、陳擎光〈宋元貿易陶瓷簡介〉、蔡玫芬〈台灣早期的陶瓷器〉、劉三豪〈反映早期民間生活的台灣土器〉、方叔〈神祕禁地探祀壺〉、譚志成〈石灣陶藝〉、岳蘭瑤〈陶藝家吳讓農訪問記〉、林葆家〈火與土的藝術／一位陶藝家的自白〉、楊文霓〈線點之延／現代陶藝〉、志匡〈仿古陶瓷製作現況〉、劉其偉〈中南美洲印第安陶器〉

1979.05（48） 楊文霓譯〈宜興陶器（上）〉

1979.06（49） 楊文霓譯〈宜興陶器（下）〉、陳信雄、謝明良〈越窯在日本／中國陶瓷輸日的開始〉

1979.09（52） 澎湖考古專輯：方叔〈為台灣歷史期文化尋根〉、宋龍飛〈澎湖的開發史與移民的風俗民情〉、黃士強〈新發現的澎湖新石器時代遺址〉、謝明良〈遺留在澎湖的宋元時期泉州青瓷及龍泉窯青瓷〉、楊文霓〈簡介澎湖出土的陶瓷片〉、王行恭〈澎湖發現的黑釉瓷片〉、蔡玫芬〈澎湖考古日記〉、陳擎光〈澎湖陶瓷的窯址與傳播路線〉、陳信雄〈來自魂縈夢牽的家鄉／澎湖的宋代陶瓶〉、三上次男著；蔡和璧譯〈唐末的貿易陶瓷／長沙銅官窯瓷〉、尚菩瓊述；蔡玫芬記錄〈泰國的中國古陶瓷〉、劉文三〈七美島、望安島〉

1980.11（66） 方叔〈建立現代中國陶藝的新形象〉、宋龍飛〈我所認識的陶藝家楊文霓〉、楊文霓〈走泥記〉、陶朋舍人〈泥土語言的敘述〉、陳信雄〈中國陶藝往何處去〉、謝明良〈一縷連續傳統陶藝的親切〉、蔡天祥〈一位腳踏實地的陶藝家〉、王行恭〈中國土〉、陳擎光〈與楊文霓對談學陶藝〉

1981.3（70） 〈畢卡索陶藝欣賞〉、郁斐斐記錄〈從中日現代陶藝交流展談／如何提昇我們的現代陶

藝〉、〈日本現代陶藝作品選輯〉、張清治〈中日現代陶藝家作品展觀後〉

1982.03（82）游曉昊陶藝專輯：宋龍飛〈還土歸真〉、張清治〈游斯「土」！「游之陶」！國陶現曙光〉、〈游曉昊作陶過程〉、林葆家〈陶藝界的麒麟兒／看游曉昊陶藝展〉

1982.10（89）方叔〈現代陶藝大展評介〉、〈王修功、劉良佑、楊文霓、游曉昊、孫超、曾明男、連寶猜、李亮一、馮盛光、陳實涵、高淑惠、楊作中作品集〉、〈12位我國現代陶藝家工作室專訪〉

1983.04（95）〈陶瓷藝術座談／三上次男博士談中國陶瓷〉、山崎一雄主講；蔡和璧譯〈曜變天目和油滴天目〉

1983.05（96）田村晃一演講；蔡和璧整理〈沖繩出土的中國陶瓷〉、山崎一雄〈綠釉與三彩的化學成份〉

1983.06（97）〈明代陶瓷大全簡介〉、陳英德〈陶泥的心象符號／略談李茂宗的現代陶藝〉、方叔〈陶器苦窳／佑往陶焉〉、蔡和璧譯〈宜興紫砂茶壺〉、葉霓〈趣味陶器之訪／黃文宗女士訪問記〉、王行恭〈金代加彩陶瓷〉、三上次男著；蔡和璧譯〈略覽中國陶瓷演進（上）〉

1983.07（98）蔡和璧譯〈紫砂陶的名品名匠與製作〉、三上次男〈略覽中國陶瓷演進（下）〉

1985.03（118）戴歐妮絲〈我的作品標題和內容〉、波給拉耶雷〈戴歐妮絲的作品和比利時現代陶藝〉

1985.05（120）蔡和璧〈日本近代陶藝的先驅板谷波山〉、連寶猜〈看日本年輕陶藝家作品〉

1985.06 － 1995.05

1985.12（127）陳信雄〈澎湖宋元陶瓷研究概況〉、〈曾竹山陶瓶／最具代表性的澎湖宋元陶瓷〉

1986.05（132）賴伯任〈原始．神秘．充滿幻想的印加古陶〉

1986.09（136）《清代陶瓷大全》出版

1987.05（144）蔡和璧〈清瓷略談：郎窯／兼談中國紅釉瓷起源〉、李賓〈宋元外銷陶瓷的重鎮／福建宋元陶瓷〉

1987.06（145）蔡和璧〈大英博物館收藏的中國瓷器〉

1987.07（146）三上次男文；蔡和璧譯〈三上次男80自述〉、蔡和璧〈中國陶瓷的知音／悼念三上次男〉

1988.02（153）漢唐陶瓷精華：馮先銘〈形象生動、風格寫實／秦漢的陶塑藝術〉、馮先銘〈富盛唐氣象的唐三彩〉

1989.01（164）宋龍飛〈台灣陶瓷業界的播種者／林葆家〉

1989.05（168）孫超〈結晶釉的世界／陶藝創作自述〉

1989.08（171）王輔羊譯〈陶瓷之都景德鎮〉、《古代陶瓷大全》出版

1989.12（175）《明清陶瓷大全》售法文版

1990.08（183）劉奇俊〈日本歷代名陶瓷百選〉

1992.01（200）丁受遲〈鍾愛一生陶／林葆家陶藝紀念展〉

1992.05（204）李茂宗〈大陸首次舉辦國際現代陶藝研討會追記〉

1993.01（212）台灣陶藝學會〈台灣陶藝學會將舉辦陶藝展覽和推廣活動〉

1993.07（218）鄧白《景德鎮陶瓷大全》序

1993.12（223）青花瓷專輯：趙宜生〈精湛雅緻的青花瓷〉、趙自強〈元代青花的紋飾〉

1994.01（224）耀州窯青瓷專輯：趙自強〈精比琢玉耀州窯〉、李輝炳〈耀州窯及其有關問題〉

1994.09（232）景德鎮古陶瓷藝術專輯：《景德鎮古陶瓷》隆重出版、鄧白〈《景德鎮古陶瓷》〉序、趙宜生〈瓷都景德鎮的崛起〉

1995.01（236）范姜明道〈華陶下的故事／記紐約伊弗森陶藝美術館陶藝收藏展〉

1995.06 － 2005.05

1996.04（251）侯權珍〈景德鎮古陶瓷新訊息／專訪景德鎮考古研究所所長劉新園〉

1999.02（285）《宜興紫砂壺藝術》出版、汪寅仙《宜興紫砂壺藝術》序

2000.04（299）《中國古陶瓷文獻集釋（上冊）》出版、馮小琦、馮小捷《中國古陶瓷文獻集釋（上冊）》後記

2000.05（300）《甘肅彩陶大全》問世、張朋川《甘肅彩陶大全》序

2000.06（301）應廣勤〈從黃河文明／甘肅彩陶特展／看甘肅地區新石器時代的彩陶發展〉

2000.11（306）林貞吟〈鶯歌陶瓷博物館體現光燦陶藝美學／吳進風、簡學義催生台灣第一座陶瓷博物館〉

2001.08（315）謝東山、莊秀玲〈台灣地區重要陶藝作品調查研究計畫調查緣由與結果〉

2002.02（321）吳曉芳〈法國利摩日瓷器〉

2002.05（324）吳曉芳〈歐洲精緻古董瓷器鑑賞系列／英國

德比瓷器〉

2003.04（335）台北縣立鶯歌陶瓷博物館〈醬缸文化．台灣味／缸與甕特展〉

2003.07（338）林慧貞、莊秀玲、巫漢青〈古意與新顏／台灣彩繪陶瓷展〉、袁金塔〈台灣現代彩繪陶瓷新顏〉

2003.11（342）邱煥堂〈2004 年第 1 屆台灣國際陶藝雙年展／從參賽作品中探索全球陶藝創作可能的趨勢〉

2004.01（344）崔延蕙〈有易服癖的陶工／葛瑞森．派瑞獲 2003 年泰納獎〉

2004.10（353）施佩瑩〈鶯歌製陶兩百年國際研討會〉

2004.11（354）西班牙陶藝交流展專題報導〈荷西．米蘭達、璜．保德雅藝術的精神正在改變／西班牙現代陶藝發展之路〉

2005.03（358）黃海鳴〈民俗節慶中的另外一些聲音／面對「破陶展 Part II／節慶」陶藝專題策展〉、王修功〈在景德鎮作陶有感〉、許芳智〈陶瓷藝術的突破與創新〉

2005.06 — 2015.04

2007.08（387）故宮博物院珍藏紫砂首次公開／《你應該知道的 200 件宜興紫砂》出版、王健華〈紫砂器的鑑定〉

2008.07（398）黎翠玉〈今日的耀州窯博物館與陳爐風情／從國立歷史博物館「玉潤玄光」民窯瓷器展談起〉、李昱宏〈青花瓷的秘密／當代澳洲陶藝家五傑〉

2009.09（412）「Korero」，觀點的交換／2010 臺灣國際陶藝雙年展：七位國內外評審概介／「2010 臺灣國際陶藝雙年展」邀集多位國際陶藝圈人士評選、陳書俞〈激發多方對話的「Korero」／「2010 臺灣國際陶藝雙年展」評審座談會紀要〉、莫雅拉．伊利歐（Moyra Elliott）〈Korero．陶藝對話／策展人莫雅拉．伊利歐策展論述〉

2009.10（413）陳書俞〈臺灣國際陶藝雙年展〉、吳念凡、李卉芹〈評審怎麼說？／2010 臺灣國際陶藝雙年展評審會議座談紀要〉

2011.09（436）施宣宇〈第 57 屆國際陶藝雙年展〉

2011.11（438）陳新上〈從北投燒與大屯燒到現代藝術陶瓷萌芽／百年北投陶瓷特展〉

2011.12（439）徐芬蘭〈古代地中海沿岸區域國家陶瓷文化回顧／巴塞隆納陶瓷館「地中海沿海交流出的古寶陶瓷」展〉、20 位日本陶藝家述說日本當代陶藝史／《陶人．陶觀：日本當代陶藝名人集》出版

2012.03（442）《孫瀛洲陶瓷研究與鑑定》、《陳萬里陶瓷研究與鑑定》出版

2012.04（443）鄭涵云〈發現日用之美／柳宗悅與民藝〉

2013.10（461）薛瑞芳著作《釉藥學》出版

2013.11（462）龔卓軍〈2014 台灣國際陶藝雙年展的初步觀察〉、張羽芃專訪〈2014 台灣國際陶藝雙年展策展人溫蒂．葛絲〉

2013.11（462）張羽芃〈當陶藝與科技相遇／專訪 2014 台灣國際陶藝雙年展策展人溫蒂．葛絲〉

2014.04（467）黎翠玉〈以陶捏畫／鶯歌陶瓷博物館「畢卡索陶藝展」〉

《藝術家》刊載過的陶瓷藝術專欄，前有「陶藝講座」、「誌上陶藝展」等，以及至今連載中的「誌上話陶」與「創意陶藝」。以下擇要刊載部分重要內容：

方叔「誌上陶藝展」專欄標題包括：〈誌上陶藝展／展前的話〉（83）、〈揉和傳統的一塊泥〉（84）、〈心血的結晶、火上的蓓蕾〉（85）、〈具體的感情、文明的躍升〉（86）、〈地陽光爛爛、走泥易成陶〉（87）、〈當代 12 位傑出陶藝家〉（88）、〈現代陶藝大展評介〉（89）、〈枝上新蕊，繁花初綻〉（90）、〈剛柔並濟曲直天成〉（91）、〈酌酒初滿杯，調弦始成曲〉（92）、〈爐清新金石為真〉（93）、〈無窮的清新〉（94）、〈有朋自遠方來〉（95）、〈香江有水亦有陶〉（96）、〈陶器苦窳／佑往陶焉〉（97）、〈名人榜上添猛將〉（98）、〈激起的浪花〉（99）、〈力爭上游〉（100）、〈理性的移情〉（101）、〈東風西漸〉（102）、〈這一年／七十二年現代陶藝的發展〉（103）、〈走向奔放的時代〉（104）、〈懲前毖後〉（105）、〈再為陶瓷捏把勁〉（106）、〈永難落幕的掌聲〉（107）、〈泥偶的再生〉（108）、〈火樹銀花〉（109）、〈聲動梁塵〉（110）、〈運斤成風〉（111）、〈難易相成〉（112）、〈化身千千萬〉（113）、〈資訊時代〉（114）、〈無遠弗屆〉（115）、〈觀陶記聞〉（116）、〈大將不斲〉（117）、〈風雲起山河動〉（118）、〈疾風知勁草〉（119）、〈把警世箴言留給愛陶者〉（120）、〈淚水、血汗、喝彩、感懷／從中日陶展後看國內現代陶藝之發展〉（121）、〈第三波／采石陶展〉（122）、〈帶回來的光榮與驕傲／寫於孫超個展前〉（128）、〈揄揚

與揶揄〉（129）、〈知難行易／評楊文霓編著「陶藝手冊」〉（134）、〈摶虛成實〉（135）、〈登臨藝術的殿堂〉（136）、〈傳統與創新〉（137）、〈一片靈氣〉（140）、〈近五月陶壇我見我思我想〉（146）、〈三人行〉（149）、〈「法」外「情」／寫於寶雍的陶展前〉（151）、〈畫家筆下的陶瓷器〉（152）、〈第2屆陶藝雙年展評審後的省思〉（154）、〈爭一時也要爭千秋／寫在第二屆陶藝雙年展之後〉（155）、〈最後復活的一粒種子〉（160）、〈寄望更多女性投入陶藝〉（161）、〈陶藝的經紀制度〉（163）、〈傳統與現代的聯姻／陶藝創作隨感〉（167）、〈神州'89現代陶藝大展〉（168）、〈中國陶藝走向世界的起點問題〉（169）、〈現代陶藝的繼承與創新〉（172）、〈對中華現代陶藝的展望〉（174）（175）、〈振興中華陶藝之我見〉（176）（177）、〈功在陶藝〉（178）、〈歷史的見證〉（179）、〈現代陶踏出的第一步〉（199）、〈陶藝紀事錄〉（201）、〈化緣新記〉（202）、〈奮起吧！陶藝！〉（203）等。

黎翠玉的「誌上話陶」專欄，介紹過的陶藝家包括：黃勝、張景輝、曹春生（392）、徐兆煜（393）、劉世平（394）、傑森．何斯（396）、鄭永國（397）、劉怡安（399）、周妙文（402）、林王善瑛（404）、楊千儀（405）、唐珂（406）、蕭鴻成（407）、葉志誠（409）、吳東杰（412）、蘇開平（414）、許旭倫（415）、林博裕（417）、林文嶽（419）、邱建清（420）、蔡美如（422）、劉武（424）、張世蓉（426）、劉美英（427）、呂景輝（430）、楊申弘（434）、黃正吉（435）、張美貞（436）、李明揮（437）、蔡川竹與吳開興（438）、寄神宗美（439）、陳淑秝（440）、李俊蘭（442）、洪琦軒（443）、官貞良（444）、黃國維（445）、劉榮輝（446）、林葆家（448）、李仁嵋（449）、張秀惠（450）、廖先立（451）、吳偉谷（452）、羅濟明（453）、湯潤清（455）、劉安寧（456）、李仁燿（457）、許菊（458）、許明香（459）、曾樹枝（461）、譚知凡（462）、神山清子（463）、雷安平（464）、陳蘭美（465）、曾財萬（469）、林美嬌（470）、徐子雲（471）、張金偉（473）、孔相卿（474）、葉劉金雄（475）、余成忠（476）、許瓊文（478）、李金生（479）。

莊秀玲的「創意陶藝」專欄，介紹過的陶藝家包括：蔡宗隆（421）、林妙芳與布萊恩（422）、施宣宇（423）、朱芳毅（424）、胡慧琴（425）、唐瑄（427）、吳偉丞（428）、劉榮輝（429）、蘇保（430）、卓銘順（431）、陳加峰（432）、謝嘉亨（433）、利庭芳（434）、呂之蓉（435）、張和民（436）、王幸玉（437）、黃玉英（438）、李金碧與梁冠英（439）、楊上峰（440）、許玲珠（441）、盧嬿宇（442）、蘇淑美（444）、王惠仁（445）、李宗儒（446）、李佩蓉（447）、徐美月（448）、尤雅容（449）、許芝綺（450）、林善述（451）、方柏欽（452）、邱梁城（453）、陳啟南（454）、羅紹綺（455）、羅麗峯（456）、李雅雯（457）、顧上翎（458）、許家瑜（459）、林龍杰（460）、黃偉茜（461）、黃莛　（462）、陳芍伊（463）、林志恆（464）、連瑜佩（465）、林博裕（466）、鐘雯婷（467）、吳明儀（468）、詹志鴻（469）、吳其錚（470）、李俊蘭（471）、陳峙傑（480）、王怡惠（473）、梁家豪（474）、吳淑麟（475）、周妙文（476）、陳淑秝（477）、黃姿斐（478）、葉怡利（479）。

17.

《藝術家》雜誌歷年專輯

1975.06 — 1985.05

1975.06（1） 從傳統・時代・個人／看任伯年的畫：林惺嶽、曹緯初撰文

1975.07（2） 今日美國最著名畫家魏斯：鍾行憲、何政廣、楊熾宏、席德進、謝孝德、廖修平、蔣健飛、鄭筱慧撰文

1975.08（3） 畢卡索／天才的創造：陳福善、瀨木慎一；程雯編譯、劉其偉、邱忠均撰文

1975.09（4） 徐悲鴻作品專輯：林惺嶽、凌祖綿、索翁撰文

1975.10（5） 惲壽平專輯：張臨生撰文

1975.11（6） 明清繪畫專輯：屈志仁、蘇龢譯撰文

1975.12（7） 鹿港民俗文物館專輯：俞大綱、漢寶德、蔡文怡、莊伯和、黃天橫、方雨、林惺嶽撰文

1976.01（8） 揚州八怪專輯：凌祖綿撰文

1976.02（9） 中國美人畫專輯：《藝術家》特稿；中國龍畫專輯：趙妍如、趙氏人、何耀宗指導、陳秀麗設計

1976.03（10） 洪通畫展專輯：何政廣、羅杰、周奇勳、汪澄、顧獻樑、王秀雄、廖修平撰文

1976.04（11） 1950-1975，20 座全球建築物的代表作：《藝術家》特稿、陳洪業撰文

1976.05（12） 黃賓虹：鄭明、蠟園、凌祖綿、王澤恒撰文

1976.06（13） 宋代花鳥畫專輯：《藝術家》特稿；動態藝術專輯：何政廣、何玉郎編譯、賴傳鑑撰文

1976.07（14） 美國 200 年藝術專輯：何政廣、鐵硯、席德進、龍伍、伯龢編譯、陳小凌紀錄、何玉郎、羅森堡、陳艾妮編譯

1976.08（15） 漢代繪畫：莊伯和、《藝術家》資料室

1976.09（16） 歐美現代藝術情報：龍伍、何玉郎、《藝術家》資料室、費里明撰文

1976.10（17） 傅抱石專輯：蔣健飛、凌祖綿、仰真撰文

1976.11（18） 台灣土著藝術專輯：劉三豪、莊伯和、何廷瑞、李哲洋、孫家驥、高業榮、劉千綸、《藝術家》資料室、王資賡

1976.12（19） 民間畫工與十殿閻王圖像專輯：村夫、劉其偉、宋龍飛、蔡文怡撰文

1977.01（20） 馳名世界的雕刻家／柯爾達專輯：黃春英、陳其茂、龍伍、何政廣撰文

1977.02（21） 年畫專輯：宋龍飛、梁奕焚、劉文三、孫家驥、《藝術家》特稿

1977.03（22） 朝鮮半島美術專輯：李基白、劉其偉、金元龍、秦弘燮、鄭良謨、韓國國際文化協會、黃壽水、高登河、古月、蔡文怡、《藝術家》編輯室撰文

1977.04（23） 陳其寬繪畫專輯：李鑄晉、Ch-tsing Li、陳其寬、何弢、陳長華撰文；達利專輯：林惺嶽、林瀧野、哈士曼撰文

1977.05（24） 林風眠專輯：蔣健飛、林惺嶽撰文；劉萬航藝術創作展專輯：劉其偉、李霖燦、楚戈、方叔、何明績撰文、黃敏惠編譯

1977.06（25） 自畫像專輯・世界名畫家的自畫像：賴傳鑑、劉其偉、莊伯和撰文

1977.07（26） 魯本斯誕辰 400 周年專輯：黃春英、丹青、成皿撰文

1977.08（27） 繪畫技巧專輯：楚戈、李焜培、顧理夫、吳學讓、陳景容、于還素、陳銀輝、王家誠、郭軔、劉其偉撰文

1977.09（28） 印度・喜馬拉雅藝術專輯：劉其偉、蘇達、陳國寧、羅青、包惠夫、林尚信、李啓範、范忠相、其偉、黃玉珊、寧生、花菴、維奇、鷗閣、陳艾妮撰文

1977.10（29） 台灣文化藝術研究機構與美術館專輯：陳艾

妮、劉良佑、林美容、羅青、秦景卿、劉衍、周洪本、程其恆、劉其偉、劉曉東、邱秀堂、《藝術家》編輯室撰文

1977.11（30） 中國美術專輯：《藝術家》編輯室、陳艾妮、張臨生、羅曼莉、劉良佑、胡賽蘭、莊伯和編譯、林柏亭、張光賓、元靈、朱惠良、王耀庭、劉其偉撰文、北辰編譯

1977.12（31） 劉海粟與人體寫生：索翁、蔣健飛、魏克猛、劉抗、戴維藩、劉穗久、賴傳鑑、陳景容撰文

1978.01（32） 馬年大展:《藝術家》編輯部、王幻、陳仲玉、劉其偉、傅稜婷、劉三豪、陳小凌、陳長華撰文

1978.02（33） 工藝的開拓專輯：顏水龍、其偉、張長傑、宋福民、劉三豪、何耀宗、何政廣、陳愛誠、劉其偉、蔡文怡、李再鈐撰文

1978.03（34） 海洋繪畫：《藝術家》編輯部、劉其偉、何政廣、陳宏、劉三豪撰文

1978.04（35） 洋畫運動專輯：賴金男、王耀庭、陳抱一、索翁、花村；黃玉珊採訪劉其偉撰文

1978.05（36） 花與藝術專輯：蔣健飛、懷固、陳長華、花村、楊熾宏、楊李東周、劉三豪、陳宏、陸家驥撰文

1978.06（37） 阿拉伯藝術專輯：楊乃藩、劉丹、黃玉珊、《藝術家》編輯部撰文

1978.07（38） 西班牙 20 世紀名家畫展專輯：何政廣、米蓋、安德列斯；陳明德編譯、蔡琨霖、陳艾妮專訪、劉昌漢、陳明德編譯、慕提杜畫廊提供、《藝術家》編輯部、林惺嶽撰文

1978.08（39） 超現實主義專輯：《藝術家》編輯部、賴傳鑑編譯、李東平撰文

1978.09（40） 細說羅漢／中國美術特有題材：宋龍飛撰文

1978.10（41） 世界原始藝術：陳奇祿、方舟譯、黃玉珊編譯、劉其偉撰文

1978.11（42） 貝聿銘訪問紀：原載《藝術新聞》；黃玉珊摘譯

1978.12（43） 古陶瓷素描．5000 年來為人生而藝術的純中國文化特性：譚旦冏、陳信雄、童依華、陳擎光、蔡玫芬、劉三豪、方叔、譚志成、劉其偉、岳蘭珞、陶山人、林葆家、楊文霓、志匡撰文

1979.01（44） 石濤最小精的書畫冊「歸棹」：李葉霜、方聞文；靜玫編譯

1979.02（45） 拉丁美洲藝術專輯：《藝術家》編輯室、于還素、中國空間藝術學會學術組、劉其偉、王藍、鄭關騰、梁丹平、席德進撰文

1979.03（46） 藍蔭鼎專輯：《藝術家》編輯室、北辰、劉其偉、楊英風、李澤藩口述、何肇衢撰文

1979.04（47） 插畫研究：王錫賢、胡澤民、何耀宗、胡永、蘇宋雄、王明嘉、歐陽丹、顏美、吳鼎、劉其偉、楊震夷撰文

1979.05（48） 真源與妄跡／從設計教育觀點剖視台灣室內設計：王建柱撰文

1979.06（49） 畫廊專輯：楊英風、史文楣紀錄、郭東榮、何肇衢、勃爾凡；陳英德編譯、陳英德、呂理尚撰文

1979.07（50） 梁楷專輯：田中一松；張桐生編譯、李榮龍編譯、《藝術家》資料室、談錫永撰文

1979.08（51） 絲路專輯．關於絲路：《藝術家》資料室、劉其偉編譯、宋念慈、井上靖；陳有慧編譯、北辰撰文

1979.09（52） 澎湖考古專輯．為台灣歷史期文化尋根：方叔、宋龍飛、黃士強、謝明良、楊文霓、王行恭、蔡玫芬、陳擎光、陳信雄、三上次南；蔡和璧編譯、蔡玫芬紀錄、劉文三撰文

1979.10（53） 台灣工業設計的過去．現在．未來：黃玉珊紀錄、蕭汝淮、郭淑雄、袁國泉、梁又照、侯平治、高長漢、賴一輝撰文

1979.11（54） 星馬畫壇人物劉抗／新加坡美術發展的導師：劉其偉、陳宗瑞撰文

1979.12（55） 最後的天堂／峇里行：劉抗、劉其偉、瑪戈、黃玉珊編譯

1980.01（56） 普普藝術專輯：阿洛威；洪淑華編譯

1980.02（57） 朱沅芷專輯：蔣健飛、海倫；朱小明編譯

1980.03（58） 水墨畫專輯：何懷碩、談錫永、于還素、賀天健、呂壽琨、王耀庭、若士、羅青、徐術修、《藝術家》資料室、江明賢、鄭善禧、郭掌從撰文

1980.04（59） 筏灣的婚禮專輯：劉其偉、宋龍飛、陳奇祿、高業榮撰文

1980.05（60） 台灣的民間藝術：林衡道、郭立誠、宋龍飛、郭振昌、邱忠均、曾培堯、沈平山、劉文三、鄭善禧撰文

1980.06（61） 創刊五年，五個專輯：達利／英雄的節日：陳英德撰文；享譽東南亞的畫家／鍾泗濱：何政廣、劉其偉；清香雅靜／畫蘭專題：蔣健飛；中國民初的美術學校：《藝術家》資料室；我國雕刻藝術寶庫雲岡石窟：《藝術

家》資料室
1980.07（62） 東南亞原始藝術展專輯：李亦園、施翠峰、阮昌鋭、胡登峰、宋念慈、瑪戈、胡澤民、陳正雄撰文
1980.08（63） 模特兒與畫室專輯：《藝術家》編輯室、北辰、達微、廖雪芳；胡登峰攝影、王禮溥、艾絲勒；黃玉珊編譯、廖雪芳撰文
1980.09（64） 黃賓虹畫展特寫：鄭明、《藝術家》資料室、何弢撰文
1980.10（65） 英國水彩畫派泰斗佛林特：劉其偉撰文、《藝術家》資料室
1980.11（66） 楊文霓陶藝專輯：方叔、宋龍飛、楊文霓、胡登峰攝影、陶朋舍人、陳信雄、謝明良、蔡天祥、王行恭、陳擎光、謝德正攝影、高業榮撰文
1980.12（67） 蘭嶼專輯：《藝術家》資料室、劉其偉、宋文薰、宋龍飛、陳長華、朱立熙攝影、楊恩生撰文
1981.01（68） 建築與藝術專題討論：陳其寬、王立甫、趙建中、馬以工、蔣勳、夏鑄九、王鎮華等參與討論。蔣健飛、雪喬撰文
1981.02（69） 中國的泥偶藝術展覽專輯：宋龍飛撰文、胡登峰攝影
1981.03（70） 曾景文專輯：劉其偉節譯、郭海倫；靜玫編譯
1981.04（71） 被遺忘的寫實主義：陳英德撰文
1981.05（72） 水彩畫壇大師系列報導：史文楣編譯、《藝術家》資料室
1981.06（73） 高劍父專輯：曾桂昭、關山月、《藝術家》資料室
1981.07（74） 藝術批評專號：郭繼生、鄭碧英編譯、蕭勇強譯述、賴瑛瑛譯述、倪伯羣譯述、蕭惠卿編譯、羅青撰文
1981.08（75） 八大山人畫選：李葉霜、《藝術家》資料室
1981.09（76） 何懷碩專輯：徐小虎撰文、《藝術家》資料室
1981.10（77） 達利畫版原作展：郭軔、郭東泰攝影
1981.11（78） 北婆羅洲藝術：劉其偉撰文
1981.12（79） 海外專家學者看「美術大辭典」：鄭德坤、李葉霜、饒宗頤、何懷碩、余光中、周策縱、麥泉、于還素、郭軔、劉奇偉、張光賓、郭繼生、高美慶、何明績、李焜培、宋龍飛、常宗豪、鄭子瑜、胡金銓、翁靈文、高伯雨、嚴以敬、黃俊東、黃文宗、黎明、王崧興、黃繼持、盧瑋鑾
1982.01（80） 劉抗專輯：劉海粟、劉抗、何和應撰文
1982.02（81） 諾爾德專輯：何政廣、《藝術家》選輯、馬丁伍班撰文
1982.03（82） 游曉昊陶藝專輯：宋龍飛、張清治、林葆家、弓長云撰文
1982.04（83） 中國畫基礎專輯：姚靈功、陸儼少、王伯敏撰文
1982.05（84） 海外華裔名家畫展：譚志成、蕭勤撰文
1982.06（85） 國立藝術學院專輯：鮑幼玉、郁斐斐、沈蕙萱、尚德敏、桂文亞撰文
1982.07（86） 粉彩畫專輯：海斯、曹志漪、陳英德撰文
1982.08（87） 第40屆威尼斯國際雙年藝展：蕭勤攝影撰文
1982.09（88） 羅軒箋譜專輯：沈之渝、《藝術家》資料室
1982.10（89） 徐悲鴻自述：陳英德、艾中信、《藝術家》資料室、徐悲鴻、蔣健飛撰文
1982.11（90） 麥慶揚專輯：麥慶揚、陳勤、林大悲、二了、《藝術家》選輯、林清玄撰文
1982.12（91） 南洋美術學院專輯：陳世集、呂砮基、林學大、劉抗撰文
1983.01（92） 任伯年評傳：徐悲鴻、王家誠撰文
1983.02（93） 中國民間藝術專輯：曾幼荷；劉曦儀編譯
1983.03（94） 東方風俗畫窺探：葉維廉撰文
1983.04（95） 大陸在野畫展運動始末：陳英德撰文、《藝術家》選輯
1983.05（96） 張大千專輯：何懷碩、北辰、張大千、劉國光、《藝術家》資料室、《藝術家》編輯
1983.06（97） 虛谷專輯：林逸撰文
1983.07（98） 東山魁夷專輯：劉奇俊撰文
1983.08（99） 評大陸美術學院油畫：陳英德撰文
1983.09（100） 創刊百期紀念專輯之一：薛心鎔、劉其偉、楚崧秋、唐能理、何懷碩、陳英德、痖弦、劉奇俊、王家誠、林良、郭良蕙、許禮平、饒宗頤撰文；創刊百期紀念專輯之二／國內美術總回顧：王秀雄、林惺嶽、何懷碩、王壯為、李再鈐、李焜培、宋龍飛、李葉霜、何耀宗、張照堂、楊興生、劉文三、黃才郎、王鎮華、許天治撰文
1983.10（101） 亞洲古蹟之旅：劉晞撰文
1983.11（102） 東京藝術導遊：《藝術家》編輯室、賴純純、《藝術家》資料室
1983.12（103） 程十髮專輯：劉奇俊、《藝術家》資料室
1984.01（104） 李曼峰專輯：劉奇俊、《藝術家》資料室、

徐悲鴻、李曼峯撰文
1984.02（105）超現實大師米羅專輯：《藝術家》編輯室策畫、劉晞儀編譯、斯衛奈；方黍編譯、阿蒙；倪淑華編譯
1984.03（106）齊白石專輯：《藝術家》策畫、劉奇俊、譚志成、胡臺、《藝術家》資料室、《藝術家》編輯室
1984.04（107）葉淺予專輯：《藝術家》策畫、黎朗、葉淺予自述；黎朗紀錄。黎朗、劉奇俊資料提供
1984.05（108）李可染專輯：黎朗撰文攝影、《藝術家》資料室
1984.06（109）紐約情報專輯：《藝術家》編委會、楊熾宏、奧白、孟易洋、賀德孫、志閎、《藝術家》編輯部製作
1984.07（110）吳作人專輯：劉奇俊撰文、《藝術家》資料室
1984.08（111）陳其寬專輯：《藝術家》編輯部策畫、唐德剛、莫士撝、羅青、李銘盛攝影撰文
1984.09（112）敦煌繪畫精選：《藝術家》策畫、林保堯、威特費德撰文
1984.10（113）海外看大陸藝術：陳英德撰文
1984.11（114）永恆的女性美：《藝術家》特稿
1984.12（115）非洲原始藝術文化專輯：劉其偉、《藝術家》資料室、劉其偉編譯、賴明珠編譯
1985.01（116）我國石窟美術大系之一．鞏縣石窟專輯：《藝術家》策劃、安金槐、《藝術家》特稿
1985.02（117）德國的藝術學院：吳瑪悧、尤根．可勞斯、諾貝特．格里克撰文
1985.03（118）女性藝術家：郭少宗專訪；李銘盛攝影、楊文霓、席慕蓉、《藝術家》資料室
1985.04（119）蔣兆和專輯：劉奇俊、黎朗撰文
1985.05（120）夏卡爾專輯：《藝術家》策劃、曾培堯編譯、《藝術家》資料室、夏卡爾；曾培堯編譯

1985.06 — 1995.05

1985.06（121）台灣美術家百人專輯：《藝術家》編輯部、文建會資料提供、程延華攝影、黃才郎撰文
1985.07（122）韓國美術現況專輯：《藝術家》策劃、崔炳植、郭少宗採訪
1985.08（123）趙少昂專輯：《藝術家》策劃、歐豪年、趙世光、李奇茂、劉奇俊、趙世光撰文
1985.09（124）古埃及美術觀輯：何浩夫、王偉光、《藝術家》編輯部
1985.10（125）新藝術／國際現代藝術家的近作：侯樹珍編譯、賴純純、游招平編譯、陳英德、郭少宗撰文
1985.11（126）達達專輯：吳瑪悧撰文、《藝術家》資料室
1985.12（127）寫實主義繪畫專輯：林逸、《藝術家》資料室
1986.01（128）德國現代藝術專輯：吳瑪悧、賴瑛瑛、謝東山撰文
1986.02（129）董希文專輯：陳英德、袁運生、劉奇俊撰文
1986.03（130）80 年代的視覺形象：陳奇相撰文
1986.04（131）超現實主義大師德爾沃：王哲雄撰文與編譯、洛華笙撰文
1986.05（132）林玉山專輯：陳瓊花、《藝術家》編輯部
1986.06（133）談中國人文畫：江兆申、管執中撰文
1986.07（134）柏林達達 1918-1920：吳瑪悧撰文
1986.08（135）一個世紀的誕生／ 20 世紀初維也納繪畫的黃金時代：陳英德撰文
1986.09（136）敦煌專輯：《藝術家》編輯部、黎朗、林保堯、海月山撰文
1986.10（137）現代雕塑大師亨利摩爾專輯：黃祖強編譯、劉欽棟、《藝術家》資料室、克拉克、亨利摩爾撰文
1986.11（138）水彩巨匠泰納：林秀薇、《藝術家》資料室
1986.12（139）自由形象藝術專輯：王哲雄、陳英德撰文
1987.01（140）板橋林家花園專輯：《藝術家》編輯部製作、王維仁、何兆青攝影、石雅園撰文
1987.02（141）什麼是現代雕刻：楊熾宏攝影、Beardsl；崔延芳編譯、陳英德撰文
1987.03（142）龐薰琹專輯：《藝術家》編輯部策畫、何懷碩、龐均、龐薰琹撰文
1987.04（143）八大山人研究專輯：《藝術家》編輯部製作、李苦禪、劉國展、王方宇、吳子南撰文
1987.05（144）19 世紀法國畫壇：陳英德撰文
1987.06（145）漢代畫像藝術專輯：《藝術家》編輯室、Alexander C. Soper；夏雨涵編譯、《藝術家》資料室
1987.07（146）藝術的奧林匹克／文件展神話：吳瑪悧、劉銘盛撰文
1987.08（147）卡塞爾第 8 屆文件展：吳瑪悧撰文
1987.09（148）齊白石專輯：《藝術家》企畫、黎朗、齊良遲、李苦禪、《藝術家》資料室、湖絜青、卓以玉撰文
1987.10（149）朱德群專輯：蘇立文、龍柏、宋龍飛撰文

1987.11（150）徐悲鴻藝術探討專輯：《藝術家》編輯室、曾嘉寶、羅世長、徐悲鴻撰文
1987.12（151）新出土漢代木雕：劉奇俊撰文
1988.01（152）清初四畫僧藝術討論專輯：平西、王季遷、方聞、李德仁、蔡星儀撰文
1988.02（153）漢唐陶瓷精華：馮先銘撰文
1988.03（154）時代．潮流．愛好／今天藝術的各種風貌：陳英德撰文
1988.04（155）如生活的藝術活動：張元茜、文林、柯文輝撰文
1988.05（156）張大千 90 紀念展：巴東、莊申撰文
1988.06（157）達達／藝術和反藝術：賴瑛瑛、陸蓉之撰文
1988.07（158）蘇聯秘藏的西歐名畫：袁因編譯
1988.08（159）第 43 屆威尼斯國際雙年美展：陳英德、蕭勤撰文
1988.09（160）梵谷在巴黎：潘台芳撰文
1988.10（161）50 年代的繪畫與雕刻：陳英德撰文
1988.11（162）大陸當代的人體畫：袁林撰文
1988.12（163）潘玉良專輯：劉海粟、鮑加、徐永昇撰文
1989.01（164）大陸美術十年動向：《美術》雜誌製作、邵大箴、吳冠中、王琦、李松、嘉木、楊悦浦、磐年、夏碩琦、李超、杭間、尹吉男、薛永年撰文
1989.02（165）裸體藝術風波與思考：邵大箴撰文
1989.03（166）大陸美術學院專輯：龐均、《藝術家》資料室、洪淑娟撰文
1989.04（167）解構主義專輯：陸蓉之撰文、班寧登；龐靜平編譯
1989.05（168）台灣早期西洋美術發展：顏娟英撰文
1989.06（169）中國大陸當代水彩畫：郁風、鄭宗鋆撰文
1989.07（170）大羅浮宮今昔：陳英德撰文
1989.08（171）後現代全球大展：陳英德攝影撰文
1989.09（172）世紀末藝術拉斐爾前派：朱伯雄撰文
1989.10（173）林風眠 90 回顧專輯：呂蒙、林風眠、國立歷史博物館資料提供、《藝術家》資料室、朱樸撰文
1989.11（174）大陸第 7 屆全國美展：邵大箴、《美術》資料提供
1989.12（175）從印象派到反印象派：聞立鵬、艾中信、水天中撰文
1990.01（176）劉海粟專輯：國立歷史博物館資料提供、程榕寧撰文
1990.02（177）聖保羅雙年國際藝展 40 年：林聖揚、鄧貴珠、胥恩玲攝影
1990.03（178）梵谷百年紀念專輯：《藝術家》編輯部、喬安娜；林淑琴編譯
1990.04（179）中國名書畫「藝苑掇英」編選：龔繼先、鄧拓、蘇庚春編譯
1990.05（180）「藝苑掇英」編選中國繪畫書法名作專輯：藝苑掇英主編、龔繼先、穆益勤、子重、徐潤之、鄭國、劉忠誠撰文
1990.06（181）「藝苑掇英」編選中國繪畫書法名作專輯：藝苑掇英主編、單國霖、穆益勤、興鈞、李遇春、黎庚、二友撰文
1990.07（182）藝術專題演講特輯：顏娟英、石守謙、朱惠良、李明明、林惺嶽、莊伯和、吳瑪悧、陸蓉之、張心龍撰文
1990.08（183）俄羅斯前衛藝術：奚靜之、于還素撰文
1990.09（184）傅抱石專輯：陳傳席、何懷碩撰文
1990.10（185）藝術家聞一多專輯：聞立鵬撰文
1990.11（186）法國近代美術的光輝／里昂藏畫：劉奇俊撰文
1990.12（187）藝術先驅貝克曼專輯：張省卿撰文
1991.01（188）台灣牌．1990：《藝術家》資料室、陸蓉之撰文
1991.02（189）撰寫現代藝術史特輯：陳秦松、卡特琳．米勒。庫特曼、卡羅斯、阿蘭布；陳秦松編譯
1991.03（190）西方女性藝術家專輯／ 4 世紀的女性美術史：《藝術家》資料室、劉奇俊撰文
1991.04（191）中土文化寶庫「敦煌藝術圖典」問世：金維諾、岡崎敬；林保堯編譯、程榕寧、《藝術家》編輯部
1991.05（192）藝術和廣告創作百年展：陳英德撰文
1991.06（193）「近代中國美術論集」問世：何懷碩、滕固、豐子愷、傅抱石、袁同禮撰文
1991.07（194）中國岩畫專輯：陳兆復、高業榮撰文
1991.08（195）苗族服飾專輯：《藝術家》編輯部、婁經緯、陳景林、楊美惠撰文
1991.09（196）西藏藝術專輯：《藝術家》編輯部、韓書力、札西次仁、余珈撰文
1991.10（197）蘇聯現代美術：《藝術家》編輯部、劉奇俊撰文
1991.11（198）台灣早期美術紀事／倪蔣懷：柳悦孝、張萬傳撰文
1991.12（199）歐洲林布蘭巡迴大展：陳炎鋒撰文、郁斐斐編譯與撰文
1992.01（200）藝術家創刊 200 期特輯：《藝術家》編輯部、何政廣、李鑄晉、王秀雄、莊伯和、王朝聞、

張仃、顧森、何懷碩、謝里法撰文
1992.02（201）台灣美術全集陳澄波專輯：陳奇祿、顏娟英、陳重光口述；王貞文撰文
1992.03（202）行為藝術的訊息：郁斐斐、盧傑、朱大可、Pal Good；吳瑪悧編譯、焦平撰文
1992.04（203）人世美的紀錄者陳進畫業研究：石守謙撰文
1992.05（204）台灣美術全集林玉山專輯：王耀庭撰文
1992.06（205）天才畫家／陳植棋：葉思芬撰文
1992.07（206）第9屆文件大展專輯：吳瑪悧、《藝術家》採訪
1992.08（207）巴塞隆納·景觀專輯：《藝術家》採訪、道方、田麗、袁因、百真撰文
1992.09（208）1992世界博覽會專輯：陳建北撰文、《藝術家》資料室
1992.10（209）「西洋畫的動亂1935年」：劉奇俊、岡部昌幸；袁因編譯、白雪蘭撰文
1992.11（210）俄羅斯藝壇掃描專輯：邵大箴、陸蓉之、劉奇俊撰文
1992.12（211）馬諦斯回顧大展專輯：陳錦芳、黃春英、郁斐斐、徐海玲、一止、曉溪、程榕撰文
1993.01（212）環境與藝術專輯：郭為藩、王庭玫、桶口正一郎；袁因編譯、黃健敏撰文
1993.02（213）莫內與印象派專輯：《藝術家》企畫、王哲雄撰文、馬里安尼·杜拉芳；袁因編譯、劉奇俊撰文、《藝術家》資料室
1993.03（214）女性藝術工作者專輯：《藝術家》編輯部、陸蓉之撰文
1993.04（215）羅丹藝術大展專輯：《藝術家》企畫、錢紹武、邢嘯聲編譯、邵大箴、巴比爾；崔憶萍、李婷婷撰文
1993.05（216）台灣美術全集劉啟祥專輯：顏娟英撰文
1993.06（217）羅丹藝術展續輯：《藝術家》編輯部、黃健敏、穴澤一夫；袁因編譯
1993.07（218）第45屆威尼斯國際雙年美展專輯：《藝術家》策畫、吳瑪悧、鄭乃銘、黃寶萍、劉永仁撰文
1993.08（219）第4屆歐洲藝術學院雙年展：陳建北撰文
1993.09（220）上海博物館展專輯：《藝術家》策畫、馬承源、林英澤、李錦炎、沈之瑜撰文
1993.10（221）'93韓國大田世界博覽會專輯：《藝術家》策畫、郭少宗撰文
1993.11（222）圓明園藝術村專輯：《藝術家》策畫、嚴正學撰文
1993.12（223）青花瓷專輯：《藝術家》策畫、趙宜生、趙自強撰文
1994.01（224）耀州窯青瓷專輯：《藝術家》編輯部、趙自強、李輝炳撰文
1994.02（225）「創世紀」展新顏／梵諦岡米蓋朗基羅西斯汀教堂大壁畫修復完成：《藝術家》編輯部策畫、ART GRAPH資料提供、日本電視公司圖版提供、袁因、黃月娥編譯
1994.03（226）高雄市立美術館專輯：楊佩玲、《藝術家》編輯部、《藝術家》資料室、黃健敏撰文
1994.04（227）西藏唐卡藝術專輯：仁僧多吉、歐朝貴、益西旺久、《藝術家》資料室
1994.05（228）國際藝術博覽會特別報導：《藝術家》編輯部策畫、郭少宗、侯權珍採訪、撰文與攝影、NICAF實行委員會資料提供、木島彰、高橋睦治、黃月娥撰文
1994.06（229）大戰陰影下的美術／一個畫家對諾曼地登陸50周年的歷史反省：《藝術家》編輯部策畫、林惺嶽撰文
1994.07（230）公共藝術叢書專輯：申學庸、黃才郎、夏鑄九、后德仟、吳光庭、張世　、官政能、黃長美、王庭玫撰文
1994.08（231）台灣美術全集李澤藩專輯：黃光男撰文
1994.09（232）景德鎮古陶瓷藝術專輯：鄧白、趙宜生撰文
1994.10（233）布拉格城市與美術專輯：《藝術家》編輯部策畫、陳炎鋒、陳茂進撰文；孫望中、陳炎鋒、王庭玫攝影
1994.11（234）第1屆印象派展再現專輯：《藝術家》編輯部、劉奇俊、高橋明也撰文
1994.12（235）亞洲熱和亞洲展：費大為、福永治撰文
1995.01（236）日本美術100年專輯：《藝術家》編輯部策畫、曾四遊、高見浩撰文、東京區國立近代美術館朝倉文夫雕塑館圖版提供
1995.02（237）展望21世紀的藝術教育／'94亞洲藝術教育國際學術研討會專輯：'94亞洲藝術教育國際學術研討會籌備會資料提供。王貞閔、黃壬來、吳長鵬、陳秋瑾、高震峰、盧安來、張恬君撰文
1995.03（238）明清繪畫研究新趨向專輯：郭繼生、聶崇正、李湜、何廷喆撰文
1995.04（239）女性與藝術專輯一：錢正珠口述；吳瑪悧整理、池農深口述；楊佩玲整理、黃海雲、謝鴻均、侯俊明、高媛口述；湯瓊生整理、謝里法口述；林珮淳整理、石瑞仁、蕭瓊瑞筆述；楊佩玲整理、廖瓊方採訪整理、吳瑪悧、

廖雯撰文

1995.05（240）貝聿銘台灣情：黃健敏採訪、侯權珍整理

1995.06 — 2005.05

1995.06（241）藝術家 20 周年特輯：侯權珍記錄整理、陳奇祿、林清江、劉其偉、卓鑫淼、王秀雄、蔣勳、廖德政、黃才郎、李亞俐、鄭世璠撰文

1995.07（242）第 46 屆威尼斯雙年展專輯：《藝術家》採訪；孫淑芳口譯紀錄、孔長安、劉永仁、王庭玫、何政廣、陸蓉之、黃寶萍、鄭乃銘、胡永芬撰文

1995.08（243）海派繪畫專輯：郭繼生、黃光男、單國霖撰文

1995.09（244）羅浮宮珍藏名畫特展專輯：帝門藝術教育基金會企畫與圖片提供、《藝術家》編輯製作。蔣勳、希利凡・拉維榭、碧基特・戈里尼、凡松・波馬海德撰文

1995.10（245）雙玉交輝專輯：王玉立、陳炎鋒撰文

1995.11（246）匿藏 50 年名畫現身專輯：《藝術家》採訪、聖彼得堡冬宮博物館圖版提供、邵大箴、米哈伊爾・彼歐陀夫斯基、艾伯特・柯斯德內維奇撰文

1995.12（247）莫內／塞尚世紀大展專輯：《藝術家》編輯部策畫；高千惠、陳英德、陳炎鋒撰文；深谷克典、宮崎克己；任春美編譯、菲力普・杜詩特・伯勒濟、波納・亞挪特；蘇美玉編譯、塞尚；林其蔚編譯

1996.01（248）兩岸三地藝術博覽會群觀：郁斐斐、江衍疇、陳修明撰文

1996.02（249）中華瑰寶赴美展專輯：國立故宮博物院提供、王逸明、蔡和璧、林保堯撰文

1996.03（250）中國文明的軌跡專輯：李仰松、張江凱、權奎山撰文

1996.04（251）藝術的全民教育專輯：陸蓉之、劉惠媛、羅美蘭、徐安琪、汪亞塵、楊佩玲撰文

1996.05（252）電腦與藝術專輯：美國《藝術新聞》授權刊登、彼得・法蘭克、馬克・戴利、巴巴拉・霍夫曼；任春美編譯、邁克・史考特、巴巴拉・波拉克；侯權珍編譯、王俊傑撰文

1996.06（253）九位畫壇宗師專輯：劉國松、孫雲生口述、蘇峰男、黃才郎、蔡長盛、夏勳口述、李德口述、吳昊口述、李義弘口述

1996.07（254）世紀絲路佛教藝術大展專輯：賈克・傑斯；呂明穎編譯、劉奇俊。劉俐撰文、《讀賣新聞》與富士通圖版提供

1996.08（255）2000 年前的中國文化寶藏：《藝術家》採訪

1996.09（256）日本西洋畫壇巨匠，梅原龍三郎專輯：劉奇俊、李欽賢、徐素珍撰文

1996.10（257）絢麗多彩唐宋佛像寶庫，安岳石窟藝術專輯：《藝術家》策畫製作；胡文和撰文攝影

1996.11（258）政府資助與藝術的發展：夏鑄九、王受之撰文

1996.12（259）塞撒回顧展專輯：法蘭斯瓦・巴黑、龐度・于嗔、亞蘭・瓊斯；林其蔚編譯、貝爾納・布里斯坦；林雅珠編譯

1997.01（260）奧賽美術館名作特展專輯：黃光男、陳英德、陳龍廷、林曼如撰文

1997.02（261）美術館的典藏大計專輯：賴瑛瑛、柯應平、林平口述；柯應平紀錄、陳秀薇、倪再沁撰文

1997.03（262）與藝評對話專輯：南方朔、謝東山、帝門藝術教育基金會藝評專案小組撰文

1997.04（263）北歐美術閱讀專輯：克里斯汀・萊達；陳玉珍編譯、K・W・詹森；崔薏萍編譯、王庭玫撰文

1997.05（264）印象派在台灣特展專輯：張艾茹整理、王秀雄、蕭瓊瑞撰文

1997.06（265）公共藝術時代趨勢與熱潮專輯：林澄枝、彭明輝、高千惠、倪再沁、黃位政、陳惠婷、劉俐、楊子葆、黃健敏撰文

1997.07（266）江兆申專輯：傅申、蔣勳、莊伯和撰文；第 47 屆威尼斯雙年展：高千惠、許玉鈴、劉永仁、乃藩、黃寶萍撰文

1997.08（267）第 10 屆文件大展專輯：高千惠、黃寶萍、崔延蕙、哈色訪問卡特琳娜・大衛；吳瑪悧編譯

1997.09（268）佛教雕刻造像專輯：陳奕愷、李大蕙、馬承源、吳梓林撰文

1997.10（269）移民與藝術專輯：王受之、里亞・歐爾曼文；侯權珍編譯、黃渭漁、陳英德、林裕祥、江淑玲、李亞俐撰文

1997.11（270）未來的藝術教育專輯：王受之、何耀宗、許瀞月撰文

1997.12（271）紫禁城的后妃及宮廷藝術專輯：方振寧、中澤富士雄；方振寧編譯

1998.01（272）民間版畫 VS. 現代版畫探討專輯：三山陵、

戚建民、張道、徐陽、陸蓉之、張昭卿撰文
1998.02（273）藏傳佛教藝術大展專輯：徐盼蘋、麥伊蓮・M・麗艾；葛婉章編譯
1998.03（274）「台灣美術全集」第20卷《林之助》專輯：倪朝龍撰文
1998.04（275）中國大陸藝術現況專輯：王受之、島子、陸蓉之撰文
1998.05（276）紐約亞洲藝術節專輯：唐忠珊、李維菁、王玉齡撰文
1998.06（277）三星堆文化專輯：方振寧、朱昭明撰文
1998.07（278）1998台北雙年展專輯：劉俐、張芳薇、陸蓉之、林曼麗撰文
1998.08（279）公共藝術國際研討會專輯：黃才郎、瑪希安娜・史卓姆、鈴木朋幸撰文
1998.09（280）故宮瑰寶赴法特展專輯：吳南薰、林柏亭、蔡和璧撰文
1998.10（281）張大千・畢卡索東西藝術聯展專輯：傅申、江淑玲、巴東、都畢・拉培；宋美慧編譯、陳英德、吳南薰撰文
1998.11（282）梵谷熱潮專輯／梵谷世界大展四個現場：丘彥明、西岡文彥；魏伶容編譯、唐忠珊、周東曉撰文
1998.12（283）甦醒的故宮南遷文物專輯：方振寧、方叔撰文
1999.01（284）國家藝術村現況專輯：江淑玲、康添旺、劉永仁、楊綠茵撰文
1999.02（285）如何鑑賞一幅名畫專輯：史考特・海勒、美國《藝術新聞》授權專用；本刊編譯
1999.03（286）朱德群專輯：廖瓊芳、麥可・蘇利文、基爾白・艾華；董景昭編譯
1999.04（287）苗栗國際假面藝術節專輯：劉其偉、劉志群、諏訪春瓊；葉漢鰲編譯、戴維・卜道；武珊珊編譯
1999.05（288）1999紐約亞洲藝術節專輯：唐忠珊、王玉齡撰文
1999.06（289）臺灣美術評論全集出版專輯：《藝術家》編輯部、倪再沁、羅秀芝、黃琪惠、梅丁衍、蕭瓊瑞、林伯欣、葉玉靜撰文
1999.07（290）48屆威尼斯雙年展專輯：王玉齡、高千惠撰文
1999.08（291）梵谷新館特展專輯：丘彥明、黃寶萍撰文
1999.09（292）漢代文物大展專輯：吳南薰、熊傳薪、曹學群、陳松長、陸雲逵、鄭曙斌、李建毛、賴素鈴撰文
1999.10（293）文化資產叢書出版專輯：林澄枝、《藝術家》編輯部、李乾朗、徐瀛洲、馬以工撰文
1999.11（294）邊域明珠：黔東南苗族服飾專輯：何兆華、王偉光攝影撰文
1999.12（295）藝術走過20世紀台灣篇專輯：林惺嶽、高千惠、蕭瓊瑞、陸蓉之、謝里法撰文
2000.01（296）百年中國美術特輯：邵大箴、郎紹君、水天中、譚權書、李松、黃遠林、劉曦林、奚靜之撰文
2000.02（297）百年中國建築專輯：蕭默、呂舟、張復合、吳煥加、賀從容撰文
2000.03（298）世界百年藝術特輯德國篇：高千惠、曾長生、《藝術家》編輯部、簡上淇撰文
2000.04（299）百年世界藝術特輯美國篇：吳曉芳、巴巴拉・葛羅士克洛斯；魏伶容編譯、劉奇俊、莫瑞・麥肯那；陳淑玲編譯
2000.05（300）百年世界藝術特輯法國篇：《藝術家》編輯部、陳英德撰文
2000.06（301）藝術家25周年慶專輯：哲夫文、閻崇年、曾慧燕、麥田心、陳英德、唐忠珊、黃琤撰文
2000.07（302）日本繪畫百年特輯：《藝術家》編輯部、劉奇俊撰文
2000.08（303）第7屆威尼斯國際建築雙年展：方振寧攝影撰文、張基義、廖瓊芳、游童撰文、劉安琪整理
2000.09（304）世界四大文明展專輯：《藝術家》編輯部、方振寧撰文
2000.10（305）20世紀美術系列海外卷《百年華人美術圖象》出版專輯：《藝術家》編輯部、劉昌漢撰文
2000.11（306）從超現實主義看台灣當代美術創作：曾長生撰文、美國《藝術在美國》雜誌授權譯載；林貞吟編譯
2000.12（307）兵馬俑秦文化特展專輯：聯合報、國立歷史博物館資料提供、黃士強、沈以正、郎紹君、林淑心撰文
2001.01（308）台灣美術百年回顧研討會：國立台灣美術館資料提供、《藝術家》編輯部、溫淑姿、陳英德、吳步乃、謝里法。周文、胡梅娟、溫淑姿記錄整理
2001.02（309）「魔幻・達利」特展／20世紀的天才薩爾瓦多・達利：徐芬蘭、中國時報資料提供、岡村多佳夫；魏伶容編譯、方振寧、吳安蘭

撰文

2001.03（310）微觀公共藝術：黃健敏、何春寰、陳惠婷、朱惠芬撰文、林宏維整理

2001.04（311）文明曙光：美索不達米亞／羅浮宮兩河流域珍藏展專輯：《藝術家》編輯部、潘襎、黃銘崇撰文

2001.05（312）梁思成百年誕辰紀念：林洙、樓慶西、陳志華、劉奇俊撰文

2001.06（313）台灣省第 55 屆全省美展專輯：張博雅、袁金塔、簡錦清、陳維德、黃元慶、劉文山、林雪卿、王士朝、吳千華、陳振輝、康台生、陳宏勉撰文

2001.07（314）第 49 屆威尼斯雙年展專輯：陸蓉之、高千惠撰文

2001.08（315）默契 CONNIVENCE：2001 里昂雙年展，2003 里昂雙年展序幕：廖瓊芳；廖瓊芳、游童、劉安琪採訪；廖瓊芳整理、游童、劉安琪撰文

2001.09（316）王者之王：拿破崙大展專輯：陳希林、潘襎撰文

2001.10（317）替換行動（Takeover）／ 2001 奧地利科技媒體藝術節：林書民撰文

2001.11（318）從普桑到塞尚／法國繪畫 300 年展：《藝術家》編輯部、潘襎撰文與編譯

2001.12（319）楚文化特展專輯：胡懿勳、林淑心、楊式昭、《藝術家》編輯部、熊傳薪、李建毛、袁建平、陳國安、傅聚良、游振群、丁送來撰文

2002.01（320）往來古今／張大千早期風華與大風堂用印：黃光男、傅申、魏學峰、孫家勤、巴東撰文

2002.02（321）「千里馬」專輯：戴樂哲、內蒙古博物館、如常、陳浩星、吳衛鳴、郭良蕙、徐陽撰文

2002.03（322）文藝復興人體相貌之美：《藝術家》編輯部、周東曉、鐘兆慧

2002.04（323）高更特展專輯：《藝術家》編輯部、丘彥明；唐效攝影、詹姆斯．伍德、約翰．萊登；黃淑媚編譯、劉昌漢撰文

2002.05（324）馬雅．MAYA ／叢林之謎：國立歷史博物館、艾多．艾斯哥貝多、林享能撰文

2002.06（325）巴中石窟藝術考察專輯：胡文和撰文攝影

2002.07（326）第 11 屆文件大展：崔延蕙、高千惠、陸蓉之撰文

2002.08（327）百年中國油畫圖象專輯：《藝術家》叢書部、劉新撰文

2002.09（328）聖堂教父義大利藝術國寶／喬托專輯：徐芬蘭、安娜．瑪麗亞．斯皮亞茲；倪安宇編譯、傅維新撰文

2002.10（329）百年故事的隔岸敘述：劉新、黃淑媚撰文

2002.11（330）現代藝術大師／馬諦斯專輯：赫密．拉布傅斯撰文；王美文翻譯、馬諦斯著；蘇美玉整理翻譯、喬治．蝶思瓦立野赫撰文；蘇美玉翻譯；國立歷史博物館、蘇美玉圖版提供

2002.12（331）兩岸三城雙年展專輯／台北．上海．廣州：朱紀蓉、張晴文、江梅、樊婉貞、劉新撰文

2003.01（332）印度中亞佛教美術專輯：劉奇俊、晁華山撰文

2003.02（333）乾隆皇帝文化生活藝術：郭福祥、楊丹霞、呂成龍、吳春燕、羅文華、李湜撰文

2003.03（334）康雍乾盛代精華：朱誠如、蕭宗煌、張建富、付東光、錢公麟撰文

2003.04（335）企業贊助藝術基金會專輯：張晴文、王雅玲、謝東山、呂佩怡撰文

2003.05（336）印度古文明．藝術特展專輯：李玉珉、晁華山、奚淞撰文

2003.06（337）畢業潮，藝術新生代出線：張晴文、朱惠芬、高子衿、蔡佩玲、李思賢、姚瑞中、許遠達、陳永賢、簡子傑、黃海鳴、王嘉驥、劉士楷撰文

2003.07（338）第 54 屆威尼斯雙年展專輯：高千惠、崔延蕙、黃舒屏撰文

2003.08（339）眾音交響／陳慧坤專輯：張晴文、黃光男、陳慧坤撰文

2003.09（340）藝術介入公共空間／台灣公共藝術作品：朱惠芬、顏名宏、林珮淳、陳惠婷、陳碧琳、胡朝聖、黃承令、黃海鳴、吳介祥撰文；藝術旅遊精選／布列塔尼專輯：安德烈．卡西吾；黃郁惠編譯、廖瓊芳、何政廣、安妮－瑪麗．貝傑里－古邦；黃郁惠摘譯

2003.10（341）時尚．藝術．生活／跨領域的生活美學：王雅玲、張素雯記錄整理。林志鴻、胡朝聖、余熙、劉永仁撰文

2003.11（342）北京國際美術雙年展：邵大箴、周文翰、高千惠、郎紹君、金瑞鳳、李光軍、蘇林、劉新撰文

2003.12（343）金字塔探秘／羅浮宮埃及文物展：克莉絲提安．齊格勒、律克．勃佛；陳宏星編譯、邱建一、《藝術家》叢書部撰文

2004.01（344）2003 台灣美術回顧：《藝術家》編輯部、資

料室

2004.02（345）台灣當代美術大系出版專輯：陳郁秀、《藝術家》編輯部、倪再沁、高千惠撰文

2004.03（346）70 年代台灣美術專輯：林保堯、劉永仁、楊墀、張晴文、《藝術家》編輯部撰文

2004.04（347）藝事之春．三城畫廊博覽會走看／台北．北京．馬德里畫廊博覽會：張晴文、陳長華、胡永芬、周文翰、周芳蓮、高千惠、黃莉菲撰文

2004.05（348）德藝百年／德意志藝術的黃金時代．柏林國家美術館珍藏展：有川治男；潘襎編譯、瑪格達蕾娜．梅拉；魏伶容編譯、基威特；黃麗絹編譯

2004.06（349）數位藝術新美學：高千惠、陳秦松、李圓一撰文

2004.07（350）巴比松畫派特展專輯：掘澤光榮；魏伶容編譯、潘襎、荒屋鋪透；郭冠英編譯、瑪麗－泰勒斯．凱耶；潘襎編譯

2004.08（351）2004 文化奧運專輯：黃淑媚、林保堯、田邊勝美；林保堯編譯、木村重信、洛光撰文

2004.09（352）策展人專輯：林平、呂佩怡、王嘉驥、張芳薇、張元茜口述；張晴文採訪、陸蓉之、王雅玲、《藝術家》編輯部採訪整理、張晴文撰文

2004.10（353）第 9 屆威尼斯國際建築雙年展專輯：吳介禎、林潔盈、黃健敏、陳建北、徐明松撰文

2004.11（354）全球秋天的雙年展地圖：《藝術家》編輯部、張晴文、江梅、陸蓉之、王焜生、胡朝聖、張素雯撰文

2004.12（355）藝評的轉向與區域化：張晴文、陸蓉之、吳介祥、波特．皮歐托斯基、布蘭登．泰勒、埃羅納．盧拜特、伊連納．A．金、菲拉尼．艾曼紐．歐盧庫奴、拉爾斯．薩利、蘇菲．阿嘉德、克莉絲汀．錢柏、保羅．古魯特、尼洛夫．法儒克、蓋爾．吉爾伯撰文

2005.01（356）台灣美術 2004 回顧：《藝術家》編輯部、張晴文、金光裕、蕭瓊瑞、林平、胡朝聖、賴香伶、王雅玲記錄整理、徐文瑞、許淑真、葉偉立、在地實驗、高千惠、陳志誠、潘襎、丘彥明撰文

2005.02（357）台灣現代美術大系出版專輯：陳其南、《藝術家》叢書部、陳瓊花、潘襎、吳繼濤、曾肅良、蕭瓊瑞、陳樹升、龔智明、林雪卿、羅森豪、謝慧青、林保堯、江衍疇、李欽賢、廖瑾瑗、陳長華、黃麗絹、劉永仁、賴瑛瑛、曾長生、鄭惠美、李美玲、黃舒屏、王雅倫、李文吉、林志明、蕭永盛撰文

2005.03（358）公共性與公民藝術專輯：倪再沁、蕭淑文、胡朝聖、張晴文、呂佩怡撰文

2005.04（359）敦煌藝術大展專輯：樊錦詩、林春美、鄭德淵、馬世長、吳曉芳撰文

2005.05（360）青春無價／台灣當代青年藝術市場：方惠光、張素雯、陳永賢、黃亞紀撰文

2005.06 － 2015.04

2005.06（361）藝術家 30 周年紀念專輯：《藝術家》編輯部、陳奇祿、漢寶德、石守謙、莊伯和、黃才郎、邵大箴、謝里法、林保堯、蔣勳、陸蓉之、王受之、劉俐、陳英德、劉新、蕭瓊瑞。張晴文、王雅玲記錄整理

2005.07（362）第 51 屆威尼斯雙年展專輯：黃淑媚、黃寶萍、呂佩怡、張晴文、徐婉禎、樊婉貞撰文

2005.08（363）藝術產業向中國：王雅玲、張素雯、張晴文、周文翰、葉穎撰文

2005.09（364）近代繪畫先驅塞尚與畢沙羅專輯：《藝術家》編輯部、何政廣、安羅葛斯．貝克廣德；謝汝萱編譯、賈辛．畢沙羅；謝汝萱編譯

2005.10（365）第 2 屆北京國際美術雙年展專輯：邵大箴、陶勤、王鏞、丁寧撰文

2005.11（366）當代藝術廢墟觀遊：劉和讓、陳秦松、李維菁、姚瑞中、林千琪、阮慶岳、黃海鳴撰文

2005.12（367）女人香／東西女性形象交流展：《藝術家》編輯部、張晴文、石守謙、郭玲玲、陸蓉之、高千惠撰文、李鳳鳴記錄整理

2006.01（368）台灣美術 2005 回顧專輯：《藝術家》編輯部、黃茜芳、李思賢、胡永芬、王呈瑞撰文

2006.02（369）瓷金風華：《藝術家》編輯部、游冉琪、吳曉芳、江淑玲撰文

2006.03（370）觀．駐．藝術村：林千琪、郭家勳、王素梅、陳浚豪、黃茜芳、鄭意萱、方振寧、陳怡潔、彭弘智撰文

2006.04（371）設計讓生活如此不同：劉維公、張晴文、顏忠賢、葉穎、李鳳鳴、小果農、林千琪撰文

2006.05（372）ART TAIPEI 2006 台北國際藝術博覽會：張晴文撰文

2006.06（373）台灣藝術經典大系出版專輯：陳郁秀、謝汝萱撰文

2006.07（374）再生：藝術殘念，創意復興專輯：張晴文、李鳳鳴、姚孟吟、譚毓芬記錄整理、黃海鳴撰文
2006.08（375）藝術世代相對論：張晴文、周郁齡、李鳳鳴撰文
2006.09（376）藝術妖魔幽怪誌：潘襎、張晴文、許遠達、蘇余安撰文
2006.10（377）歷史．行動：2006 國民文化日中部文化圈專輯：邱坤良、行政院文化建設委員會撰文；第 10 屆威尼斯建築雙年展專輯：李美璁、李鳳鳴、劉育東口述；張晴文整理、賴素鈴、周文翰撰文
2006.11（378）樂活，藝術永續：張晴文、吳瑪悧、蕭淑文、菲利浦．杜柏伊、高千惠、呂理煌撰文
2006.12（379）旁聽台北：以當代藝術考察專輯：張芳薇、李鳳鳴、李美璁、張晴文、樊婉貞撰文
2007.01（380）台灣視覺藝術 2006 回顧：《藝術家》編輯部、張晴文、吳介祥、阮慶岳、胡永芬、林志明、林平、蕭瓊瑞撰文
2007.02（381）張萬傳藝術生涯與油畫創作：蕭瓊瑞、《藝術家》出版部；建築．時空．表面美學：林志鴻撰文
2007.03（382）今日的神話：羅蘭．巴特；翟宗浩翻譯、翟宗浩撰文；媒介／體感：林志鴻、劉明惠撰文
2007.04（383）宅／○○年代藝術空間感：高千惠、周郁齡、張晴文、張至維、林志鴻；2007 當代大展的美學出擊：高千惠撰文
2007.05（384）台灣美術全集第 26 卷《金潤作》文世：《藝術家》編輯部、蕭瓊瑞撰文；東亞私人美術館與創意產業：洪淑美、張晴文、黃茜芳、徐升潔、姚孟吟撰文
2007.06（385）加法的當代藝術展覽：高千惠；當代肖像．表象面植：林志鴻、胡朝聖撰文
2007.07（386）第 52 屆威尼斯雙年展專輯：李鳳鳴、高千惠撰文
2007.08（387）第 12 屆文件大展：崔延蕙、高千惠撰文
2007.09（388）數位藝術現在式：陳永賢、亞歷士．阿德里安善斯、吳介祥、鄭月秀、曾鈺涓、周郁齡撰文
2007.10（389）當代藝術的身體形跡：林宏璋、黃建宏、張正霖、張晴文、簡子傑、方秀雲撰文
2007.11（390）音浪席捲，視覺藝術協奏：林志鴻、徐升潔、蕭淑文、張晴文撰文
2007.12（391）俄羅斯當代藝術：馬曉瑛、鄭元智、林志鴻、徐升潔撰文
2008.01（392）2007 年視覺藝術回顧：吳介祥、黃建宏、胡永芬、鄭林佳、蔡佩珊、陳豪毅、《藝術家》編輯部、吳垠慧、張賜福、蕭瓊瑞、李鳳鳴撰文
2008.02（393）行動．社群與文化的對話：廖憶美、陳佑琳、邱啓新、吳介禎、鄭元智、李鳳鳴、李昱宏撰文
2008.03（394）台灣當代藝術的下一步：鄭林佳、周家輝、張晴文、陳豪毅、蔡佩珊、徐升潔、呂佩怡撰文
2008.04（395）展示／遊戲／反時尚：林志鴻撰文
2008.05（396）古巴！藝術與革命：徐升潔、陳書俞、塔瑪拉．科提斯；張晴文編譯
2008.06（397）群聚／○○年代藝術態度：簡子傑、黃建宏、蔡佩珊、張晴文、陳豪毅、周家輝、鄭林佳、許瑜庭、洪苟、黃海鳴撰文
2008.07（398）後媒體時代，新媒體藝術：彼得．韋伯、李鳳鳴、張尕、李鳳鳴、尤力、賈勝楓、趙秀明、陳永賢撰文
2008.08（399）交通線上的藝術：賈桂琳．歐登柏格；徐升潔編譯、提姆．史登爾登；陳書俞編譯、黃姝妍、李昱宏撰文
2008.09（400）2008 台北國際藝術博覽會：張晴文撰文
2008.10（401）創意轉型：廢地、佔屋與藝術村：梅樂底．托蘭；徐升潔翻譯、鄭元智、陳瀅如、王鼎曄撰文
2008.11（402）紐約博物館動態：賴思儒、吳曉芳、劉明惠撰文
2008.12（403）畢卡索世界大展專輯：唐忠珊、陳奇相、鳥口木子撰文
2009.01（404）2008 年視覺藝術回顧專輯：《藝術家》編輯部、侯淑姿、胡永芬、簡子潔、蔡家榛、陳秦松、李斯賢、方致評、湯凱鈞、蔡雅婷、劉盈君撰文
2009.02（405）畫廊兩代相對論／畫廊第二代的挑戰：陳書俞、蔡雅婷、黃怡珮、張晴文、湯凱鈞、莊偉慈、陳盈君撰文
2009.03（406）文化經濟力／思索創意產業：吳介禎、夏均、田潔菁、鄭元智撰文
2009.04（407）新生代藝術職人生存戰：張晴文、蔣伯欣、湯凱鈞、陳書俞、莊偉慈、方致評、黃怡珮撰文

2009.05（408）生命之渺／方力鈞創作 25 年展：許玉鈴、謝小韞、張晴文、湯馬斯．克萊因；崔延蕙編譯、建畠哲；朱燕翔編譯、胡永芬、盧迎華撰文
2009.06（409）場外所拓／新世代藝術聚落：張晴文、陳書俞、湯凱鈞、劉盈君、黃怡珮、莊偉慈、方致評、曾暐婷撰文
2009.07（410）第 53 屆威尼斯雙年展「製造世界」：陳書俞、許瀞月、吳曉芳、胡永芬撰文
2009.08（411）當代藝術桂冠／泰納獎：陳永賢撰文、朱燕翔編譯
2009.09（412）藝術做為土地的回聲：鄭林佳、顏忠賢、北川富朗、吳慧貞、張晴文、黃瑞茂撰文
2009.10（413）印度當代藝術：張晴文、斐丹娜、鄭元智、周文翰撰文
2009.11（414）韓國當代藝術：卞吉鉉、吳靖雯、胡忻儀、張晴文編譯、鄭莉貞、吳達坤、許玉鈴撰文
2009.12（415）燃燒的靈魂．梵谷：伊維特．凡．史崔登、賴貞儀、丘彥明、高階秀爾；朱燕翔編譯、鄭治桂、曾長生、方秀雲、吳靖雯編譯
2010.01（416）2009 年視覺藝術回顧：《藝術家》編輯部、高愷珮、陳湘汶、曾暐婷、吳毅平、蘇鳳銘、吳景宜、楊家翔、江致潔、許玉鈴撰文
2010.02（417）預見 2010 展覽／博物館／美術館動態：張晴文、黃怡珮、吳靖雯、鄭元智、王柏偉撰文
2010.03（418）進入《文創法》時代：陳寬育、漢寶德、黃海鳴、劉維公、張淑華、張晴文撰文
2010.04（419）台灣當代行為藝術實踐模式：陳寬育、陳譽仁、王聖閎、鄭文琦、張晴文、陳璽安撰文
2010.05（420）台灣紀實攝影的傳承與變貌：張美陵、李昱宏、簡永彬、王聖閎記錄整理、季惠民、吳靖雯、陳寬育撰文
2010.06（421）越界想像：媒體藝術：邱誌勇、曾鈺涓、蔡宏賢、林其蔚、王柏偉、王咏琳撰文
2010.07（422）城市之謎：張晴文、林文珊、陳寬育、方致評；島嶼顯影：陳寬育、陳譽仁、林宜寬、簡麗庭、陳璽安撰文
2010.08（423）感官界限：當代藝術中的臉：陳寬育、王咏琳、王璽安、鄭文琦、王聖閎、沈裕昌、中林和雄；張羽芃編譯
2010.09（424）都市空間的藝術介入：張晴文、莊偉慈、陳寬育、蔡榕娣；失竊的藝術：張晴文、尤傳莉撰文
2010.10（425）歐洲城市之光與電子藝術節：王柏霖、江凌青、游佳晨、林書民撰文
2010.11（426）當代藝術的流移與認同：莊偉慈、謝御婷、郭昭蘭、陳寬育撰文
2010.12（427）藝術與日常感專輯：陳寬育、莊偉慈、王聖閎、陳豪毅、張晴文、林宜寬、王咏琳、陳湘汶撰文
2011.01（428）2010 年視覺藝術回顧：《藝術家》編輯部、駱麗貞、胡永芬、李永賢、鄭林佳
2011.02（429）藝術 × 兔子：鴻兔大展：蔡宜倩、陳芳玲、張羽芃、陳寬育撰文
2011.03（430）寫實繪畫新觀察：李足新、陳湘汶、陳寬育撰文
2011.04（431）快門與景觀：台灣當代攝影初探：陳寬育、莊偉慈、王咏琳、陳芳玲、張羽芃撰文
2011.05（432）當代藝術中的混種與形變：曾鈺涓、湯凱鈞、陳明惠、藤莉．比克；張羽芃編譯、莊偉慈、凡人撰文
2011.06（433）當代聲音藝術形貌：郭冠英、鄭元智、王柏偉、江凌青、徐升潔、湯凱鈞、方致評撰文
2011.07（434）第 54 屆威尼斯雙年展：張晴文、王柏偉、胡永芬、許瀞月、樊婉貞、李依依、吳垠慧撰文
2011.08（435）邊緣與稀釋：台灣當代雕塑新探：莊偉慈、楊雅苓、《藝術家》編輯部、李依容撰文
2011.09（436）藝術跨域新想像：王柏偉、江凌青、徐升潔、史惟筑、莊偉慈撰文
2011.10（437）藝術界入空間的效力測量：黃海鳴、張晴文、莊偉慈、賴麗慧、江凌青、湯凱鈞撰文
2011.11（438）數位藝術進行式：邱誌勇、曾鈺涓、莊偉慈、張羽芃、王咏琳、史惟筑、江凌青、王柏偉撰文
2011.12（439）想像素描的下一步：蘇俞安、潘聘玉、張晴文、王璽安撰文
2012.01（440）2011 年視覺藝術回顧：《藝術家》編輯部、駱麗貞、蕭瓊瑞、陳永賢、徐升潔、江凌青、鄭元智、洪韵婷、鄭涵云、方致評撰文
2012.02（441）西方神話與傳說／羅浮宮珍藏展：張羽芃採訪整理、陳芳玲整理、席爾文．凱斯貝撰文
2012.03（442）逾越的可能：藝術中的同志情慾與性別認同：吳礽喻、陳明惠、彭康家、王涵智、莊偉慈撰文
2012.04（443）她者視線：從克勞德．卡恩到辛蒂．雪曼：莊偉慈、徐升潔、王涵智、林志鴻、江凌青

撰文
2012.05（444）探看當代：台灣新世代策展人與替代空間：林宏璋、莊偉慈、張晴文、陳芳玲、楊雅苓、張羽芃、劉星佑、陳湘汶撰文
2012.06（445）解剖雙年展熱現象：吳金桃口述；莊偉慈採訪、邱志杰、黃建宏、邱志杰口述；方致評整理
2012.07（446）第13屆文件展：崔延蕙、張晴文、胡永芬、許玉鈴、江凱群撰寫、吳礽喻編譯、張羽芃編譯
2012.08（447）移地與遊歷的藝術生涯：李俊賢、張晴文、王咏琳、莊偉慈、湯凱鈞撰文
2012.09（448）當藝術與土地對話：吳慧貞、黃瑞茂、楊雅苓撰文
2012.10（449）藝術與電影的互文：林志明、黃建宏、江凌青、周郁齡、王咏琳、王柏偉、鄭文琦撰文
2012.11（450）2012亞歐雙年展觀察：陳寬育、陳芳玲採訪整理、王柏偉、黃可萱、錢君潔、朱煜宇、高森信男、江凌青撰文
2012.12（451）台灣1980：藝術、空間與事件：王品驊、張美陵、楊雅苓、王嘉琳、高愷珮、莊偉慈、陳琬尹、陳湘汶撰文
2013.01（452）2012年視覺藝術年度回顧：《藝術家》編輯部、劉星佑、黃可萱、陳儷芳、莊偉慈、陳芳玲、邱誌勇、陳永賢、黃建宏、王柏偉、胡永芬、張美陵、王璽安、陳佳音、張羽芃、鄭元智、洪韵婷、鄭涵云撰文
2013.02（453）文藝復興巨匠米開朗基羅：張譽騰、賴貞儀、林瑞堂、陳嘉翎、朱燕翔編譯、湯瑪士·柯斯特；吳虹霏撰文
2013.03（454）當代女性藝術的轉向：曾令愉整理、楊雅苓、曾鈺涓、黃孫權撰文
2013.04（455）藝術做為行動意義：黃建宏、珍妮佛·席基；張羽芃編譯、黃慧瑜、鄭安齊、馬克·高弗瑞；謝汝萱編譯
2013.05（456）亞洲熱：亞際藝術再聚焦：莊偉慈、張羽芃採訪；吳礽喻編譯、高森信男、鄭文琦、吳達坤、周東曉撰文
2013.06（457）雷諾瓦與印象派的繪畫藝術：劉巧楣、尚·雷諾瓦；拾珍編譯、中山公男；朱燕翔編譯、馬克·雷斯特里尼；朱燕翔編譯、徐升潔撰文
2013.07（458）第55屆威尼斯雙年展：莊偉慈、周郁齡、杜珮詩、李依依、陳慧盈、楊凱婷、葉佳蓉、曾令愉、羊文漪撰文
2013.08（459）藝術品的修復與保存：張素雯、林韻丰、張羽芃、莊偉慈、游千慧、陳芳玲、陳儷芳撰文
2013.09（460）魅影、幽靈與傳說：潘播、鄭涵云、曾令愉撰文
2013.10（461）區域即中心：台灣的獨立空間現況：莊偉慈、楊雅苓、方彥翔、林正尉、陳芳玲、張羽芃、鄭文琦、陳琬尹、陳韋臻撰文
2013.11（462）里昂、伊斯坦堡與亞洲藝術雙年展：史惟筑、廖瓊芳、鄭安齊、黃舒屏撰文
2013.12（463）關於收藏，他們這麼說……：艾丁格；郁斐斐編譯、莊偉慈、鄭宣榆、許玉鈴、陳芳玲、潘廣宜、詹宏靜、馬克·瑞波特；張羽芃編譯、張羽芃撰文
2014.01（464）2013年視覺藝術回顧：《藝術家》編輯部、吳介祥、郭昭蘭、王璽安、邱誌勇、劉星佑、陳琬尹、劉子嘉、陳儷芳、黃可萱撰文
2014.02（465）博物館、古蹟與當代藝術的交會：江凌青、鄭元智、安娜·凱茲撰文；張羽芃編譯
2014.03（466）從yBa到今日的英國藝術：陳永賢、柯琳·米莉亞德；張羽芃編譯、黃慕怡、周郁齡撰文
2014.04（467）個人神話與生命經驗的重購：鄭元智、陳韋臻、莊偉慈、陳琬尹、王咏琳、江凌青撰文
2014.05（468）當代繪畫新觀察：陳寬育、吳礽喻、莊偉慈、陳琬尹、張羽芃、王璽安撰文
2014.06（469）藝術做為動員的力量：卡蘿·貝克；謝汝萱編譯、陳永賢、吳礽喻、張羽芃、莊偉慈編譯、龔卓軍、鄭安齊、黃建宏撰文
2014.07（470）文化記憶與聲音圖景：游崴、黃孫權、陳韋臻、王柏偉撰文
2014.08（471）當代錄像藝術的面貌：史惟筑、江凌青、賴佩君撰文
2014.09（472）歷史、敘事與藝術實踐：莊偉慈、黃義雄、呂岱如、吳家瑀、方致評、邱俊達撰文
2014.10（473）台北+光州雙年展：王柏偉、莊偉慈、吳尚霖撰文
2014.11（474）新媒體藝術中的鬼魅與文字：吳尚霖、龔卓軍、高森信男、陳永賢、克里斯多福·甘辛、薇拉·巴克薩·蘇絲撰文
2014.12（475）藝術、社區與文化實踐：黃小燕、陳韋臻、吳尚霖、高森信男、林正尉撰文
2015.01（476）2014視覺藝術年度回顧：龔卓軍、王聖閎、

吳介祥、蔡淳任、王冠婷、藝術家編輯部、劉子嘉、柯妙婷、黃可萱、姚舜元撰文

2015.02（477）草間彌生的藝術世界：時藝多媒體、南條史生、利斯撰文；吳虹霏編譯、阿莉・史密斯撰文；陳珮藝編譯

2015.03（478）乾隆的收藏和藝術品味：王亞民、張震、徐巍、羅文華、李中路、劉岳、王時偉、劉暢撰文

2015.04（479）歷史、敘事與鄉愁：黃建宏、陳譽仁、高森信男撰文

國家圖書館出版品預行編目（CIP）資料

美的情愫：藝術家與我 /
何政廣口述；陳長華撰著 .
-- 初版 . -- 臺北市：藝術家 , 2015.09
面；24×18.5 公分
ISBN 978-986-282-153-4（平裝）
1. 何政廣　2. 臺灣傳記　3. 出版業

783.388　　104008364

美的情愫·藝術家與我

何政廣 / 自述　·　陳長華 / 撰文

發行人 / 何政廣
總編輯 / 王庭玫
編輯 / 陳珮藝、鄭清清
封面設計 / 張娟如
美編 / 柯美麗、王孝媺、吳心如

出版者 / 藝術家出版社
台北市重慶南路一段 147 號 6 樓
TEL：（02）23719692 ~ 3
FAX：（02）23317096
郵政劃撥：01044798
戶名：藝術家雜誌社

總經銷 / 時報文化出版企業股份有限公司
桃園市龜山區萬壽路二段 351 號
TEL：（02）23066842

南區代理 / 台南市西門路一段 223 巷 10 弄 26 號
TEL：（06）2617268
FAX：（06）2637698

製版印刷 / 新豪華製版印刷股份有限公司
初版 / 2015 年 9 月
定價 / 新臺幣 360 元

ISBN　978-986-282-153-4（平裝）

法律顧問　蕭雄淋

行政院新聞局出版事業登記證局版台業字第 1749 號